DK

儿童STEM创新思维培养

图解科学、技术与工程

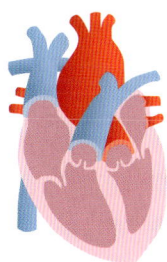

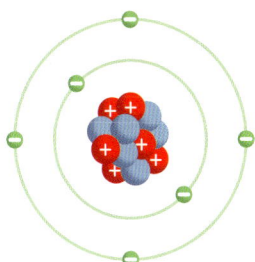

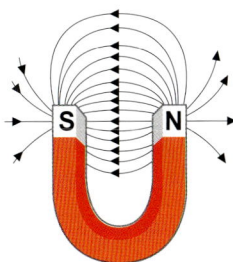

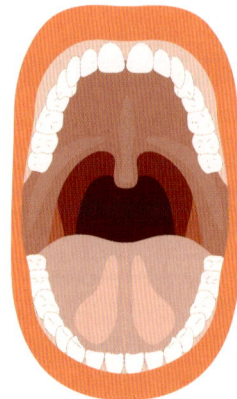

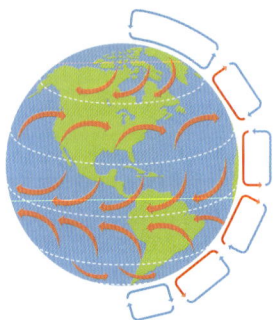

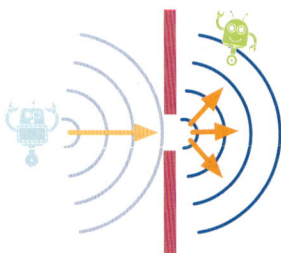

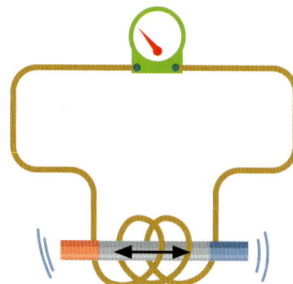

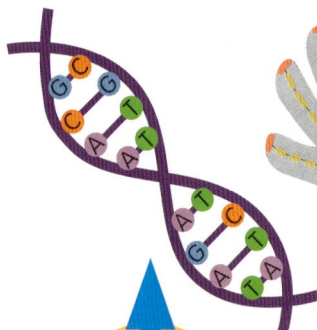

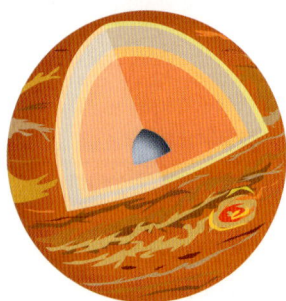

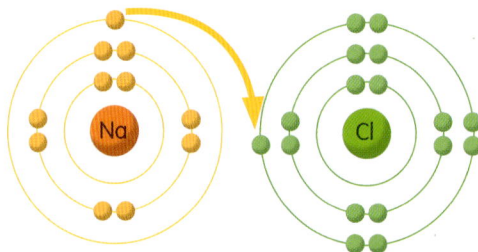

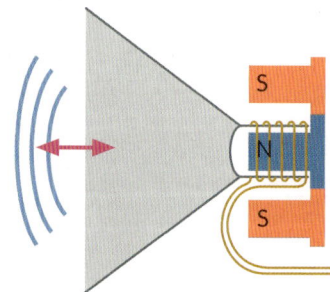

DK

儿童STEM创新思维培养
图解科学、技术与工程

[英]英国DK公司 编著   库柏特科技 译

清华大学出版社
北京

北京市版权局著作权合同登记号　图字：01-2018-8810
版权所有，侵权必究。
举报：010-62782989　beiqinquan@tup.tsinghua.edu.cn。

图书在版编目（CIP）数据

DK儿童STEM创新思维培养. 图解科学、技术与工程 / 英国DK公司编著；库柏特科技译. — 北京：清华大学出版社, 2019（2022.10重印）
书名原文：How to be good at science,technology&engineering
ISBN 978-7-302-52179-2

Ⅰ.①D… Ⅱ.①英…②库… Ⅲ.①科学知识－儿童读物 Ⅳ.①Z228.1

中国版本图书馆CIP数据核字(2019)第002402号

责任编辑：陈凌云　吴梦佳
封面设计：邹鑫蓓
责任校对：袁　芳
责任印制：杨　艳

出版发行：清华大学出版社
网　　址：http://www.tup.com.cn
　　　　　http://www.wqbook.com
地　　址：北京清华大学学研大厦A座
邮　　编：100084
社 总 机：010-83470000
邮　　购：010-62786544
投稿与读者服务：010-62776969
　　　　　c-service@tup.tsinghua.edu.cn
质量反馈：010-62772015
　　　　　zhiliang@tup.tsinghua.edu.cn
印 装 者：当纳利（广东）印务有限公司
经　　销：全国新华书店
开　　本：216mm×276mm
印　　张：20
字　　数：696千字
版　　次：2019年2月第1版
印　　次：2022年10月第7次印刷
定　　价：168.00元

产品编号：082288-02

目录 CONTENT

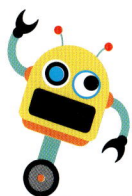

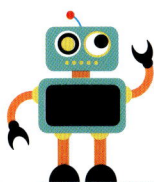

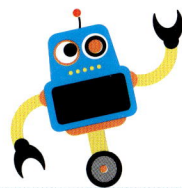

3 物质

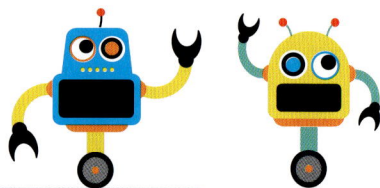

4　能量

引言

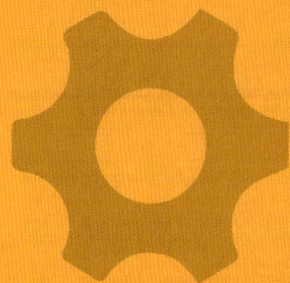

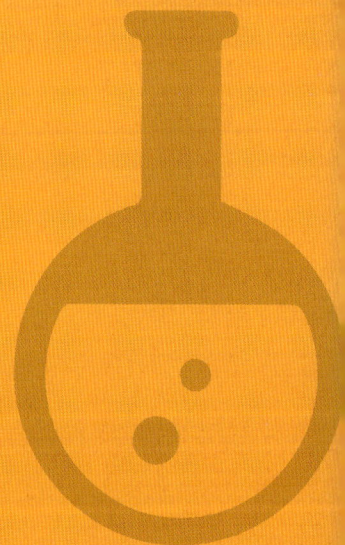

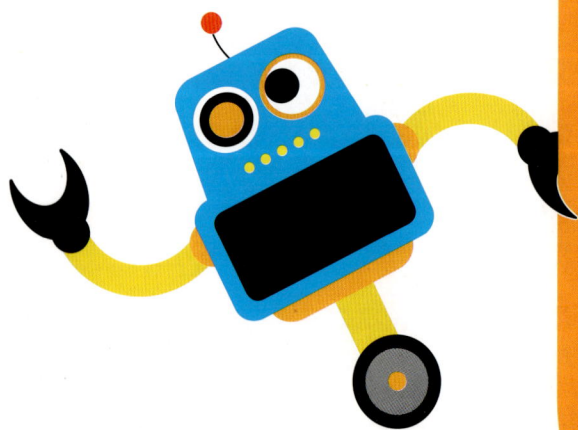

科学是打开世界之门的钥匙。科学家们用理论及证实理论的实验来帮助我们解答各种问题——从生物如何生存到植物为什么不会摔倒在地。工程师们运用科学和数学知识发明新技术，让我们的生活更便利。

科学是如何运作的？

科学不仅仅是一系列的事实，它也是一种通过科学实验验证想法，以此来发现新事实的方法。

> 能通过实验验证的预感或者想法被称为假设。

科学方法

大多数科学家通过实验来验证他们的想法。实验仅仅是形成科学方法的一系列步骤中的一步。它是按照以下步骤运作的。

2 形成假设

下一步是形成一个能解释模式的科学想法，这个想法被称为假设。比如，你可能会认为牛粪里的某种物质能够促进植物生长。

1 观察

第一步，是注意到或者观察到一种有趣的模式。比如，你可能注意到在牛粪堆里生长的草要比其他地方的草更高更绿。

在牛粪堆里生长的草更高更绿。

3 做实验

下一步你通过实验来验证你的假设。在这个例子里，你可以在三种不同类型的土壤里种植植物：含有很多肥料的土壤；含有少量肥料的土壤；没有肥料的土壤。为了避免偶然性，提高实验的可信度，你也许会在每种土壤里种上多种植物，而不仅仅是一种。

土壤中没有肥料。

土壤中有少量肥料。

土壤中有很多肥料。

4 收集数据

在实验过程中，科学家们非常仔细地记录结果（或称之为收集数据），他们经常使用尺子、温度计、天平等测量仪器。为了比较不同植物的生长情况，你可以用尺子来测量它们的高度。

尺子能准确测量出植物长高了多少。

记录每一次测量结果。

5 分析结果

为了使结果更直观，你可以绘制图表。这里的图表显示了不同类型的土壤中各种植物的平均高度。种植多种植物并计算出每种土壤中所有植物的平均高度，可以使结果更可靠。在这个例子中，实验结果支持肥料能够促进植物生长的假设。

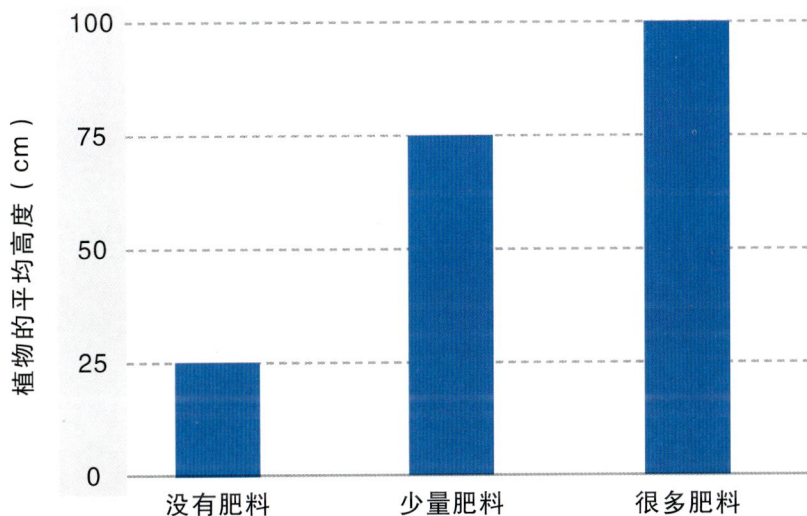

植物的平均高度（cm）

100
75
50
25
0

没有肥料　少量肥料　很多肥料

为了证明肥料能否促进其他种类的植物生长，你需要进行重复实验。

6 重复实验

一次实验不足以证明假设是正确的——它仅仅提供了假设可能正确的证据。科学家们经常分享他们的实验结果，以便于其他人能够重复实验。经过很多次成功的实验后，一个假设才能逐渐被接受，并成为一个公认的事实。

科学方法

科学方法是一种为减少错误发生而采取的仔细的、有条不紊的工作方式。进行科学实验的时候，科学家们会极其小心谨慎，以免发生错误。

测量

许多实验需要测量事物。比如，在化学实验中你也许需要测量某种液体的温度。为了获得准确的数值，进行多次测量将是明智之举，但这也会给你带来几种不同的测量数据。

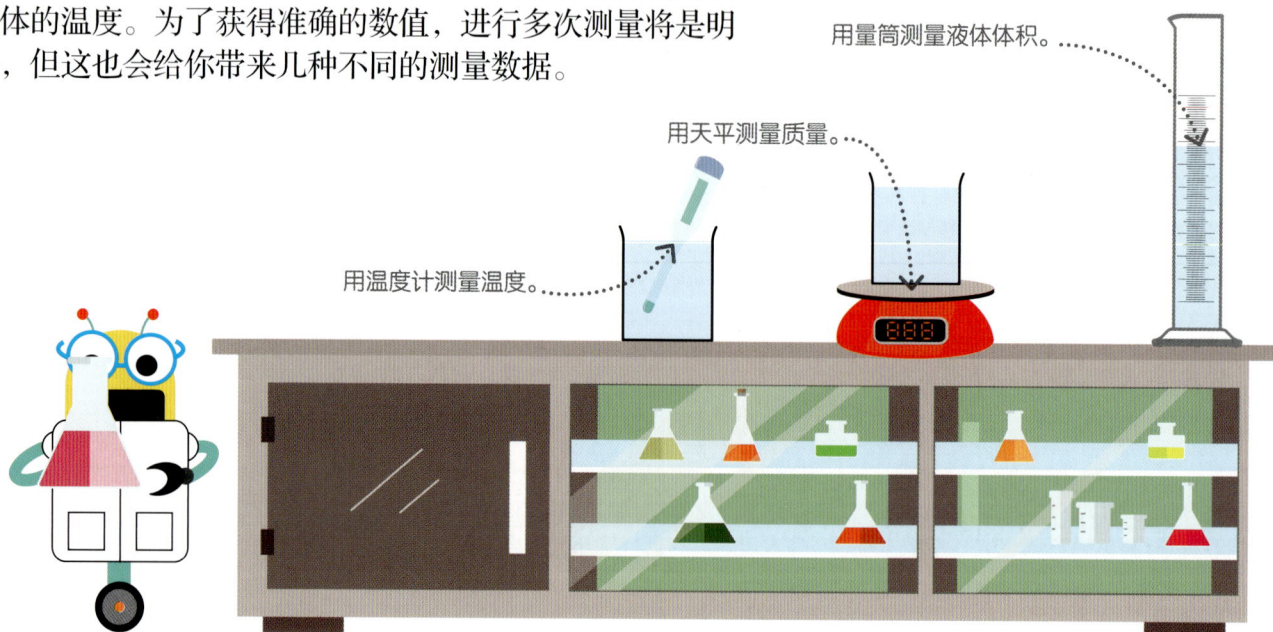

用量筒测量液体体积。

用天平测量质量。

用温度计测量温度。

1　精确但不准确
如果你测量了4次温度，并且每次的读数相同（截至小数点后两位），但是你使用的温度计是坏的。这时的测量结果精确但不准确。

2　准确但不精确
然后你使用另一支没有问题的温度计，但所有读数都稍有不同——也许是因为温度计的测量尖端每次都放在了不同的地方。这时的测量结果准确但不精确。

3　既准确又精确
最后，你在测量温度前搅拌了液体，所以4次读数几乎相同。这时的测量结果既准确又精确。不论科学家们何时进行测量，他们都要尽力保证测量结果既准确又精确。

误差

科学家们也力争避免"误差","误差"会潜入测量中从而引发错误。比如,你用一块秒表测量某一个化学反应需要的时间。秒表也许非常精准,但是因为你花了半秒才按下按钮,所以你所有的读数都会有相同数量的"误差"。

变量的使用

在实验过程中,科学家需要测量的一个重要内容是变量。有三种重要的变量:独立变量、依赖变量和可控变量。

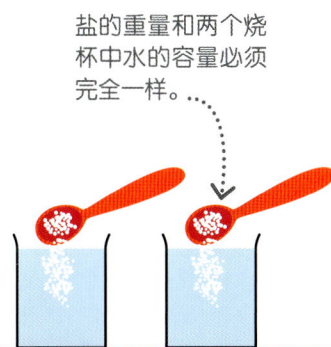

盐的重量和两个烧杯中水的容量必须完全一样。

1 独立变量
独立变量是你在实验中特意改变的变量。比如,测试盐在热水还是冷水中溶解更快,你需要两烧杯的水,一杯热水和一杯冷水。在这个实验中,水的温度就是独立变量。

2 依赖变量
依赖变量是你为了得到实验结果需要测量的变量。比如,在这个实验中,依赖变量就是盐溶解需要花费的时间。它被称为依赖变量,是因为它需要依赖其他变量,比如水的温度。

3 可控变量
可控变量是你为了不让它们破坏实验而需要仔细控制的变量。在盐溶解的实验中,可控变量包括盐的质量和水的容量。为了不影响独立变量,这些可控变量必须保持一致。

团队协作

团队协作在科学领域很重要。科学家们在前辈已有的基础上继续工作,通过提供新的证据来支持自己的观点,或者推翻已有的理论。科学家们通过小组合作来更好地发挥各自的技能和专长,并且会将新的发现发表出来分享。但是,不同的团队也会为了争取第一个成功完成实验而相互竞争。

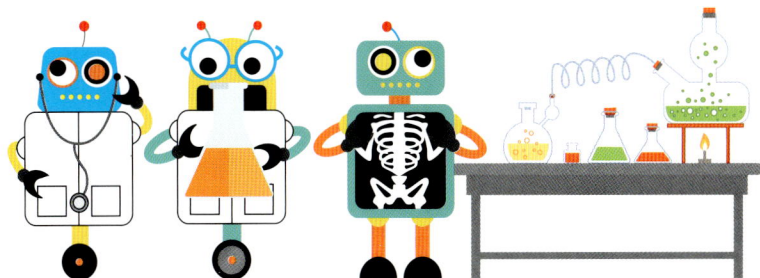

科学领域

科学有几百个领域，但其中大多数都可归入三大领域：生物、化学与物理。

所有的科学家都是在前辈已有的工作和发现上继续前进的。

研究生命

生物学是对生物——从最小的细胞到最大的鲸鱼进行研究的科学。生物学家研究生物体内部的工作机制，研究生物是如何生长、发育和相互作用，以及物种是如何进化的。

蚂蚱　　　　夜莺

1 动物
动物学是研究动物的学科，包括研究动物的身体如何工作，以及它们的行为习惯。

2 植物
植物学是研究植物的学科，从最微小的苔藓到最高大的树木，都是植物学的研究对象。

显微镜下的植物细胞

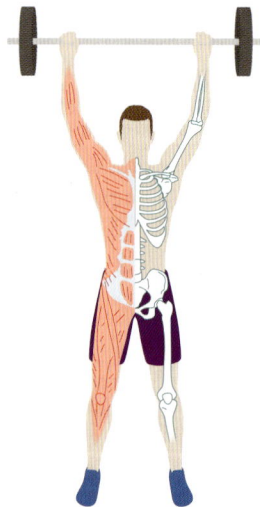

3 环境
一些生物学家研究生物为了生存彼此之间及与其周围自然环境之间是如何相互作用的，我们称这一领域为环境科学。

4 细胞
所有生物（除病毒外）都是由只能通过显微镜才能观察到的微小细胞组成的。微生物学家研究这些细胞及它们的工作方式。

5 人体
一些生物学家专门研究人体以及如何保持人体健康。医学是对疾病进行研究及治疗的科学。

研究物质

对物质进行研究的学科被称为化学。化学家们研究原子和分子是如何相互作用而形成不同物质的。

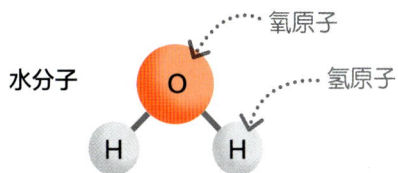

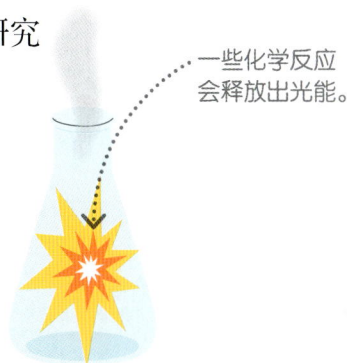

一些化学反应会释放出光能。

不粘锅

水分子

氧原子

氢原子

1 原子和分子
原子和分子是构成所有化学物质的基础成分。比如，一个水分子由一个氧原子和两个氢原子组成。

2 化学反应
当两种或者多种化学物质放在一起时，它们的原子可能会重新组合形成新的化学物质，我们将其称为化学反应。

3 材料
化学家们创造出了很多在自然界中不存在但非常有用的材料，比如用于制作平底锅的不粘材料。

研究力与能量

物理学研究力与能量及它们是如何影响宇宙万物的。

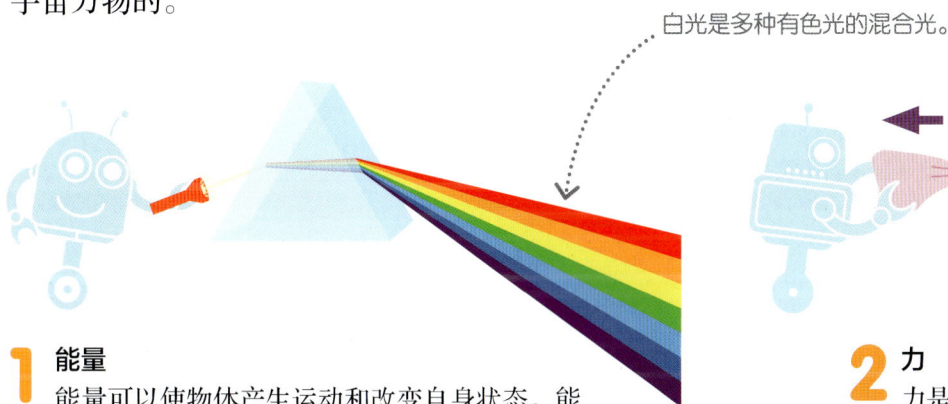

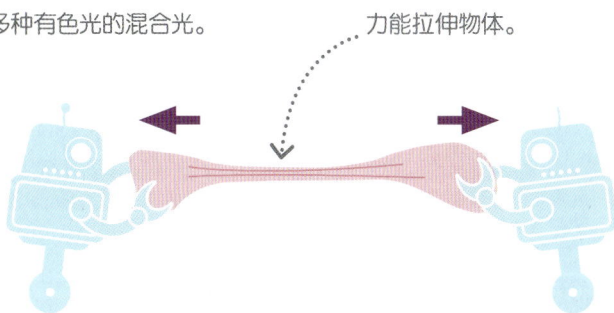

白光是多种有色光的混合光。

力能拉伸物体。

1 能量
能量可以使物体产生运动和改变自身状态。能量具有不同的形式，包括光能、热能和动能等。

2 力
力是一种推或者拉的作用，它能改变物体的运动轨迹或者改变物体的形状。

研究地球与空间

一些科学家研究地球的结构或者更遥远的行星和恒星。地球科学（地理）和空间科学（天文学）是综合性的学科，与物理学、化学，甚至是生物学的很多领域有交叉。

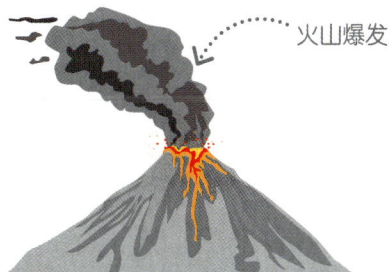

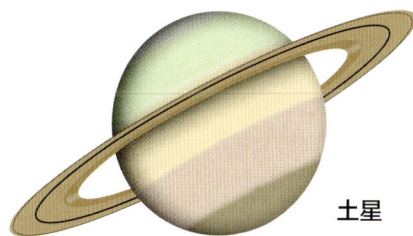

火山爆发

土星

1 地球
地球科学家（地理学家）研究岩石、矿物质、地球内部结构及地震和火山爆发的原因。

2 空间
空间科学家（天文学家）使用望远镜来研究月亮、行星和恒星（包括太阳），以及被我们称为星系的巨大漩涡云。

工程是如何运作的？

工程师们的工作方式和科学家很相似，但是他们的工作内容是不同的。当科学家们通过实验来验证关于世界的理论时，工程师们通过发明和建造来解决具体的人类难题。

工程师的分类

绝大多数工程师专攻某项特定的工程，这使他们拥有专业的知识体系和经验。工程的分支有很多，但主要包括土木工程、机械工程、机电工程和化学工程四大类。

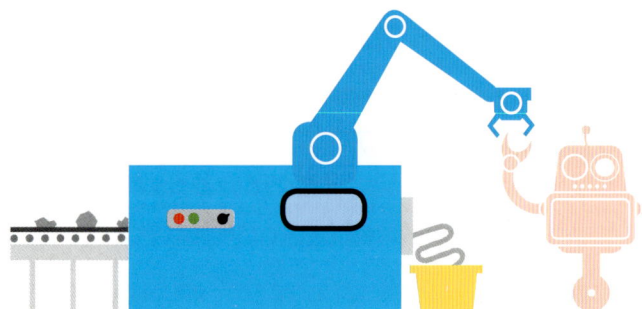

1 土木工程

土木工程师从事与大型结构相关的工作，比如建筑、道路、桥梁和隧道。他们使用数学和物理知识来确保大型结构的设计是安全和结实的。他们中的大多数人还需要学习材料科学和地球科学的知识。

2 机械工程

机械工程师研制各种机器——从汽车到飞机，再到机器人。他们需要较好地掌握数学、物理和材料科学的知识，并且和其他很多工程师一样，他们需要使用计算机辅助设计（CAD）建模。

3 机电工程

机电工程师设计和生产电机设备，从电子设备里的微处理器芯片到用于发电的重型机械。对机电工程师来说，掌握数学和物理知识是非常必要的。

4 化学工程

化学工程师应用化学及其他学科的知识来设计、建造和经营大规模生产化学品的工厂。化学工程师可以在很多不同的行业工作，包括炼油和制药行业。

工程设计流程

解决问题时，所有的工程师都遵循相同的基本流程。这包括一系列的步骤。由于某种设计或者模型需要被测试和提高，其中的一些步骤会被不停地重复。

1 问

第一步是询问问题是什么，并尽可能地挖掘其中的细节。比如，问题是怎样让人们顺利地通过一条河。我们需要知道：有多少人需要通行及通行的频率是多少？河附近有道路吗？河有多宽，又有多深？

2 想象

下一步是想出尽可能多的解决方案。发挥你的想象力，你可以建造一座桥，挖一条隧道或者使用船渡河。考虑每种方案的优点、缺点和费用，并选择一个最佳方案做进一步研究。

3 计划

确定方案后，你需要做些计划。如果你想要建一座桥，画草图吧。桥有多长？采用怎样的支撑结构？需要使用什么材料建造？

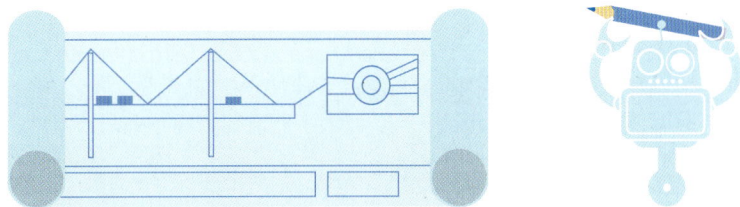

4 建模

下一步你需要为你设计的桥建模。可以是一个用塑料、木头和金属做成的缩尺模型，也可以是一个在计算机上使用CAD编程的电子模型。

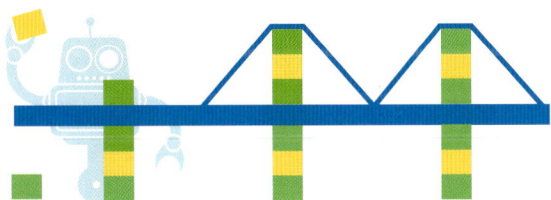

5 测试和提高

模型建立之后，测试一下它的运行状况。有问题吗？如果有，修正模型并重新测试。也许需要经过很多轮的测试和修正才能成功。通过测试的模型被称作原型。

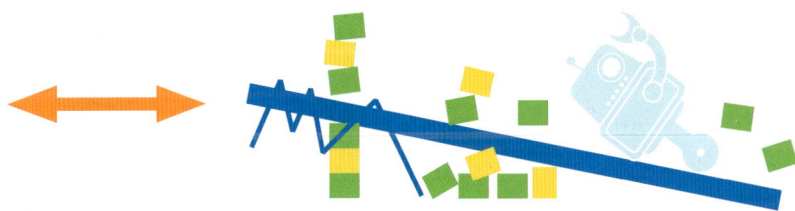

6 分享

最后一步是通过写报告或者做展示来分享你的方案。职业工程师向雇用他们解决问题的客户陈述结果。如果客户决定实施这个方案，工程师也会在接下来的实施过程中提供帮助。

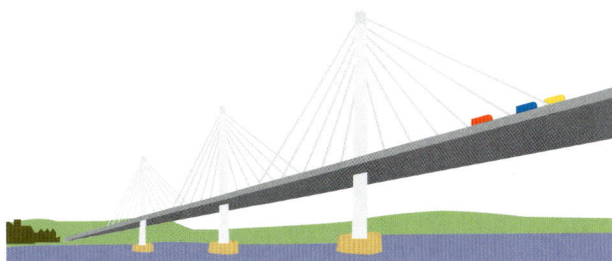

生命

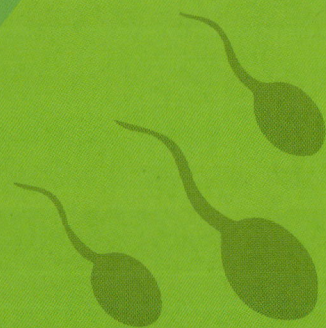

LIFE

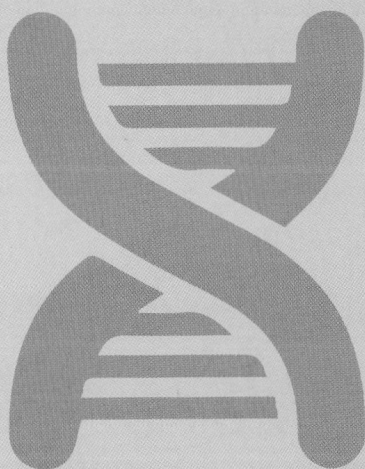

地球是无数生物的家，但这些生物都有着某种共同的特征。它们（除病毒外）都是由被称作细胞的微小结构组成的，这些细胞受储存在DNA里的基因控制。所有生物都力争繁衍后代，并且在很长的一段时间内，所有形式的生命都在进化。

生命是什么?

从肉眼无法看到的细菌到体形庞大的大象、鲸鱼和参天大树，地球上有数百万种生物。生物又被称作有机体。

有研究认为地球上大约有900万种复杂的有机体。

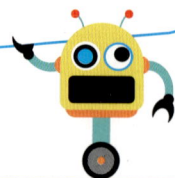

生命的特征

我们周围可以看见的大多数生物都是动物和植物。尽管动物和植物看上去很不一样，但它们还是有一些共同的特征，这些就是生命的特征。

植物利用太阳能制造自己需要的食物。

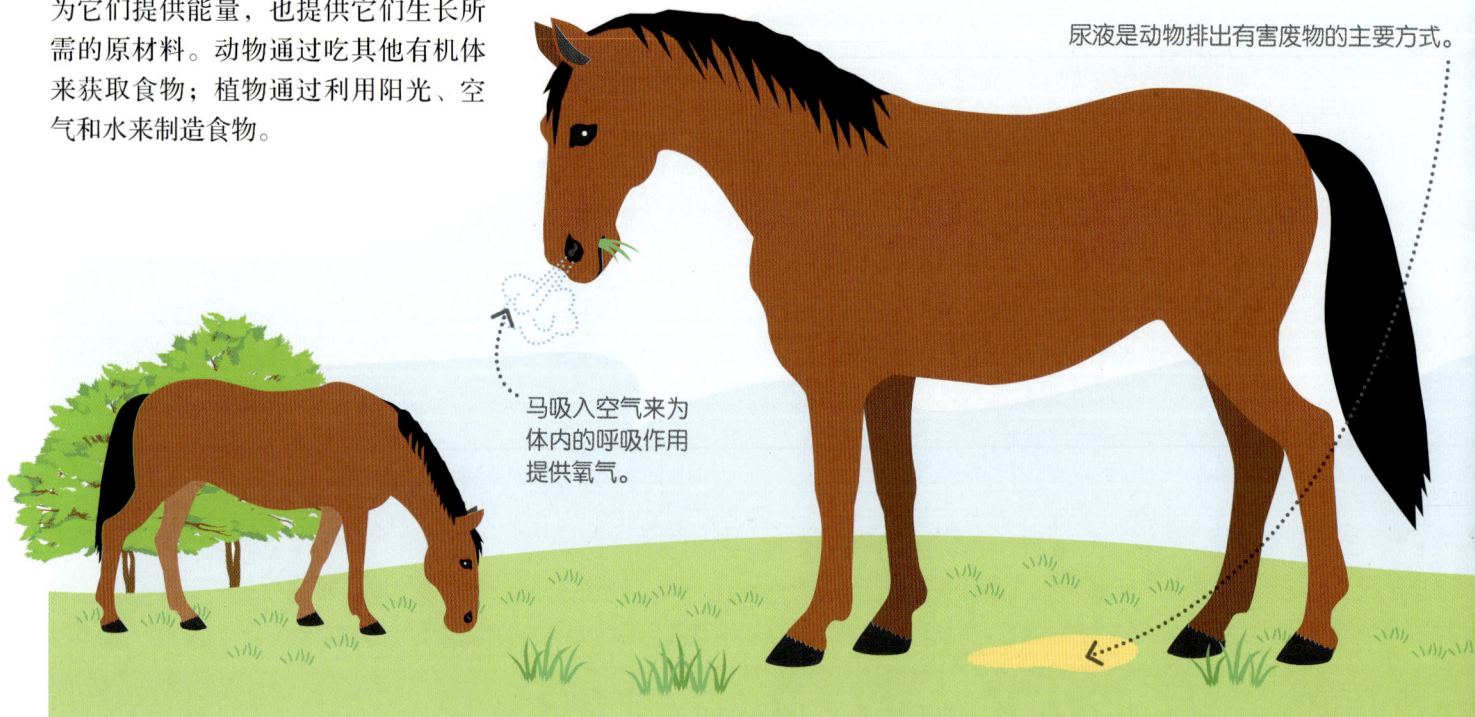

1 获取食物

所有有机体都需要食物，食物不仅为它们提供能量，也提供它们生长所需的原材料。动物通过吃其他有机体来获取食物；植物通过利用阳光、空气和水来制造食物。

尿液是动物排出有害废物的主要方式。

马吸入空气来为体内的呼吸作用提供氧气。

2 获取能量

所有生命体都需要能量。它们通过呼吸作用这一化学过程从食物中获取能量，这个过程在细胞中进行。体内的呼吸作用需要氧气供给，而大多数有机体从空气中获取氧气，这就是有机体需要呼吸的原因。

3 感觉

所有有机体都能感知到它们周围的事物。动物能够用它们的眼睛看到光，用它们的耳朵听到声音，用它们的鼻子嗅到气味，用它们的皮肤感受到压力和温度，用它们的舌头感觉到食物的味道。

4 排泄

在有机体体内发生的很多过程会产生废物，这些废物必须通过排泄的方式从身体中移除。这是因为如果允许废物在体内积累，会损害健康。

数物种

试试在一分钟内你能在一座花园里找出多少种不同的生物。岩石和花盆下是寻找小动物的好地方，微小的生物喜欢躲藏在那些地方以逃避阳光。

抬起岩石或者花盆寻找藏起来的生物。

动物可以运动，所以能寻找食物、躲避危险或者寻找伴侣。

一匹小马驹用2～3年的时间成长为一匹成年的马。

马通过交配并生育马驹来繁衍。

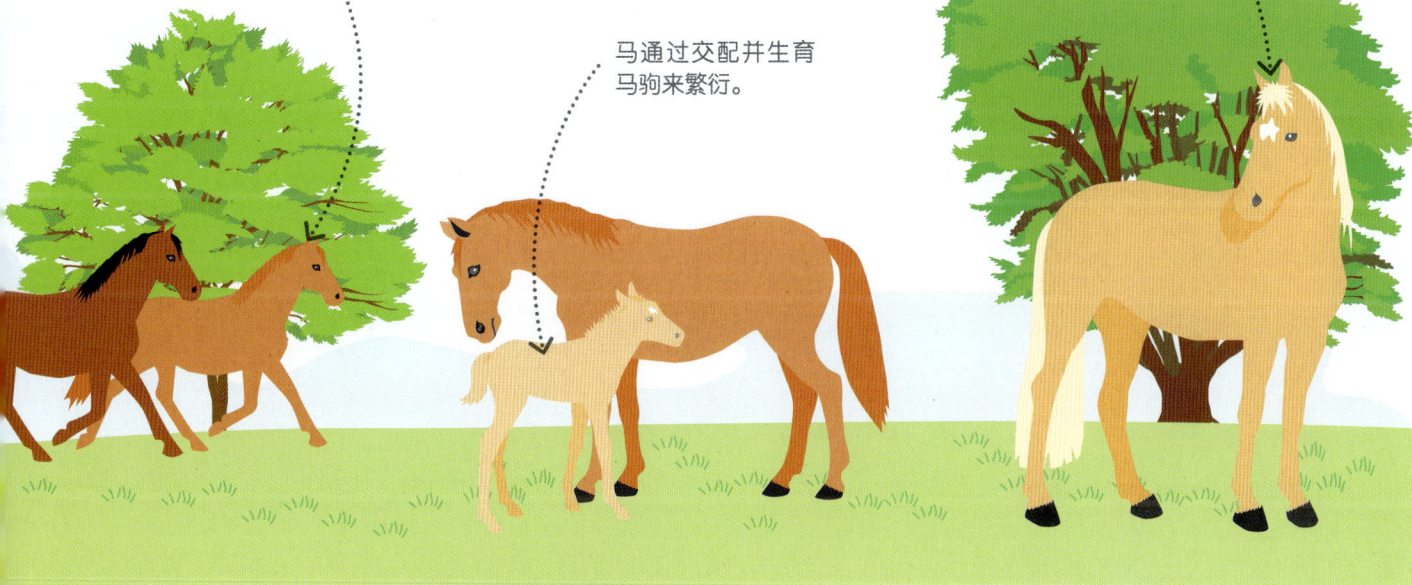

5 运动
所有的生物都会运动，尽管有些运动得很慢以至于我们察觉不到。动物能够利用它们的肌肉快速运动；植物通过生长来运动——它们的幼苗迎着光向上生长，它们的根在土壤里向下生长。

6 繁衍
所有生物都会努力繁衍，生育自己的后代。比如，植物通过种子（能产生出新的植物）来繁衍；动物会下蛋或者生宝宝。

7 生长
年轻的生物随着年龄增长而日渐成熟。有些生物随着年龄增长只有体形会变大，而有些生物则会发生巨大的改变。比如，一粒橡子长成一棵橡树，一条毛毛虫长成一只蝴蝶。

分类

已被发现和描述的物种（生物类型）有将近200万种。我们根据它们所共同拥有的祖先对它们进行分类，就像一张系谱图。

> 超过95%的动物物种属于无脊椎动物。

生物分类

地球上每种生物都可归为几种主要的生物类型，比如动物和植物。

感觉器官帮助动物应对环境。

1 动物
动物是以其他生物为食物的多细胞生物。它们拥有探测周围环境变化的感觉器官，以及可以快速反应的神经系统和肌肉。

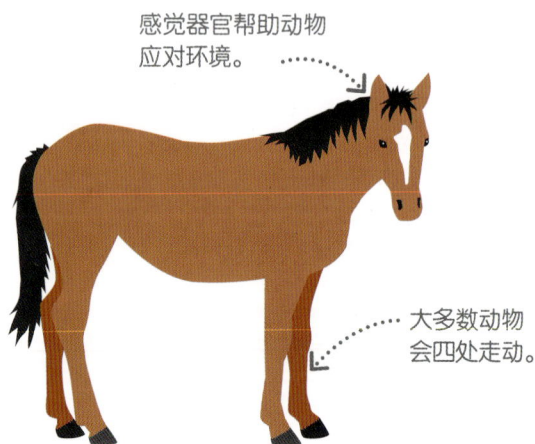

大多数动物会四处走动。

2 植物
植物是通过捕获阳光来制造食物的多细胞生物。大多数植物通过树叶吸收阳光，并通过根来固定自己的位置，从大地吸收水分。

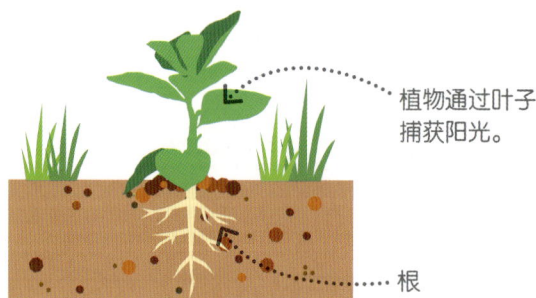

植物通过叶子捕获阳光。

根

3 真菌
真菌从死去的或者活着的有机体中获取食物，比如土壤、腐烂的木头或动物尸体。真菌王国的成员包括酵母菌、霉菌和蕈菌。

子实体是生活在土壤中的菌丝的生殖器官。

菌丝

4 微生物
微生物极其微小，只有通过显微镜才能被看见。很多微生物仅仅由一个细胞组成。

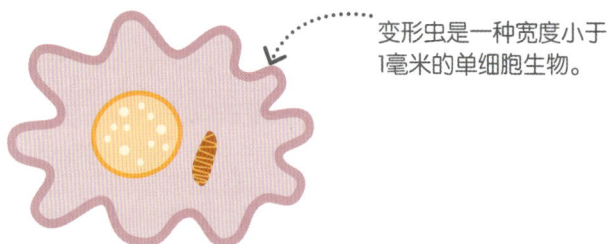

变形虫是一种宽度小于1毫米的单细胞生物。

动物分类

地球上的动物可以分为两大类：有脊柱的动物（脊椎动物）和无脊柱的动物（无脊椎动物）。每个大类可以被分为更多的小类。

无脊椎动物

海绵
海绵不能移动。它们可以通过芽孢繁殖。

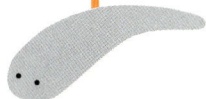

扁虫
扁虫是一种身体扁平、没有体节的蠕虫。

环节动物
环节动物是身体有体节的蠕虫。蚯蚓就是环节动物。

棘皮动物
棘皮动物是一种海洋生物，比如海星和海胆。

刺胞动物
刺胞动物包括水母和海葵。它们有触须，并且它们的身体是对称的。

节肢动物
节肢动物具有坚硬的外骨骼。昆虫和蜘蛛就是节肢动物。

软体动物
大部分的软体动物都带有保护壳。

脊椎动物

鱼类
鱼类有用于呼吸的鳃和鳞片状的皮肤。它们是冷血动物，这意味着它们的体温会随着环境发生变化。

两栖动物
这类冷血动物的皮肤又湿又黏，它们大多在水中产卵。

爬行类动物
这类冷血动物有干燥的、鳞片状的皮肤。它们大多在陆地上产卵。

鸟类
鸟类是恒温动物，这意味着它们可以维持恒定的体温。它们有羽毛并且大多数会飞。

哺乳动物
哺乳动物是带有皮毛的恒温动物。它们用乳汁哺乳后代。

细胞

所有生物（除病毒外）都是由被称作细胞的基本单元组成的。最小的生物仅由一个细胞组成，但是动物和植物都是由数百万个共同协作的细胞组成的。

你的身体里大约有60万亿个细胞。其中大多数是血细胞。

动物细胞

动物细胞和植物细胞有很多共同点，但是动物细胞没有坚固的细胞壁，所以它们的形状是不规则的。每个细胞都像一座微型工厂，每秒钟都要执行上百种不同的任务。很多任务都是由细胞里被称为细胞器的微小结构来完成的。

1 细胞膜
细胞膜是细胞的外部屏障。它就像是一层油膜，可以阻止水的渗透。但是，细胞膜上的"小门"允许其他物质通过。

2 线粒体
线粒体是给细胞提供能量的杆状细胞器。为了工作，必须持续不断地给它们供应糖分和氧气。

3 细胞核
细胞核里储存着决定细胞工作和生长方式的DNA分子（脱氧核糖核酸）。

4 细胞质
被称为细胞质的胶状流体填充了细胞的大部分空间。细胞质主要由水组成，但是水里也含有很多其他物质。

5 内质网
诸如蛋白质和脂肪这些有机大分子，都是在这个带有膜管和膜囊的内质网上制造的。

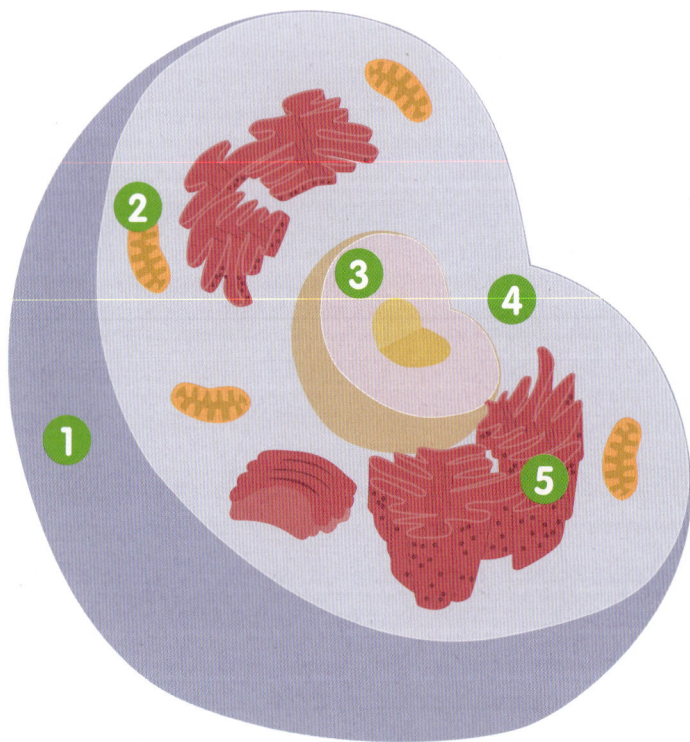

细胞的大小

大多数细胞都远远小于1mm。人类用肉眼是看不见的，于是科学家用显微镜来研究细胞。通常来说，植物细胞比动物细胞要稍大一点。

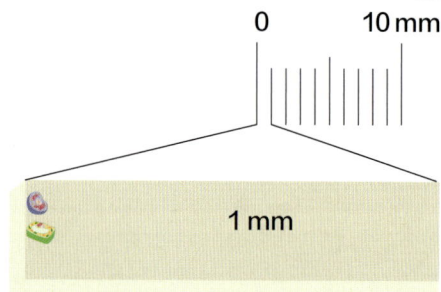

0　　10 mm

1 mm

植物细胞

植物细胞有很多和动物细胞一样的细胞器，但是它们还有一个存储液体的液泡和被称作叶绿体的亮绿色细胞器。叶绿体用于捕获和存储从阳光中获取的能量。除此之外，植物细胞还有使它们比动物细胞更坚硬的"外墙"——细胞壁。

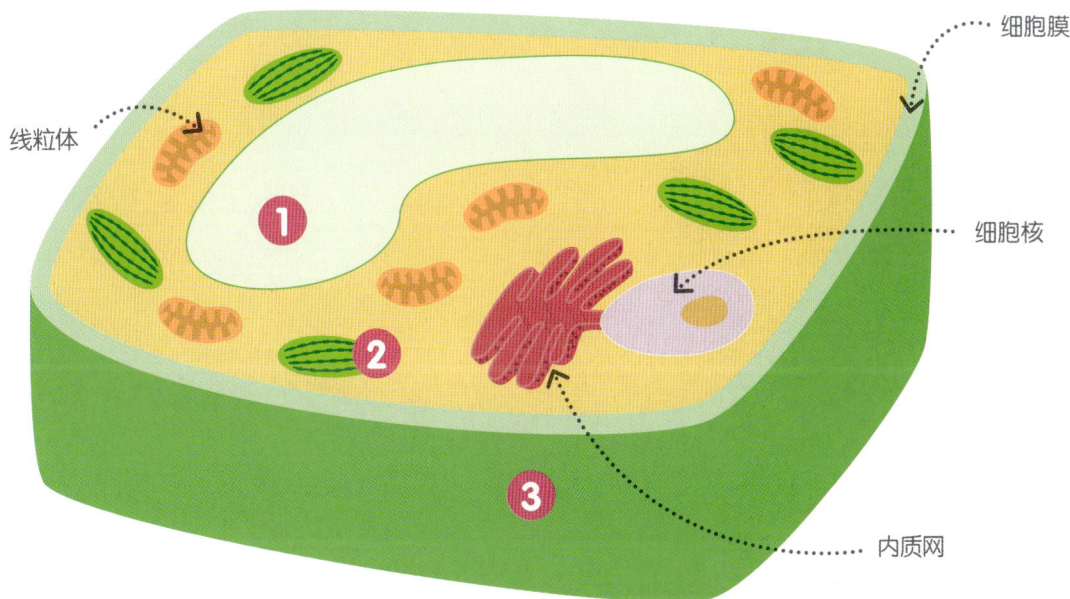

线粒体

细胞膜

细胞核

内质网

1 植物细胞中间的液泡可以储存水。当你给植物浇水时，液泡会吸水膨胀，从而使得植物的茎和叶更加饱满和结实。

2 叶绿体利用光能将空气和水合成能量丰富的糖分子。这个过程被称为光合作用。

3 细胞壁包裹并支撑着植物细胞。它由一种被称为纤维素的材料组成。纤维素呈纤维状，非常坚韧，也是纸张、棉花和木头的主要成分。

现实世界的技术

显微镜

显微镜是能观察像细胞一样的微小物体的装置。使用一系列像放大镜一样工作的曲面玻璃透镜，可以让物体放大几百倍。将细胞样本放置在一个薄玻璃片上，让一束光线透过这个玻璃片，可使细胞更加清晰可见。

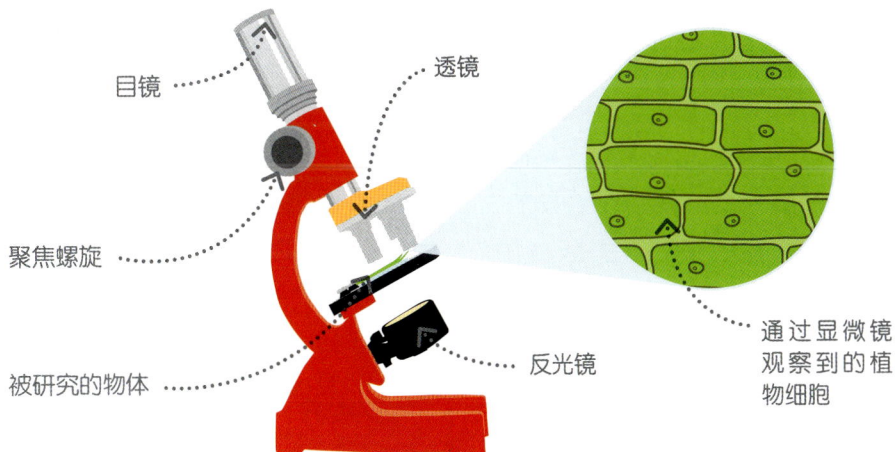

目镜

透镜

聚焦螺旋

被研究的物体

反光镜

通过显微镜观察到的植物细胞

细胞、组织和器官

人体内的细胞成群结队地组合在一起工作，形成了组织。不同的组织连接在一起形成了器官。不同的器官又可以组合成系统。

细胞的种类

细胞的形状和种类有很多种，每种细胞扮演一种特定的角色。每个细胞有相同的基本结构：被称为外衣的细胞膜；果冻状的细胞质；很多为细胞提供生命的细胞器，以及细胞的控制中心——细胞核。

被称为线粒体的细胞器向细胞提供完成工作所需的能量。

灵活可变的形状

可变的形状使得细胞能吞噬细菌

卵核

细胞外被

1 血红细胞
这些圆盘状的细胞存在于血液中，它们往全身运输氧气。

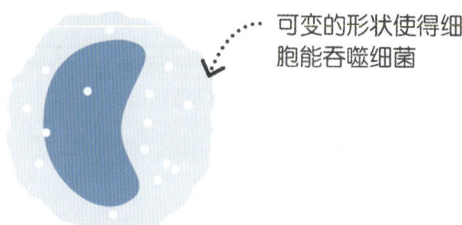

2 白细胞
白细胞在身体里侦察并杀死细菌。

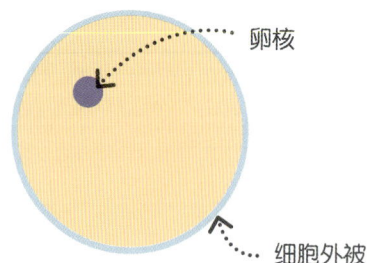

3 卵子
卵子是雌性生物的生殖细胞。受精后，受精卵会长成一个小宝宝。

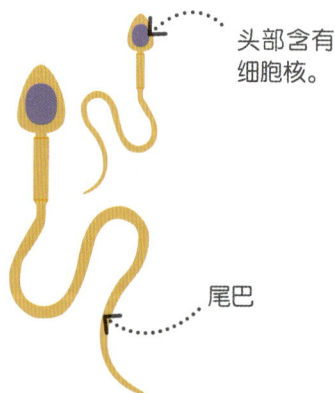

头部含有细胞核。

尾巴

肌丝

细胞体

电信号在一种被称为轴突的纤维中传递。

4 精子
雄性生物的生殖细胞有一个头和一条提供能量的尾巴，这样它就能游向卵子。

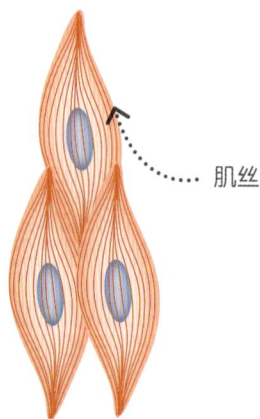

5 肌肉细胞
肌肉细胞中的肌丝收缩产生运动。

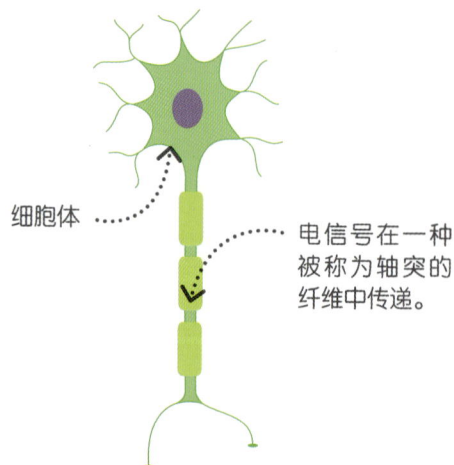

6 神经细胞
由神经细胞连接而成的网络组成了神经系统。它们能在全身传递信号。

组织

很多细胞一层层地连接起来形成了组织。比如，上皮细胞紧紧聚集在一起形成了上皮组织，上皮组织在口腔、胃和肠道的内壁形成了一道保护墙。

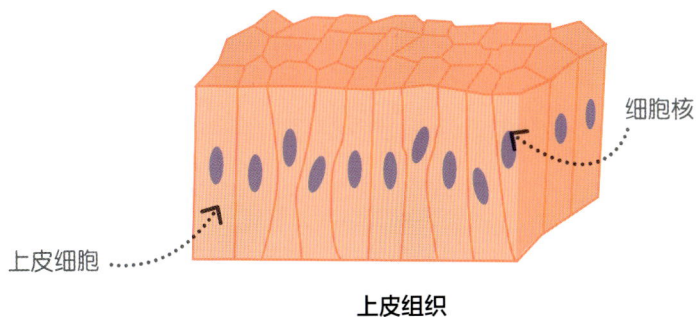

细胞核

上皮细胞

上皮组织

器官

不同种类的组织结合在一起形成了器官。胃是储存和消化食物的器官。它的内壁由上皮组织构成，但是胃壁也包含能分泌消化液的肌肉组织和腺组织。

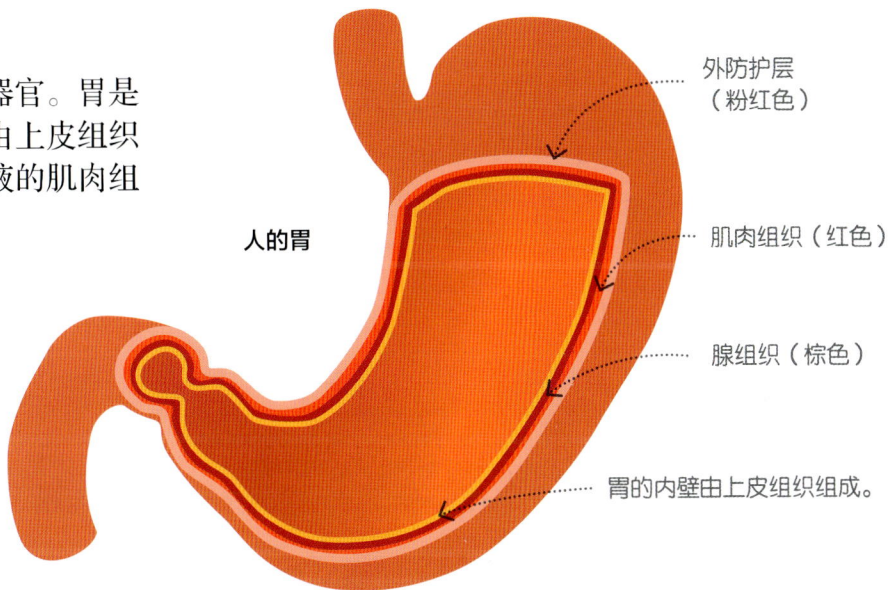

外防护层
（粉红色）

肌肉组织（红色）

腺组织（棕色）

胃的内壁由上皮组织组成。

人的胃

人体消化系统

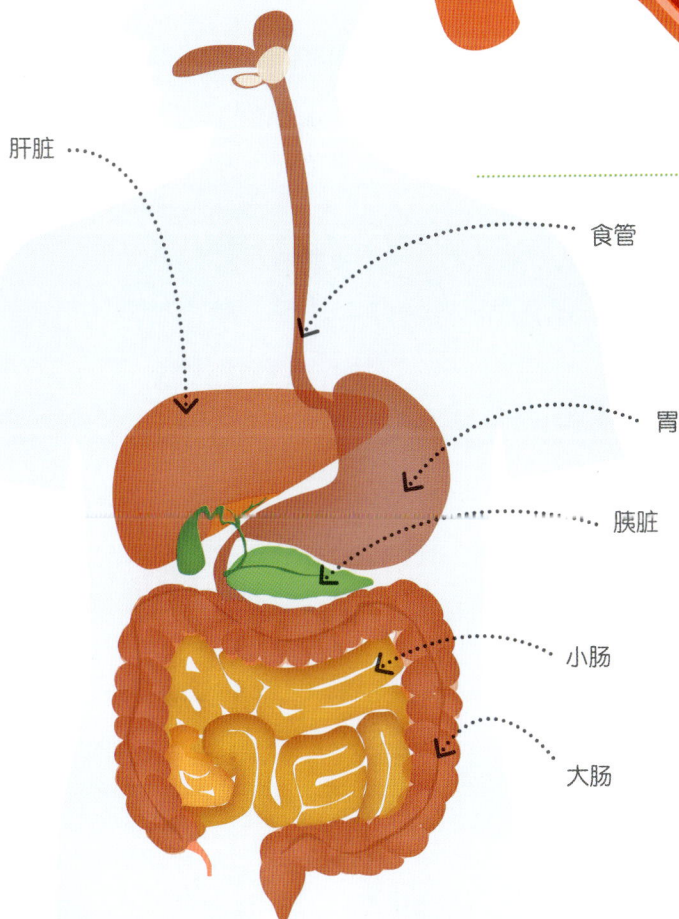

肝脏

食管

胃

胰脏

小肠

大肠

系统

胃只是消化系统（消化食物供身体吸收的一系列器官）中的一个器官。消化系统包括食管、胃、小肠、大肠、肝脏、胰脏等。人体的其他系统还有肌肉系统、神经系统和呼吸系统等。

营养

所有生物都需要食物。食物含有人体细胞生长和修复所必需的、被称为营养素的化学物质。

你的身体不仅需要食物中的营养素，也需要水。

营养素

人体保持健康需要六大类营养素。人体对其中三类的需求量比对其他几类要大，这三类营养素是蛋白质、碳水化合物（糖类）和脂类。均衡多样的饮食是保证你的身体获得所有营养素和必需的水分的最好方式。

坚果中含有大量的蛋白质。

意式面条富含碳水化合物。

1 蛋白质
身体最重要的构成成分——蛋白质，用于建造新的组织和修复已经存在的组织。肉、鱼、鸡蛋、大豆和坚果都富含蛋白质。

2 碳水化合物
碳水化合物就像燃料一样在呼吸时为细胞提供能量。富含碳水化合物的食物包括面包、土豆、米饭、面条和蜂蜜等。

3 脂类
脂肪和油提供了身体能储存的能量。它们也是细胞的一个重要组成部分。食用油、黄油、奶酪和鳄梨都富含脂类。

食物中的能量

食物中的营养物质为你的身体提供能量，就像汽油给汽车提供能量一样。一根香蕉提供的能量足够你跑12分钟左右，其他食物则含有更多的能量。如果获取过多的能量，你的身体就会以脂肪的形式将多余的能量储存起来。

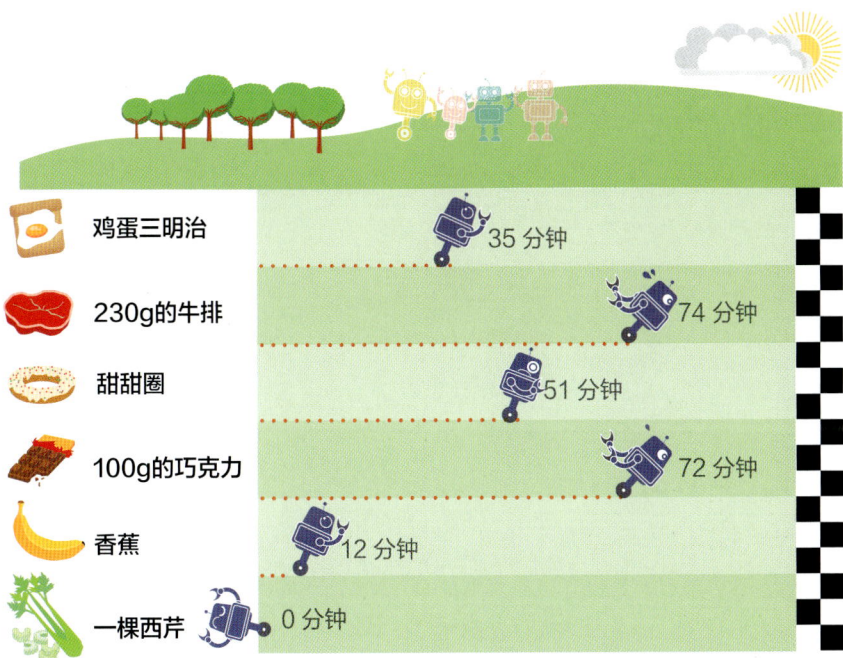

- 鸡蛋三明治 — 35 分钟
- 230g的牛排 — 74 分钟
- 甜甜圈 — 51 分钟
- 100g的巧克力 — 72 分钟
- 香蕉 — 12 分钟
- 一棵西芹 — 0 分钟

试一试 TRY IT OUT
看标签

你可以看看不同的食物包装，在食物的包装上有一个表格，显示了每种营养素的含量及其所含的能量（kJ）。判断一下哪种食物所含能量最多，哪种食物最健康。

营养信息		
标准值	每一份	每日所需的营养比(%)
能量	1 800kJ	22
脂肪	12g	18
碳水化合物	31g	10
蛋白质	9g	15
纤维	0g	0
钠	204mg	10

4 维生素
维生素是身体保持健康所必需的一类微量有机化合物。人体需要13种维生素，大多数来源于新鲜的水果和蔬菜。

5 矿物质
矿物质是身体所必需的微量无机物。例如，钙是牙齿和骨骼所必需的。大多数新鲜蔬菜富含矿物质。

6 纤维素
纤维素来源于植物的细胞壁。大多数纤维素是不能被消化的，但它能帮助消化系统保持健康。蔬菜和全麦食品富含纤维素。

人体消化系统

消化系统会将食物分解成足够小的营养素经血液吸收，进而维持生命活动。

1　口腔
食物在口腔里被牙齿磨碎，被从唾液腺分泌的唾液（口水）滋润。

2　食管
食管连接着口腔和胃。食管内壁的肌肉通过交替收缩和扩张将食物往下推，这个过程被称为蠕动。

3　胃
在胃里，食物和胃液一起混合搅拌。消化酶开始分解蛋白质。

4　小肠
小肠是一根卷曲的长管，长达7米，这使得它拥有巨大的表面积，进而帮助血液吸收食物中的营养素。小肠里的消化酶可以分解蛋白质、脂肪和碳水化合物。

5　大肠
大肠里的细菌分解一部分小肠没有消化的食物，并释放出更多的营养素。通过大肠还没有消化的食物从肛门以粪便的形式排出体外，而里面的水分则被身体吸收。

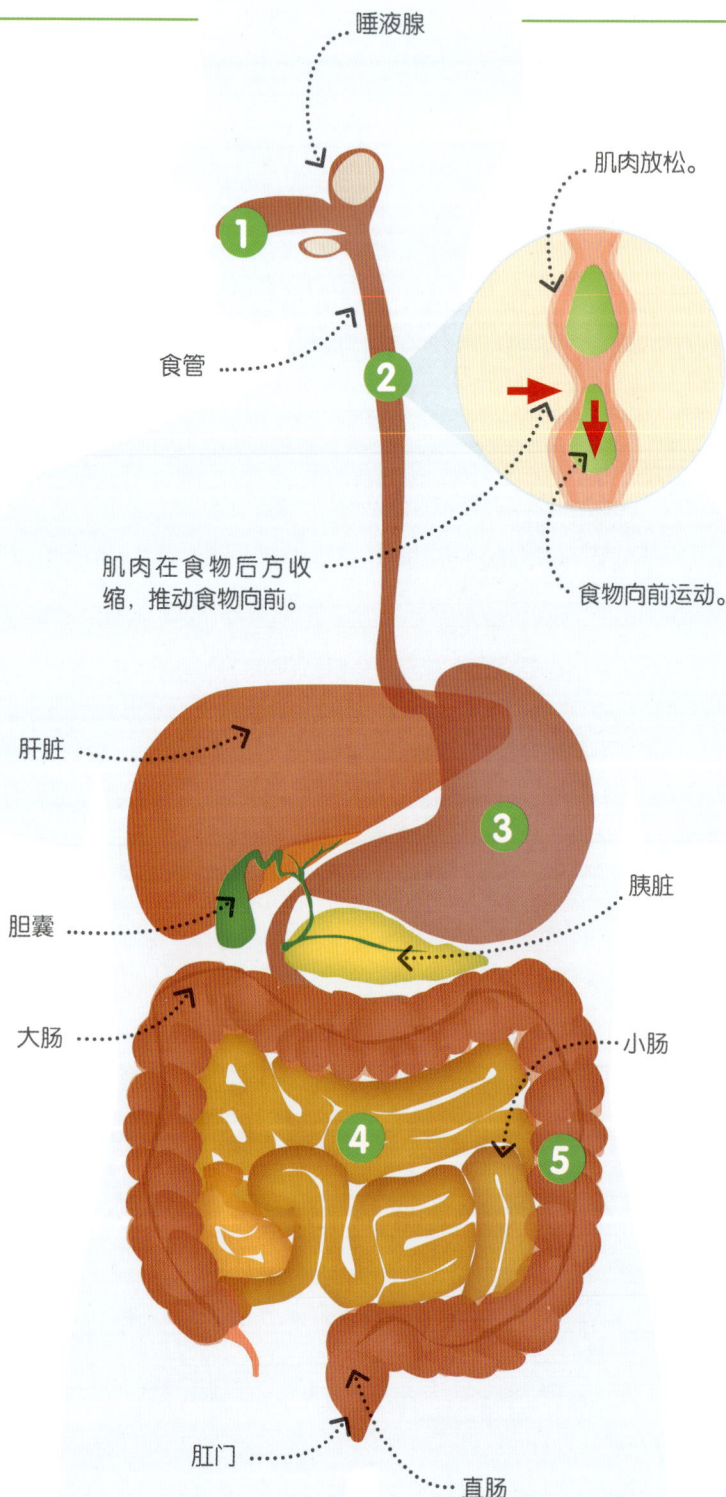

唾液腺

肌肉放松。

食管

肌肉在食物后方收缩，推动食物向前。

食物向前运动。

肝脏

胰脏

胆囊

大肠

小肠

肛门

直肠

试一试 TRY IT OUT

肠模型

你能用一双旧的紧身袜、橙汁、咸饼干、一根香蕉和一把剪刀制作一个肠模型吗？模型的制作会将周围弄得比较脏乱，请确保在托盘上完成。

1 将一根香蕉和五块咸饼干放进一个碗里，然后倒入一杯橙汁。把它们捣碎成泥状混合物。

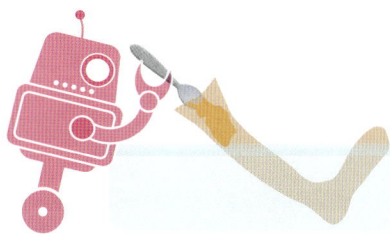

2 用勺子将混合物装入一只旧紧身袜里。将紧身袜放在托盘上，将食物往前挤。橙汁将从紧身袜中渗出，就像营养素从肠壁进入血液中一样。

3 继续将混合物沿着紧身袜往前挤，直到剩下的混合物堵在袜子末端。用剪刀剪开袜子的末端，然后将剩下的混合物从洞里推出。

酶是怎样工作的

食物的营养素由长的链状分子组成，它们太大以至于身体无法吸收。酶是一种化学物质，可攻击这个链条的连接部位，将分子分解为足够小的、能进入血液的小分子。每种酶只作用于一种类型的营养素。

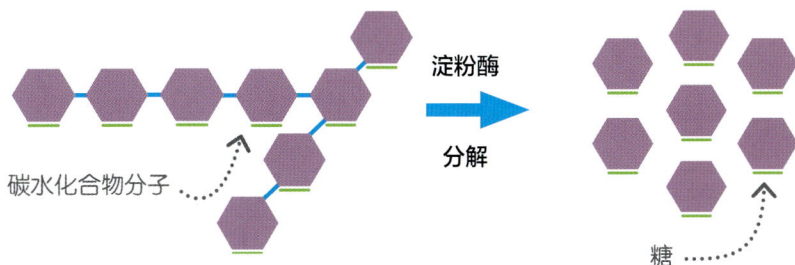

淀粉酶 **分解**

碳水化合物分子 ⋯⋯ 糖 ⋯⋯

1 碳水化合物分子
碳水化合物分子被酶（如淀粉酶）分解为糖。淀粉酶在口腔和小肠里工作。面食和米饭富含碳水化合物。

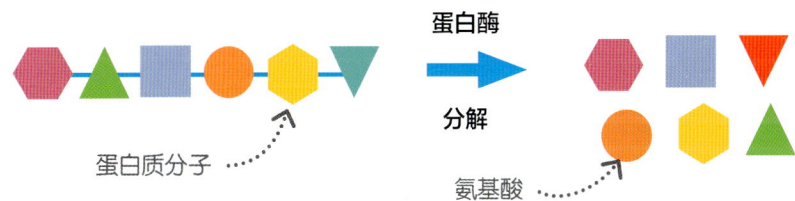

蛋白酶 **分解**

蛋白质分子 ⋯⋯ 氨基酸 ⋯⋯

2 蛋白质分子
蛋白酶在胃和小肠里工作，它们将蛋白质分子分解为氨基酸。肉和奶酪富含蛋白质。

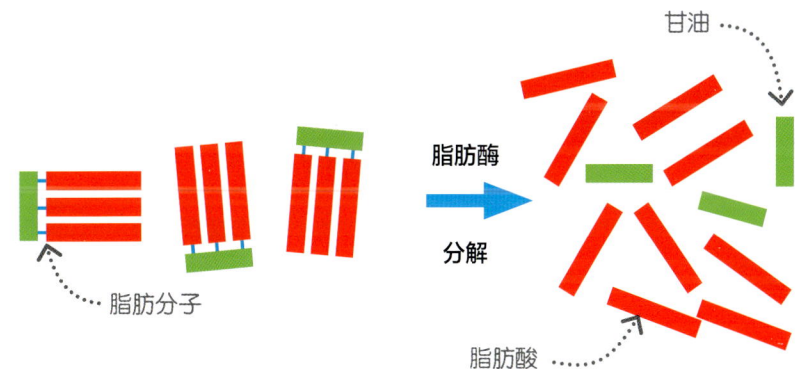

甘油 ⋯⋯

脂肪酶 **分解**

脂肪分子 ⋯⋯ 脂肪酸 ⋯⋯

3 脂肪分子
肝脏可以分泌一种消化液（胆汁），将脂肪转变为小分子。这些小分子在小肠里脂肪酶的作用下被分解为脂肪酸和甘油。

牙齿

动物位于颌里面的一套"装置"——牙齿，可以帮助分解食物。肌肉使颌能完成咀嚼的动作，而牙齿则提供坚硬的边缘，用于切开、撕碎或磨碎食物。

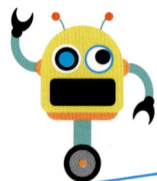

牙齿表面覆盖牙釉质，这是人体最坚硬的物质。

人类的牙齿

不同形状的牙齿有不同的作用。人类是杂食性动物，这意味着我们可以吃各种各样的食物，包括植物和动物，所以我们的牙齿也不只适合一种食物。

1 臼齿
臼齿（磨牙）顶部是一个平面，平面上有各种隆起，可以用于咀嚼和磨碎食物。

2 前臼齿
前臼齿（磨牙）帮助较大的臼齿把食物磨成糊状。

3 犬齿
尖尖的犬齿（尖牙）咬住食物，并将其撕成更小的碎片。

4 门牙
像凿子一样的门牙（切牙）位于口腔前部，用于咀嚼和切割食物。

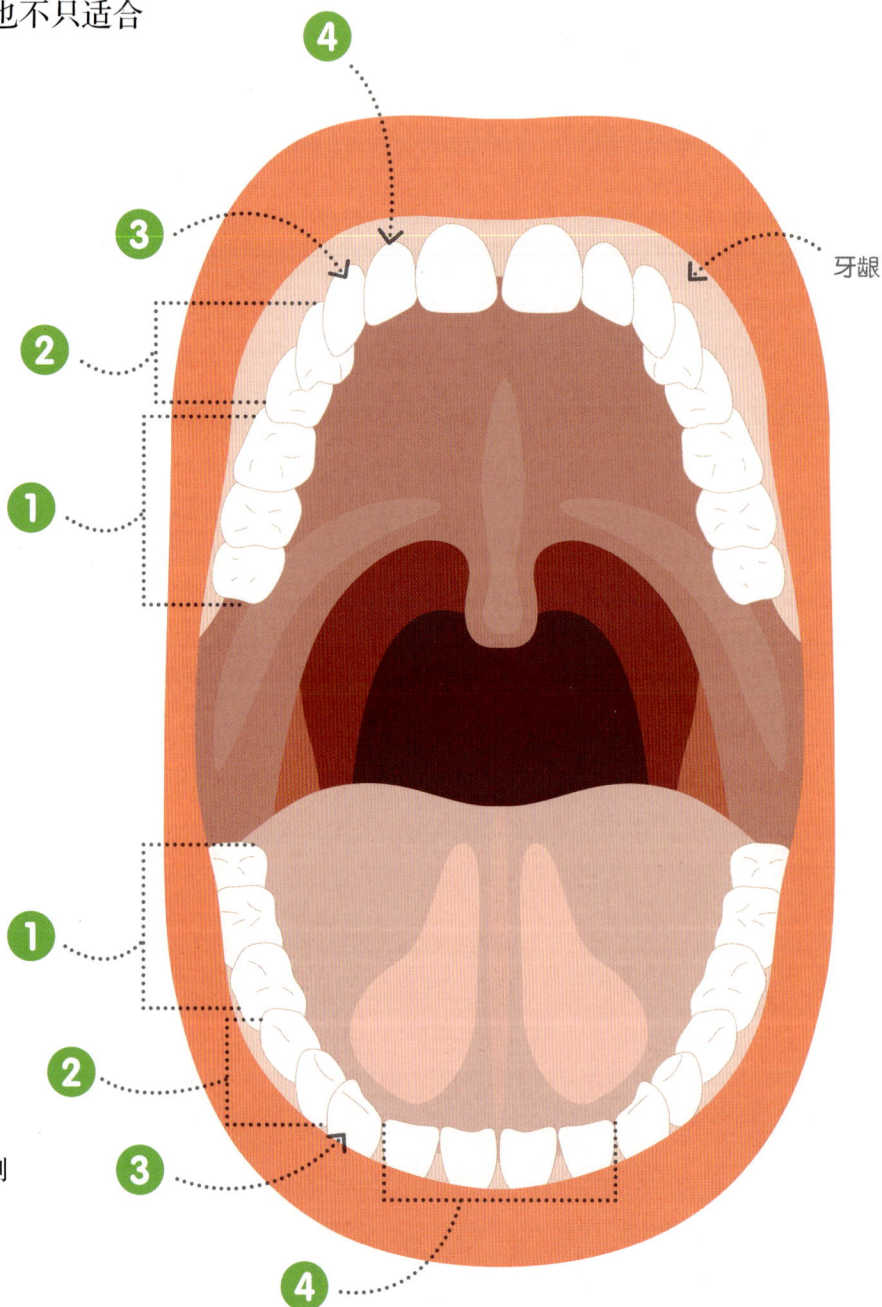

牙龈

肉食性动物的牙齿

像猫和狗这种肉食性动物是吃肉的，这意味着它们需要能够杀死猎物并将其撕成碎片的牙齿。

狗的颅骨

1 用于抓取的犬齿
巨大的、匕首般锋利的犬齿可以抓住并刺伤猎物。犬齿能够把肉刺穿，帮助肉食性动物杀死猎物并吃掉肉。

2 用于切割的臼齿
肉食性动物的臼齿边缘像刀一样锋利，可以用于切割肉。臼齿的根部很深，这使它很稳固，能咬碎骨骼。

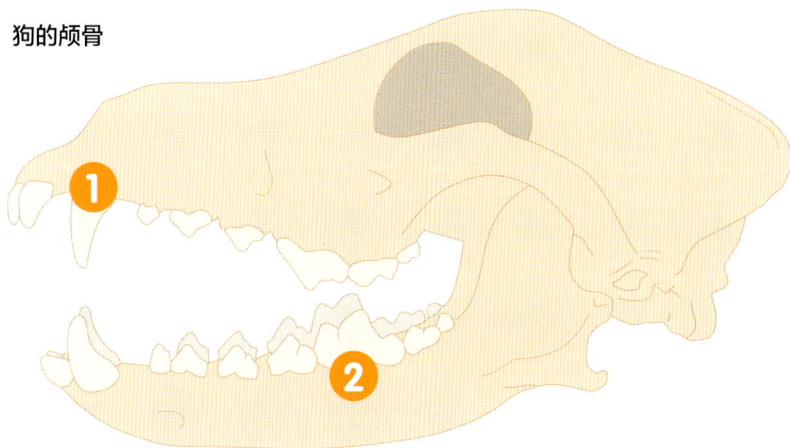

植食性动物的牙齿

像兔子和马这种植食性动物是吃植物的，这就意味着它们需要能够切割和咀嚼植物的牙齿。

马的颅骨

1 用于吃草的门牙
长且锋利的门牙位于口腔前部，可以切断植物。吃植物不需要犬齿，所以有些植食性动物没有犬齿。

2 用于研磨的臼齿
植物比肉要坚硬得多，因此植食性动物的臼齿表面粗糙，有锋利的脊状隆起，用于碾碎植物。

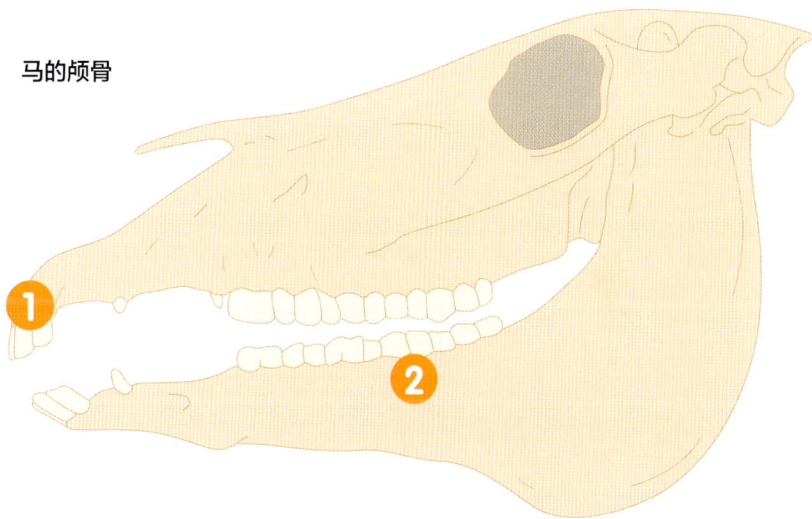

现实世界的技术

种植牙

如果一个人失去了一颗成熟的牙齿，可以利用种植体来安装替代的牙。种植牙可以使用一种人造的钛种植体作牙根。它被放置在牙龈下方的颌骨上，顶部有一个连接器，这样牙医就可以给它接上一颗替代的牙齿。

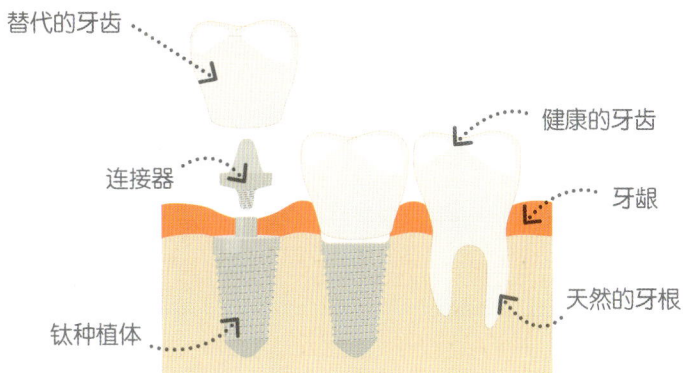

替代的牙齿

连接器

钛种植体

健康的牙齿

牙龈

天然的牙根

呼吸

所有的活细胞都需要能量。它们利用呼吸作用获取能量，呼吸作用可以释放储存在食物分子中的化学能，并将其转化为一种细胞能使用的形式。

跑步使你的身体需要更多的氧气，所以你呼吸得越来越深、越来越快。

有氧呼吸

大多数生物利用氧气释放能量。这个过程叫作有氧呼吸。活的细胞需要持续的氧气供应维持生命，动物运动越活跃，需要的氧气就越多。

氧气进入

肺

1 获得氧气
人体通过鼻和口腔将空气吸入肺部，从而获得所需的氧气。

心脏

2 肺部
氧气从肺部进入血液。呼吸作用所产生的二氧化碳则被血液运送到肺部，然后被呼出。

腿部肌肉

3 通过血液
氧气通过血液中的血红蛋白运往全身各处。血红蛋白是使我们的血液呈红色的物质。

4 肌肉细胞
在肌肉细胞内部，化学反应将葡萄糖（食物中的糖分子）和氧气转化为水和二氧化碳，这个过程会释放能量，从而使肌肉收缩。

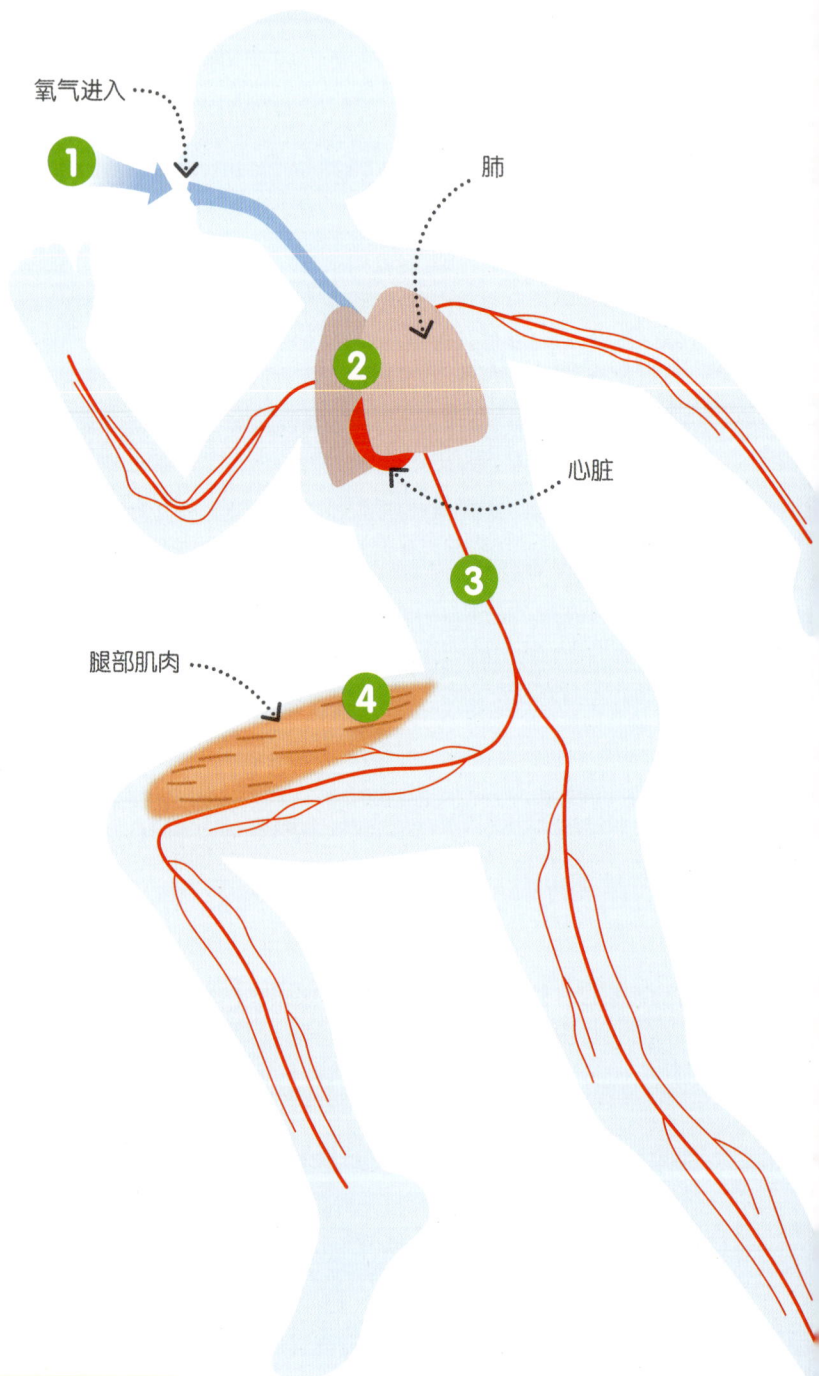

| 葡萄糖 | + | 氧气 | → | 水 | + | 二氧化碳 | + | 能量 |

无氧呼吸

如果一个细胞不能获得足够的氧气进行有氧呼吸，它就会转向无氧呼吸。无氧呼吸比有氧呼吸释放出的能量少。在人体中，无氧呼吸会产生一种叫作乳酸的废物，乳酸在运动过程中还会积累起来，让人产生肌肉酸痛的感觉。像酵母这样的微生物，在没有氧气的地方，如在腐烂的水果里面会进行无氧呼吸。

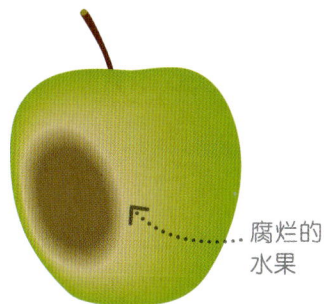

腐烂的水果

气体交换

生物有可以进行气体交换的结构，让氧气进入身体，并排出二氧化碳。为帮助气体进入和排出身体，气体交换的结构一般都比较薄，并且表面积很大，如昆虫的气管、鱼的鳃和哺乳动物的肺。

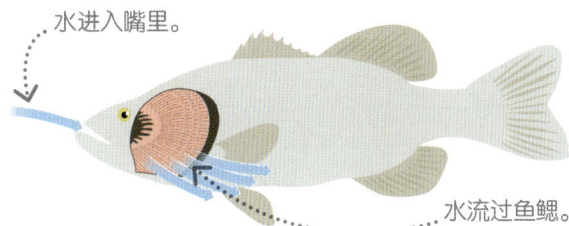

水进入嘴里。

水流过鱼鳃。

3 鱼

富含氧气的水进入鱼的嘴里并流过鱼鳃。鱼鳃中含有大量可以吸收氧气的微小血管。

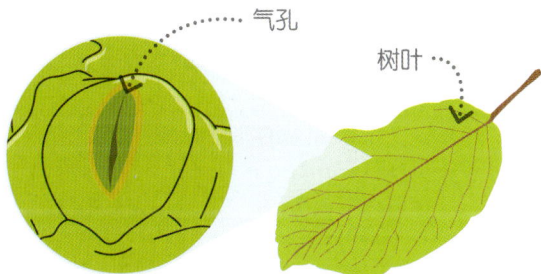

气孔

树叶

1 植物

植物叶子的下面有成千上万个被称为气孔的小孔。每个气孔都可以打开和关闭，从而让气体进入叶片或者从叶片中排出。

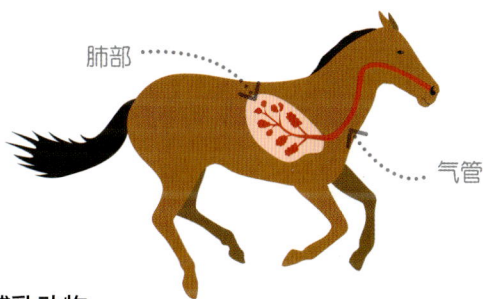

肺部

气管

4 哺乳动物

当哺乳动物呼吸时，它们吸气，将富含氧气的空气吸入肺部，然后呼气，呼出二氧化碳。

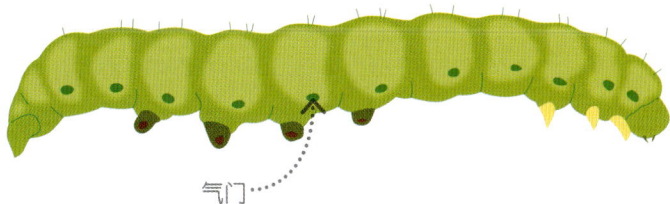

气门

2 昆虫

昆虫通过身上被称为气门的小洞让空气进入体内。这些气门连着被称为气管的管状网络，气管贯穿昆虫全身。

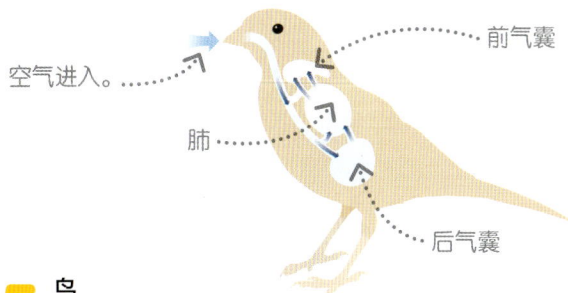

空气进入。

前气囊

肺

后气囊

5 鸟

在鸟类体内，空气在肺部是单向流动的。空气在连接身体不同部位的气囊之间运动。

肺与呼吸

你体内的细胞需要持续的氧气供应来维持生命。你每呼吸一次，空气便会进入你的肺部，其中的氧气进入你的血液，被运往全身。

> 在你的肺里大约有4.8亿个肺泡。

吸气

1 横膈膜是胸部和腹部之间的一大块肌肉。肋间肌收缩，提起肋骨，扩展胸腔，与此同时，横膈膜变得扁平、向下移动。这些运动使肺扩张。

2 空气从鼻和口腔进入身体，顺着气管向下，进入肺部。

3 气管分叉形成无数个小管，称为细支气管，细支气管的末端有一个叫作肺泡的小囊。肺泡里充满了空气。

4 氧气通过肺泡壁扩散进入血液，二氧化碳从血液扩散到肺泡中，然后被呼出。人体内的肺泡数量庞大，为气体交换提供了巨大的表面积。

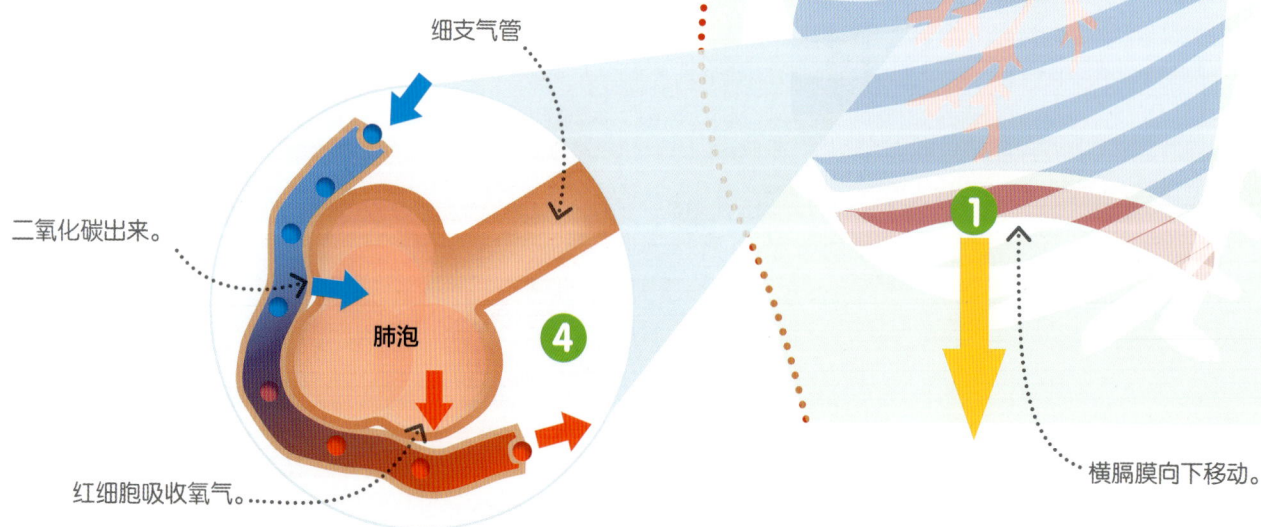

气管

吸入气体

胸腔向上、向外移动。

细支气管

二氧化碳出来。

肺泡

红细胞吸收氧气。

横膈膜向下移动。

哮喘

如果一个人患有哮喘，他的支气管壁上的肌肉有时会收缩并发炎肿胀。细支气管变窄，人会呼吸困难。

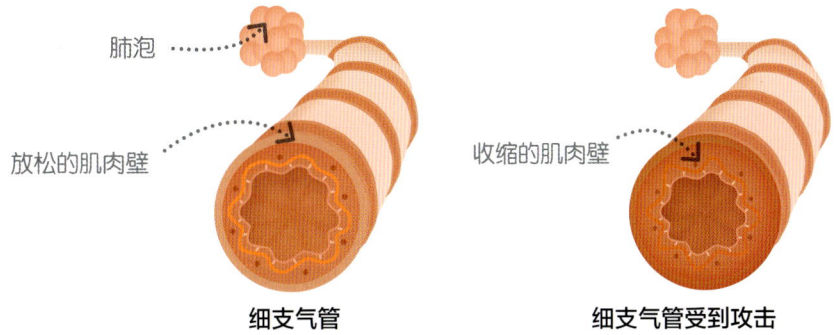

肺泡

放松的肌肉壁

收缩的肌肉壁

细支气管

细支气管受到攻击

呼气

1 横膈膜弹回自然的拱形，挤压肺部。

2 胸腔向下移动，同时挤压肺部。

3 肺里的气体经过细支气管进入气管，再从鼻和口腔排出体外。

呼出气体

③

胸腔向内、向下移动。

②

横膈膜向上移动。

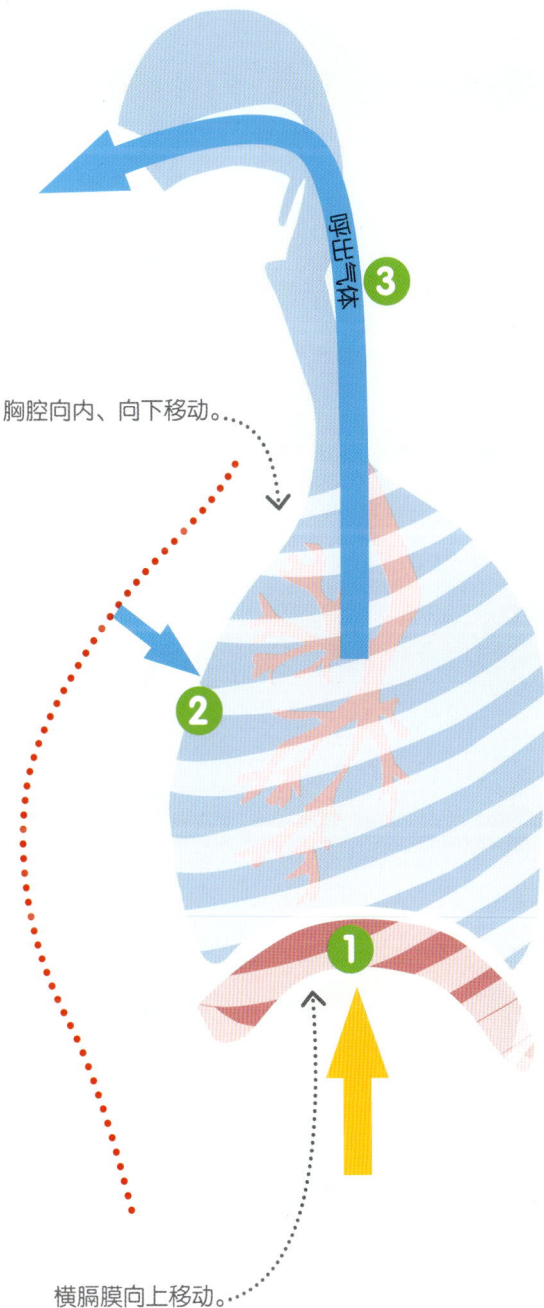

试一试 TRY IT OUT

测量你的肺活量

将一个装满水的塑料水瓶倒扣在一碗水中，把瓶口埋在水下。取下盖子，在瓶口放一根又长又软的吸管。现在，深吸一口气，尽可能往吸管里吹气，从瓶子里收集的空气量可以看出你的肺活量。

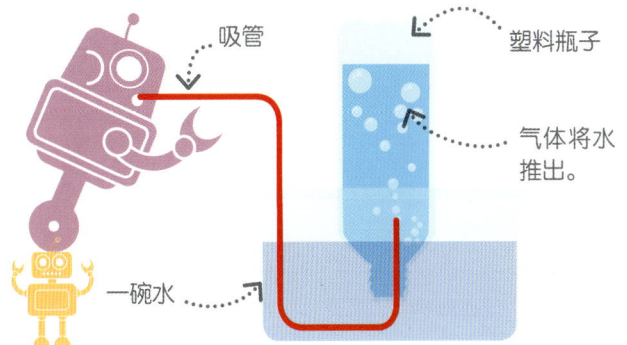

吸管

塑料瓶子

气体将水推出。

一碗水

血液

血液是流动在动物身体里的液体，输送氧气和营养，并带走废物。它由心脏泵出，流经一个巨大的管道网络，到达身体的各个部位。

血液运输系统

所有大型动物都利用血液作为氧气、营养和废物的运输系统。血液通过血管在体内循环流动。心肌有规律地收缩，使血液往一个方向流过这些血管。

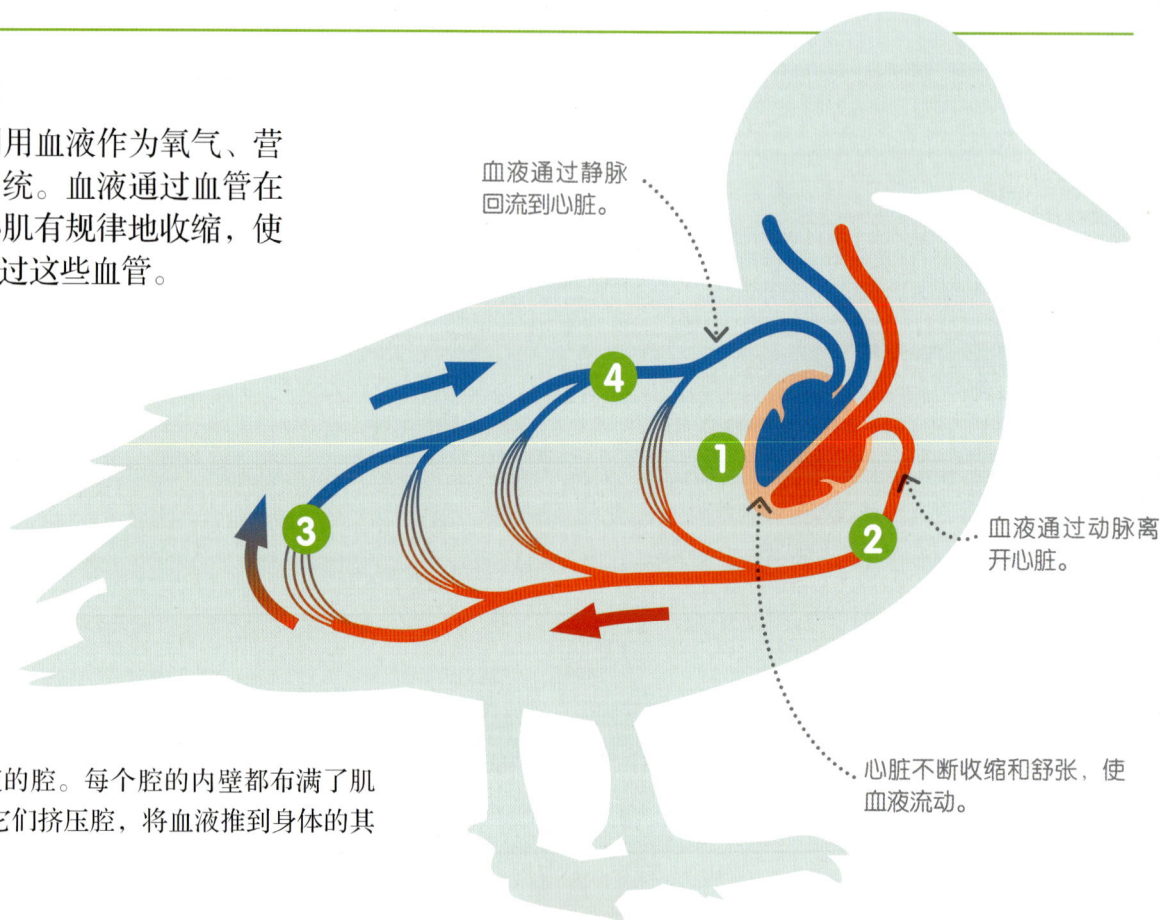

血液通过静脉回流到心脏。

血液通过动脉离开心脏。

心脏不断收缩和舒张，使血液流动。

1 心脏

心脏内有充满血液的腔。每个腔的内壁都布满了肌肉。当肌肉收缩时，它们挤压腔，将血液推到身体的其他部位。

2 动脉

从心脏延伸出来的、强制的血管叫作动脉。它们将血液输送到人体的各个组织。动脉的血管壁很厚，这样它就能承受血液流经其中时产生的压力。

动脉横截面

瓣膜

静脉横截面

3 毛细血管

在人体组织的内部，动脉分叉形成数十亿微小的薄壁血管，称为毛细血管。营养、氧气和废物通过扩散从血液进入组织细胞。

4 静脉

静脉把血液带回心脏。静脉中的瓣膜可阻止血液倒流。静脉的血管壁比动脉的血管壁薄，是因为里面的血液压力较低。

血液是怎样工作的

血液是由数十亿微小细胞组成的鲜活液体。血液由四种成分组成：红细胞、白细胞、血小板和血浆，它们有着不同的功能。

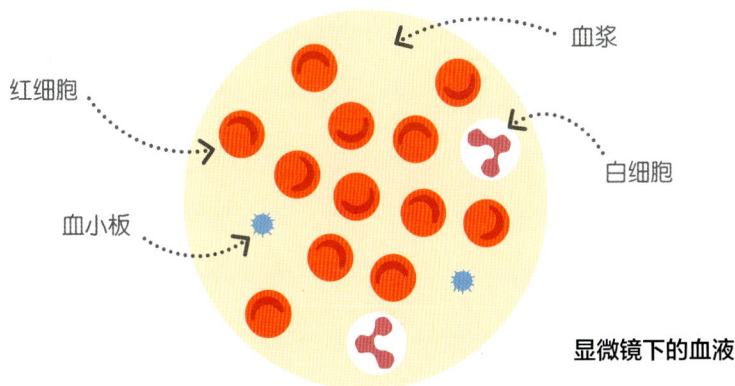

红细胞

血浆

血小板

白细胞

显微镜下的血液

1 红细胞是血液中数量最多的细胞。它们含有血红蛋白，血红蛋白可以运输氧气。红细胞没有细胞核。

2 白细胞比红细胞大。它们不运输物质。但是它们可以杀死细菌，从而保护身体免受感染。

3 血小板是细胞碎片，在血管受伤后，它们会聚集起来，帮助血管中的血液凝结，修补破损的血管。

4 血浆是一种淡黄色的液体，主要由水组成。血浆在体内运输溶解的营养和废物（如二氧化碳）。

扩散

毛细血管将血液中的氧气和营养输送到身体的每个细胞，这些物质通过扩散进入细胞。扩散是指物质从高浓度区向低浓度区转移的过程。二氧化碳等废物则从细胞扩散到毛细血管中。毛细血管壁只有一个细胞厚，所以扩散的距离很短。

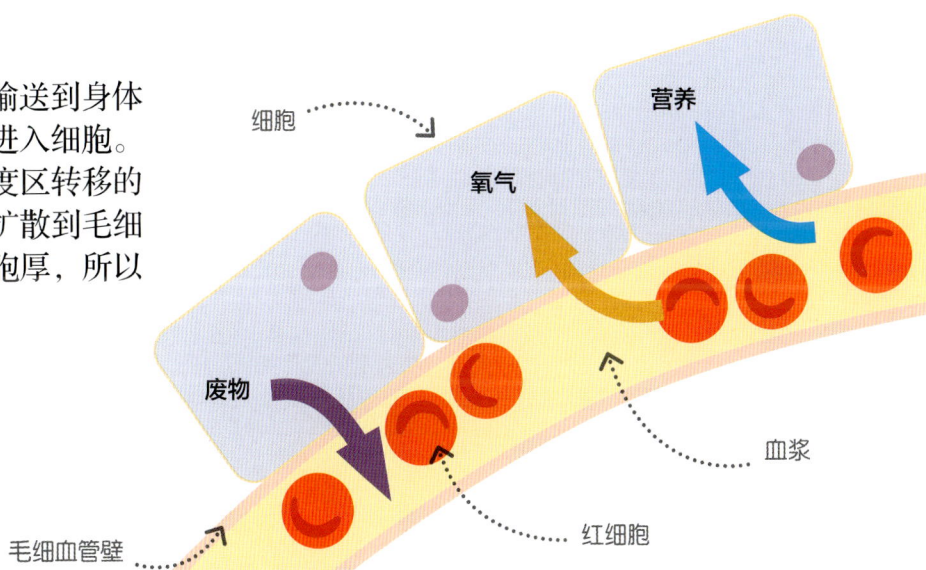

细胞

营养

氧气

废物

血浆

红细胞

毛细血管壁

现实世界的技术

输血

输血是将健康人（供血者）的血液输给生病或严重受伤的人。采血是将一根塑料管插入供血者手臂的静脉，抽出血液。在给病人注射之前，要对血液进行检测，以确保与病人的血型相符。

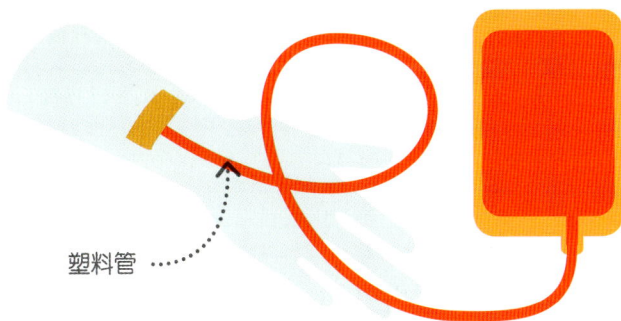

塑料管

心脏

心脏是一个强壮的肌肉泵，它能保持血液在全身流动。与其他肌肉不同的是，心脏在不停地工作，在你的一生中它都在不断地跳动。

心跳的声音是由心脏内部的瓣膜猛烈关闭而引起的。

心脏内部

心脏内部有四个腔——两个在顶部，叫作心房；两个在底部，叫作心室。每次心脏放松时，心房和心室都会充满血液。当心脏收缩时，血液则被挤出。心脏瓣随着每一次心跳打开和关闭，以保证血液流向正确的方向。

静脉将血液回流到心脏。
动脉将血液带离心脏。
左心房
右心房
房室瓣
房室瓣
左心室
右心室

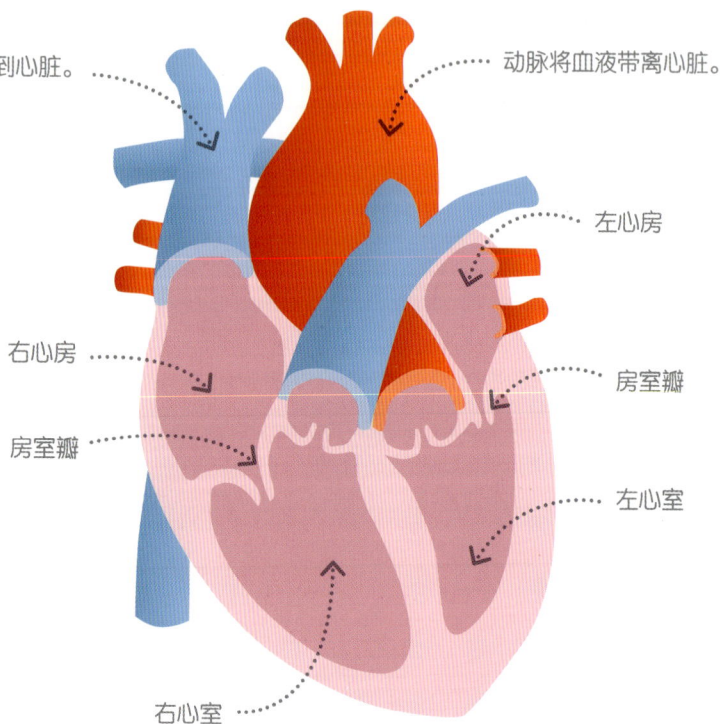

心跳的阶段

心脏不知疲倦地跳动，一分钟大约70次，一年大约4 000万次。每一次心跳都准确地经过了以下步骤。

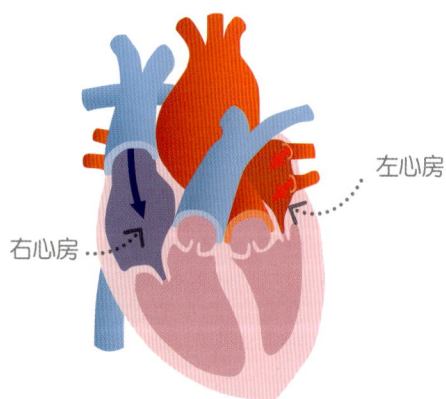

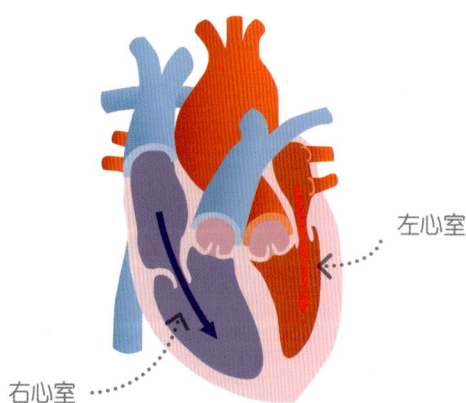

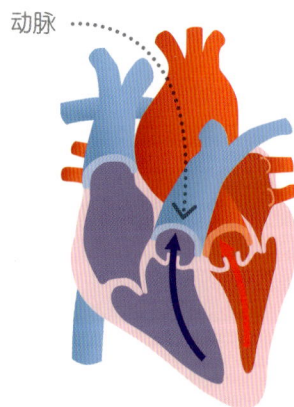

左心房
右心房
左心室
右心室
动脉

1 当心脏放松时，来自静脉的血液充满两个心房。

2 心房壁收缩，血液被挤进两个心室。

3 心室壁收缩，将血液从心脏泵入动脉。

双重循环系统

心脏的左右两边通过两条不同的路径输送血液。一条路径是将血液输送到肺部，收集氧气；另一条路径是将血液输送到身体的其他部位，从而将氧气输送到身体的各个器官。

1 心脏右边的部分将血液泵至肺，血液在那里吸收氧气并释放出二氧化碳。

2 含氧量高的血液，如图红色所示，返回到心脏的左侧。

3 血液被泵到体内的其他器官，提供氧气并吸收二氧化碳。

4 含氧量低的血液回到心脏，循环重新开始。

大脑

肺

心脏

肝脏

肠

身体的其他部位

含氧量低的血液

含氧量高的血液

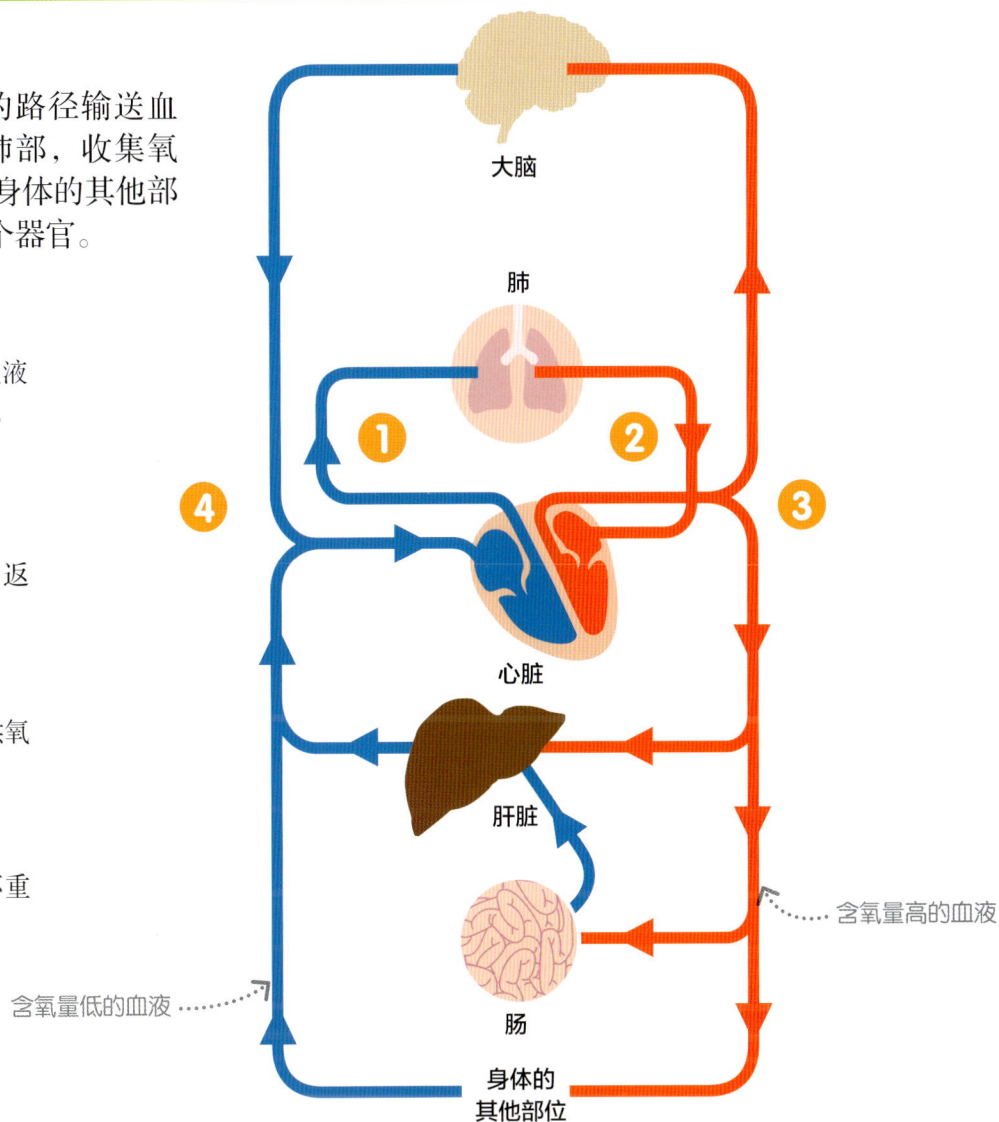

现实世界的技术

修补心脏

如果一个人有不健康的饮食习惯，脂肪会在为心脏肌肉提供血液的冠状动脉中堆积。冠状动脉就会变得狭窄，不能正常工作。在某些情况下，冠状动脉的修复需要插入一个金属支架，使其扩张。

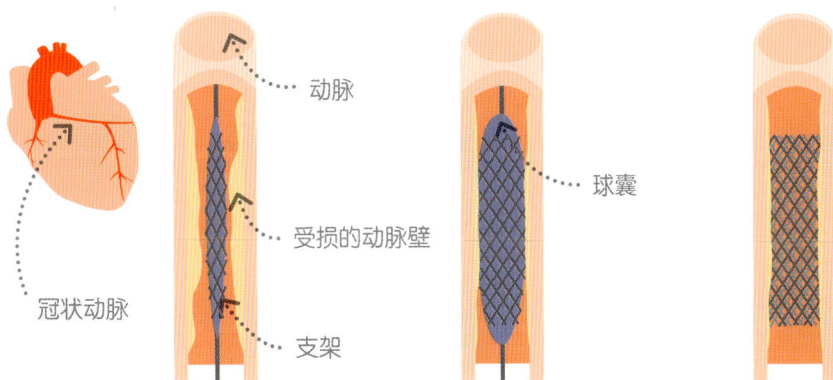

冠状动脉

动脉

受损的动脉壁

支架

球囊

1 支架被插入受损的动脉。支架里面有一个球囊。

2 球囊膨胀。这样就打开了支架，扩张了有问题的动脉。

3 移除球囊，将支架放置在适当的位置。血液就可以自由流动了。

排泄

在活细胞中发生的许多过程都会产生废物。把这些不需要的化学物质从体内清除的过程叫作排泄。

人体内的排泄

人体最重要的排泄器官是肾脏。同时，其他一些器官在排泄中也起着重要的作用。

1 皮肤
皮肤分泌汗液主要是给身体降温，但它也会把体内的水和盐排出体外。

2 肺
二氧化碳是呼吸作用的废物。它被血液带到肺部，然后呼出。

3 肝脏
肝脏分解多余的蛋白质，产生一种富含氮的化学废物——尿素。它还能分解老化的血细胞，产生胆色素随胆汁排出。

4 肾脏
肾脏过滤血液中的尿素、多余的水分和其他废物，产生尿液。

5 膀胱
膀胱储存来自肾脏的尿液，尿液充满时膀胱会膨胀。当膀胱存满尿液时，它的神经末梢会触发排尿的冲动。

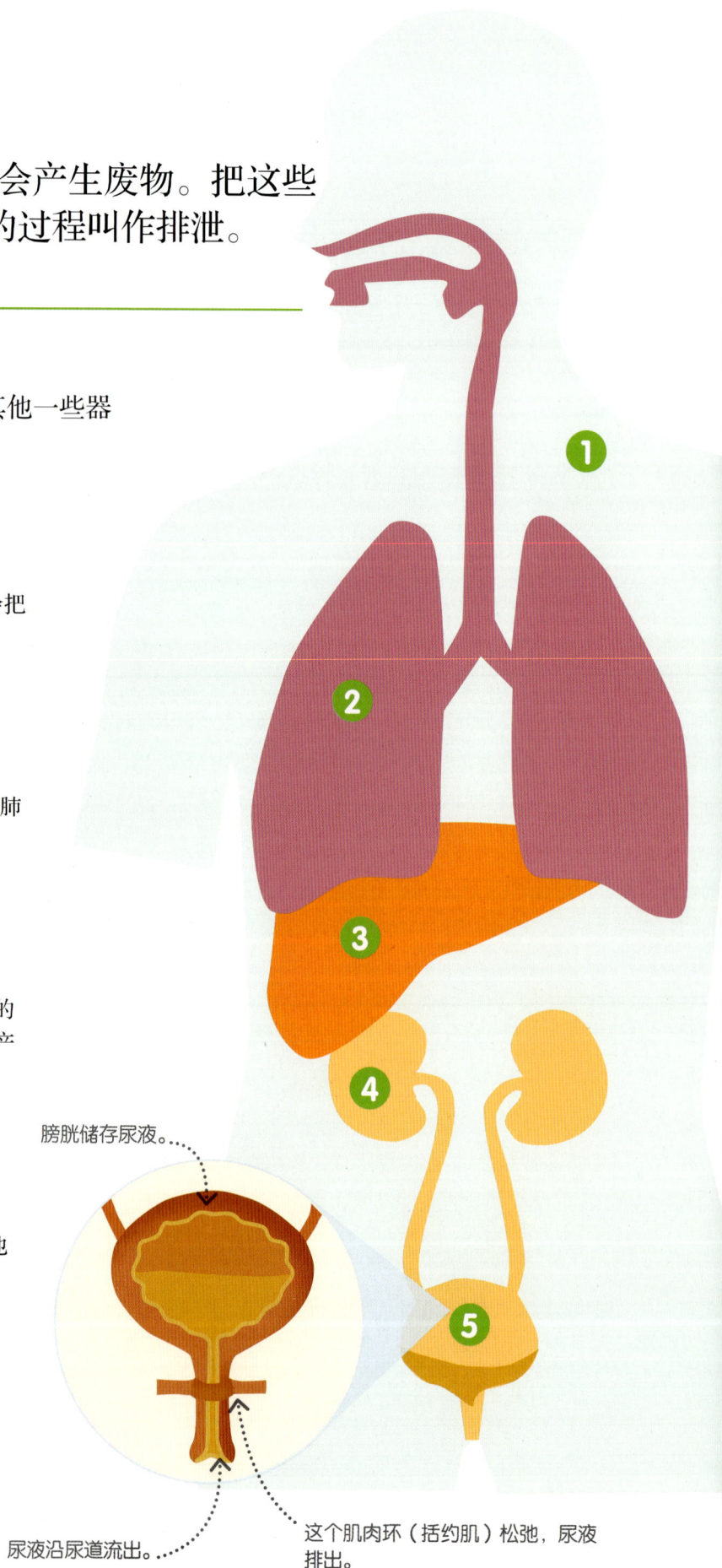

膀胱储存尿液。

尿液沿尿道流出。

这个肌肉环（括约肌）松弛，尿液排出。

植物的排泄

植物通过叶子排出化学废物。呼吸过程中产生的二氧化碳被释放到空气中，或者被光合作用消耗殆尽。其他废物被储存在细胞内，直到叶子死亡并从植物上脱落。

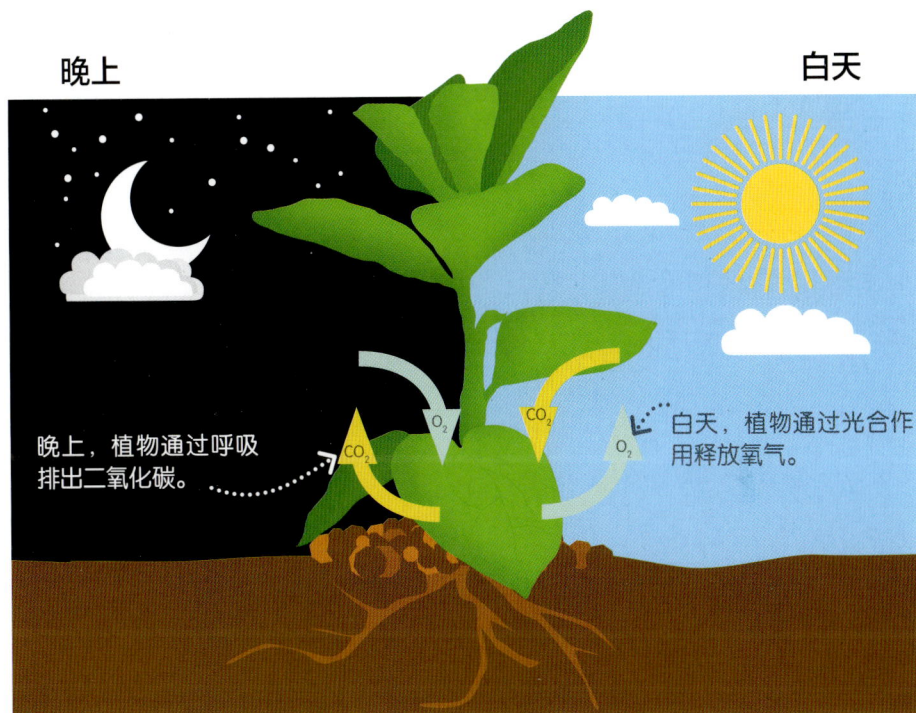

晚上　白天

晚上，植物通过呼吸排出二氧化碳。

CO_2 O_2 CO_2 O_2

白天，植物通过光合作用释放氧气。

颜色测试

尿提供了很多关于身体的信息。如果尿的颜色很浅，说明你的身体正在排出多余的水分。如果尿的颜色较深，那你可能需要多喝水了。有些食物能改变尿液的颜色或气味。试试吃甜菜根、黑莓和芦笋，看看会发生什么！

盐腺
腺管
鼻孔

盐腺

海水太咸了，我们不能喝，但有些动物可以喝，这要归功于它们拥有能排出盐的特殊器官。海鸟有盐腺，可以过滤血液，排出海水中多余的盐。排泄物从它们的鼻孔里流出来，是一些咸咸的液体。海龟可在眼泪中排出盐。

排遗

排泄意味着清除来自活细胞的代谢废物。许多动物还必须清除不是来自细胞的废物，如粪便——来自肠道的未消化食物。把粪便排出体外的过程叫作排遗，而不是排泄。

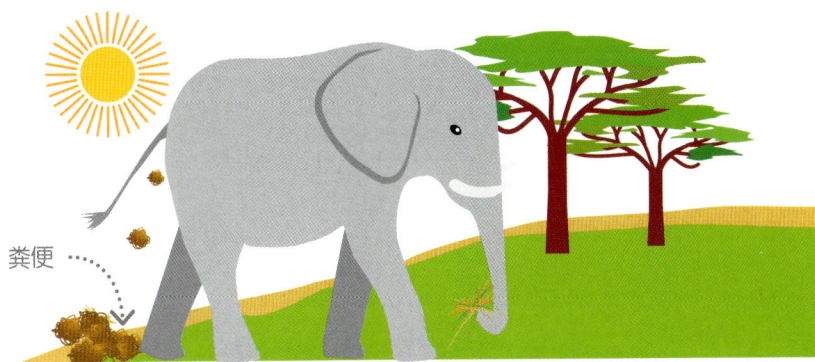

粪便

抗感染

人体总是受到有害微生物的攻击，免疫系统会识别这些入侵者，摧毁并记住它们。

一些疾病，如哮喘，是由免疫系统反应过度引起的。

建立免疫系统

每当遇到一种新的细菌，身体就会学习如何迅速攻击它，这就给了身体持久的免疫力。

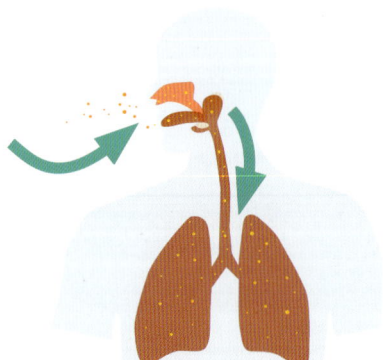

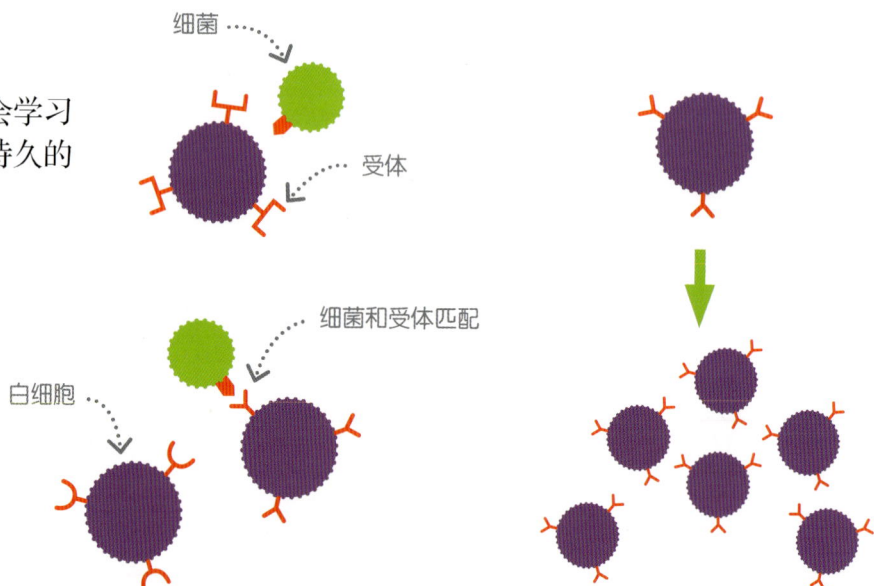

细菌
受体

细菌和受体匹配
白细胞

1 有些细菌在空气中从一个人传播到另一个人。当吸入这些细菌时，它们可能会进入血液或其他体液。

2 白细胞试图通过表面各种各样的受体来锁定细菌。最终找到匹配的受体。

3 匹配成功的白细胞，分裂出成千上万的新细胞，所有的新细胞都具有匹配的受体。

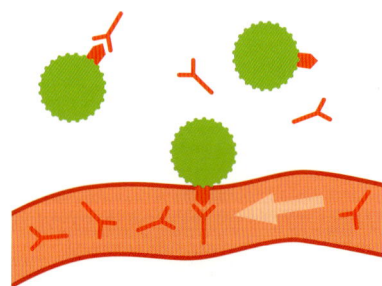

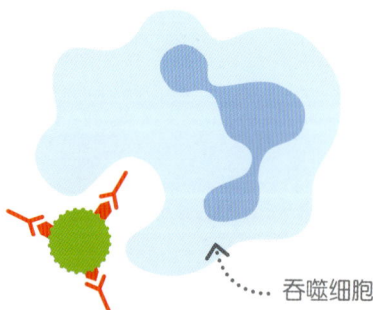

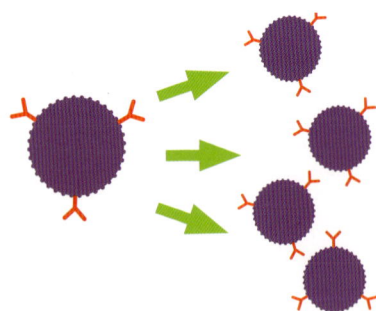

吞噬细胞

4 新细胞释放出大量的受体。这些释放出来的受体被称为抗体，它们在全身传播，并附着在细菌上。

5 这些抗体充当另一种白细胞的灯塔，这种白细胞被称为吞噬细胞。吞噬细胞吞噬并消灭细菌。

6 检测到细菌的血细胞也会产生记忆细胞，这些记忆细胞会在体内停留数年，一旦该细菌返回，它们就会迅速发动攻击。

身体屏障

抵御大多数细菌的第一道防线是物理和化学屏障，这些屏障能阻止细菌进入体内柔软的组织。

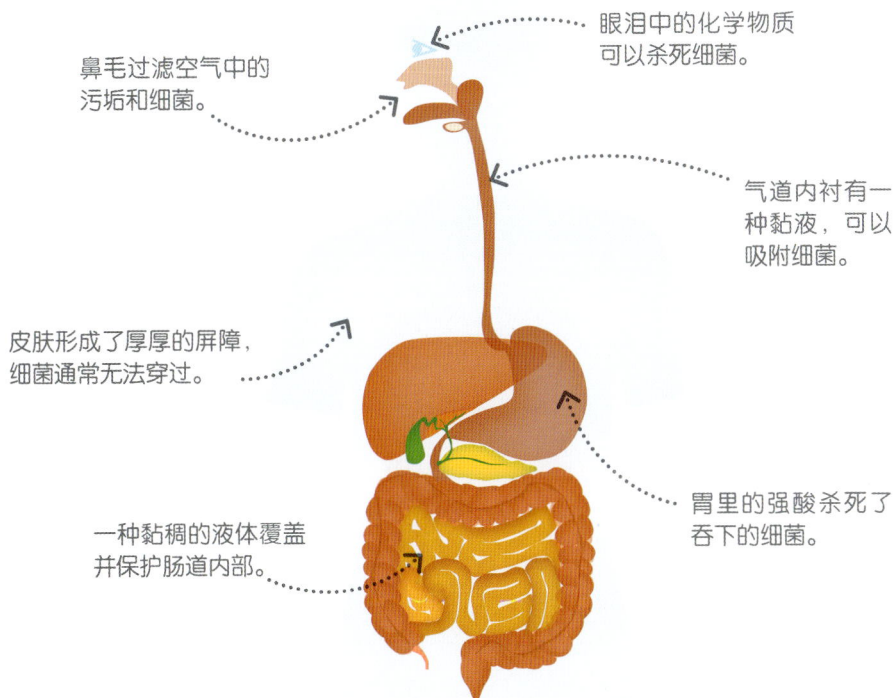

眼泪中的化学物质可以杀死细菌。

鼻毛过滤空气中的污垢和细菌。

气道内衬有一种黏液，可以吸附细菌。

皮肤形成了厚厚的屏障，细菌通常无法穿过。

一种黏稠的液体覆盖并保护肠道内部。

胃里的强酸杀死了吞下的细菌。

疫苗

疫苗使人对疾病具有免疫力，它们是由经过改良的、无害的细菌产生的。当疫苗注入人体时，这些改良过的细菌会触发白细胞产生抗体并记住这些细菌。

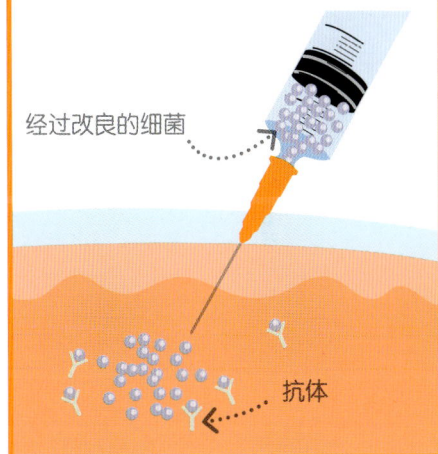

经过改良的细菌

抗体

炎症

如果你的皮肤受伤了，细菌就会侵入。为挡住它们的去路，伤口周围会肿胀、疼痛和发红，这就是所谓的炎症。

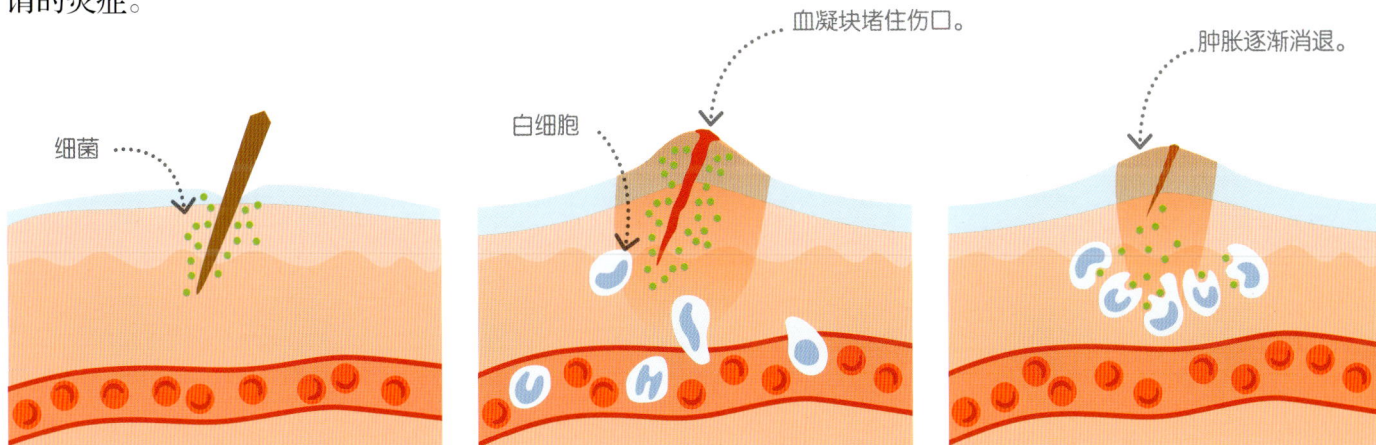

细菌

白细胞

血凝块堵住伤口。

肿胀逐渐消退。

1 尖锐的物体刺穿皮肤，细菌趁机侵入。伤口周围受损的细胞会释放引发炎症的化学物质。

2 周围的血管变宽，皮肤变红。血管中的液体渗出，引起肿胀，白细胞进入受损区域。

3 白细胞袭击并吞噬细菌。受损的部位开始愈合，肿胀也逐渐消退。

感觉与反应

为了生存，生物必须感知周围环境并对食物或危险作出反应。动物的感觉和反应比植物快，这归功于动物的神经系统和肌肉系统。

人类的神经系统以每小时360km的速度传递信息。

生存能力

大脑是动物神经系统的控制中心。它通过五个步骤决定动物对环境变化的反应。

狐狸是兔子的刺激物。

兔子的大脑接收和处理关于刺激的信息。

1 刺激

刺激是指环境的变化，这些变化能引发生物体的反应。肉食性动物，比如狐狸，对兔子来说是一种强大的刺激。

2 感受器

兔子有不同的感受器（如眼睛、鼻子和耳朵）可以检测不同类型的刺激。它的感受器能收集信息，然后发送到大脑。

3 控制中心

兔子的大脑处理来自感受器的信息。它意识到狐狸是危险的，并决定应该如何应对。

植物是怎样感觉和反应的

植物可以检测到光或水，但它们没有神经系统或肌肉帮助其作出快速反应。它们的反应非常缓慢，只能通过生长体现。

太阳

植物的茎

卷须

种子

根

1 光
光对植物的茎是一种刺激。茎背光的一侧比向光的一侧长得快，这使得植物向光弯曲。

2 触觉
当攀缘植物的卷须或茎碰到东西时，它们会作出弯曲的反应。这让它们在成长的过程中能得到支撑。

3 重力
植物的根感觉到重力并在泥土里往下生长。无论种子以何种方式发芽，它的根都会弯向重力的方向。

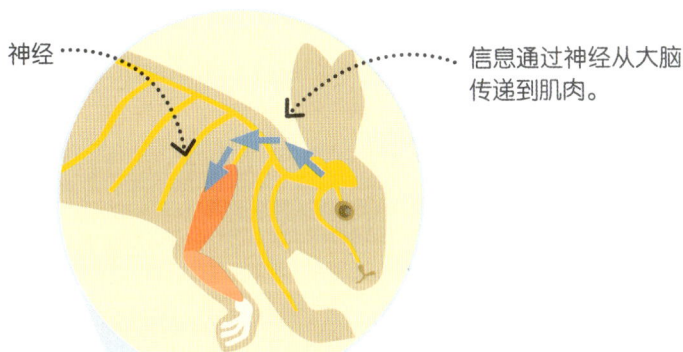

神经

信息通过神经从大脑传递到肌肉。

敏感的皮肤

人类皮肤每个部位的敏感程度都不一样。有些格外敏感的部位含有更多的触觉感受器（检测触觉的神经细胞）。试着用发夹或回形针的两个末端同时触摸指尖。你能感觉到一个尖端还是两个呢?试一下你皮肤的其他部位。能感觉到是两个尖端在触碰的部位，是皮肤上含有大量触觉感受器的地方。

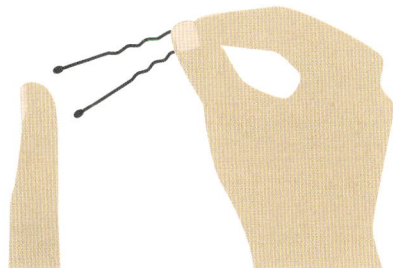

4 效应器
兔子的大脑将信息发送到效应器，效应器是身体的一部分，会产生反应，如肌肉。大脑传递信息给兔子的腿部肌肉，使其收缩。

5 反应
在看到狐狸的一刹那，兔子飞奔逃跑，钻进狐狸够不到的洞穴里。

人体神经系统

神经系统是身体的控制网络，这个由数十亿神经细胞组成的错综复杂的网络，在你的大脑和身体其他部位之间传递着高速的电信号。

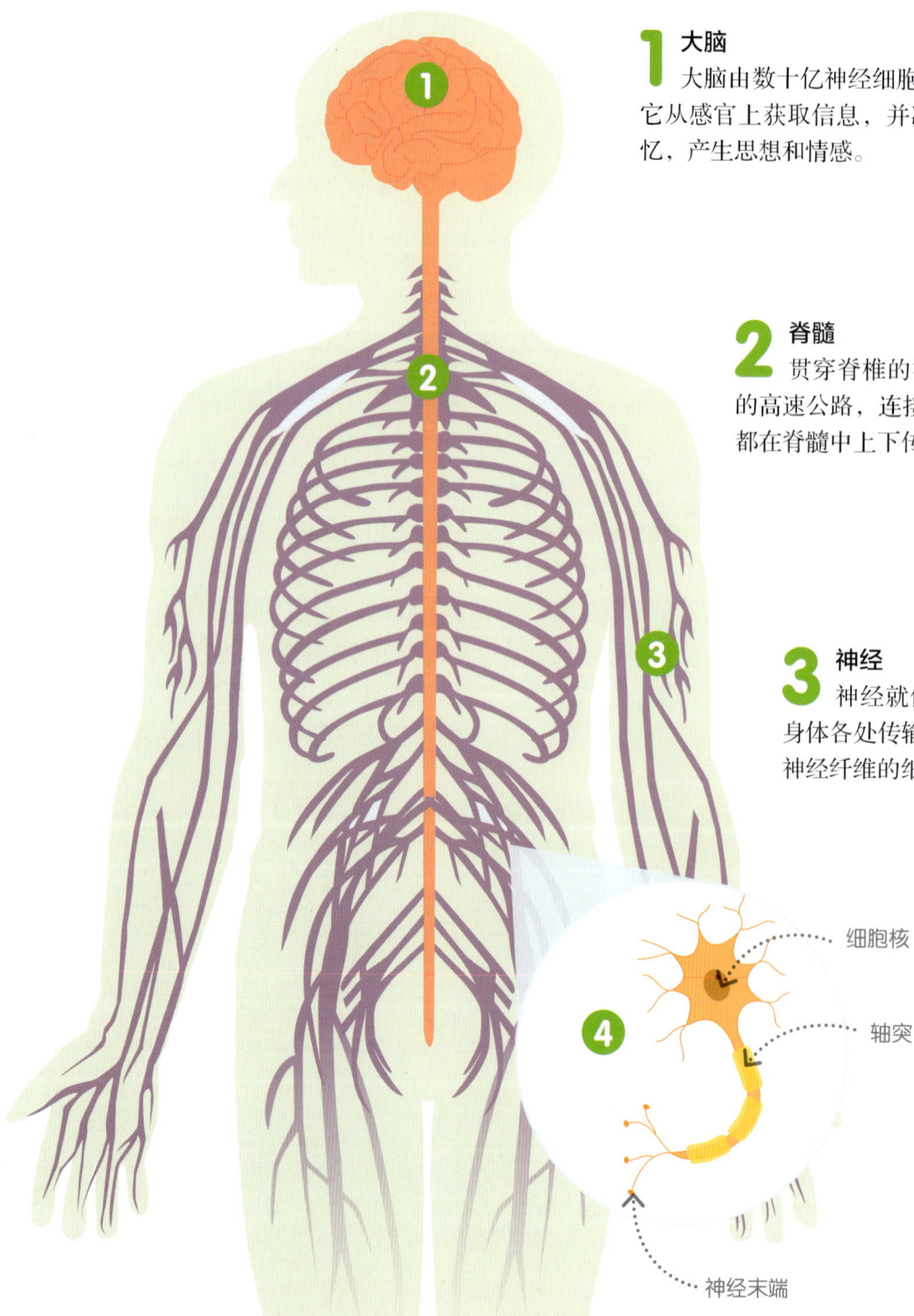

1 大脑

大脑由数十亿神经细胞组成，它们以复杂的方式连接在一起。它从感官上获取信息，并决定如何作出反应；它还学习、储存记忆，产生思想和情感。

2 脊髓

贯穿脊椎的神经是脊髓。这一大束神经是身体信息的高速公路，连接着大脑和身体的其他部位。电信号每秒都在脊髓中上下传播。

3 神经

神经就像电缆一样，以每小时数百米的速度在身体各处传输电子信号。每根神经都由数百根被称为神经纤维的细线状结构组成。

细胞核

轴突

4 神经细胞

神经细胞（又称神经元）发送和接收电信号。大多数神经细胞都有一个长长的、线状的突起，叫作神经纤维或轴突。人体最长的轴突超过1米。

神经末端

传递神经信号

神经元在叫作突触的连接处相遇。突触包含一个微小的间隙，可以阻止电信号从一个细胞直接传递到另一个细胞。一种叫作神经递质的化学物质可以在间隙中传递信息。

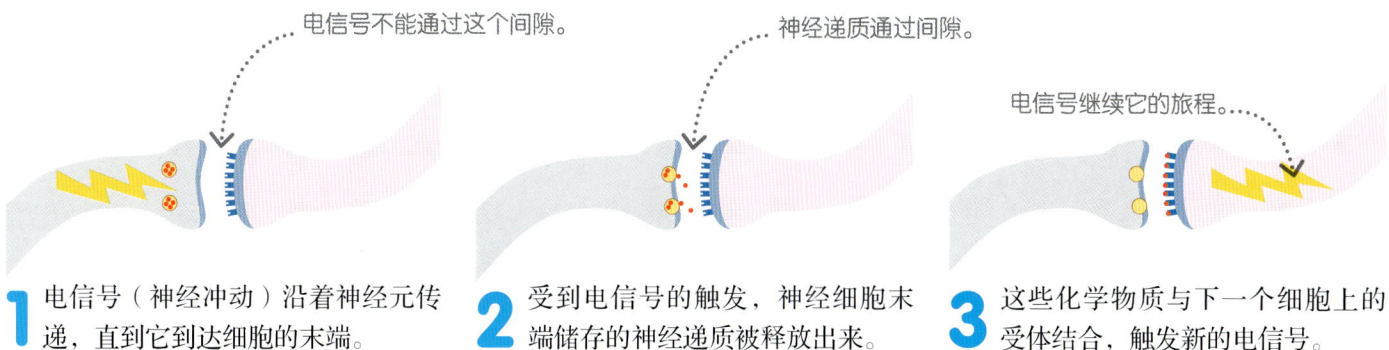

电信号不能通过这个间隙。

神经递质通过间隙。

电信号继续它的旅程。

1 电信号（神经冲动）沿着神经元传递，直到它到达细胞的末端。

2 受到电信号的触发，神经细胞末端储存的神经递质被释放出来。

3 这些化学物质与下一个细胞上的受体结合，触发新的电信号。

大脑皮质

大脑的最外层叫作大脑皮质。人类的大脑皮质非常大。脑沟和脑回将大脑皮质划分为几个区域，这些区域叫作脑叶。一些脑力工作，如处理语言，集中在特定的脑叶。大多数脑力工作涉及大脑的许多部分，它们以人类尚未理解的方式共同工作。

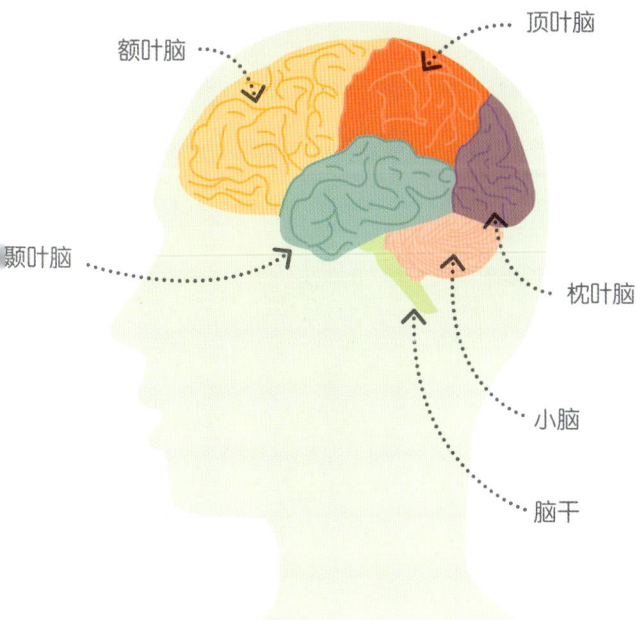

额叶脑

顶叶脑

颞叶脑

枕叶脑

小脑

脑干

现实世界的技术

假肢

假肢是一种人工替代品，可以代替失去的肢体。现代的假肢上有传感器，可以接收肌肉中的神经信号，使用者可通过大脑意识移动机械手。

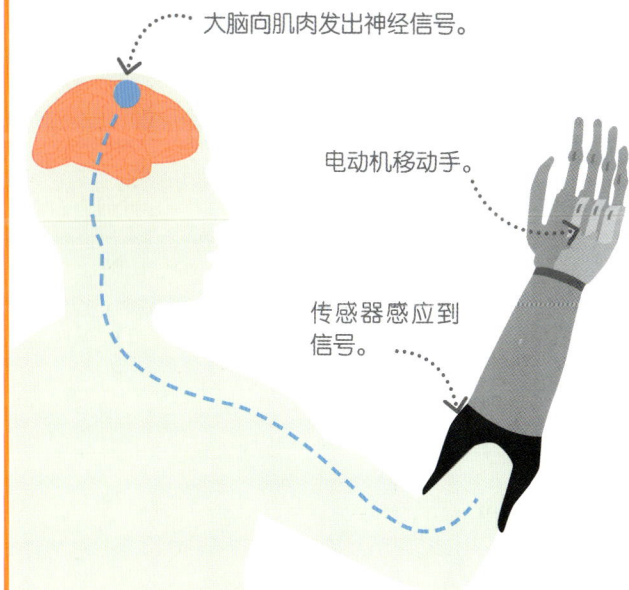

大脑向肌肉发出神经信号。

电动机移动手。

传感器感应到信号。

人类的眼睛

眼睛是让我们看到世界的感觉器官。在光线的刺激下，眼睛向大脑发送神经信号，这些信号在大脑中被处理成了图像。

大脑结合了两眼的图像来创造3D视觉。

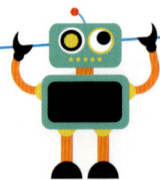

眼睛是如何工作的

眼睛像照相机一样工作，聚焦光线直到获得清晰的图像。光线可能是直接从光源（如太阳或灯）到达眼睛的，也可能来自物体反射的光。

视网膜是眼球的内层。

虹膜

晶状体

瞳孔

角膜

这块肌肉控制晶状体的形状，使其聚焦于近处、远处的物体。

眼球上白色的外层叫作巩膜。

1 光线进入
光线通过位于眼睛前部的角膜的透明部分进入眼睛。光线通过角膜时，会发生轻微的折射。然后光线穿过瞳孔，瞳孔是虹膜中间的一个小圆孔。

2 聚焦光线
眼部肌肉会自动改变晶状体的形状来聚焦光线，使光线落在眼睛后部的视网膜上，并形成一个清晰、倒立的图像。

3 探测光线
视网膜上有数以百万计的光敏细胞：锥状细胞让你在强光下也能看到物体的颜色；杆状细胞让你在昏暗的环境下也能看清楚。

聚焦

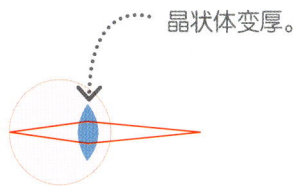

晶状体变厚。

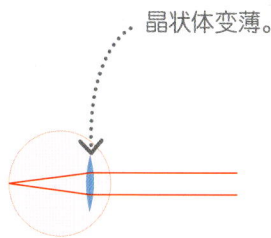

晶状体变薄。

1 近处视觉

看近处的物体时，晶状体周围的肌肉收缩，促使晶状体变厚，提高聚焦能力。近处的物体变得清晰，远处的物体变得模糊。

2 远处视觉

看远处的物体时，晶状体周围的肌肉舒张，晶状体变薄。远处的物体变得清晰，近处的物体变得模糊。

虹膜反射

虹膜（眼睛的有色部分）通过使瞳孔变小或变大控制进入眼的光线数量。在明亮的环境中，瞳孔会变小；在昏暗的环境中，瞳孔会变大。

眼睛在非常明亮的环境中　　眼睛在非常昏暗的环境中

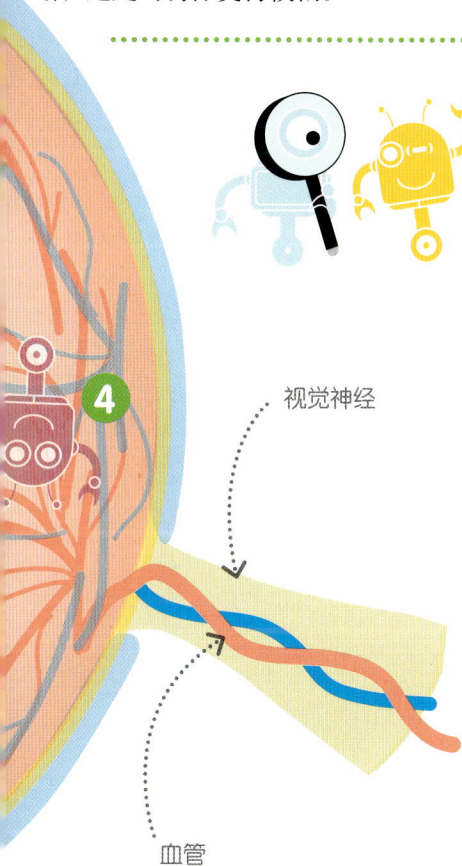

视觉神经

血管

现实世界的技术

眼镜和隐形眼镜

有些人的眼睛不能恰到好处地将光线聚焦在视网膜上，所以他们看到的世界是模糊的。眼镜和隐形眼镜通过折射进入眼睛的光线来矫正视力。

如果你是近视眼，远处物体发出的光线无法到达视网膜。

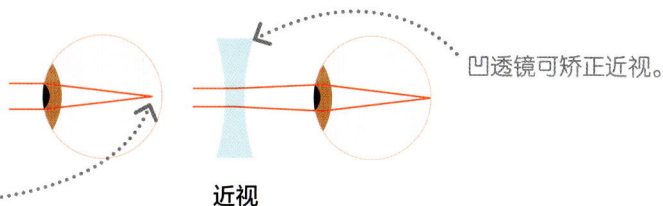

凹透镜可矫正近视。

近视

如果你是远视眼，近处物体发出的光线会聚焦到视网膜外。

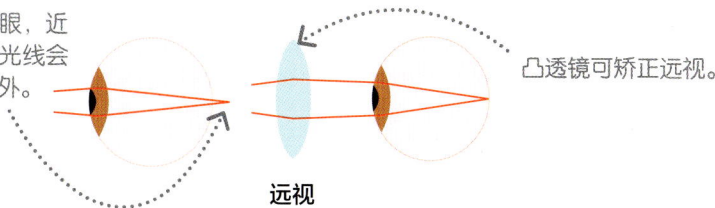

凸透镜可矫正远视。

远视

4 形成图像

视网膜将光信号转换成神经脉冲，然后神经脉冲沿着视神经进入大脑，大脑将它们加工成详细、直立的图像。

人类的耳朵

耳朵是身体的听觉器官，它们探测到空气中传播的声波，然后向大脑发送神经信号，从而产生听觉。

> 人的耳朵由外耳、中耳和内耳三个部分组成，外耳是最大的。

耳朵是如何工作的

物体振动产生声波，这些声波通过空气传播到人的耳朵，在耳朵里被转换为振动，然后以波的形式在液体中传播。

1 外耳
外耳收集声波并将其送入鼓膜。鼓膜为一弹性灰白色、半透明薄膜，当声波击中它时，就会振动。

2 中耳
鼓膜将振动传给与之相连位于中耳的三块小骨骼，这三块骨骼叫作听小骨，听小骨通过杠杆原理放大声音，并将振动传递到内耳。

3 内耳
声音现在以波的形式通过内耳内部的液体传播。这些波进入耳蜗，耳蜗是一个蜗牛形状的管道，充满了微小的毛细胞，毛细胞可以探测声波。

4 信息传递给大脑
耳蜗内的声波使毛细胞上的纤毛弯曲。这些运动作为神经信号发送到大脑。

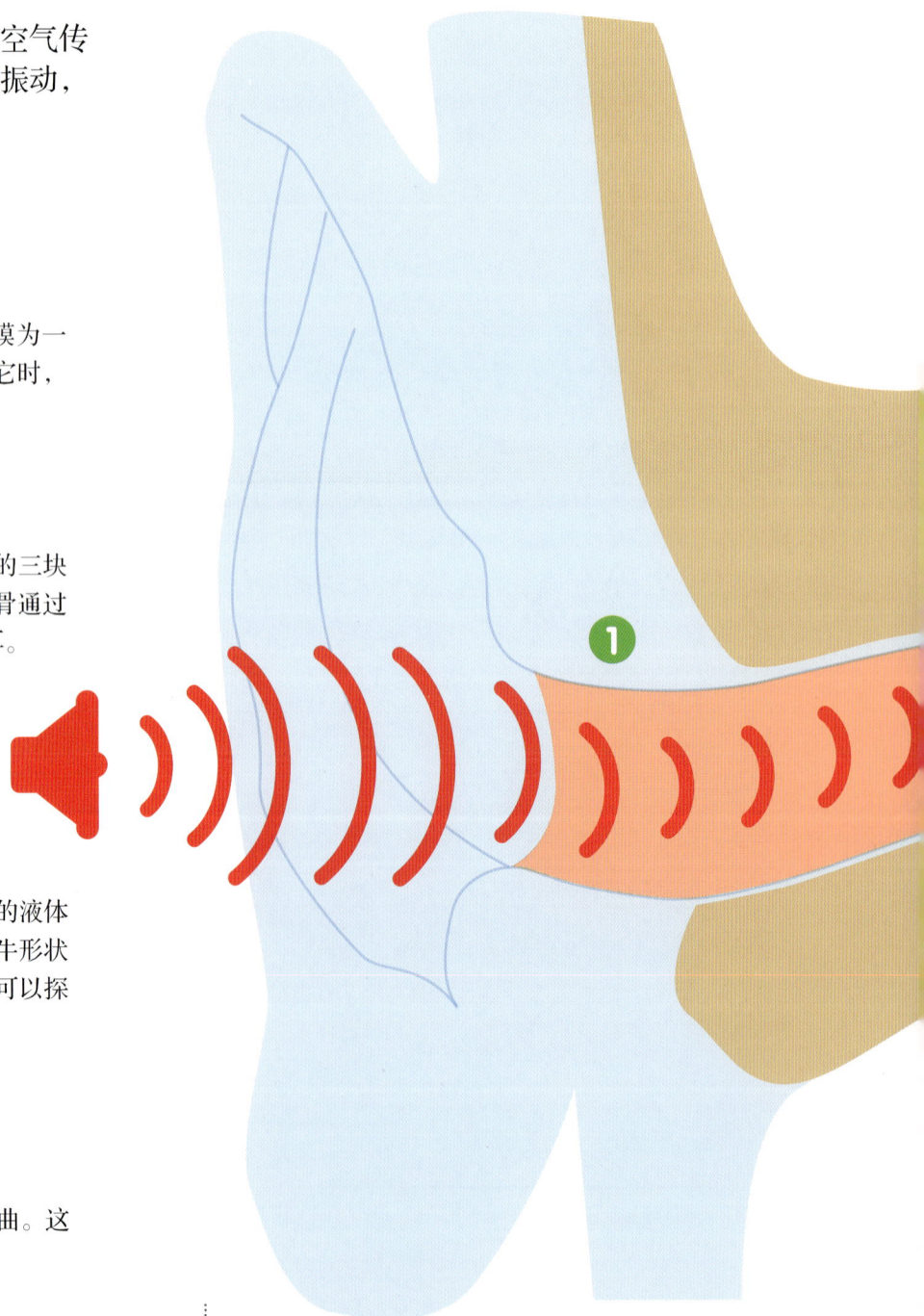

外耳

探测音调

不管声音是低的还是高的，我们的耳朵都能听到。这是因为耳蜗不同部位的毛细胞能侦测不同的音调。耳蜗中心的毛细胞能侦测像雷声一样的低沉声音，而入口附近的毛细胞则能侦测像鸟鸣一样的高亢声音。

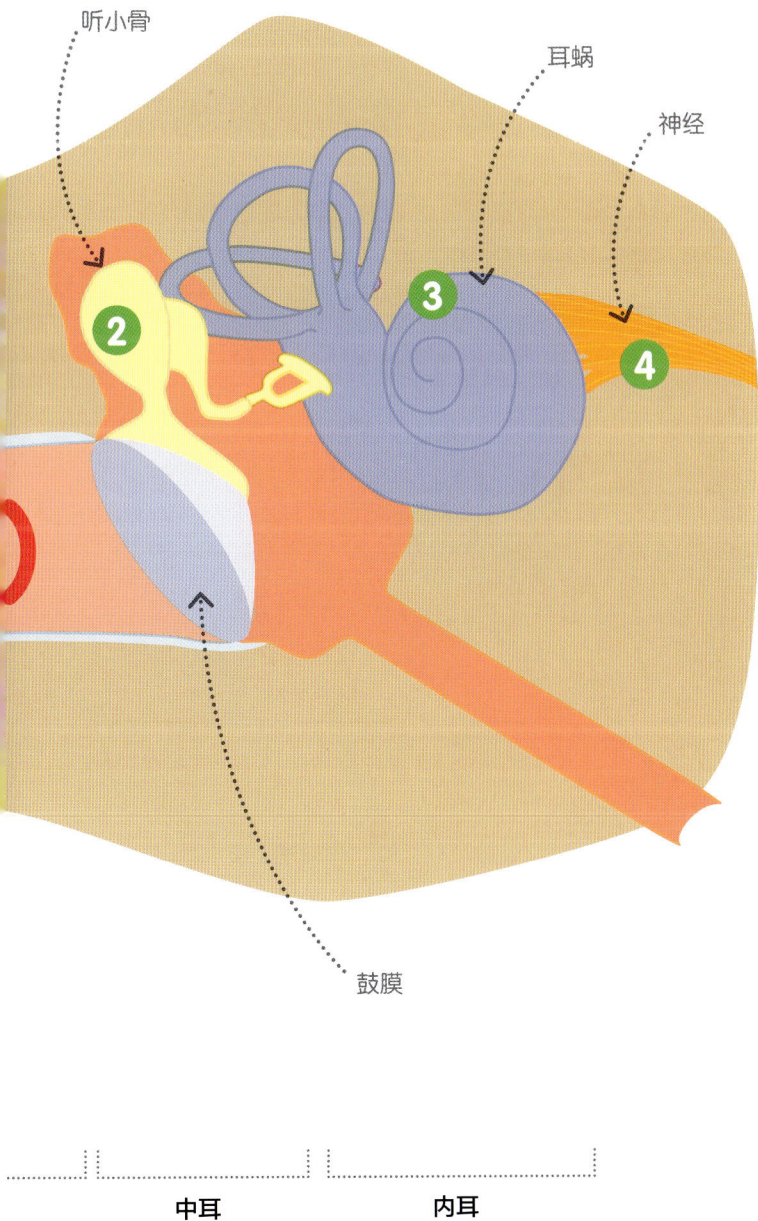

平衡感

耳朵给我们一种平衡感。当你的头部移动时，内耳的液体会在耳蜗附近的一组复杂的管道和腔内晃动。流动的液体会触发运动传感器，向大脑发送信号，告诉大脑头部的位置和动作。

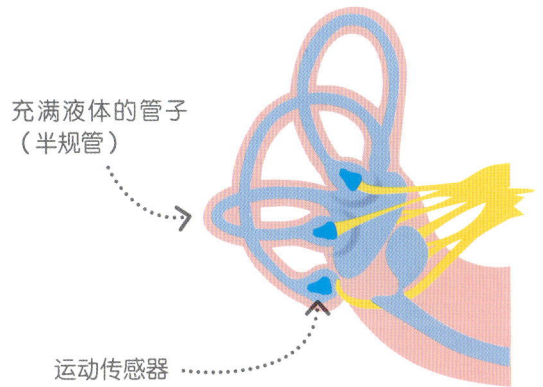

雷声

鸟鸣

充满液体的管子（半规管）

运动传感器

听小骨

耳蜗

神经

2

3

4

鼓膜

中耳   内耳

现实世界的技术

人工耳蜗植入

人工耳蜗是一种能够帮助聋人增强听力的电子设备。话筒接收声音，并将无线电信号传送给植入皮下的接收器，接收器通过电线向植入耳蜗的电极发送电信号，刺激毛细胞。

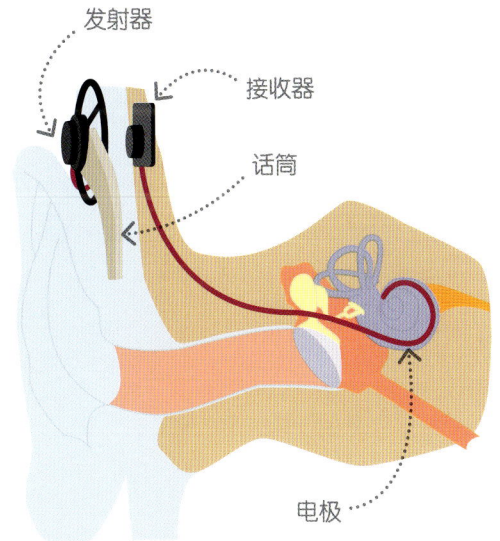

发射器

接收器

话筒

电极

动物是如何移动的？

所有的生物都能移动，但动物比植物移动得更多。
这是因为动物有肌肉系统和神经系统，可以控制更
大、更快的运动。

动物需要四处活动来寻找食物和配偶，或者躲避危险。

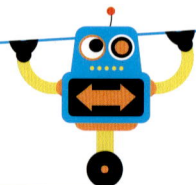

动物的移动

动物通过收缩肌肉运动。当肌肉收缩时，会拉动身体的某些部位，帮助动物改变姿势或从一个地方移动到另一个地方。运动需要能量，而能量来自呼吸作用。有些动物的肌肉收缩得很快，这就意味着它们可以快速移动。

一些肌肉收缩，推动身体前面的一部分向前移动。

其他的肌肉也收缩，推动身体的其他部分向前移动。

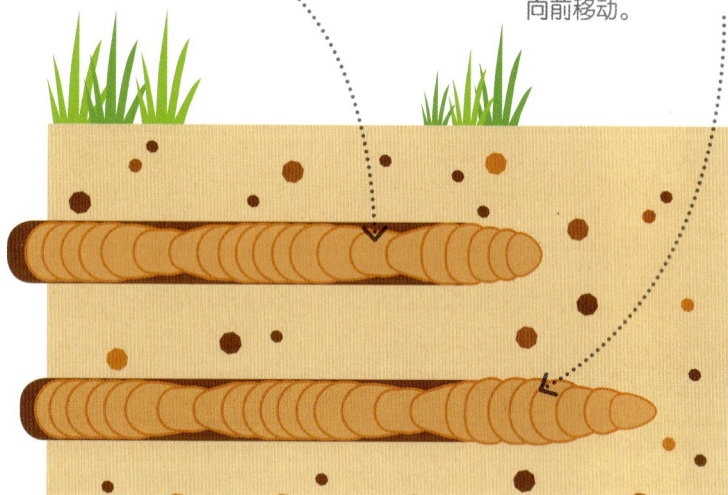

1 游动
鱼通过收缩（或舒张）身体两侧的肌肉来游动。这些肌肉收缩（或舒张）使身体有规律地向左、向右弯曲，帮助鱼用尾巴在水中移动，而鱼鳍则保持身体的平衡。

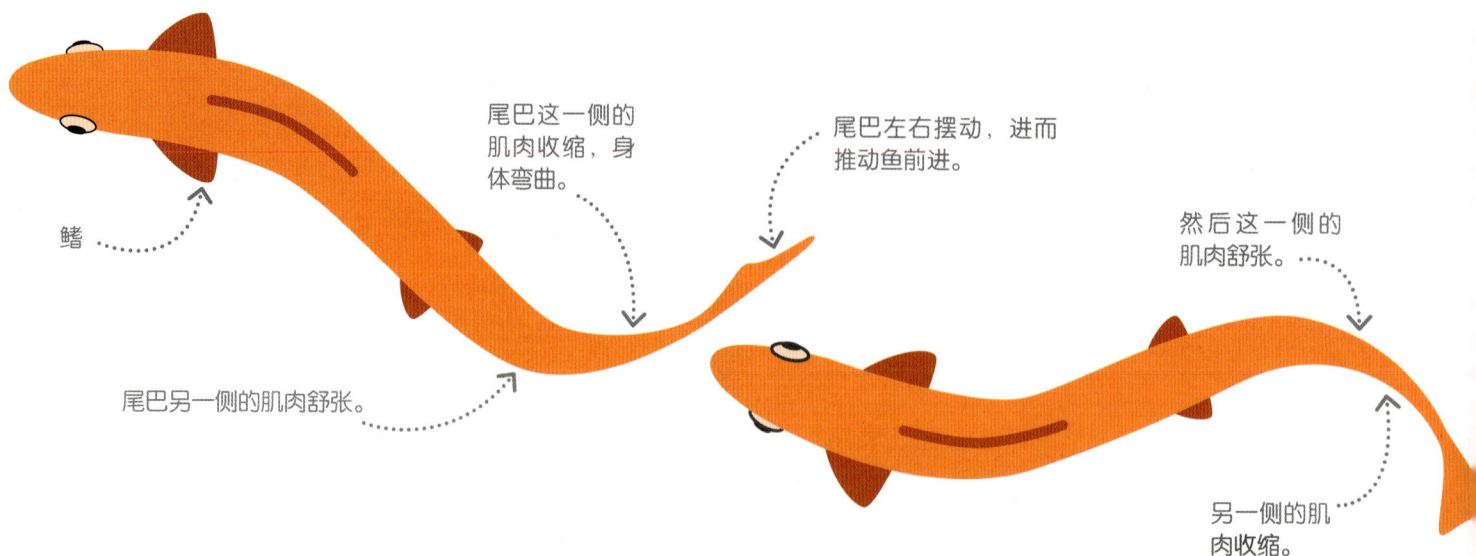

2 蠕动和钻洞
许多软体动物都有大量肌肉来帮助它们活动。虽然蚯蚓前进的速度很慢，但是它们的肌肉给了它们足够的力量来推动土壤。当它们向前推进时，土壤中就会产生一个洞。

鳍

尾巴这一侧的肌肉收缩，身体弯曲。

尾巴左右摆动，进而推动鱼前进。

然后这一侧的肌肉舒张。

尾巴另一侧的肌肉舒张。

另一侧的肌肉收缩。

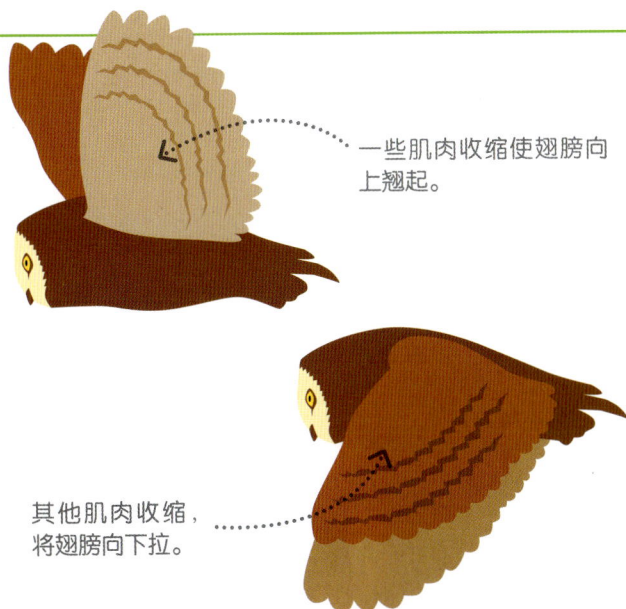

一些肌肉收缩使翅膀向上翘起。

昆虫用脚抓住地面。

腿部的肌肉收缩使昆虫移动。

其他肌肉收缩，将翅膀向下拉。

腿关节可以弯曲，所以腿可以前后移动。

3 飞行

飞行的动物有强壮的肌肉，可以上下扇动翅膀。昆虫既有背部的翅膀，也有四肢。但是鸟类用它们的"前肢"作为翅膀来飞行。

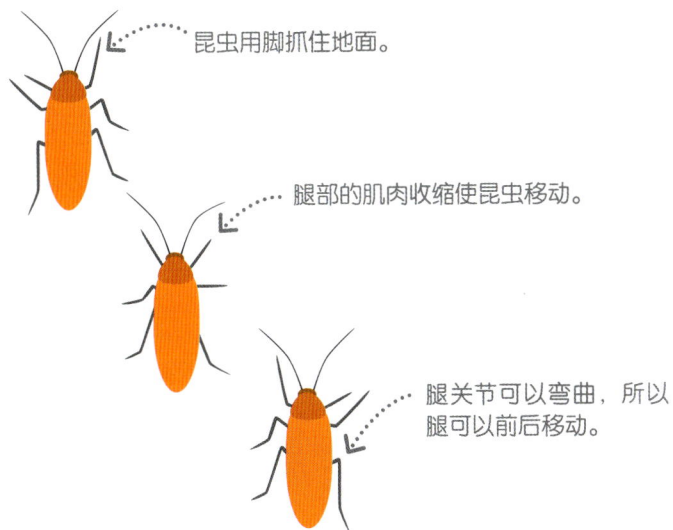

4 走和跑

有腿的动物用腿走路、跑步、钻洞、攀爬，甚至游泳。昆虫、蜘蛛、蜥蜴、鸟类和哺乳动物的腿部都有强健的肌肉，当这些肌肉收缩时，腿在关节处弯曲，帮助动物移动。猎豹是所有动物中跑得最快的。

触手在水中摇摆，捕捉微小的猎物。

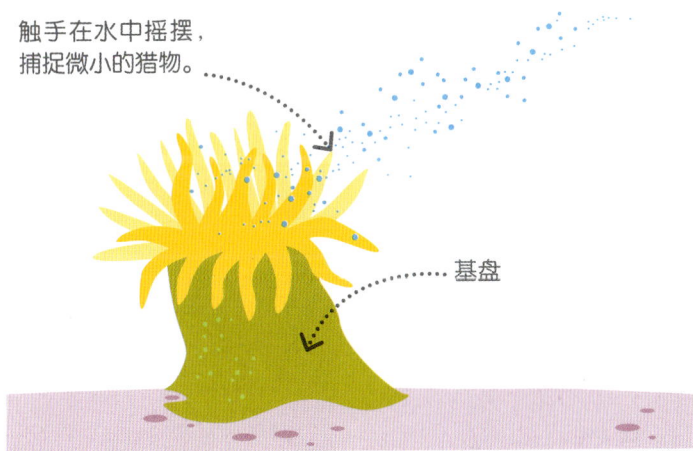

基盘

5 可移动的触手

海葵虽然看起来像植物，但它们是肉食性动物。大部分时间里，它们的基盘（脚）固定在海底。它们会用肌肉触手捕食路过的猎物，然后将猎物转移到位于身体中心的口盘（嘴）里。

试一试 TRY IT OUT

摇摆行走

当我们走路或跑步时，我们的手臂和腿交替摆动。试着让你的右臂和右腿一起摆动，左臂和左腿一起摆动，有没有感觉很奇怪？摆动不同侧的手臂，平衡了我们的腿向前迈步时造成的身体扭曲。

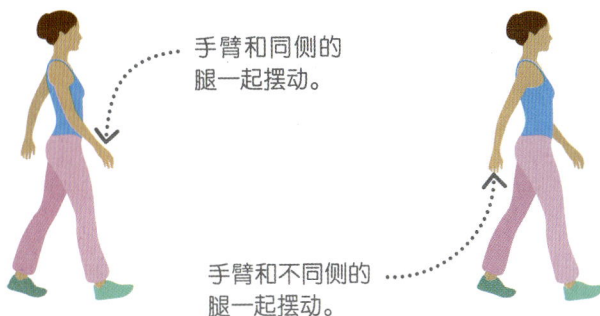

手臂和同侧的腿一起摆动。

手臂和不同侧的腿一起摆动。

肌肉

肌肉是引起身体运动的部位。所有的肌肉都是通过收缩（变短）来挤压或拉动身体的。

收缩最快的肌肉是控制眨眼的那块肌肉，它每秒可以收缩5次。

相反的肌肉对

肌肉可以拉动骨骼，但不能推动骨骼。为解决这个问题，肌肉通常排列成相反的一对，把骨骼拉向两个不同的方向。

1 如果你想弯曲手臂，大脑首先向上臂的肱二头肌发送神经信号。

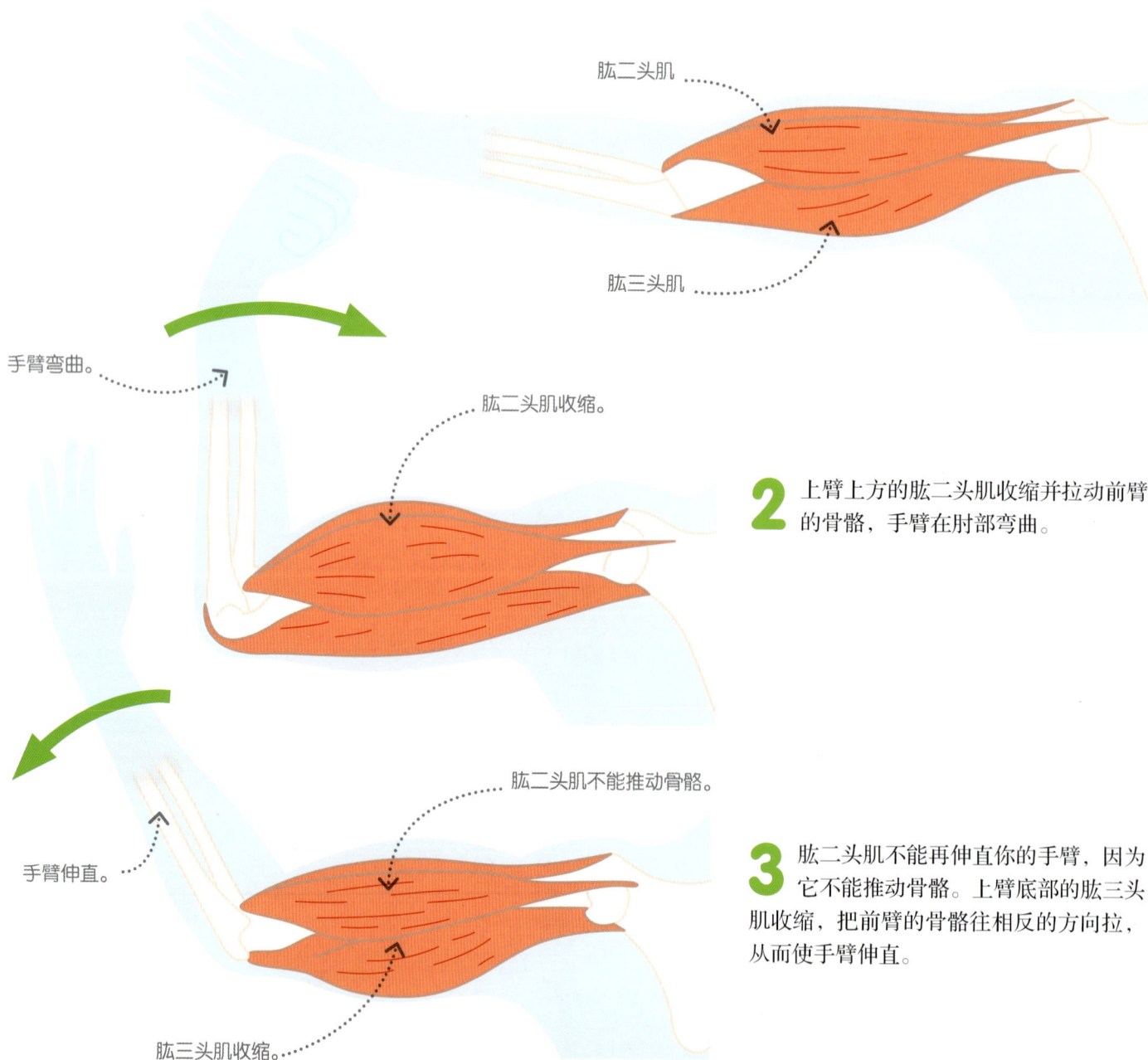

肱二头肌

肱三头肌

手臂弯曲。

肱二头肌收缩。

2 上臂上方的肱二头肌收缩并拉动前臂的骨骼，手臂在肘部弯曲。

手臂伸直。

肱二头肌不能推动骨骼。

3 肱二头肌不能再伸直你的手臂，因为它不能推动骨骼。上臂底部的肱三头肌收缩，把前臂的骨骼往相反的方向拉，从而使手臂伸直。

肱三头肌收缩。

肌肉的种类

人体的肌肉主要有三种类型。附着在骨骼上的肌肉叫作骨骼肌或随意肌，我们可以有意识地控制它们。其他肌肉则是无意识的，不需要我们思考就能自动工作。

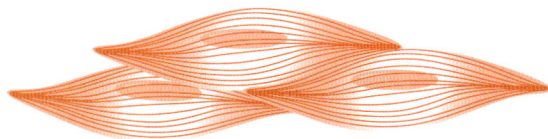

1 骨骼肌
骨骼肌由肌肉纤维组成。它们形状细长，可以强有力地收缩，但重复使用后会感到疲劳，需要休息才能恢复。

2 平滑肌
平滑肌位于肠胃壁。它们是自动工作的，在消化系统中挤压食物，不需要经过你的思考。

3 心肌
心脏的肌壁由心肌构成，心肌由分支细胞组成。这些肌肉约每秒钟收缩一次，并且不间断地工作。

试一试 TRY IT OUT

机械手

肌肉是通过叫作肌腱的坚韧组织连接到骨骼上的。例如，手指是由前臂的肌肉通过手掌下的肌腱牵引的。你可以用卡片、绳子和吸管制作机械手，观察它们是如何工作的。

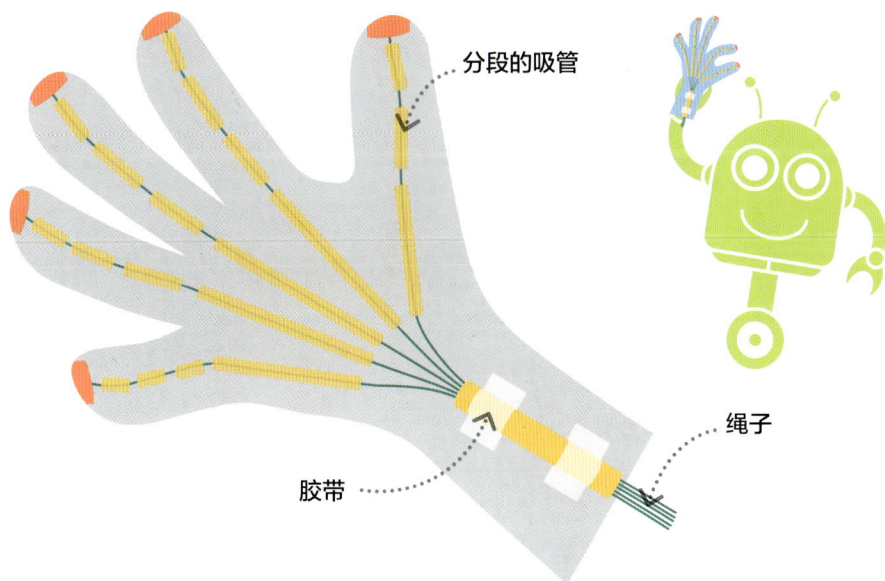

分段的吸管
胶带
绳子

1 在卡片上画出手的轮廓，然后剪下来。

2 把吸管切成小段，用胶带粘在手掌和手指上，腕关节和指关节处留有空隙。在空隙处折叠卡片，留下折痕。

3 将绳子穿过手腕处的吸管，直到每根手指的顶端，并用胶带固定住。

4 尝试拉动腕部的绳子。每根绳子控制一根手指。

骨架

人类骨架由200多块骨骼组成，非常灵活。它们在支撑身体的同时，帮助身体灵活移动。

1 头骨
头骨由22块骨骼组成，这些骨骼牢牢地锁在一起，在大脑周围形成一个保护头盔。

2 脊柱
脊柱由33块咬合连接的骨骼组成，这些骨骼叫作椎骨，它支撑着整个躯干。

3 肋骨
24根弯曲的肋骨在胸腔周围形成一个"笼子"。它们帮助你呼吸，并且保护心脏和肺部。

4 髋骨
宽大的髋骨为强有力的腿部肌肉提供附着点，并且形成支撑腹部内柔软器官的骨骼摇篮。

5 四肢骨骼
最长和最强壮的骨骼在四肢。这些骨骼之间的关节非常灵活，可以帮助身体移动。

6 骨骼内部结构
人体最大的骨骼不完全是坚硬的，内部的蜂窝状结构使它既轻巧，又坚固。

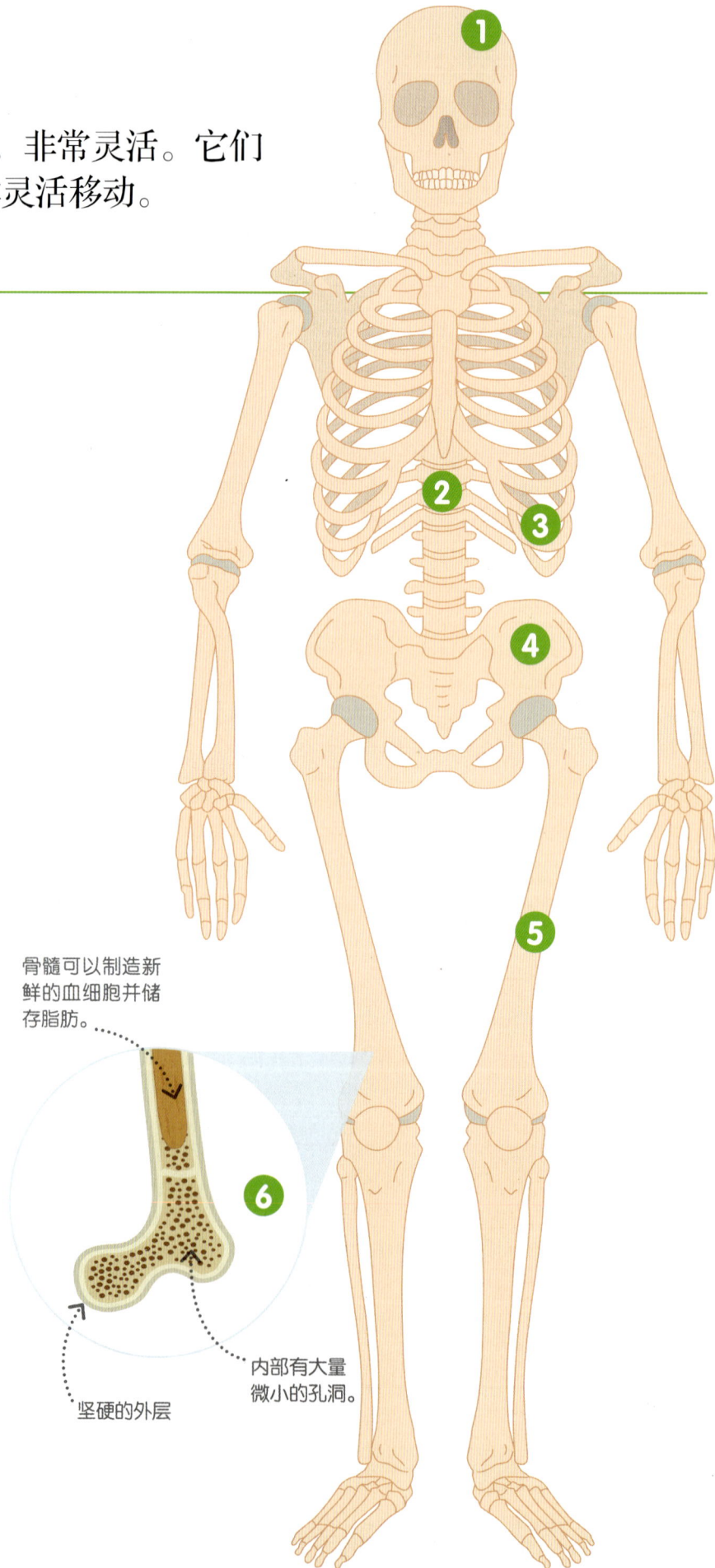

骨髓可以制造新鲜的血细胞并储存脂肪。

坚硬的外层

内部有大量微小的孔洞。

关节

两块或两块以上的骨骼会形成一个关节。关节是由纤维组织和肌肉束连接在一起的，特定类型的关节允许骨骼以特定的方式运动。

1 枢轴关节
转动脑袋时，使用的是枢轴关节。这种关节能使一根骨骼绕另一根骨骼旋转。

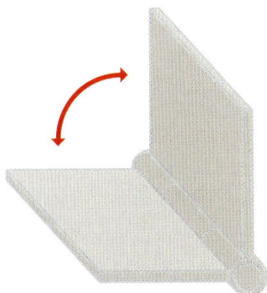

2 铰链关节
弯曲一根手指时使用的是铰链关节。与门铰链一样，它们让骨骼只向一个方向移动。

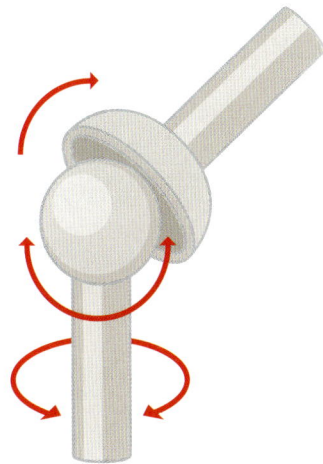

3 球窝关节
髋部和肩部有球窝关节，它们可以让胳膊和腿任意摆动。

动物的骨架

动物骨架的工作方式多种多样。有些是由身体里面的骨骼组成的，就像我们的身体；其他则是在身体外面。有些软体动物以液体为骨架。

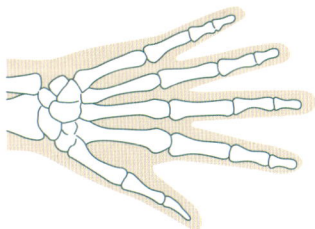

1 内骨架
人类和大多数其他大型动物都有一个内部骨架，也被称为内骨架。

2 外骨架
小动物如昆虫有一个外骨架，它同时也是防弹衣。

3 流体静力骨架
一个长且充满液体的腔室紧紧地封闭在肌肉中，形成了蠕虫的流体静力骨架。

现实世界的技术

人造髋部

关节在年老时可能会磨损，造成运动疼痛，尤其是在髋部。在髋关节置换手术中，球窝髋关节被用金属球和塑料臼制成的人造关节代替。

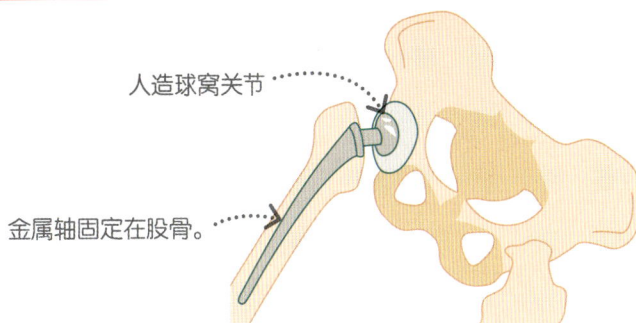

人造球窝关节

金属轴固定在股骨。

保持健康

生活方式影响健康。养成健康、均衡的饮食习惯，有助于强身健体并且提高免疫力。

> 与锻炼一样，游戏和体育运动对身体是有益处的。

运动的作用

进行体育活动时，无论是玩耍还是锻炼，你的心脏、肺和肌肉都会更加努力地工作。如果长期保持有规律的运动，身体会适应这种运动模式，你的心脏、肺和肌肉，甚至骨骼都会变得更强壮。

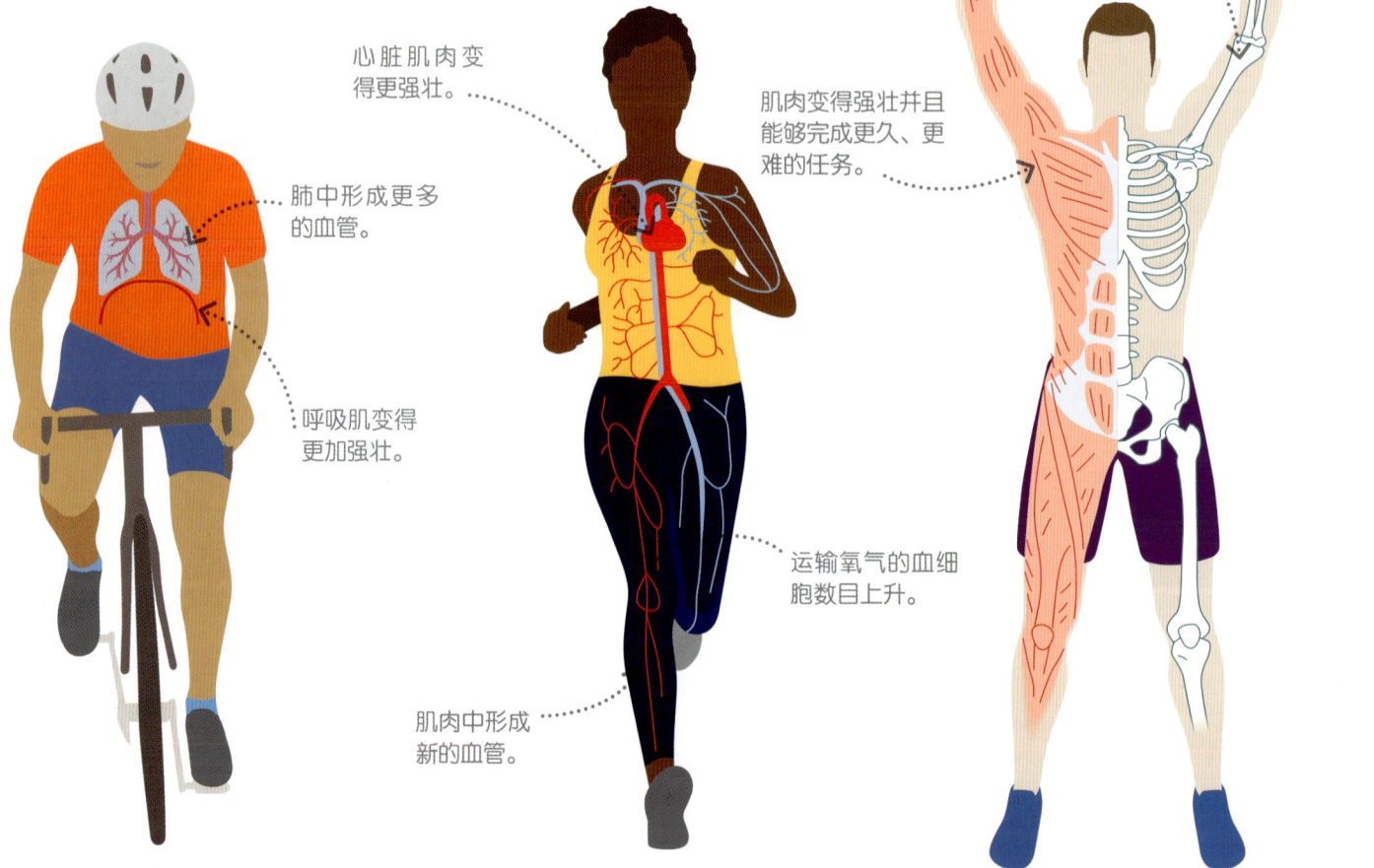

骨密度增加。

心脏肌肉变得更强壮。

肺中形成更多的血管。

肌肉变得强壮并且能够完成更久、更难的任务。

呼吸肌变得更加强壮。

运输氧气的血细胞数目上升。

肌肉中形成新的血管。

1 呼吸系统

有规律的运动可以使呼吸肌变得更强壮，使肺部形成新的血管。这些变化有助于身体更快地吸收氧气。

2 循环系统

心脏变得更大、更强壮，可以泵出更多的血液。循环系统在输送氧气时变得更有效率，静息心率下降。

3 肌肉和骨骼

肌肉、肌腱和韧带都会变得更大、更强壮。骨骼变得更宽，骨密度增加以承受更大的压力，关节变得更灵活。

不同种类的运动

有氧运动和无氧运动是主要的运动类型。有氧运动使你呼吸加剧，这对呼吸系统和循环系统都有好处。无氧运动涉及短时间内身体的爆发力训练，可以增强肌肉和骨骼。

有氧运动

1 球类游戏
足球和许多其他竞争性运动中有大量的有氧运动，这些运动很有趣，不会认为是在完成任务。

2 慢跑
有规律的慢跑对心脏和肺都有益处，还能提高耐力。耐力是长时间保持体力活动的能力。

3 骑车
骑自行车主要对心脏和肺有益。与其他大多数运动相比，它对肌肉、骨骼和关节的压力比较小。

无氧运动

4 举重
举重可以增强身体特定肌肉的力量，提高骨密度。

5 体操
体操训练能提高身体的力量、柔韧性和平衡性。

6 短跑
短跑可以锻炼下肢和手臂的肌肉，还可以提升心肺功能。

吸烟有害健康

吸烟在许多方面危害健康。吸进去的烟雾改变肺部气管内的细胞，并在肺泡中留下焦油，使肺的工作效率降低。吸烟还会损害血管，导致心脏病发作和中风。除此之外，烟中的有毒化学物质几乎可以在身体的各个部位引发癌症。

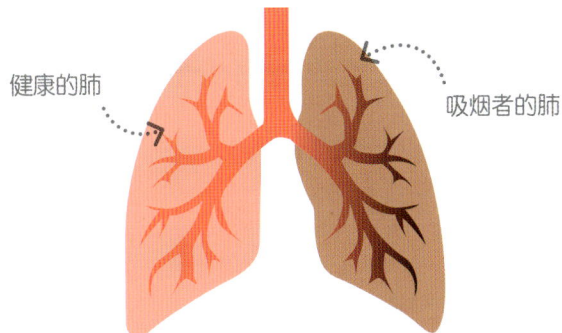

健康的肺　　　吸烟者的肺

动物的繁殖

动物长大成年后可以繁殖后代，这就是所谓的繁殖。动物有两种不同的繁殖方式：有性生殖和无性生殖。

克隆出来的生物体与原来的生物体有完全相同的基因组。

有性生殖

雄性和雌性产生有性生殖细胞，然后两性生殖细胞结合形成受精卵，再由受精卵发育成新个体，这就是有性生殖。每一个新个体都继承了父母双方不同的特点，使得所有的新个体都是独一无二的。

雄性

1 雄性生殖细胞
生殖细胞是在生殖器官内产生的。雄性的生殖器官叫作睾丸，它产生的生殖细胞叫作精子，外形像小蝌蚪，可以游动。

睾丸（雄性生殖器官）

阴茎

2 雌性生殖细胞
雌性的生殖器官叫作卵巢。它能产生一种叫作卵子的生殖细胞，卵子中含有大量的营养物质帮助后代发育。

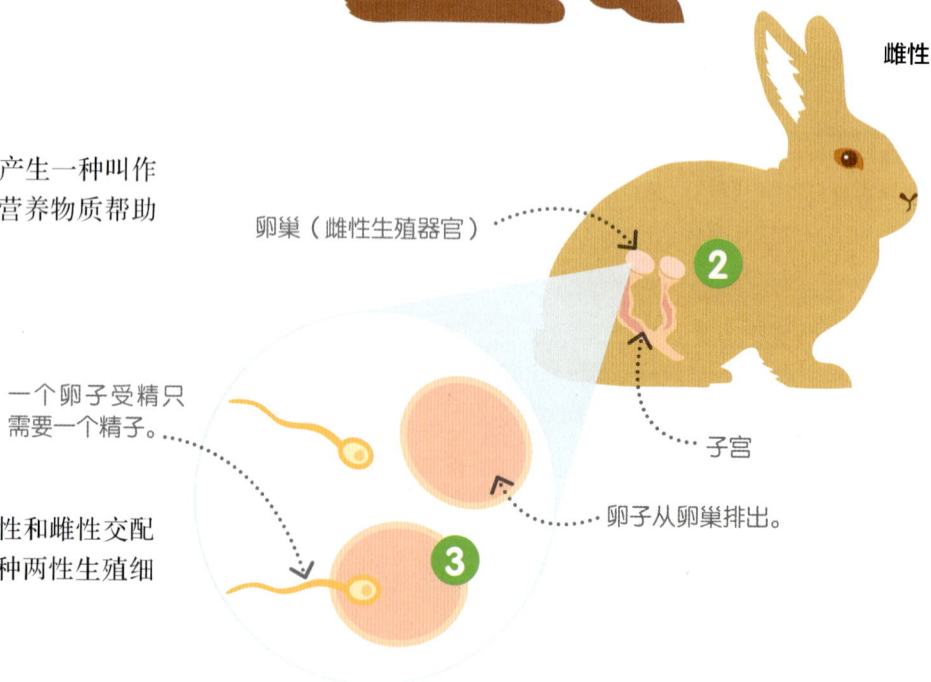

雌性

卵巢（雌性生殖器官）

子宫

卵子从卵巢排出。

一个卵子受精只需要一个精子。

3 受精
在兔子和其他哺乳动物中，当雄性和雌性交配时，睾丸中的精子进入雌性体内。这种两性生殖细胞结合的过程叫作受精。

4 婴儿
卵子受精后，会分裂很多次，长成一个新的个体，叫作胚胎。有些动物会产卵，胚胎在母体外发育，而哺乳动物的胚胎则在母体子宫内发育。

每个受精卵都能发育成一只小兔子。

无性生殖

单一个体就能完成无性生殖，而不需要两性配对。许多小动物和微生物都是无性生殖的，它们的后代拥有与它们相同的基因。无性生殖有三种常见的方式：出芽生殖、分裂生殖和断裂生殖。

蚜虫宝宝

1 出芽生殖

蚜虫不需要交配就能生育后代，这使得它们可以快速繁殖。这些蚜虫出生时就已经怀上了下一代宝宝。

2 分裂生殖

海葵可以通过分裂成两部分进行繁殖，形成具有相同基因的个体。分裂从口盘（嘴）开始，然后身体的其他部分分裂。这个过程需要5分钟到几个小时不等。

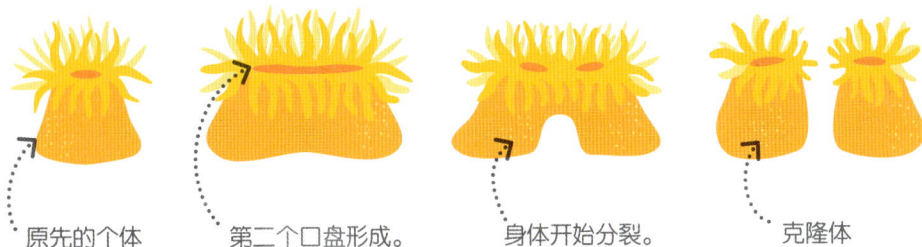

原先的个体　　第二个口盘形成。　　身体开始分裂。　　克隆体

3 断裂生殖

当一些动物被切成碎片时，身体碎片可以长成全新的身体。例如，如果扁虫被切成小块，每一小块都会变成一只新的扁虫。

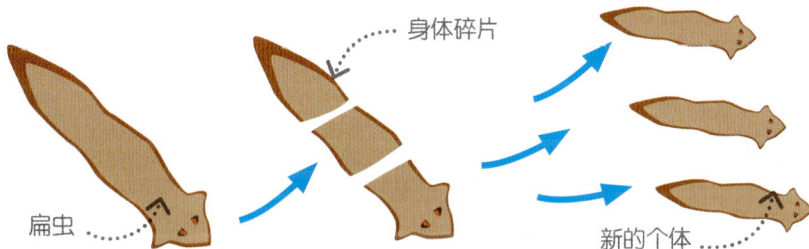

身体碎片

扁虫　　　　　　　　　　　　　　新的个体

现实世界的技术

从A羊身体中取出体细胞用于克隆。

克隆动物

为帮助医学研究，科学家发明了人工克隆技术。1996年，多利羊成为第一只由成年动物的细胞克隆出来的哺乳动物。

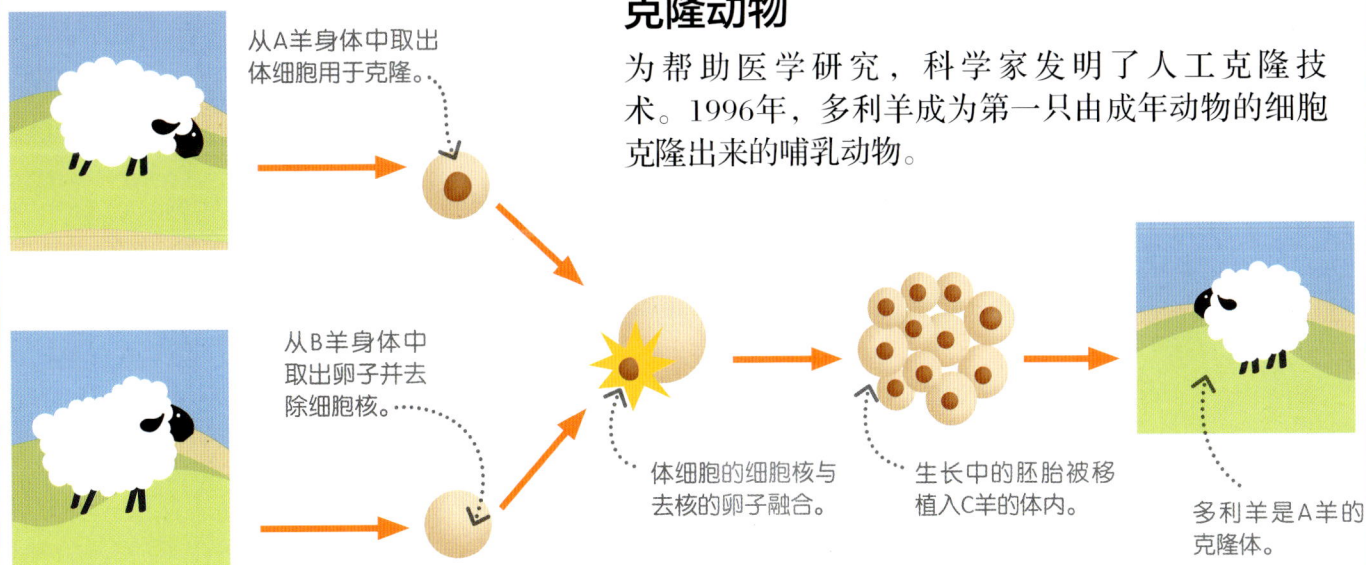

从B羊身体中取出卵子并去除细胞核。

体细胞的细胞核与去核的卵子融合。

生长中的胚胎被移植入C羊的体内。

多利羊是A羊的克隆体。

哺乳动物的生命周期

动物在成长和繁殖过程中会经历生命周期的不同阶段。大多数哺乳动物，包括人类，生命的第一阶段都是在母亲的身体里度过的。

极少数哺乳动物（鸭嘴兽和针鼹）可以产卵。

在出生之前，哺乳动物的幼崽被称为胎儿。

1 怀孕的妈妈
哺乳动物的宝宝在妈妈的子宫里发育。

成年老鼠可以繁殖。

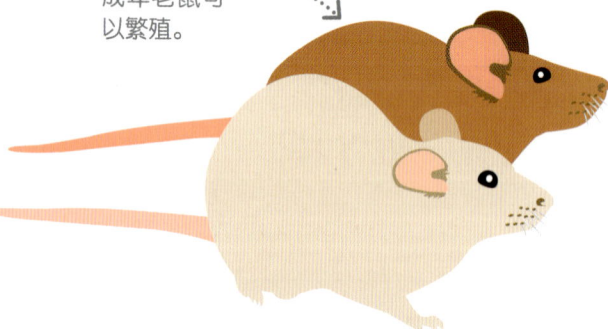

老鼠一次可以生下多个胎儿。

4 成年老鼠
哺乳动物成年后会寻找伴侣，然后繁衍后代。

2 新生儿
新生哺乳动物以母乳为食，母乳是由母亲的腺体分泌的液体。母乳中含有新生儿生长所需要的所有营养。

3 成长
年幼的哺乳动物逐渐长大，它们变得好奇和顽皮，这有助于它们了解周围的世界。

鸟类的生命周期

与哺乳动物不同，幼鸟是在蛋中发育的，蛋通常产在巢中。与哺乳动物一样，大多数鸟类在生命周期的早期依赖于父母的照顾。

一个鸵鸟蛋的重量相当于500个麻雀蛋。

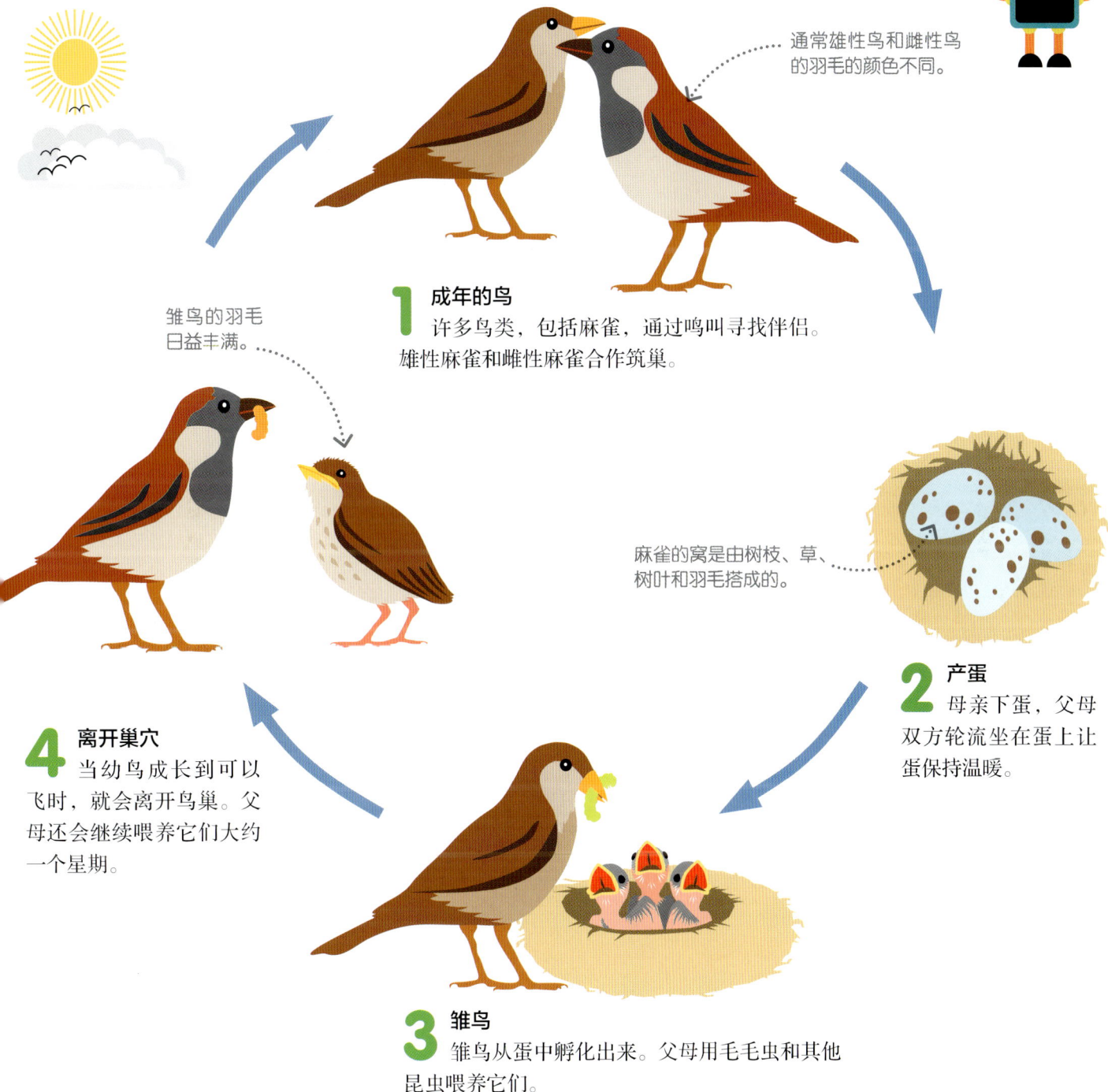

通常雄性鸟和雌性鸟的羽毛的颜色不同。

1 成年的鸟
许多鸟类，包括麻雀，通过鸣叫寻找伴侣。雄性麻雀和雌性麻雀合作筑巢。

雏鸟的羽毛日益丰满。

麻雀的窝是由树枝、草、树叶和羽毛搭成的。

2 产蛋
母亲下蛋，父母双方轮流坐在蛋上让蛋保持温暖。

4 离开巢穴
当幼鸟成长到可以飞时，就会离开鸟巢。父母还会继续喂养它们大约一个星期。

3 雏鸟
雏鸟从蛋中孵化出来。父母用毛毛虫和其他昆虫喂养它们。

蛋的孵化

与直接产下后代的哺乳动物不同，鸟类是在蛋内发育的。鸡蛋最初是一个巨大的细胞，随着时间的推移分裂成小鸡的不同组织和器官。

小鸡孵出来之前，喙上有一个尖尖的小牙齿，用来啄开蛋壳。

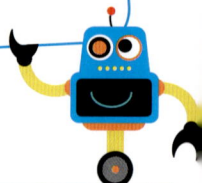

1 蛋壳
鸡蛋的外壳上有很多小孔，可以让空气进入。

2 气室
气室帮助小鸡在蛋里呼吸。

3 卵黄系带
两条绳子一样的卵黄系带连接在蛋的两端，固定住蛋黄。

4 蛋黄
蛋黄主要由脂类（油和脂肪）和蛋白质组成。这些营养物质滋养着发育中的胚胎，并随着胚胎的成长而耗尽。

5 胚胎
胚胎开始时是一簇细胞。它们分裂繁殖，最终变成小鸡。

6 蛋白
蛋白起着缓冲作用，防止胎盘的震荡，也可以帮助滋养胚胎。它的主要成分是水，也含有蛋白质。

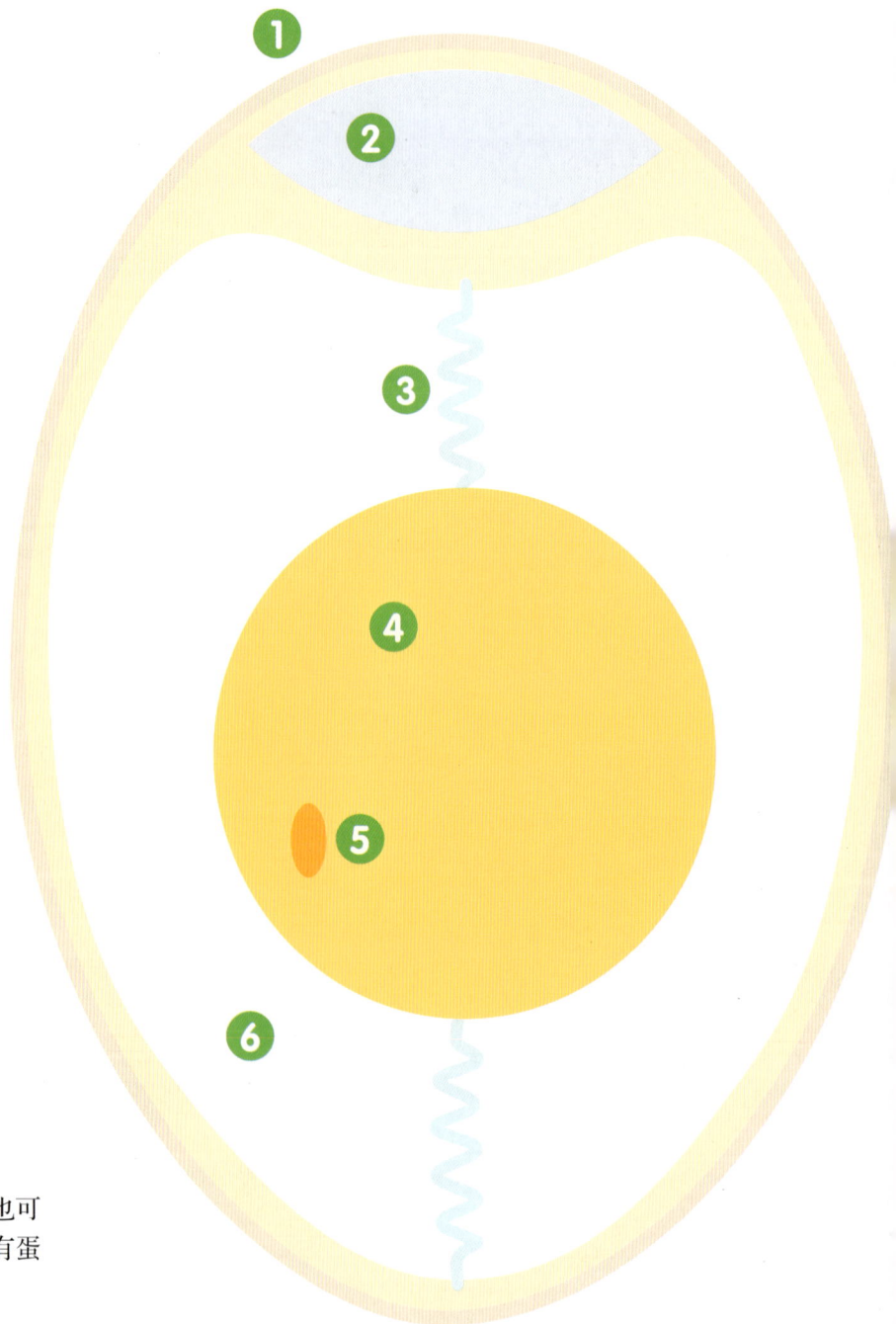

小鸡的发育

小鸡在蛋内发育完全需要21天。在这段时间里，母鸡坐在蛋上使蛋保持温暖。

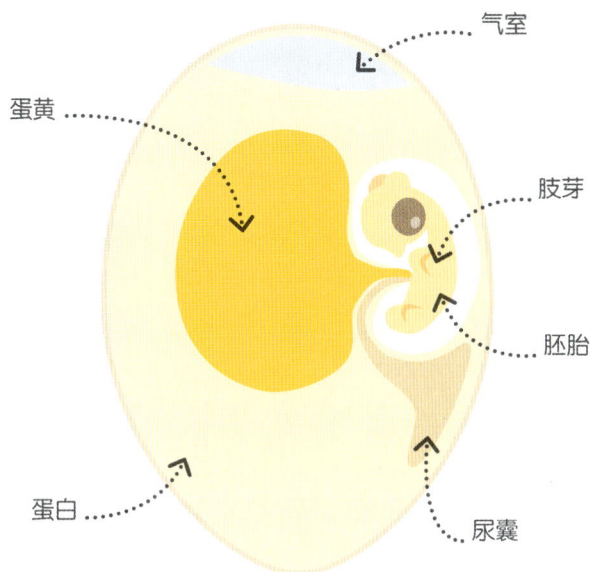

气室

蛋黄

肢芽

胚胎

蛋白

尿囊

1 第五天
胚胎的四肢已经开始生长。一个被称为尿囊的囊袋从胚胎上开始生长并附着在壳上。它通过蛋壳吸收氧气提供给胚胎，并排出二氧化碳。

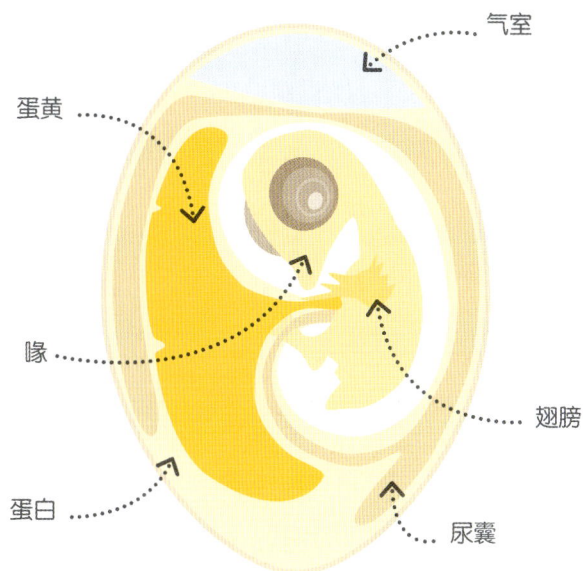

气室

蛋黄

喙

翅膀

蛋白

尿囊

2 第九天
胚胎生长得更大了。它的翅膀正在发育，它的喙已经出现了。尿囊扩张，直到覆盖整个壳的内层。

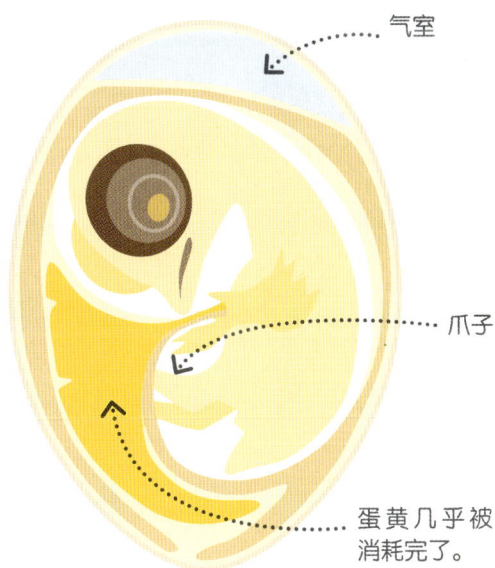

气室

爪子

蛋黄几乎被消耗完了。

3 第十二天
四肢长得更长了，爪子和鼻孔也在发育。柔软的羽毛覆盖住小鸡，小鸡的腿上长有鳞片。

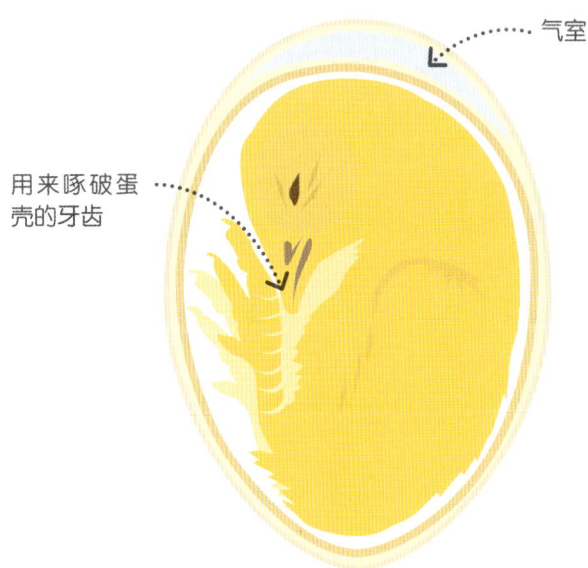

气室

用来啄破蛋壳的牙齿

4 第二十一天
小鸡呼吸的第一口空气来自气室，小鸡在壳里蠕动着，壳微微裂开了。它用喙上的一颗牙齿啄开蛋壳，然后破壳而出。

两栖动物的生命周期

青蛙属于两栖动物。许多两栖动物早期生活在水里，成年后生活在陆地上。当它们准备在陆地上生活时，身体会经历一种巨大的变化，这个过程叫作变态发育。

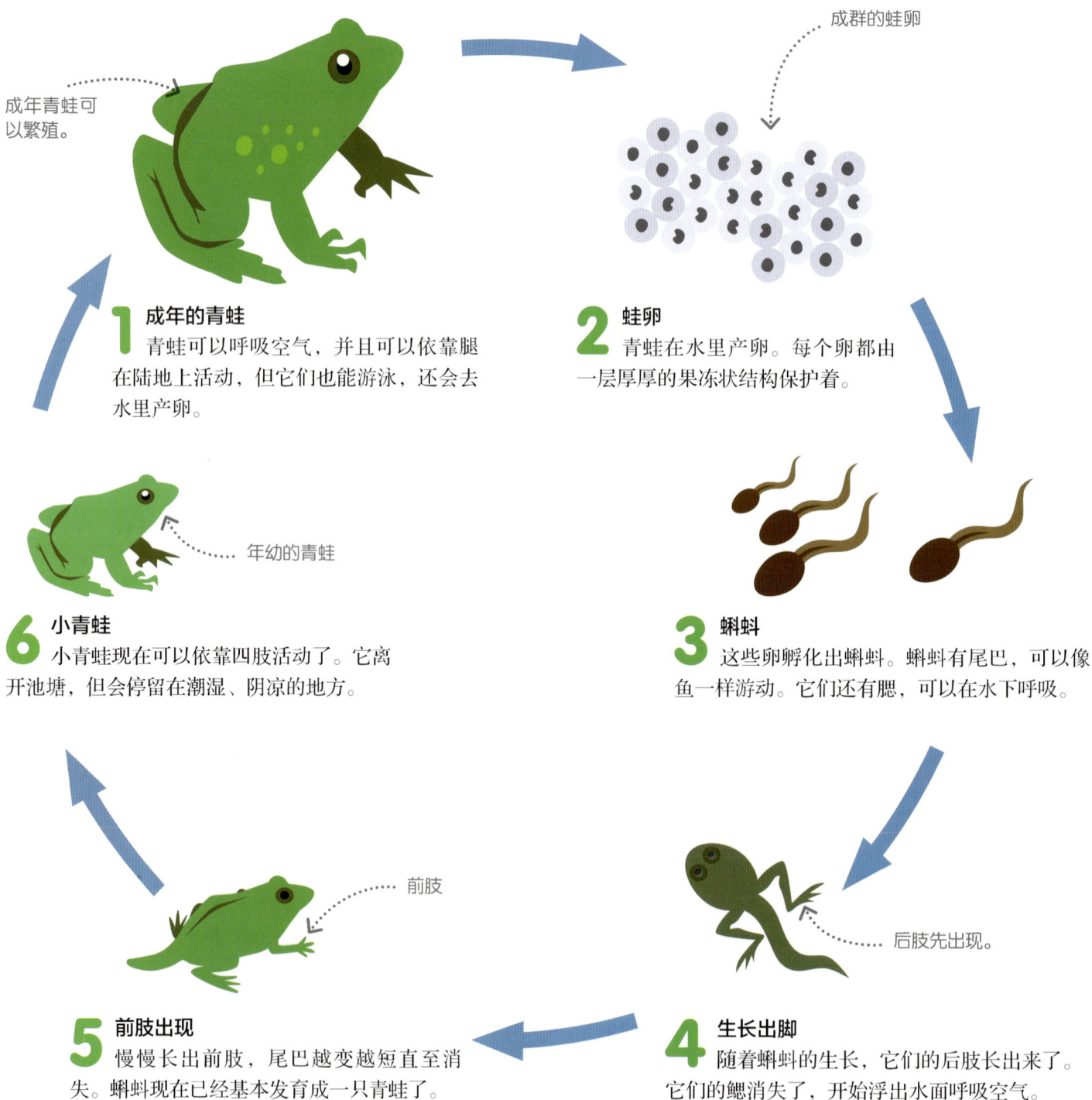

成年青蛙可
以繁殖。

成群的蛙卵

1 成年的青蛙
青蛙可以呼吸空气，并且可以依靠腿在陆地上活动，但它们也能游泳，还会去水里产卵。

2 蛙卵
青蛙在水里产卵。每个卵都由一层厚厚的果冻状结构保护着。

年幼的青蛙

6 小青蛙
小青蛙现在可以依靠四肢活动了。它离开池塘，但会停留在潮湿、阴凉的地方。

3 蝌蚪
这些卵孵化出蝌蚪。蝌蚪有尾巴，可以像鱼一样游动。它们还有腮，可以在水下呼吸。

前肢

后肢先出现。

5 前肢出现
慢慢长出前肢，尾巴越变越短直至消失。蝌蚪现在已经基本发育成一只青蛙了。

4 生长出脚
随着蝌蚪的生长，它们的后肢长出来了。它们的腮消失了，开始浮出水面呼吸空气。

昆虫的生命周期

许多昆虫长大成年时会经历变态发育，这种变化发生在昆虫被称为蛹的时候，在外界看来，蛹几乎是静止不动的。

有些昆虫几乎一生都处于幼虫阶段，成年后几小时就会死亡。

蝴蝶有两对翅膀。

蝴蝶的蛹也叫蝶蛹。

2 卵
蝴蝶通常在树叶的背面产卵，那里具有一定的隐蔽性，可以保护卵。

1 蝴蝶
成年蝴蝶只能喝液体，无法生长。大多数只能存活几个星期。

6 蛹
毛毛虫停止进食或移动，变成了蛹。几天或几周后，它会变成蝴蝶，破蛹而出。

3 孵出
毛毛虫从卵里孵化出来并开始寻找食物。它们先吃卵壳，然后开始吃树叶。

进食中的毛毛虫

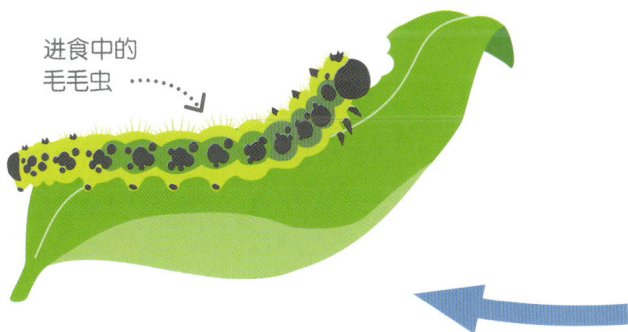

正在成长的毛毛虫

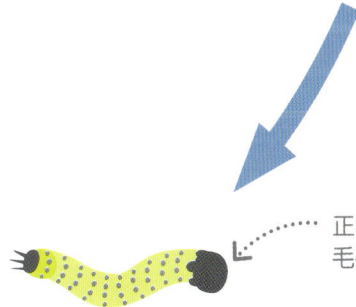

5 长大
毛毛虫几乎不间断地吃东西，而且长得很快。它们会蜕皮几次，每次蜕皮后身体就会长大。

4 幼虫
幼虫一般通过蠕动来移动身体。毛毛虫是蝴蝶的幼虫。

人类的生殖

当男性的精子与女性的卵子结合时，人类的生殖过程就开始了。融合的细胞产生一个胚胎，在九个月后发育成婴儿。

在女性的一生中，卵巢会释放大约400个卵子。

人类的生殖系统

男性和女性的生殖系统都包括专门产生生殖细胞的器官。女性的生殖系统还包括子宫，这是一个肌肉发达的器官，它可以孕育胎儿。

1 男性生殖系统

男性生殖系统的主要组成部分是阴茎和两个睾丸。睾丸悬挂在体外的阴囊内。在睾丸中，每天可以制造数百万的精子。

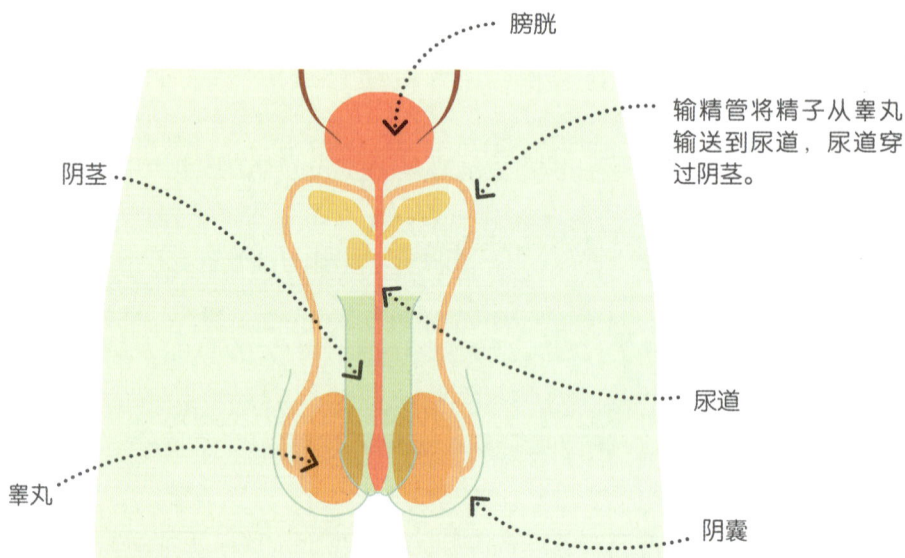

膀胱

阴茎

输精管将精子从睾丸输送到尿道，尿道穿过阴茎。

尿道

睾丸

阴囊

2 女性生殖系统

女性生殖系统的主要组成部分是子宫、阴道和两个卵巢。卵巢储存和释放卵子。如果一个卵子受精，它会发育成一个婴儿，在子宫内生长九个月。一旦发育完成，婴儿会在出生时通过阴道离开母体。

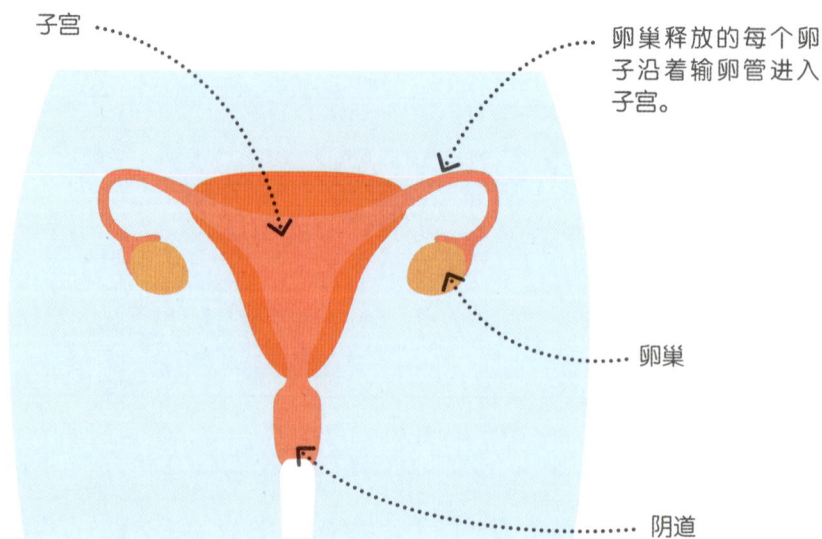

子宫

卵巢释放的每个卵子沿着输卵管进入子宫。

卵巢

阴道

月经周期

月经周期是女性身体为生产婴儿做准备的过程。
一个月经周期是28天左右，它分为四个阶段。

以28天的周期为例

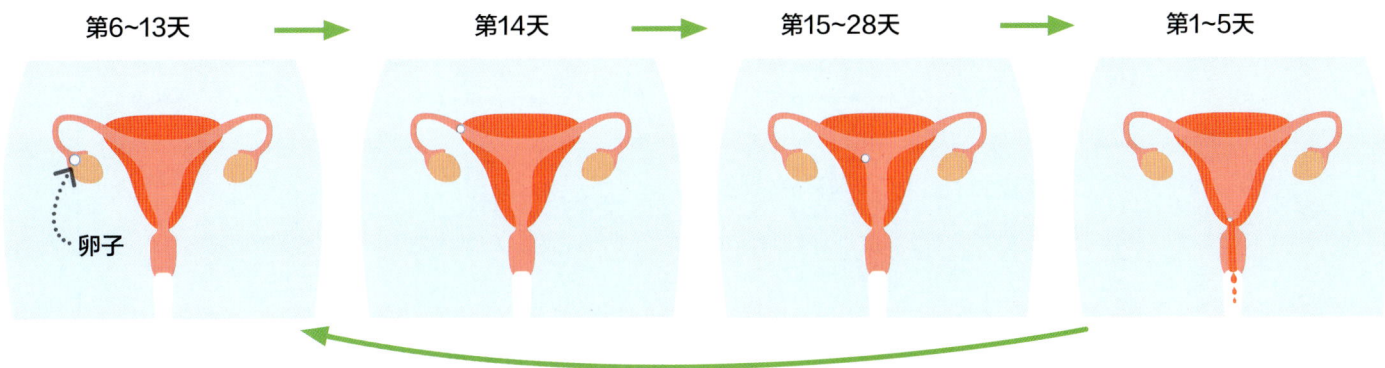

第6~13天 → 第14天 → 第15~28天 → 第1~5天

卵子

1 子宫内膜增厚，为卵子的释放做准备，卵子在卵巢中发育成熟。身体正在为可能的怀孕做准备。

2 卵子从卵巢释放，这就是排卵。卵子通过输卵管到达子宫。如果这个过程中卵子受精，子宫内膜会继续增厚。

3 如果卵子没有受精，子宫内膜就不需要再增厚。卵子会分解并通过阴道排出体外。

4 子宫内膜脱落，以经血的形式从阴道排出，这被称为月经。

受精

当雄性在性交过程中释放的精子进入雌性的阴道时，精子会游向卵子。受精是精子成功与卵子结合的过程。然后结合形成的受精卵开始繁殖，形成一簇细胞，几周后会发育成胚胎。

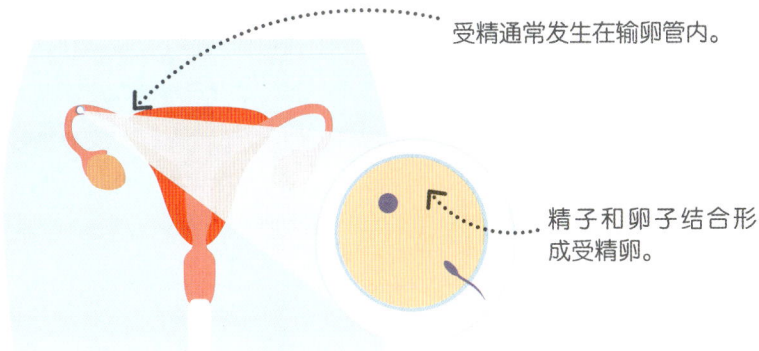

受精通常发生在输卵管内。

精子和卵子结合形成受精卵。

现实世界的技术

体外受精

体外受精（IVF）是一种帮助难以受孕的人繁育后代的方法。精子和卵子取自父母的身体，在实验室里将它们混合，直到完成受精。有时，精子可能被注入卵子，然后，将受精卵放入女性的子宫，继续妊娠的过程。

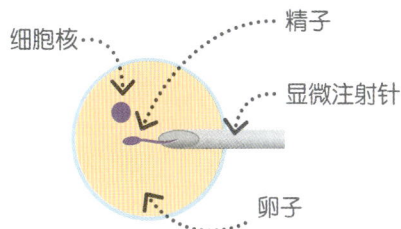

细胞核

精子

显微注射针

卵子

妊娠和分娩

人类卵子受精后，可以在母体子宫内发育成婴儿。这个过程叫作妊娠。母亲的身体提供了婴儿发育所需要的一切。

> 人类的妊娠期为9个月，大象的妊娠期为21个月。

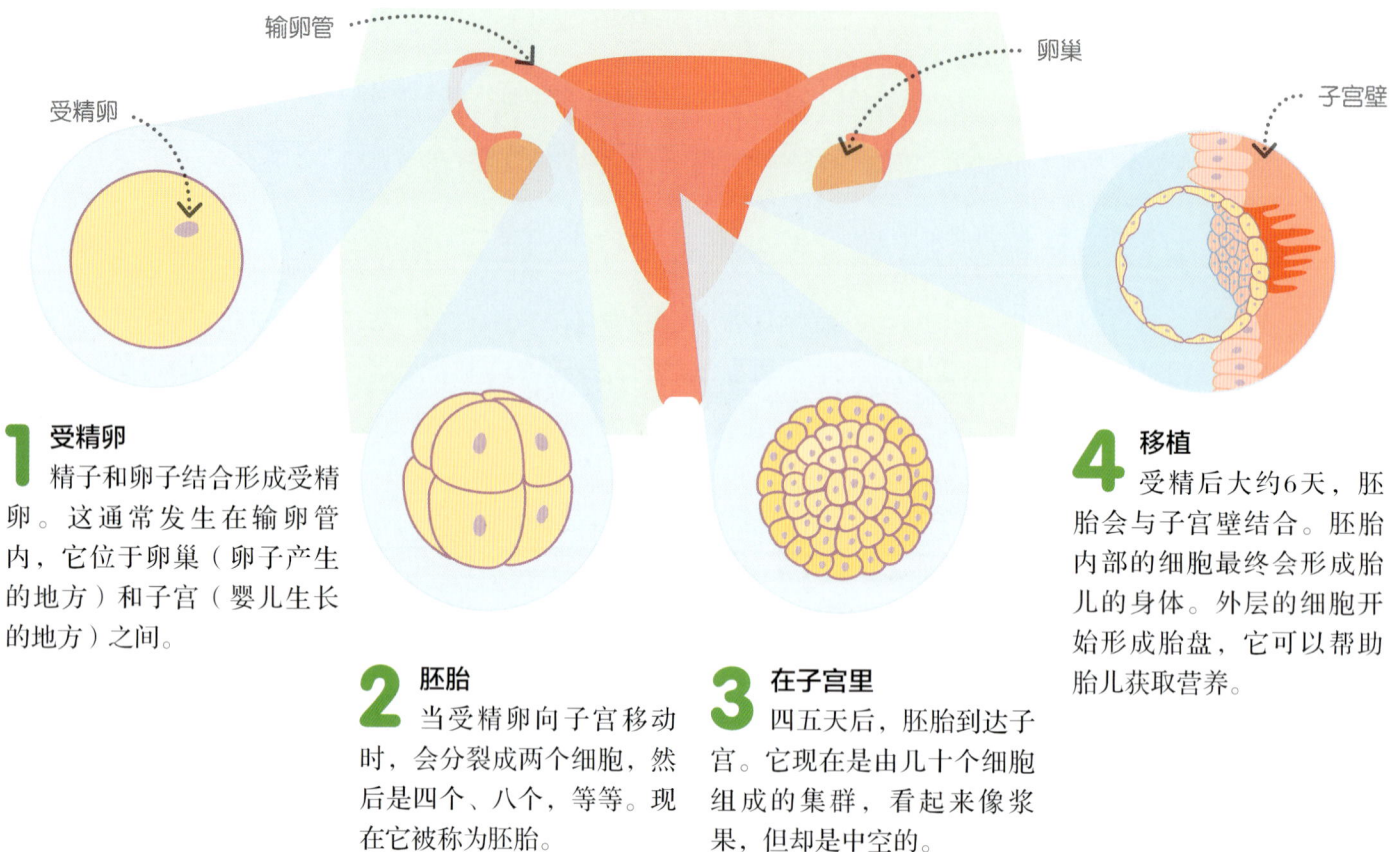

受精卵

输卵管

卵巢

子宫壁

1 受精卵
精子和卵子结合形成受精卵。这通常发生在输卵管内，它位于卵巢（卵子产生的地方）和子宫（婴儿生长的地方）之间。

2 胚胎
当受精卵向子宫移动时，会分裂成两个细胞，然后是四个、八个，等等。现在它被称为胚胎。

3 在子宫里
四五天后，胚胎到达子宫。它现在是由几十个细胞组成的集群，看起来像浆果，但却是中空的。

4 移植
受精后大约6天，胚胎会与子宫壁结合。胚胎内部的细胞最终会形成胎儿的身体。外层的细胞开始形成胎盘，它可以帮助胎儿获取营养。

现实世界的技术

超声波扫描

医生可以通过超声波扫描技术检查未出生的婴儿是否健康。一根按在母亲皮肤上的探针发出超声波，超声波遇到胎儿会产生回声，探测器接收这些回声，然后超声波机器将这些回声转换成图像显示在屏幕上。

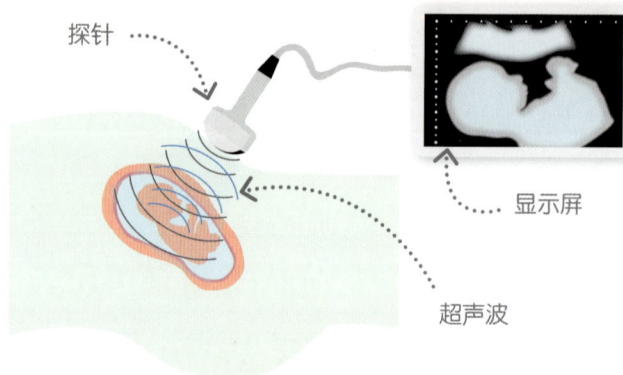

探针

显示屏

超声波

胎儿在一个充满液体的袋子里发育，这个袋子叫作羊膜囊。

脐带在婴儿和胎盘之间传输血液。

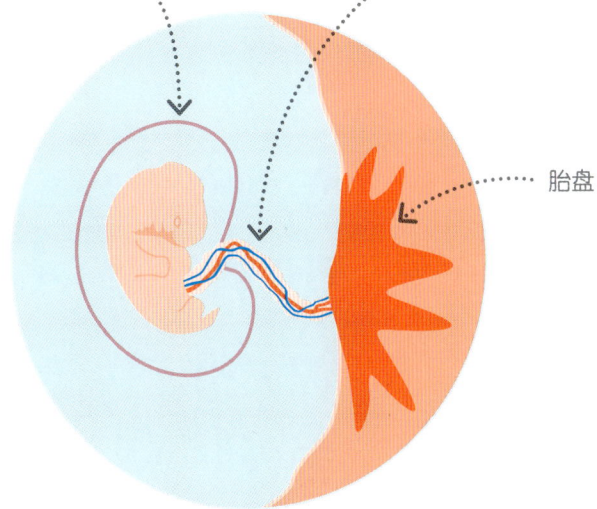

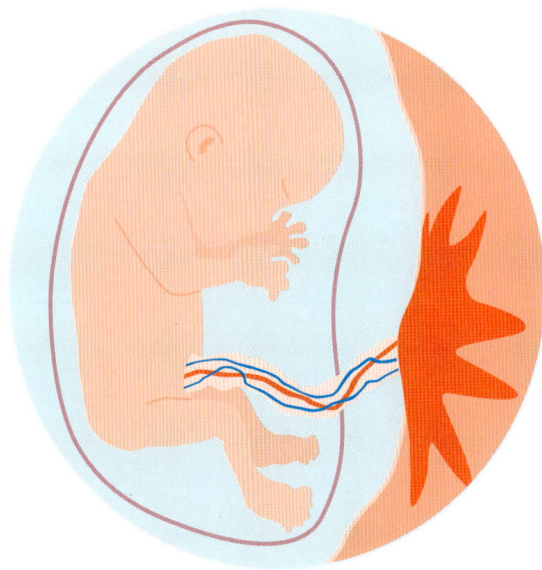

胎盘

5 身体的成长

受精后大约3周，一个小小的身体就形成了。它只有1厘米长，其中头占了很大的比例，四肢即将生长，还长有尾巴。它的心脏在跳动，并将血液输送到胎盘，从那里吸收母亲血液中的营养物质。

6 胎儿

在受精9周后，胎儿看起来像人类了。这时，虽然他只有老鼠的一半大小，但所有主要的身体器官都已经形成。他可移动，但还听不见、看不见。他还需要在子宫里待上6个来月。

7 出生

大约38周后，胎儿就做好出生的准备了。子宫的入口变宽，子宫壁的肌肉开始收缩挤压。母亲能感觉到这些宫缩，所以她知道自己即将分娩。胎儿周围的羊膜囊破裂，子宫内的肌肉把胎儿推出体外。婴儿通常是头朝下出生的，出生后，婴儿的肺开始工作并第一次呼吸到空气。

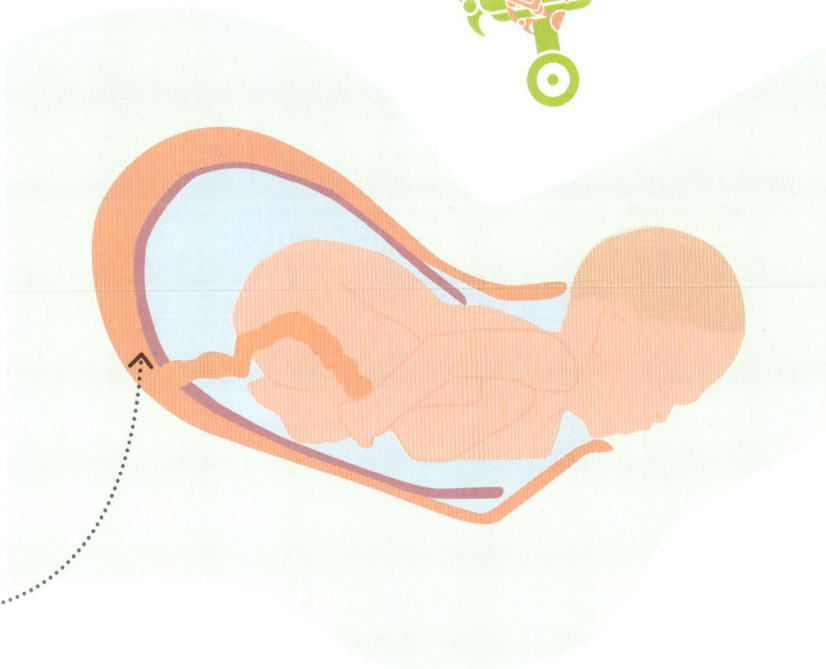

子宫壁上的肌肉通过挤压把胎儿推出来。

生长和发育

随着年龄的增长，一个婴儿会变成一个成年人。最巨大的变化发生在童年和青少年时期，不过，人的一生都在不断地发生变化。

生长着的身体

当胚胎在母体内形成时，生长发育的过程就开始了，并在出生后继续进行。生长是身体尺寸的增加，而发育则包含身体运作方式的改变。

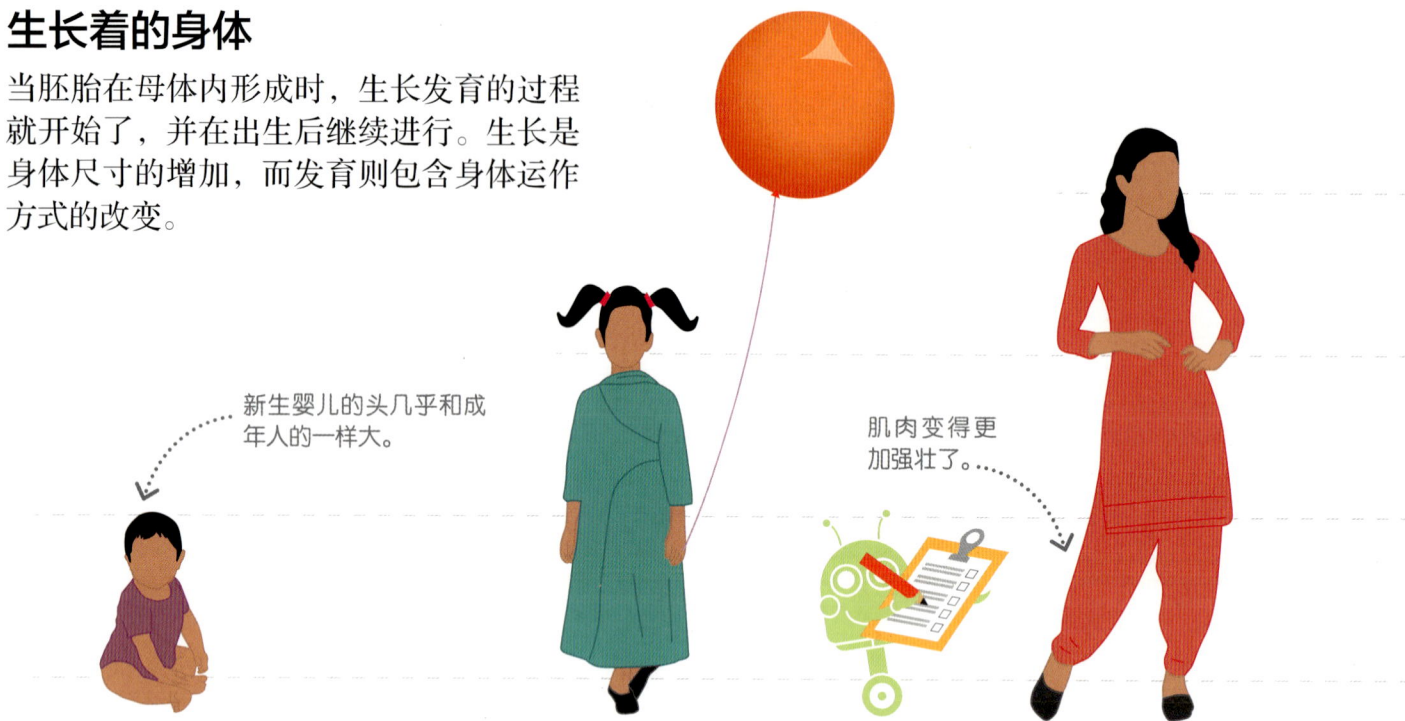

新生婴儿的头几乎和成年人的一样大。

肌肉变得更加强壮了。

1 婴儿期
新生婴儿是不能自理的，但他们会在出生后的两年内快速成长。到了12~18个月大时，他们就能走路了。

2 童年
2~10岁，孩子们会长高并学会交流。他们学会新的技能，变得更独力。

3 青春期
11~18岁，青少年会经历青春期——一段身体发生变化的时期，这段时期为繁育后代做好身体准备。

细胞分裂

身体通过产生更多的细胞完成生长发育。许多种类的细胞可以分裂。在此之前，每个细胞都要复制其遗传信息。

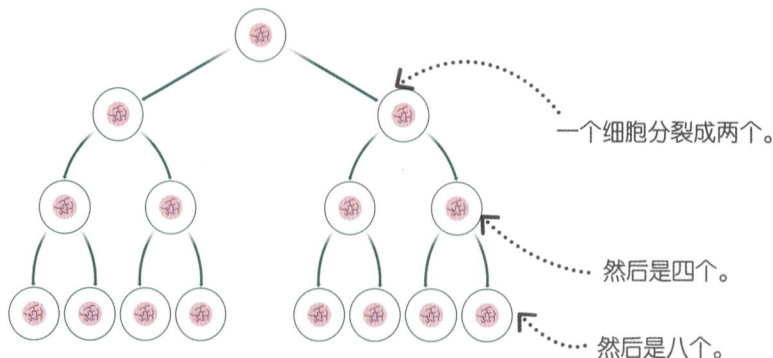

一个细胞分裂成两个。

然后是四个。

然后是八个。

生长突增

在青春期，骨架中的主要骨骼变长，身体会快速生长。女孩比男孩先进入青春期，11岁左右的女孩比男孩高，但到了14岁左右，男孩就会赶上女孩。成年男性通常高于成年女性。

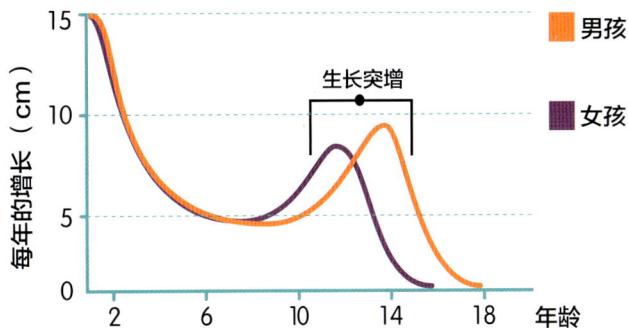

每年的增长（cm）

生长突增

男孩

女孩

年龄

灰白的头发

身高变矮是由组织收缩引起的。

4 成年早期
成年早期是骨骼最结实、身高最高的时期。男性和女性可以繁育后代，成为父母。

5 成年后期
成年后期，皮肤失去弹性，出现皱纹。头发开始变白。男性的发际线可能会后移。

6 老年
在这个时期，人的骨骼、关节和肌肉会变得更脆弱，感官也可能会退化，心脏的工作效率降低。

现实世界的技术

干细胞

大多数体细胞有特定的作用，不能改变，但干细胞可以发育成不同的体细胞组织，这使得干细胞具有很重要的科学研究意义，因为它们可以发育成各种器官，进而替换病人体内受损的器官。

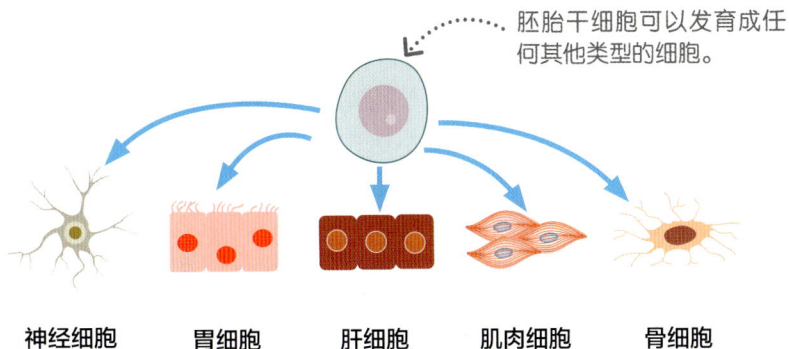

胚胎干细胞可以发育成任何其他类型的细胞。

神经细胞　　胃细胞　　肝细胞　　肌肉细胞　　骨细胞

基因和DNA

所有生物的细胞都含有基因，基因中的遗传信息储存在DNA中。基因由父母传给后代，并控制着所有生物体的生长发育。

染色体非常小，10万条染色体可以塞进一个句号里。

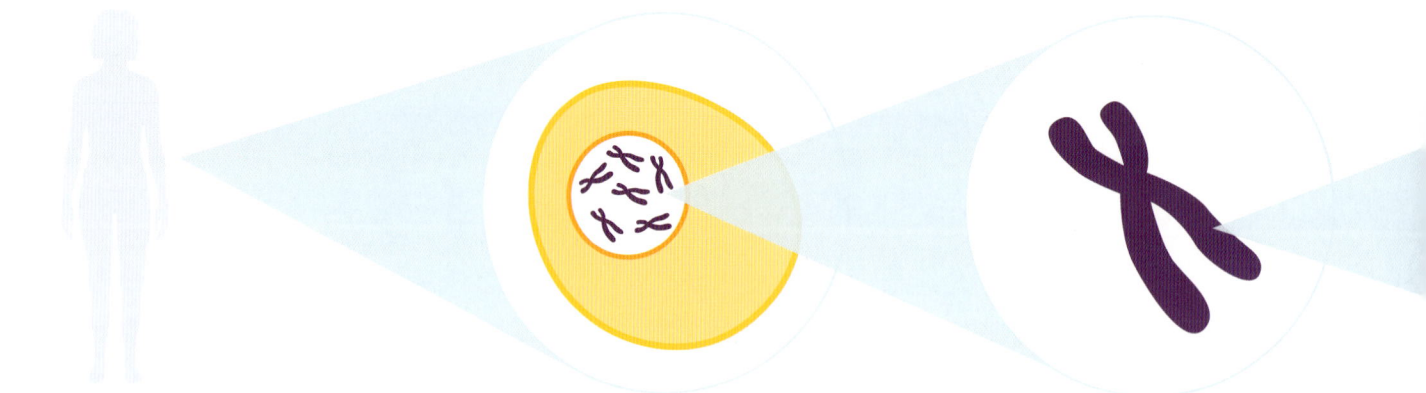

1 身体
身体如何形成、运作以及它的外观主要取决于它的基因。人体由大约20 000种不同的基因控制。

2 细胞
所有的生物体都是由细胞这种微小单位构成的。每个细胞都携带着该生物体的一整套基因，这些基因通常储存在细胞核中。

3 染色体
在细胞核内，基因由染色体携带。人的细胞内有46条染色体，狗的细胞内有78条染色体，豌豆的细胞内有14条染色体。

复制

DNA有惊人的自我复制能力。这使得基因可以在细胞分裂或生物体繁殖时进行复制。

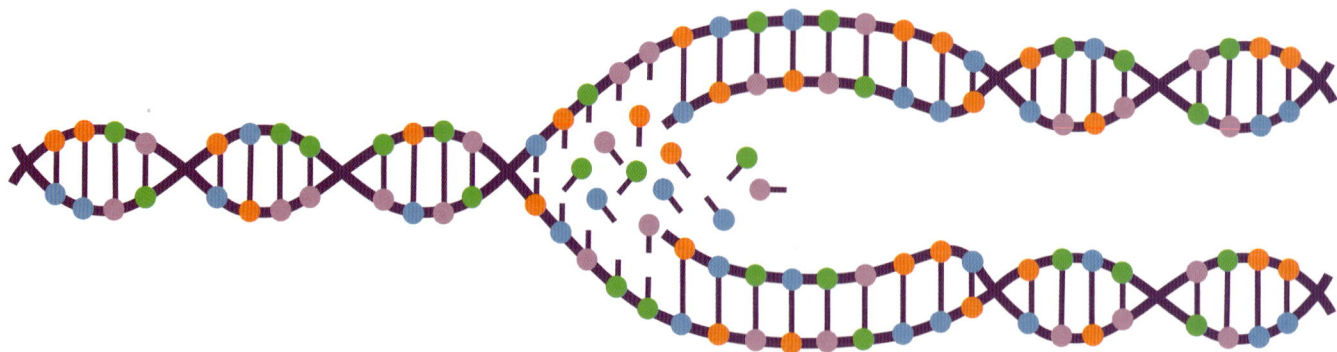

1 DNA分子分解成两条链，每一条都有携带遗传信息的碱基序列。

2 一种碱基总是与特定类型的碱基配对，所以单链是新链的模板。

3 两个完全相同的DNA分子形成了，每个都有相同的遗传信息。

四种不同的碱基（用字母A、C、T和G表示）形成了一个沿着DNA分子两侧排列的序列。

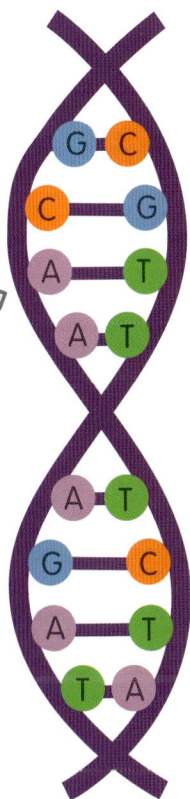

蛋白质分子由氨基酸组成。

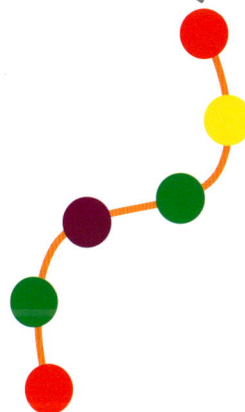

4 DNA

染色体包含一个非常长的DNA分子（脱氧核糖核酸）。DNA分子看起来像梯子，但被扭曲成了双螺旋结构。

5 基因

沿着DNA分子排列的化学物质叫作碱基。就像字母组成单词一样，碱基的排列形成一种代码。基因是一段特定的DNA序列。

6 蛋白质

基因中，碱基的排列方式控制蛋白质中氨基酸的排列方式。蛋白质控制着细胞和身体的工作方式及外观。

现实世界的技术

DNA指纹分析

因为每个人都有一组独特的基因，所以犯罪现场的DNA可以帮助识别嫌疑人。

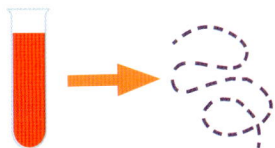

电流使DNA片段在凝胶里移动。

每个人的DNA指纹都不一样。

1 从犯罪现场的体液中提取的DNA被切割为成千上万的DNA片段。

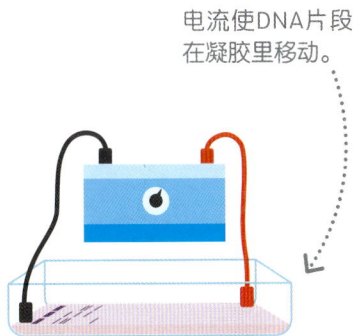

2 这些DNA片段被放在一块凝胶上，凝胶的两端连着电极。

3 几个小时后，DNA片段形成了一种可以识别身份的图案——DNA指纹。

变异

地球上有数十亿种生物，但没有两种是完全一样的。这种变异部分是由遗传差异造成的，部分是由生物生活的环境造成的。

人类和黑猩猩的DNA相似度高达96%。

1 物种之间的变异

自然界充满了变异。科学家已经确认出了大约200万种不同的物种，可能还有数百万种未被发现。我们用"生物多样性"描述生活在地球上的各种各样的生物，或者描述共享一个特定的生态系统的生物。

2 同一物种内的变异

即使在同一个物种内，也没有两个个体是完全相同的。它们在外观上可能有明显的差异，比如图中的这些异色瓢虫；又或者在抗病性、行为方式或其他特征上有更微妙的差异。这种变异使得进化成为可能（参见第74页）。

3 连续的变异

一些特征，如人类的身高，就是连续的变异。这意味着一个人的身高可以是介于最矮和最高之间的任何一个数值。如果测量许多人的身高并把结果绘制在一张图表上，会形成一条正态分布曲线。一般连续变异的特征都符合正态分布。

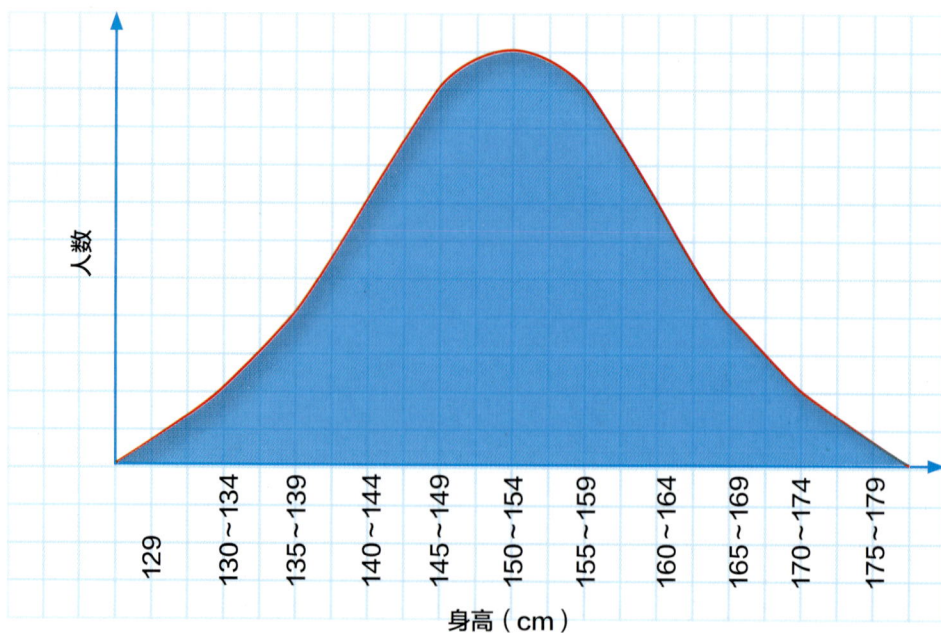

人数

129 130~134 135~139 140~144 145~149 150~154 155~159 160~164 165~169 170~174 175~179

身高（cm）

4 不连续的变异

右图显示的是不连续的变异，这意味着选择的数量是有限的，它们之间没有关联。例如，人类只有四种血型：A型、B型、AB型和O型。不连续的变异通常是由一个或几个基因引起的。相比之下，连续变异是由多个基因、环境或两者共同造成的。

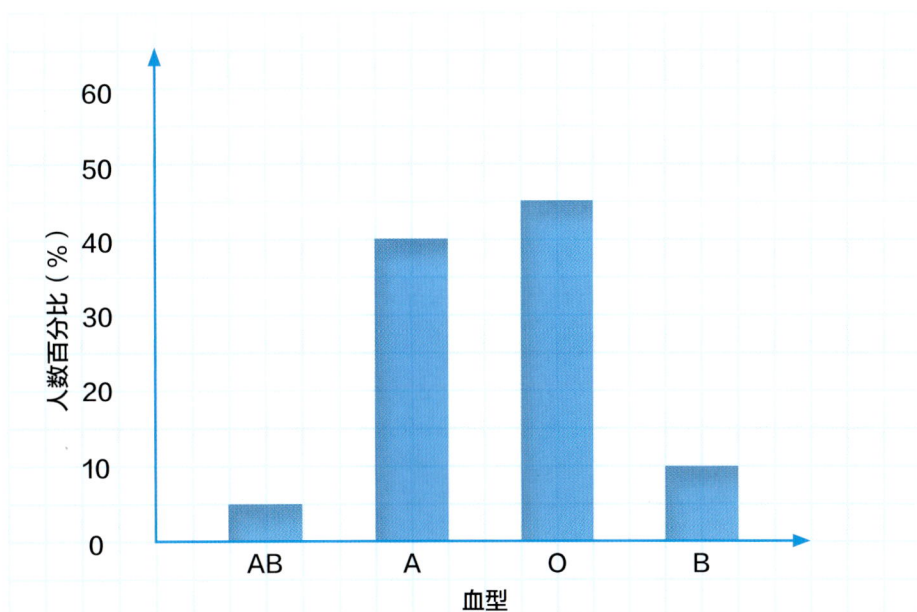

变异的来源

一个物种内部的许多变异来自遗传差异。突变产生新的基因，有性生殖将基因转换成新的组合。环境也会影响生物体的发育。

1
突变基因可以储存在DNA分子中。其结果是，在新基因的作用下出现变异。例如，控制皮肤和皮毛颜色的基因突变可能会导致动物患上白化病。

2
有性生殖给每个生物体都提供了父母双方基因的独特组合，这就是一个家庭的孩子看起来也都不一样的原因。同卵双胞胎是个例外，因为他们拥有相同的基因，不过由于成长环境的不同，他们仍然是独一无二的。

3
环境影响生物的发展。例如，在阴暗处生长的植物比在阳光充足处生长的植物要高，但叶子不那么浓密。环境和基因以复杂的方式相互作用，决定生物的特征。例如，一些环境因素可以打开或关闭基因。

棕色的老鼠　　白化病老鼠

在阳光充足处生长　在阴暗处生长

遗传

当生物体繁殖时，它们的后代通常看起来与父母相似。这是因为所有的生物体都从父母那里遗传基因，而基因控制着它们身体发育的方式。

同卵双胞胎的基因完全相同。

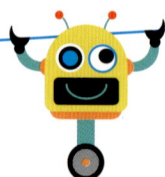

有性生殖

在有性生殖中，生物体从双亲那里遗传基因。每一个后代通常会得到父母双方基因的不同组合，这使得每一个后代都是独一无二的。

1 父母

基因储存在一种染色体上，几乎存在于所有类型的细胞的细胞核中。人类的每个细胞中有46条染色体。这些染色体加在一起，携带着一套完整的人体基因。

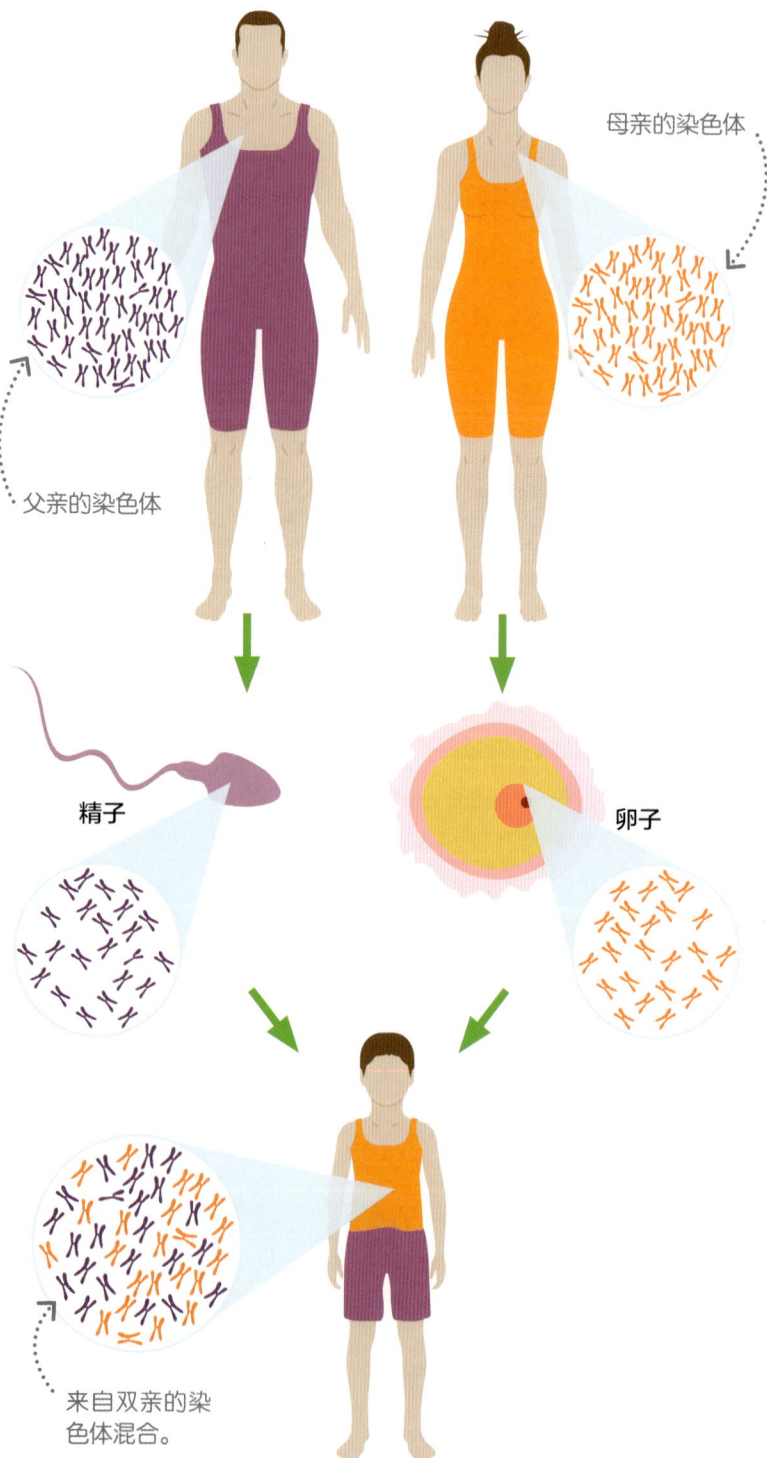

2 生殖细胞

为有性生殖，男性和女性的身体会产生生殖细胞——一种只有23条染色体的特殊细胞。男性的生殖细胞被称为精子，女性的生殖细胞被称为卵子。生殖细胞中的每一条染色体都是来自双亲染色体的两种基因的混合。

3 后代

在有性生殖过程中，精子和卵子结合形成一个新的个体。这两组染色体结合在一起，使孩子拥有46条染色体。染色体一半来自父亲，一半来自母亲。

母亲的染色体

父亲的染色体

精子

卵子

来自双亲的染色体混合。

基因对

因为有性生殖的有机体从双亲那里各自继承了一组染色体，所以每种基因都有两个。有时，这两份基因略有不同，这些不同版本的基因叫作等位基因。两个不同的等位基因，一个可能会比另一个更强势，占据主导地位。占主导地位的等位基因被称为显性基因。

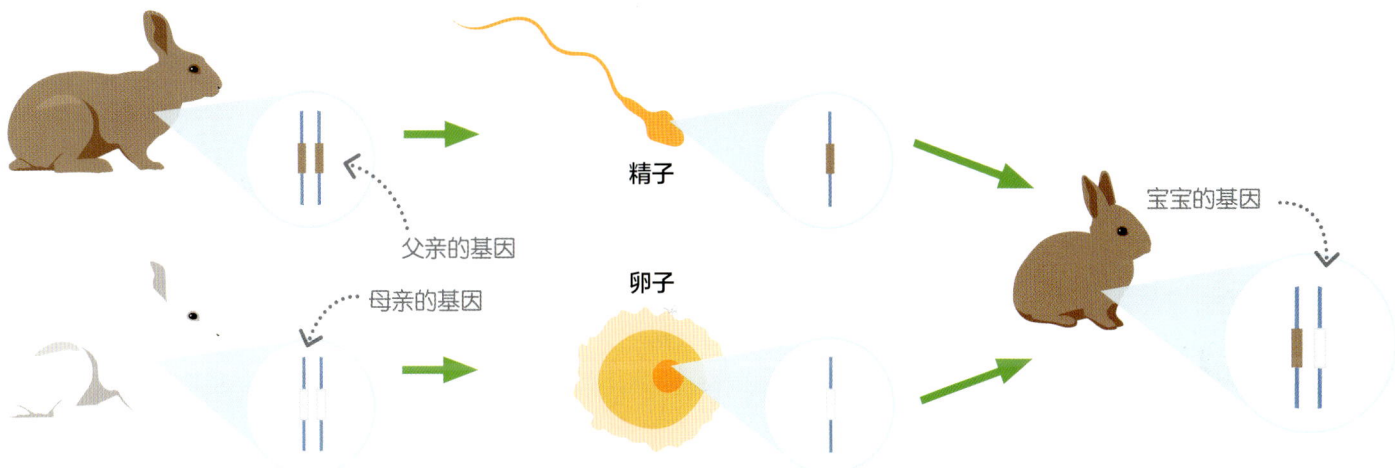

精子

卵子

父亲的基因

母亲的基因

宝宝的基因

1 成年兔子体内都有两个控制颜色的基因。皮毛呈棕色的父亲有两个让皮毛呈现棕色的基因，皮毛呈白色的母亲有两个让皮毛呈现白色的基因。

2 父亲的所有精子里都有一个让皮毛呈现棕色的基因，母亲的所有卵子里都有一个让皮毛呈现白色的基因。

3 后代继承了这两个等位基因，但是让皮毛呈现棕色的等位基因占主导地位，所以兔子宝宝的皮毛是棕色的。

性染色体

人类和其他哺乳动物由两种特殊的染色体——性染色体控制性别。雌性有两条X染色体，雄性有一条X染色体和一条Y染色体。

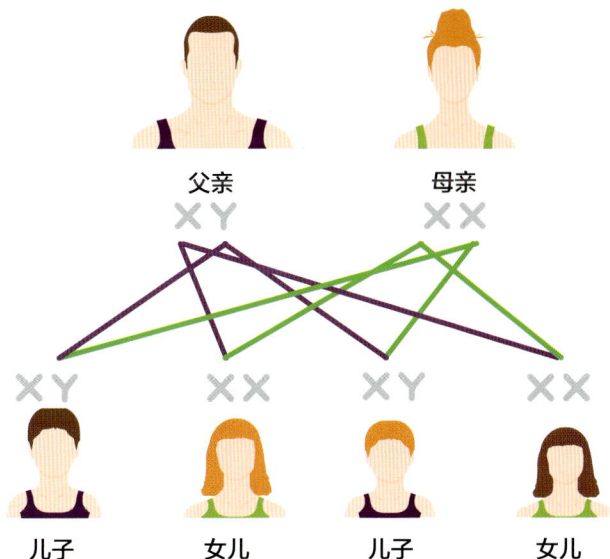

父亲　　　　母亲
XY　　　　XX

XY　　XX　　XY　　XX

儿子　　女儿　　儿子　　女儿

遗传疾病

一些遗传疾病是由性染色体上的基因引起的。例如，红绿色盲可以由X染色体上的一个隐性基因引起。这种病在女孩中不太常见，因为她们的第二个X染色体通常带有显性基因，这使得引发疾病的隐性基因无法起作用。然而，在男孩身上，由于Y染色体上缺少匹配的等位基因，隐性基因起作用就可导致红绿色盲。

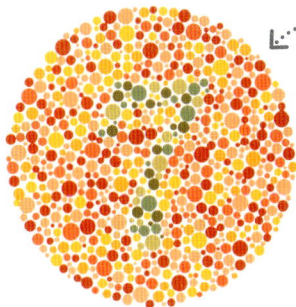

这样的颜色测试可用于检测红绿色盲。

进化

在很长一段时间里，生物为适应周围不断变化的环境而变化。这种变化被称为进化，并导致新物种（生物体类型）的形成。进化是由自然选择的过程驱动的。

1859年，英国科学家查尔斯·达尔文提出了自然选择进化论。

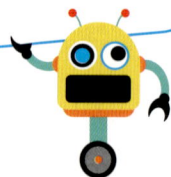

自然选择

在自然界，生存是一场竞赛，有赢家也有输家。那些存活下来并繁衍后代的生物会把帮助它们成功生存的基因遗传给下一代。但如果环境发生改变，赢家也可能变成输家。

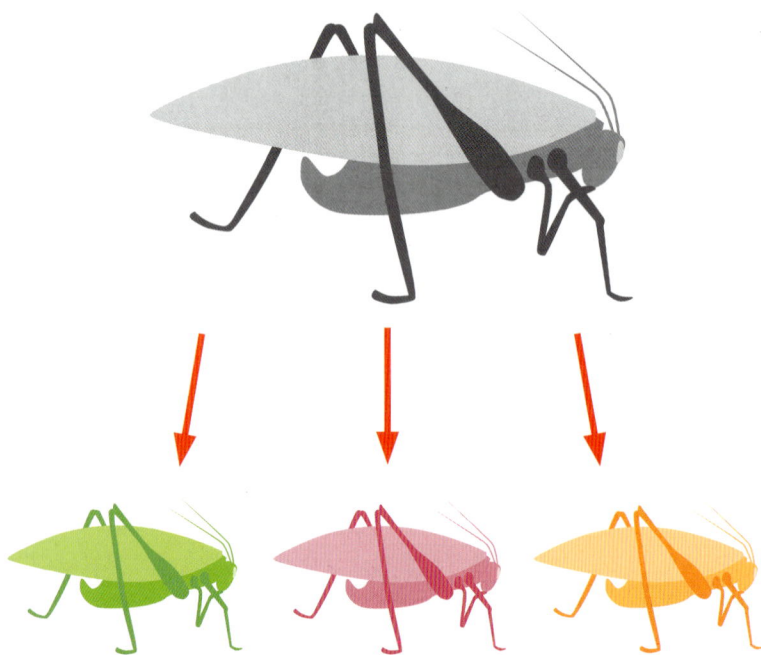

鸟更容易发现棕色和粉色的蟋蟀。

1 新的基因产生变异

当生物体繁殖时，它们的基因会被复制。有时复制过程中出现的错误会催生出新的基因，使种群更加多样化。例如，控制蟋蟀皮肤颜色的基因突变可能导致出现不同颜色的蟋蟀。

2 适者生存

在绿色的树叶间，棕色和粉色的蟋蟀很容易被鸟类看到，因此更容易被吃掉。绿色的蟋蟀则容易隐藏。它们存活下来并将基因遗传给下一代，使得绿色蟋蟀越来越多。这个过程叫作自然选择。

关于过去的证据

进化是在很长一段时间内发生的，所以很难观察到。然而，史前生物的化石为我们打开了一扇通向过去的窗户，让科学家们能够找到进化的路径。例如，始祖鸟的生物化石表明，鸟类可能是由小型恐龙进化而来的。始祖鸟不同于任何现存的鸟类，它有锋利的牙齿、巨大的前爪和骨质尾巴。然而，它也有翅膀，外形很像现在的鸟类。

带有牙齿的喙

前爪

骨质尾巴

现在，绿色的蟋蟀更容易被发现，所以种群开始改变颜色。

3 环境改变

随着时间的推移，环境发生变化。例如，气候的变化可能会使茂密的森林变成沙漠。在多沙的环境中，棕色的蟋蟀很难被发现，存活的概率更大。蟋蟀种群会随之改变颜色，以适应新的环境。

现实世界的技术

人工选择

人类可以繁殖植物和动物，选择具有他们喜欢的特征的后代。随着时间的推移，这可能会戏剧性地改变生物体，就像自然选择的过程一样。这一过程被称为"人工选择"，所创造出的狗的品种与它们的祖先灰狼有着非常不同的外观和行为。

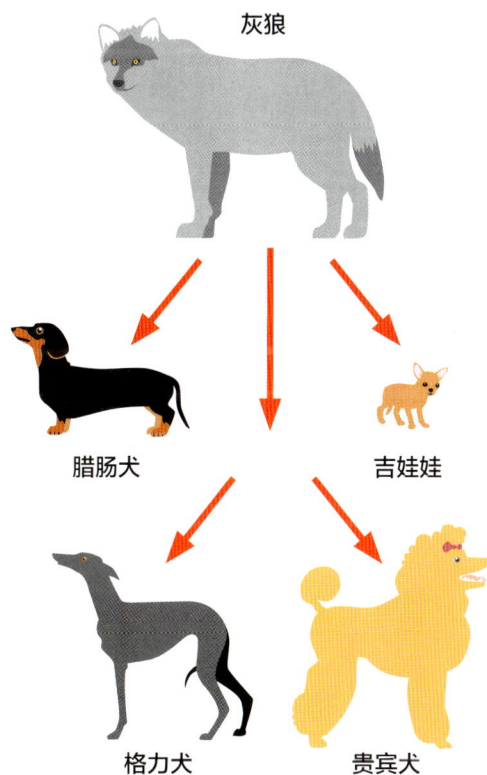

灰狼

腊肠犬

吉娃娃

格力犬

贵宾犬

植物

植物是生长在陆地或水中的生物。与动物不同，植物不能从一个地方移动到另一个地方。几乎所有的植物都是自己制造食物，从阳光中获取能量。

植物是绿色的，因为它们使用一种叫作叶绿素的绿色化学物质来捕捉太阳的能量。

植物的部位

大多数植物有根、茎和叶子。许多植物还有花。植物的每个部分都有特定的作用。

1 花
这些花产生种子，种子就变成了新的植物。花的中心被花瓣包围着。

2 叶子
叶子可以捕捉阳光。它们利用光能产生能量丰富的食物分子。

3 茎
茎支撑着植物面向光源。它把水分和营养从根部输送到植物的各个部位。我们把树的茎叫作树干，树干上长有树枝。

4 根
根把植物固定在土地里，使其不会被雨水冲走，也不会被风吹走。它们从土壤中吸收水分和矿物质。

花瓣通常颜色鲜艳。

花苞（还没有开放的花）

茎

大多数植物的叶子是绿色的。不同的植物有不同形状的叶子。

根

植物的生长需要什么

植物需要一些物质才能生存、生长并保持健康。植物最需要的物质是阳光和水。植物还需要适宜的温度和矿物质。

3 当温度适宜时，植物会长得很好。有些植物喜欢炎热的天气，另一些则喜欢凉爽的天气。

1 植物利用光来制造自己的食物。如果你把一株植物放在窗台上，它会弯着身子向着阳光生长。它试图得到尽可能多的阳光。

微风中的植物

4 所有的植物都需要空气。它们利用空气中的二氧化碳制造食物，利用空气中的氧气将食物中的能量释放出来。

5 矿物质帮助植物苗壮成长。大多数植物的根从土壤中吸收矿物质。漂浮植物从水中获取矿物质。

2 植物需要水才能生存和保持挺拔的姿态。当植物得不到足够的水分时，它的茎和叶子都会枯萎。

土壤富含养分。

现实世界的技术

温室

农民在温室中种植蔬菜和水果。窗户围住了阳光的热量，使得温室内的温度比室外高。温室可以用来种植喜欢较高温度的植物，比如葡萄和西红柿。

植物的种类

从生活在水中的微小绿色植物到参天大树，植物的种类各不相同。这些外形差异很大的植物都可被分为两大类：开花植物和不开花植物。

科学家已经鉴定出40多万种不同种类的植物。

开花植物

世界上大多数的植物都是开花植物。所有开花植物都有一个相似的生命周期，从种子开始生长，成熟时开花。花使得植物可以通过与其他植物交换雄性和雌性的生殖细胞来进行有性生殖。

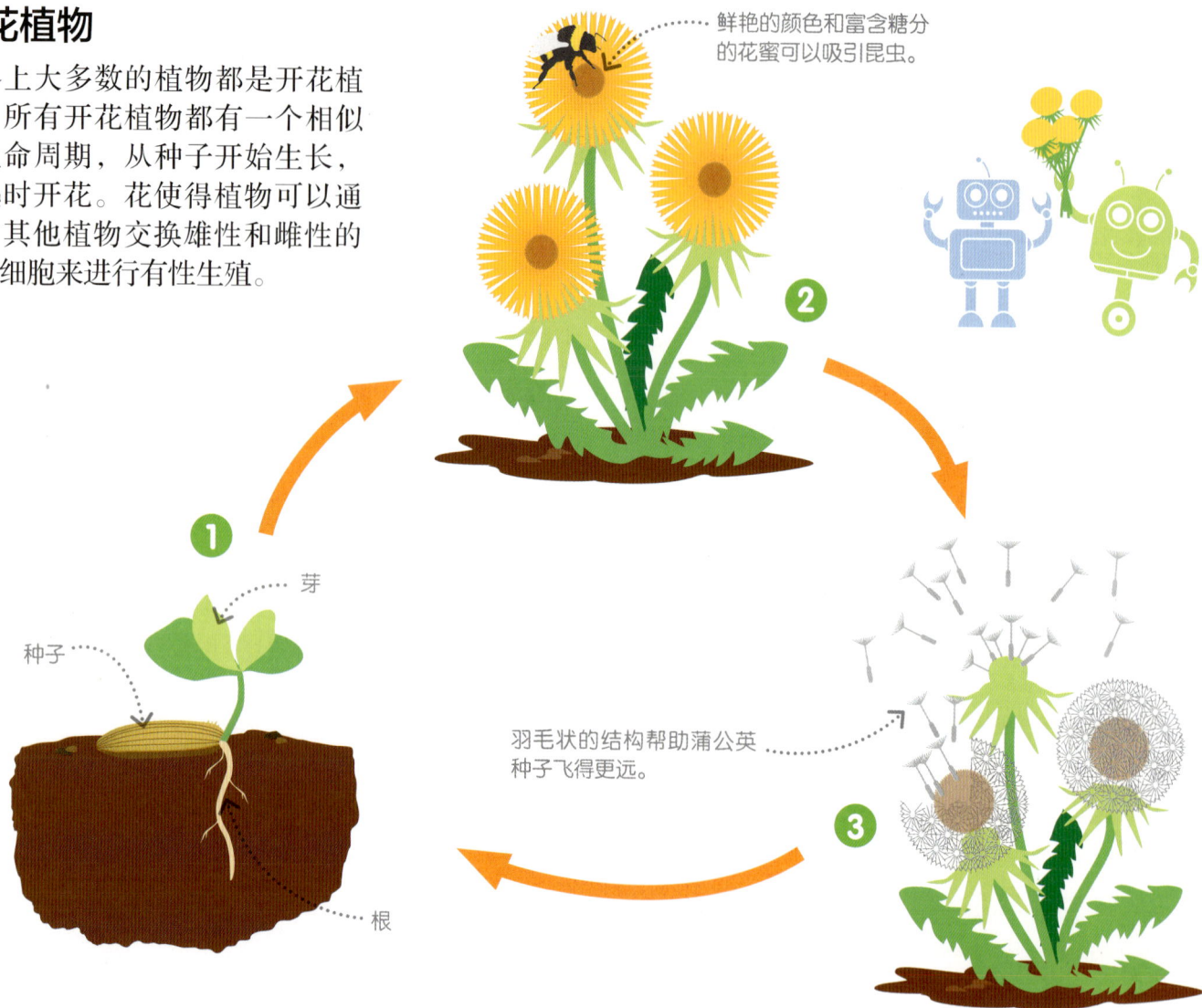

鲜艳的颜色和富含糖分的花蜜可以吸引昆虫。

种子

芽

根

羽毛状的结构帮助蒲公英种子飞得更远。

1 幼苗
开花植物以种子的形式开启生命历程。种子吸收水分后，会长出根和芽，形成幼苗。

2 花
许多花颜色鲜艳，以吸引昆虫或其他动物，这些动物可以将一朵花的生殖细胞带至另一朵花。这个过程叫作授粉。

3 新种子
被授粉的花可以产生新种子。一些种子为了传播得更远，会长出翅膀或羽毛形状的结构，乘风飞行。

不开花植物

不是所有的植物都通过开花来繁殖。不开花植物包括针叶树、蕨类植物和苔藓植物等。

雌性的球果生产种子。

1 针叶树

针叶树的种子形成于球果而不是花。针叶树有针状的叶子，帮助它们在寒冷或干燥的地方生存。

2 蕨类植物

大多数蕨类植物都长着细嫩的、分叉的叶子，并且生活在阴凉的地方。蕨类植物不产生种子。它们是通过分散在风中的单细胞繁殖的，这种单细胞叫作孢子。

3 苔藓植物

大多数苔藓植物是生长在潮湿地方的小植物，通常像垫子一样在地上铺展开来。它们没有根，没有花，也没有种子。苔藓植物也通过孢子繁殖。

4 藻类植物

藻类植物是一种简单的植物，生活在水中，没有真正的茎、叶和根。它们通过在水中传播孢子来繁殖。

常绿植物和落叶植物

有些植物全年都有叶子，被称为常绿植物。落叶植物则会通过落叶来度过冬天，然后在春天长出新的叶子。

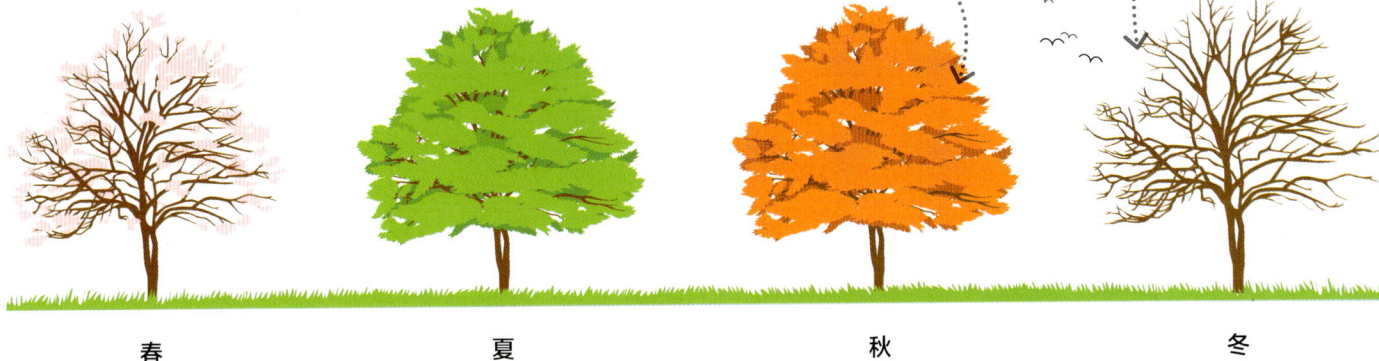

落叶树木在冬天落叶。

树叶在秋天改变颜色。

春   夏   秋   冬

光合作用

植物利用阳光中的能量制造它们生长所需要的食物。这种吸收光能制造食物的过程被称为光合作用。

光合作用对地球上的生命至关重要，因为它为几乎所有生物提供食物。

植物是如何进行光合作用的?

1 植物的根从土壤中吸收水分和矿物质。叶脉将水输送到植物的其他部分，包括叶子。

2 空气中的二氧化碳通过小孔进入树叶。这些小孔被称为气孔。

3 叶子含有一种叫作叶绿素的绿色物质，可以吸收阳光中的能量。叶绿素也是让叶子呈绿色的物质。

4 在树叶中会发生一系列的化学反应。这些反应把土壤中的水和空气中的二氧化碳以及太阳的能量结合起来，产生葡萄糖和氧气。

5 植物利用光合作用产生的葡萄糖构建新的组织或储存能量。氧气作为光合作用的废弃物被释放到空气中。

阳光

二氧化碳

水

制作食物

这个化学方程式（参见第132~133页）展示了光合作用的过程。水和二氧化碳结合在一起产生葡萄糖和氧气。

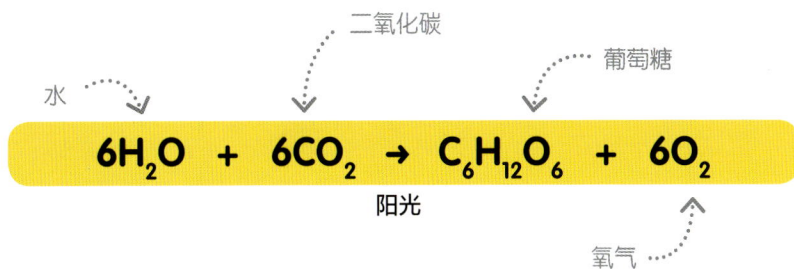

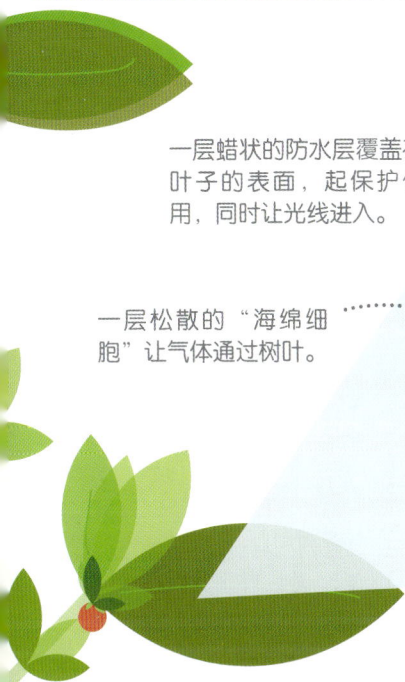

水　　二氧化碳　　葡萄糖

$$6H_2O + 6CO_2 \rightarrow C_6H_{12}O_6 + 6O_2$$

阳光

氧气

叶子内的细胞充满了叫作叶绿体的微小绿色体，光合作用就发生在叶绿体中。

一层蜡状的防水层覆盖在叶子的表面，起保护作用，同时让光线进入。

一层松散的"海绵细胞"让气体通过树叶。

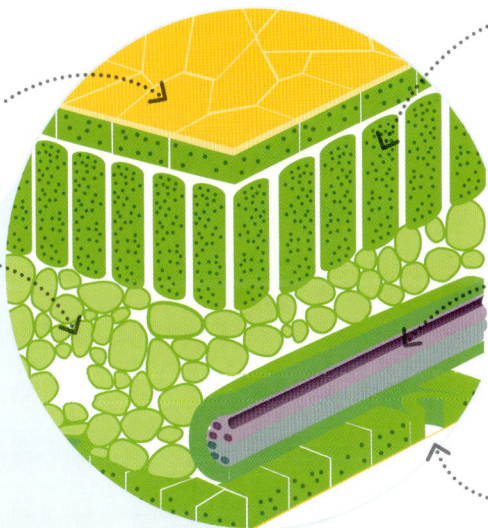

叶脉将水分带入叶片，并将光合作用产生的糖分带到植物的其他部分。

叶子背面有一种叫作气孔的小孔，可以打开或关闭，让气体进出。

叶子的内部结构

氧气

5

光合作用的运行

通过下面这个简单的实验可以观察光合作用的运行。在装满水的容器里放一些水草。用一盏灯照着水草，你会看到它开始产生浮气泡。这些气泡里的气体就是光合作用的废弃物——氧气。试着把光线移到离水草更近或更远的地方，看看气泡的数量会发生什么变化？

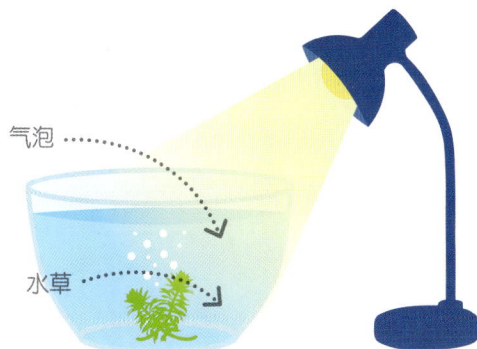

气泡

水草

植物中的运输

正如我们有一个循环系统把血液带到全身一样，许多植物也有一个运输系统把水和营养带到任何需要的地方。

植物内部的微小管道将水和营养物质从一个地方转移到另一个地方。

蒸腾作用

水在植物体内的运动叫作蒸腾。树叶通过蒸发不断地向空气中散失水分，但树会从地里吸收更多的水分。在一棵大树中，水在蒸发到空气中之前可能已经上升了50多米。

1 叶片表面的小孔叫作气孔，可以让叶片内部的水蒸气溢出到空气中。

2 水分从叶片中流失，与此同时，更多的水分通过木质部导管被吸入叶片。就像用吸管吸饮料一样，水从根部通过木质部导管被吸上来。

3 树根内部的压力也有助于推动水向上进入树干。

4 树根不断从土壤中吸收水分，以补充叶子流失的水分。一棵大树能吸收很多水，以至于它下面的土壤都会变干。

水通过木质部导管沿着树干向上流动。

水被根吸收。

木质部和韧皮部

植物的运输系统是由被称为木质部导管和韧皮部导管的显微管组成的。树液流过导管，树液中含有水和溶解物质，如矿物质和糖类。

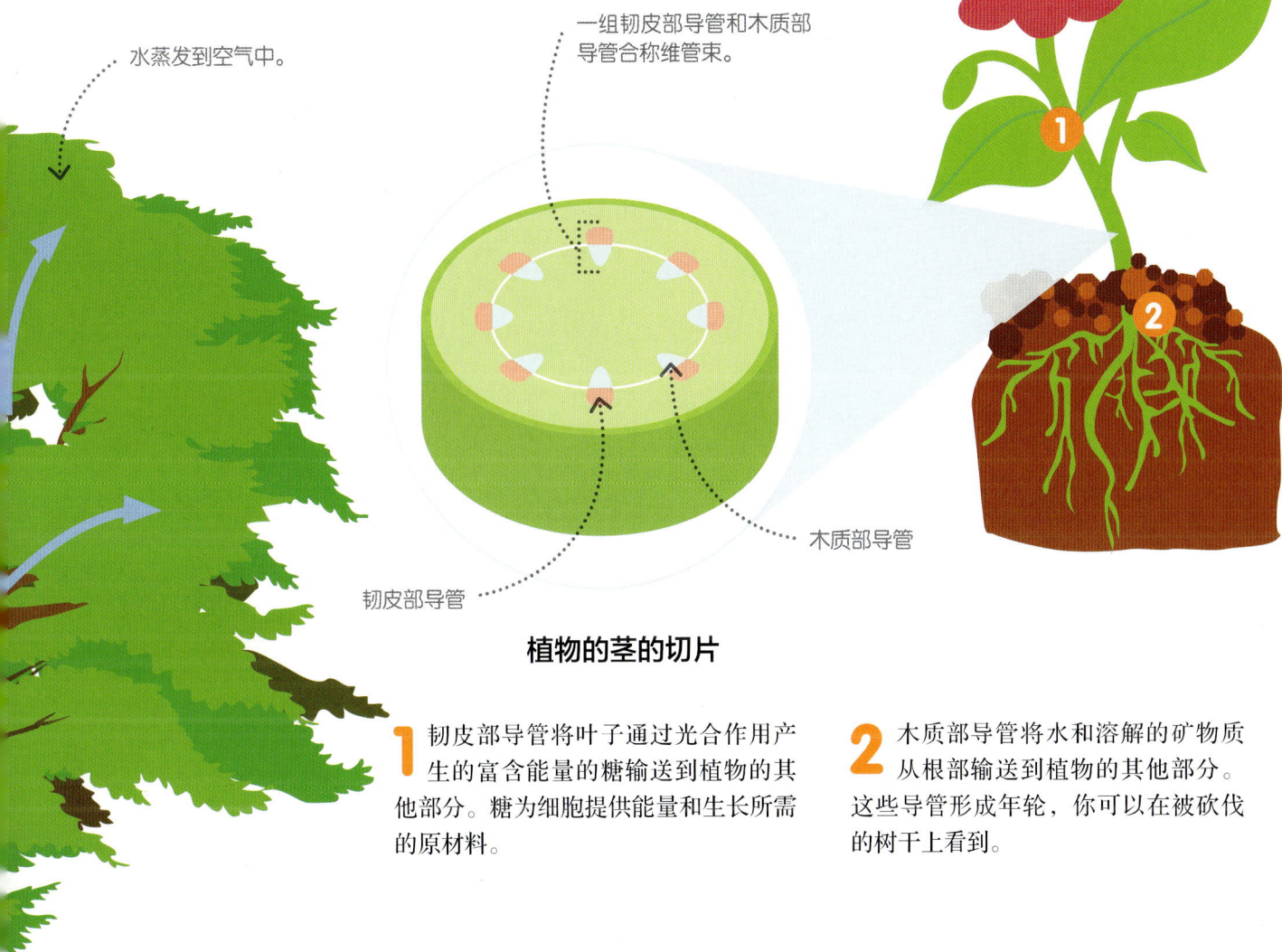

水蒸发到空气中。

一组韧皮部导管和木质部导管合称维管束。

木质部导管

韧皮部导管

植物的茎的切片

1 韧皮部导管将叶子通过光合作用产生的富含能量的糖输送到植物的其他部分。糖为细胞提供能量和生长所需的原材料。

2 木质部导管将水和溶解的矿物质从根部输送到植物的其他部分。这些导管形成年轮，你可以在被砍伐的树干上看到。

试一试 TRY IT OUT

改变颜色

通过改变花的颜色可以表演一些植物魔术。这个实验展示了水是如何沿植物的茎向上流动的。

1 在一个花瓶或者烧杯中加水和食用色素。任何颜色的色素都可以。

2 让大人帮助你将白色康乃馨的花茎底部斜着剪开，然后放入花瓶中。

3 将花放在花瓶中几个小时。随着溶液沿着茎向上移动，花会改变颜色。

花

不管大小、形状或颜色如何，所有的花都做同样的工作：产生雄性生殖细胞和雌性生殖细胞，让植物进行有性生殖。

> 被风授粉的植物不需要用颜色鲜艳的花来吸引动物。

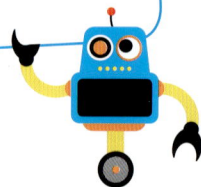

一朵典型的花

许多花依靠蜜蜂等小动物将雄性生殖细胞带到另一朵花。为了吸引这些小动物，一朵典型的花要有五颜六色的花瓣、强烈的气味和供动物食用的花蜜。

1 雄性部分
花的雄性部分叫作雄蕊。雄蕊顶端产生的一种黄色的粉末叫作花粉，花粉可以附着在来访的昆虫身上。花粉含有雄性生殖细胞。

2 雌性部分
花的雌性部分叫作花柱。许多花只有一个花柱。花柱的基部是子房——包含雌性生殖细胞的房间。花柱的顶端有一个叫作柱头的黏性部位，花粉附着在柱头上。

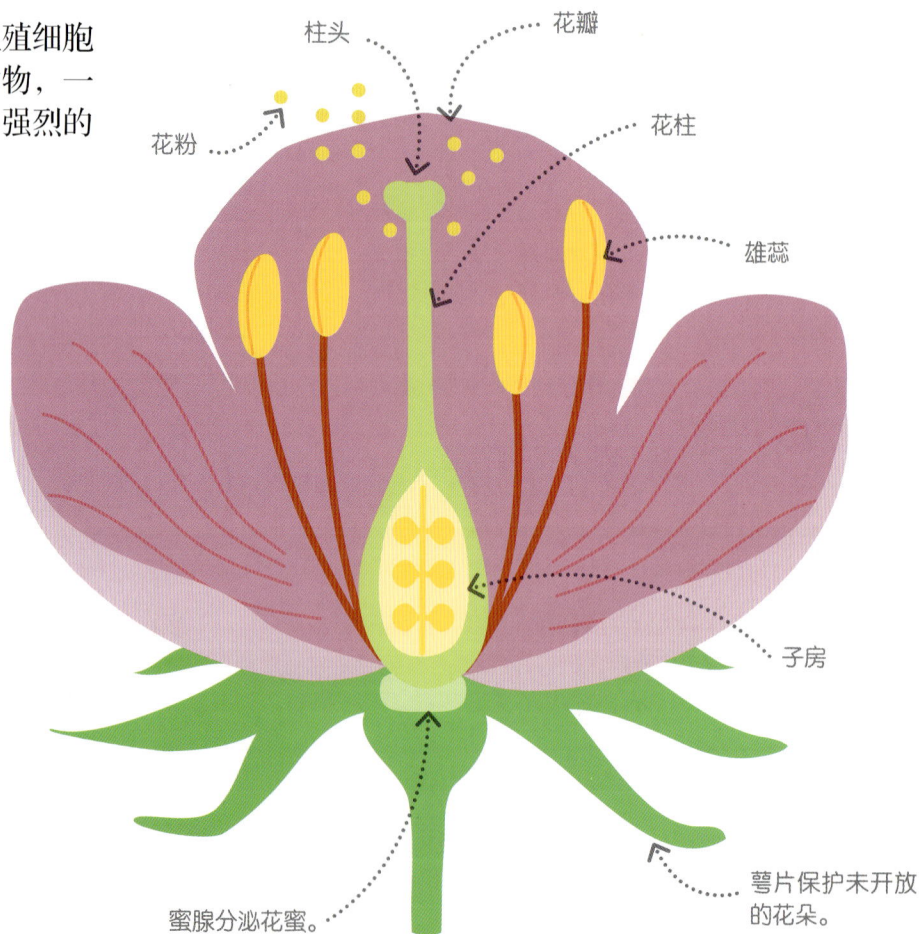

柱头　花瓣　花柱　雄蕊　花粉　子房　萼片保护未开放的花朵。　蜜腺分泌花蜜。

现实世界的技术

雇佣蜜蜂

农民有时会付钱给养蜂人，让养蜂人把蜂箱带到他们的田地和果园，为农作物授粉。这项服务可以帮助更多的花产生种子，结出果实，提高农作物产量。

授粉

只有当花粉进入卵巢时，花才能产生种子，这就是所谓的授粉。有些植物可以自己授粉，但大多数需要从同一物种的其他植物那里获得花粉。

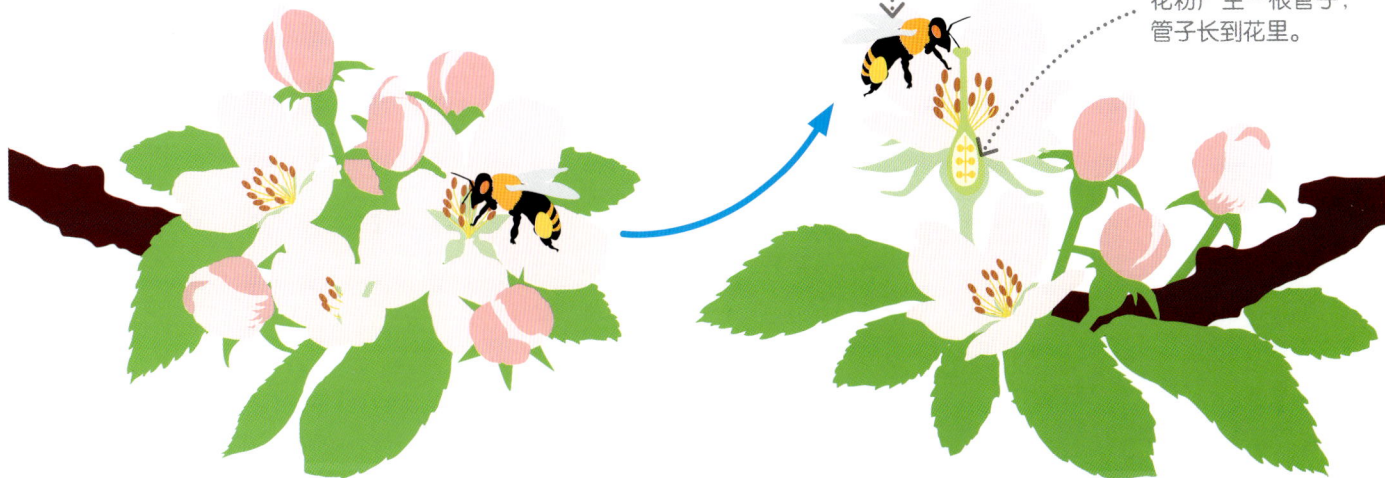

蜜蜂身上的花粉落到另一棵树上一朵花的花柱上。

花粉产生一根管子，管子长到花里。

1 蜜蜂停在苹果树的花上，以花蜜为食，采集花粉带回蜂巢。蜜蜂进食时，花粉附着在它的身上。然后蜜蜂飞往另一棵苹果树。

2 蜜蜂落在另一棵苹果树的花上，花粉落到这朵花的柱头上。花粉携带着一个雄性生殖细胞，通过花中的一根管子直通子房。

授粉后

花授粉后会结出种子和果实。许多水果的果肉都很甜，所以动物会吃水果，这个过程中可能会把种子吞进身体，然后通过排泄将种子带到新的地方。

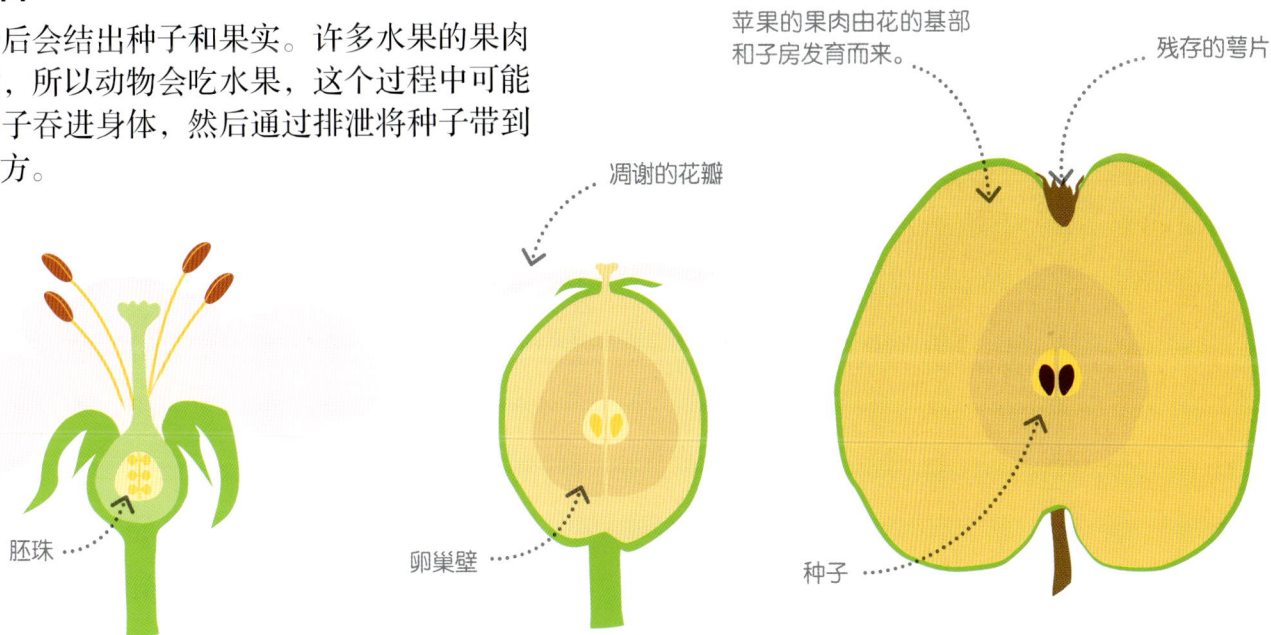

苹果的果肉由花的基部和子房发育而来。

残存的萼片

凋谢的花瓣

胚珠

卵巢壁

种子

1 传粉后，雄性生殖细胞和雌性生殖细胞在叫作胚珠的微小圆形结构中结合。胚珠将发育成种子。

2 雄蕊脱落，花瓣枯萎而死。当子房开始形成果实时，子房壁就会膨胀起来。

3 果实成熟后会逐渐变甜。果实里面的种子会长出保护层并变硬。

传播种子

种子要想找到新的生长环境，就必须远离原植物。植物会以多种方式将种子传播到尽可能远的地方。

一颗充满生机的树的果实"砰"地一声爆开，它的种子能发射到30米外。

动物传播种子

许多种子是由动物传播的。以这种方式运输的种子数量较少，但体形要比随风传播的种子大。

1 可食用的水果
鸟类以含有种子的浆果为食，这些种子可以通过鸟类的肠道，并且不会对它们造成伤害。种子存放在鸟粪中，鸟粪可以为幼苗提供营养。

2 囤积
松鼠在冬天会把橡实带走吃，然后会把其中一部分埋在地下储藏。有些橡实被遗忘了，长成了新的橡树。

3 顺风车
一些植物的种子，如牛蒡的种子上面长有细小的钩子。这些种子附着在动物的皮毛上，然后被带到新的栖息地。

风传播种子

有些植物产生的种子可以通过风传播。为了传播得更远，这些种子通常很小、很轻。

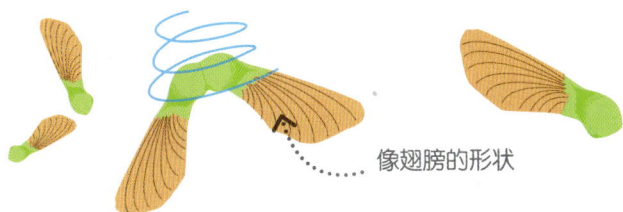

降落伞

坚硬的胶囊保护种子。

像翅膀的形状

1 翅膀
梧桐树和枫树的种子形状像翅膀。这样的种子可以在风中旋转，从而减慢下落速度，帮助自己飘得更远。

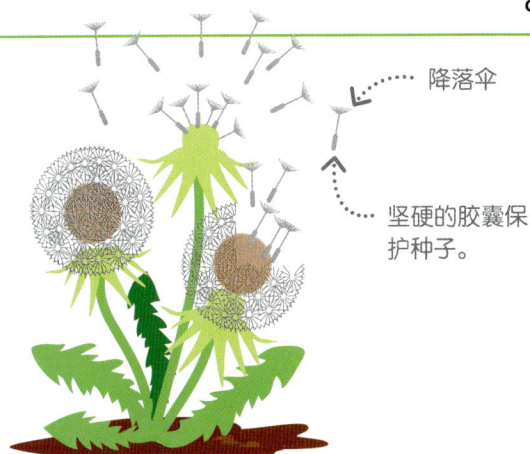

2 漂走
一朵蒲公英花能产生150颗种子，每颗种子都有坚硬的外壳。柔毛做成的降落伞让种子可以随风飘动。

种子被抖落。

种子被抛离母体。

3 抖掉
装有种子的罂粟头在风中摇动，然后把它里面小而轻的种子抖落到微风中。

4 果实爆裂
有些植物的果实在它们的种子做好传播的准备时就会裂开，把种子抛到远离母体的地方。

水传播种子

一些生长在水附近的植物，可以产出能在水上漂浮的种子。这些种子通常比通过动物或风传播的种子大得多，比如海椰树产出的最大的种子——海椰子。

1 椰子从椰树上掉到水里，漂向大海。

2 椰子在水里漂着。在坚硬外壳的保护下，它可以存活几个月。

3 椰子被冲到遥远的海滩，在那里，它发芽并长成一棵新的椰树。

种子如何生长？

在适当的条件下，种子发芽长成幼苗这一过程被称为萌发。有些种子在发芽前可以存活几个月、几年甚至几个世纪。

> 种子在发芽前处于休眠期（有生命力但是不活跃的时期）。

种子是什么？

种子是新植物生长的容器。每粒种子都被坚硬的外壳（种皮）保护着，里面有一个叫作胚的植物宝宝。胚里有根和芽，还有初生叶。种子还含有大量的食物，储藏着营养物质的子叶几乎填满了种子内部。

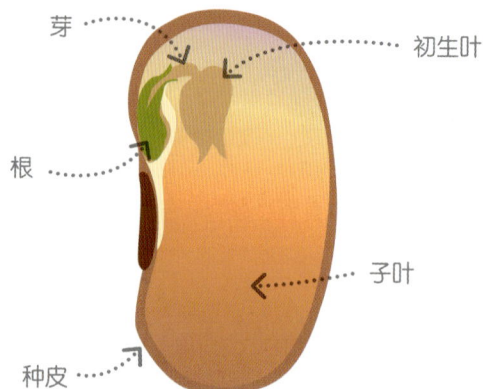

芽　　初生叶
根
子叶
种皮

菜豆种子

发芽

大多数种子只有吸收水分才会发芽，水分吸收会使种子中休眠的细胞再生。在幼苗得到光照之前，它的生长是由自身储藏的营养物质来驱动的。

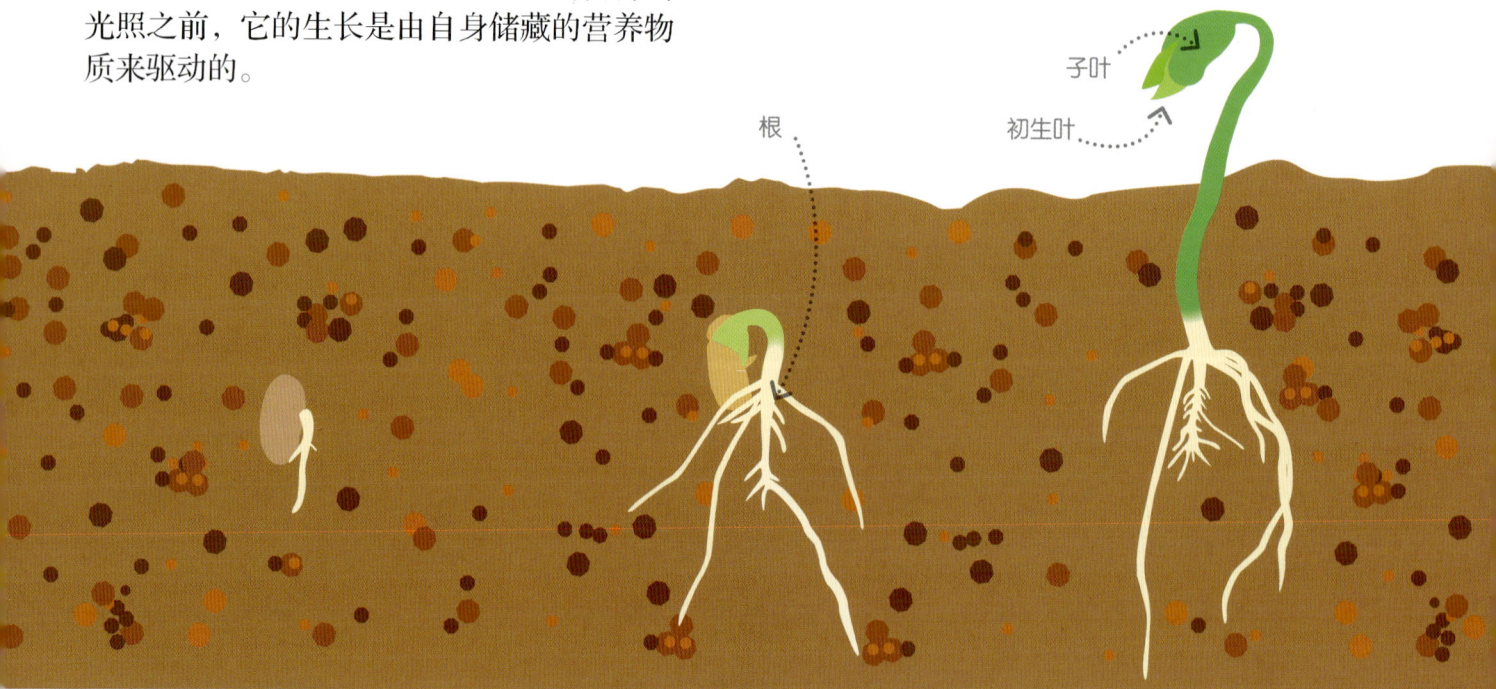

子叶
初生叶
根

1 地里的水使菜豆种子膨胀，致使种子表皮开裂。

2 第一枝根开始向下生长。根上的细小导管从土壤中吸收水分和矿物质。

3 第一株芽突破土壤冒出来，暴露在阳光下。子叶为幼苗提供食物。

合适的条件

种子要发芽，需要适宜的温度、充足的氧气和水。植物通常会结出大量的种子，因为许多种子会落在条件不适宜的地方，根本无法生长。如果条件适宜，种子就会长成幼苗。

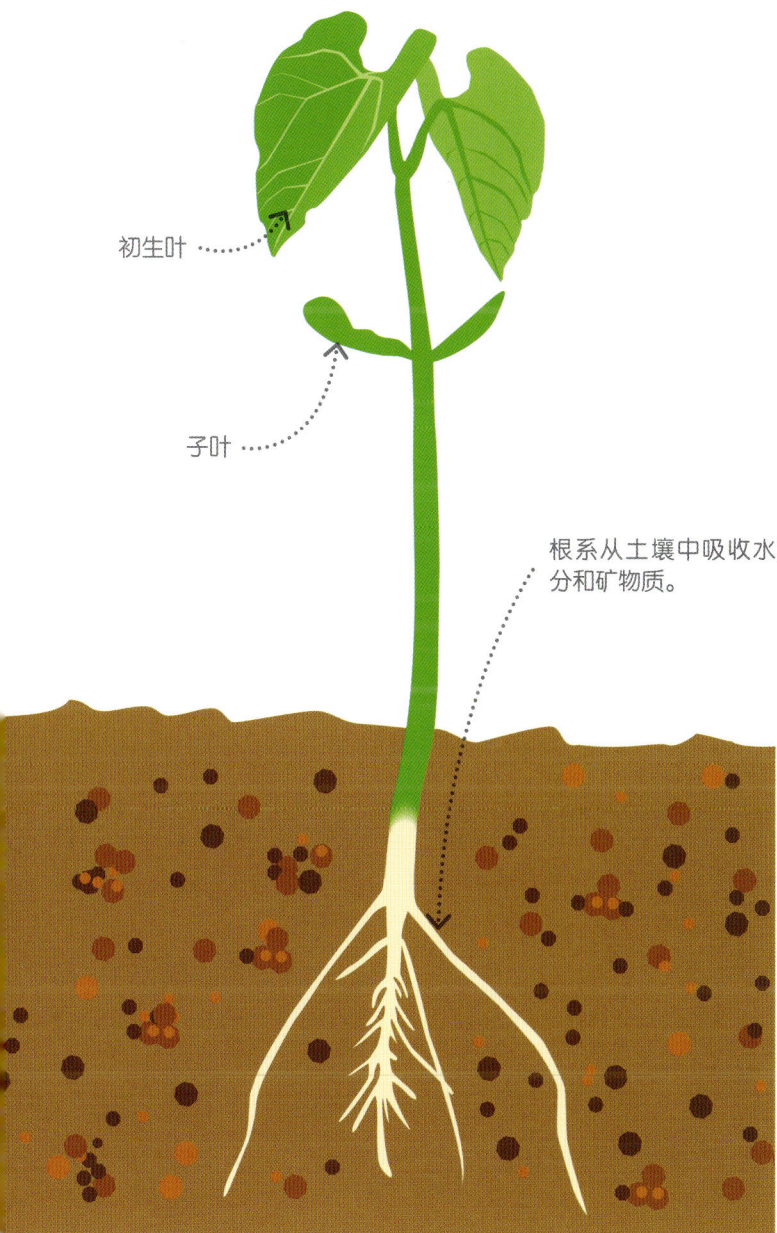

适宜的温度

氧气

水

初生叶

子叶

根系从土壤中吸收水分和矿物质。

4 幼苗长出第一片真正的叶子（初生叶）。这些真正的叶子现在可以为幼苗提供食物，让它长得更大。

试一试 TRY IT OUT

发芽的种子

种子通常在土壤中发芽，我们很难看到它们在地下经历了什么变化。在这个简单的实验中，你可以看到一颗菜豆种子是如何发芽的。实验只需要一个干净的杯子和一些湿棉絮。

湿棉絮

1 用湿棉絮装满一个干净的杯子。在棉絮间放一粒菜豆种子，然后把杯子放在温暖、阴暗的地方。不时地加入一些水来保持棉絮的湿润。

幼苗

2 菜豆种子大概需要一个星期才能发芽。观察第一枝根和第一株芽。当第一片真正的叶子出现后，将杯子移动到有光线的地方。

植物的无性生殖

在无性生殖中，父母是同一个。许多植物都是无性生殖的，这使得它们能够快速繁殖和蔓延。

无性生殖的后代与父母的基因完全相同。

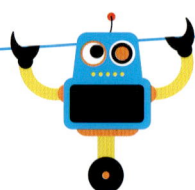

植物如何无性生殖？

一株植物的任何部分几乎都能长成一株全新的植物，因此植物有许多无性生殖的方式。

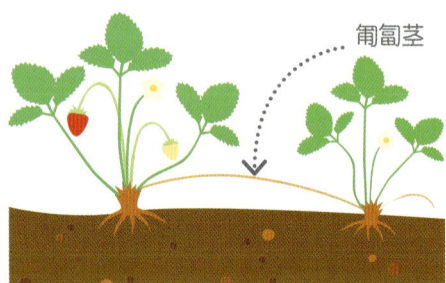

葡匐茎

新芽

根状茎

杨树产生成千上万的小树。

1 葡匐茎
像草莓这样的植物会从被称为"葡匐茎"的茎中产生新植物。这些植物生根形成新植物。

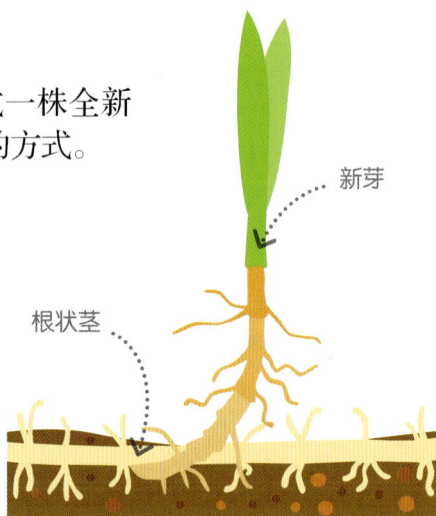

2 根状茎
像竹子这样的植物会从地下水平生长的根状茎中产生新芽。

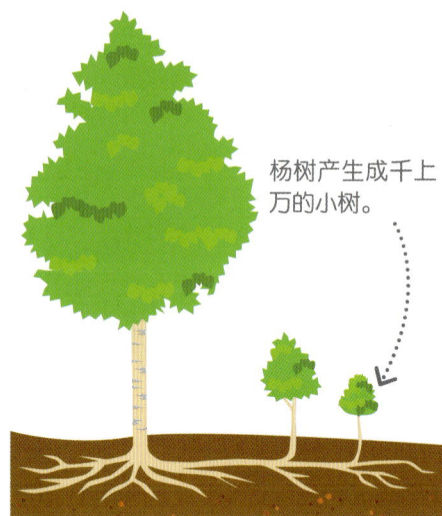

3 吸盘
有些树通过生出被称为吸盘的树根繁殖，这种树根向侧面生长。吸盘上的芽长成小树。

小鳞茎

新球茎

植株

5 鳞茎
鳞茎由很多层变态的鳞叶组成，类似于一间地下的食物储存室。除了储存营养外，它还能从根部周围的"小鳞茎"中产生新的植物。

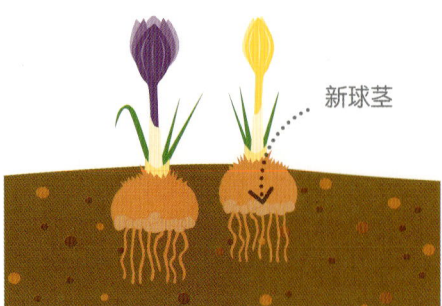

6 球茎
球茎看起来像鳞茎，和鳞茎功能相似，但它是由茎形成的，而且更坚固。球茎上的芽可以长出新的球茎。

7 植株
这种叫作"大叶落地生根"的植物能够在叶子边缘长出微小的植株。这些植株掉落在地，长成新的植物。

扦插和嫁接

植物的无性生殖能力使园丁和植物学家很容易培育出新的植物。扦插和嫁接是培育植物最常见的方法。

扦插

枝条被放置在土壤中，慢慢长出根。

一株植物的接穗被接在另一株植物的砧木上。

1 扦插是从植物上切下一根枝条，然后把切好的枝条插进土壤。几周内，枝条长出根，形成了一株全新的植物。

2 嫁接是指把一根枝条嫁接到另一株植物上，使它们一起生长。例如，玫瑰的枝条通常被嫁接到另一种根更结实的玫瑰上。

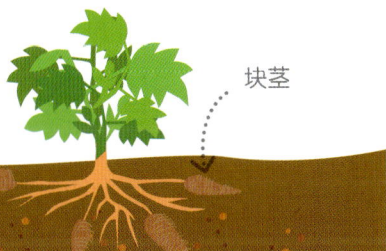

块茎

4 块茎
一些植物把营养物质储存在地下一种叫作块茎的膨胀物中。这些块茎可以长出新芽。

种子

8 无性种子
蒲公英会产生不同寻常的种子，它们是原植物的克隆体，这是一种无性生殖，被称为无融合生殖。

现实世界的技术

香蕉种植

大多数种植的香蕉都与卡文迪什香蕉基因相同。卡文迪什香蕉是无籽的，不能进行有性生殖，所以新的植物是从吸芽里长出来的。野生香蕉可以进行有性生殖，但它们的果实里有很大的种子，所以很难吃。

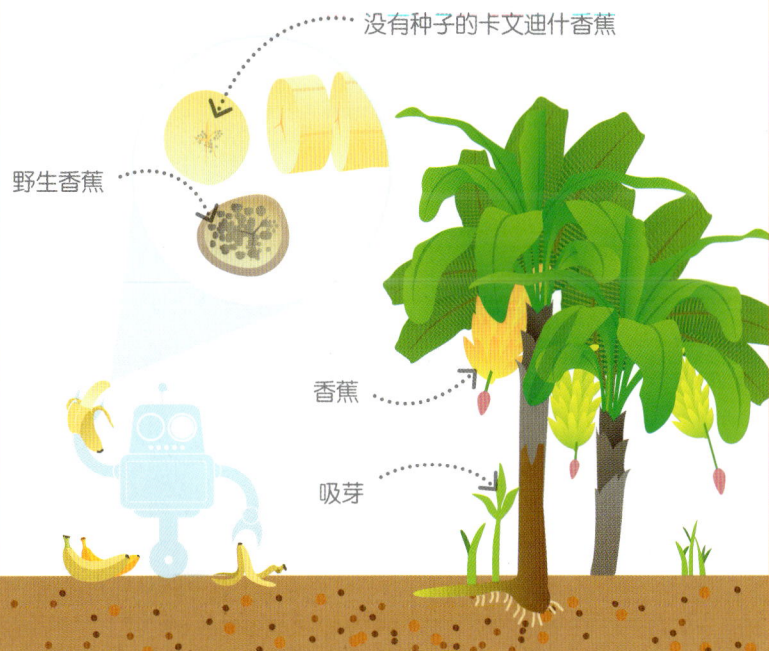

没有种子的卡文迪什香蕉

野生香蕉

香蕉

吸芽

单细胞生物

动物和植物的身体是由数十亿个细胞组成的，而单细胞生物则是由一个细胞组成的。单细胞生物无处不在，甚至在你的身体上。

细菌

细菌是最常见的单细胞生物，也是目前已知的最小的生物。一茶匙的土壤就含有超过1亿的细菌，你的身体更是40万亿细菌的家园。某些类型的细菌是有益的。例如，生活在人体肠道内的细菌可以帮助你消化食物。还有一些类型的细菌是有害的，如果它们进入人体就会引起疾病。

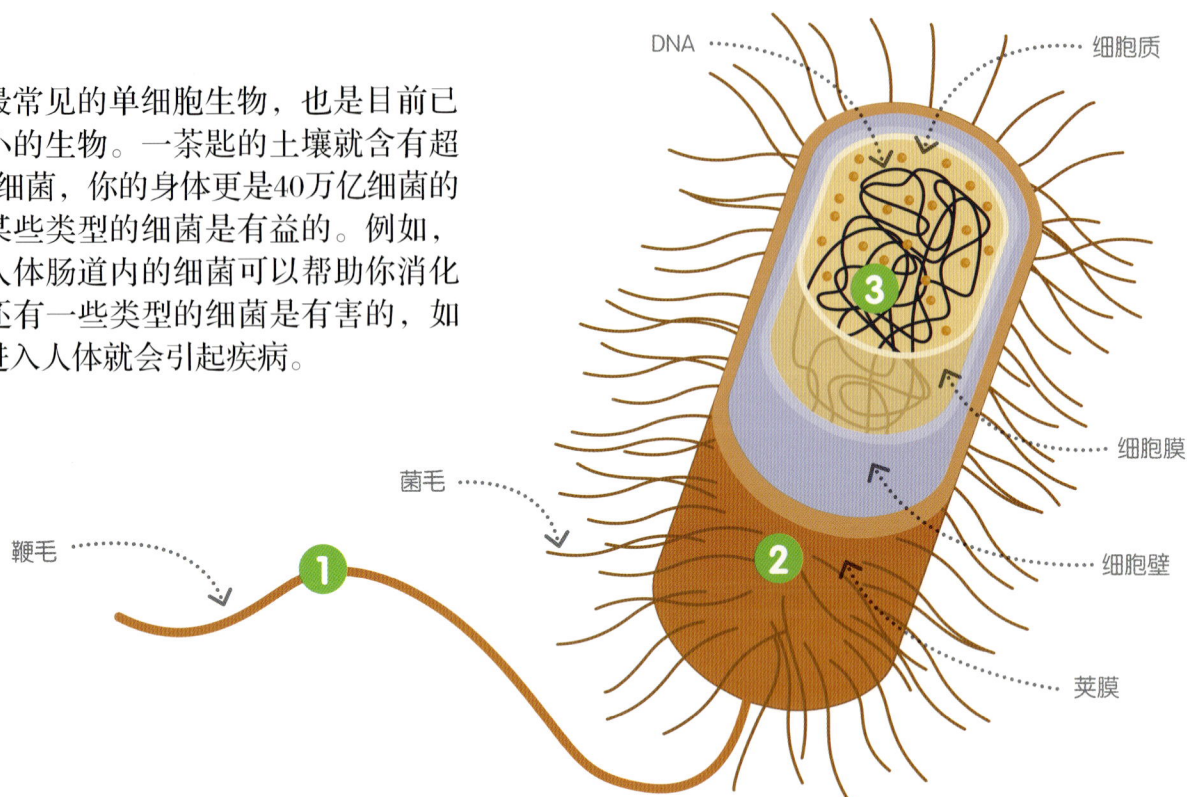

DNA
细胞质
菌毛
鞭毛
细胞膜
细胞壁
荚膜

1 鞭毛
有些细菌有长长的鞭状纤维，叫作鞭毛。它可以旋转使细菌四处移动。

2 荚膜
很多细菌有保护层或荚膜。上面可能长有毛发，叫作菌毛，可以帮助细胞附着在物体上。

3 DNA
细菌没有细胞核来储存基因。它们的基因由细胞质中纠缠在一起的环形DNA分子携带。

细菌的形状

许多细菌以其独特的形状命名。最常见的形状有圆形（球菌）、杆状（杆菌）和螺旋状（螺旋菌）。一些细菌结合形成链状、簇状或垫子状。

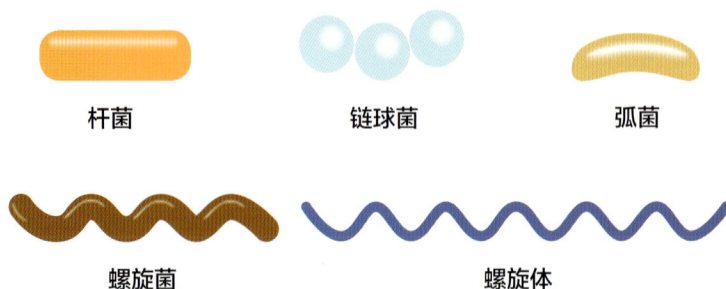

杆菌　　　　链球菌　　　　弧菌

螺旋菌　　　　　　螺旋体

藻类

藻类是一种结构简单的植物，生活在水中，利用阳光制造食物。大量的藻类植物漂浮在湖泊和海洋的表面，成为水生动物的食物来源。这里只展示几种常见的藻类。

有些藻类有鞭毛，可以像鞭子一样来回摆动。

1 小球藻
这种藻类生活在河流和湖泊中。有时它会在水族馆中繁殖，像绿色的烟雾一样浮在水中。

许多藻类用矿物质，如碳酸钙或二氧化硅制成保护壳。

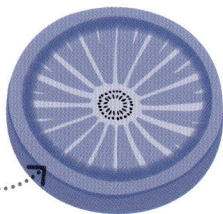

2 硅藻
地球大气中约三分之一的氧气来自硅藻，它们生活在湖泊和海洋中。它们有硅质的细胞壁，硅是沙子中的一种矿物质。

3 衣藻
这种藻类可以在土壤、雪、湖泊和海洋中生存。它有一个简单的眼点，可以游向或远离光线。

原生动物

各种各样的原生动物也属于单细胞生物，它们主要以其他单细胞生物为生。其中最大的原生动物是变形虫，它们通过改变形状来移动和捕食。

伪足

食物泡

1 变形虫没有进食的嘴巴。它们会对猎物作出反应，比如慢慢在细菌周围流动。

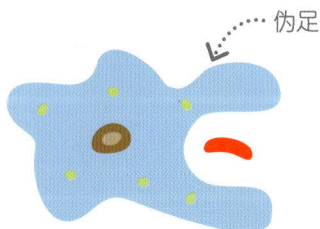

2 变形虫的细胞质伸出来，形成伪足，伪足可以包围并捕获猎物。

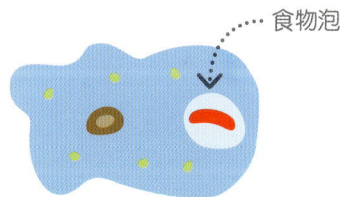

3 伪足结合在一起，将猎物包围在一个食物泡中。变形虫分泌消化液来消化食物。

现实世界的技术

清洁污水

污水处理厂用大量的细菌和其他微生物来清洁污水。常用的设备"滴滤床"中有一根旋转的管子将污水滴入充满砾石的水池。污水里的有机物为细菌提供了养料，细菌在砾石上形成一层黏稠的薄膜。这层薄膜可以杀死和消化有害细菌，然后从滴滤床底部流出干净的水。

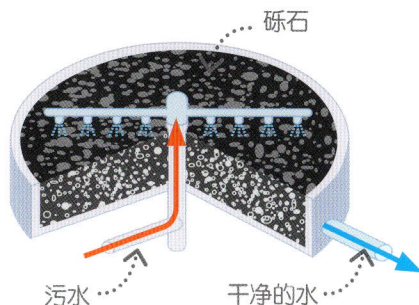

砾石

污水   干净的水

生态学

生态学是研究生态系统的科学。生态系统是一个由生物与环境构成的共同体，在这个共同体中，生物与环境之间相互影响。

生态系统包括环境中的非生物元素，如土壤、岩石和水。

生态系统

一个生态系统可以像水坑一样小，也可以像雨林一样大。每个生态系统都包括不同的物种，它们相互作用形成一个群落。

每个生态系统都需要能源。

一个群落中的不同物种为了生存而互相依赖。

这个种群是由瞪羚组成的。

1 种群
种群是一组属于同一物种、生活在同一地区的生物。动物种群通常包括有繁殖能力的成年动物和它们的后代。

2 群落
一个群落是由所有共享一个环境的不同种群组成的。它包括植物、植食性动物、肉食性动物和分解者。

3 生态系统
生态系统是由生物群落和非生物环境组成的。大多数生态系统都使用太阳作为能源。植物吸收太阳的能量，然后将能量传递给以它们为食的有机体。

环境因素

诸如降雨和温度等环境因素会决定生态系统中哪些物种可以生存。

1 降雨
世界上有些地方总是很干燥，而另一些地方全年都有大量降雨。缺水的沙漠里只有几种特殊的植物，但潮湿多雨的环境中生长着繁茂的森林。

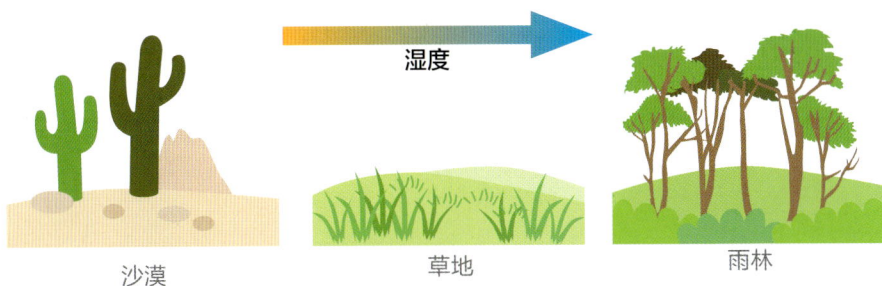

湿度

沙漠　　草地　　雨林

2 温度
当你从地球的两极往赤道旅行，会发现温度逐渐上升，植被类型改变。在夏季凉爽、冬季严寒的地方生长着针叶林，而在全年温暖的赤道处则生长着雨林。

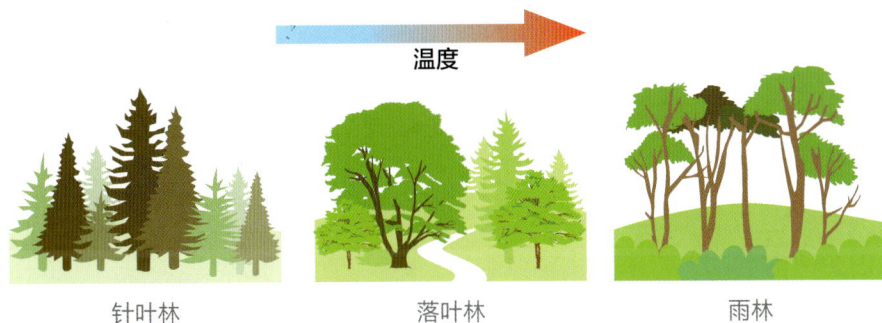

温度

针叶林　　落叶林　　雨林

生态系统中的关系

一个健康的生态系统通常有许多物种，它们以各种不同的方式相互作用，形成一个关系网。

1 竞争
同一个种群的成员必须争夺有限的食物。这种竞争阻止了一个种群的过度增长。

2 捕食
肉食性动物猎食其他动物，防止植食性动物增长过多，从而使植物能够茁壮成长。

3 寄生
寄生虫是生活在其他动物身体上或身体内部的动物。它们会导致疾病，减缓种群增长的规模或速度。

4 互利共生
互利共生的关系对双方都有利。例如，昆虫通过收集花粉帮助植物繁殖，花粉也为昆虫提供食物。

食物链和循环

食物链显示了能量是如何在生态系统中以食物的形式从一种生物传递到另一种生物的。物质也通过生态系统流动，但与能量不同的是，它是持续循环的。

食物链

所有的生物都需要食物来维持生存。一些动物吃植物，这些动物又被其他动物捕食。这样，食物中的能量就通过食物链从一个有机体传递到另一个有机体。

海面的浮游植物是海洋食物链的生产者。

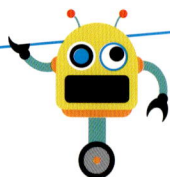

1 能量来源
太阳是流经几乎所有食物链的能量的来源。它的能量以光的形式传递到地球。

2 生产者
可以生产食物的生物体被称为生产者。植物利用阳光中的能量产生能量丰富的食物分子。

3 初级消费者
初级消费者是植食性动物。比如吃树叶的蜗牛就是初级消费者。

真菌和蚯蚓是分解者。

6 分解者
有些生物通过分解死去的生物体及其排泄物获得食物。这些生物被称为分解者。

5 三级消费者
捕食二级消费者的动物被称为三级消费者。比如捕食鸟类和其他小动物的黄鼠狼。

4 二级消费者
二级消费者吃植食性动物。比如以蜗牛和其他无脊椎动物为食的鸣禽。

生物量金字塔

当能量通过食物链传递时，大部分能量以热能或其他形式消耗了。结果是食物在食物链中所能提供的能量越来越少。这就是肉食性动物比植食性动物少的原因。生物量金字塔表明，从下往上每层生物体的总重量越来越小。

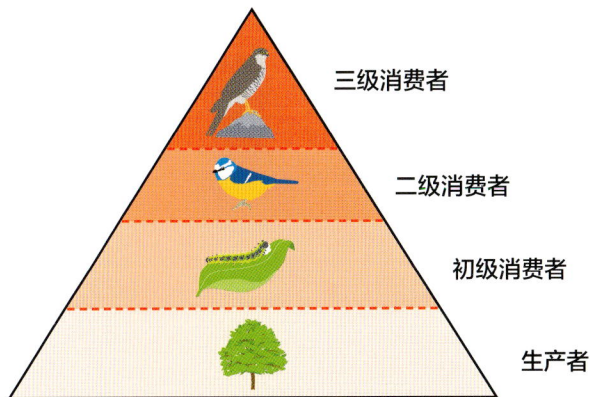

- 三级消费者
- 二级消费者
- 初级消费者
- 生产者

回收

构成所有生物的原子不断被循环利用，在生物组织和非生物环境之间循环往复。例如，植物从空气中的二氧化碳中吸收碳原子，并利用它们在光合作用中制造食物。动物吃植物时吸收了碳，但动物和植物又通过呼吸过程把碳释放回空气中。植物通过根部从地下吸收氮原子，然后利用氮制造蛋白质。动物利用这些氮构建身体组织，但氮以动物排泄物或动物尸体的形式返回土壤。

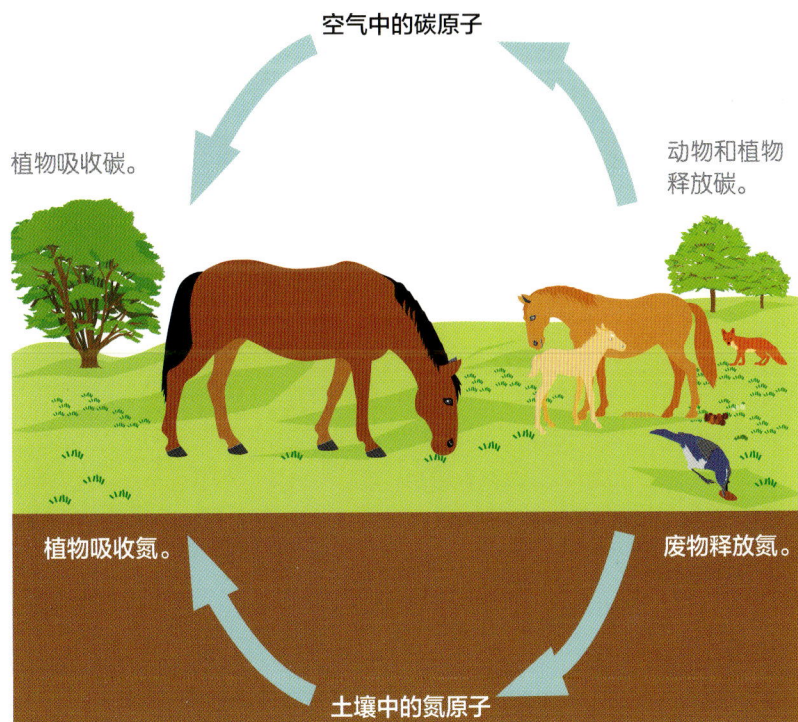

现实世界的技术

生物能源

生物能源是一种可再生的能源，由植物废料，如木材、农作物废料、纸张和木屑制成。与化石燃料（如煤和石油）不同，生物燃料不会产生二氧化碳污染大气。这是因为燃烧生物燃料所释放的二氧化碳与种植新的农作物和树木所吸收的二氧化碳是平衡的。

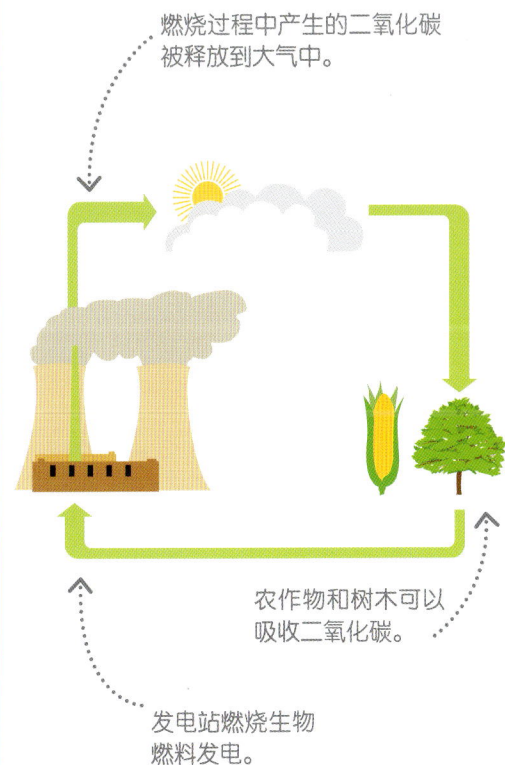

空气中的碳原子

植物吸收碳。

动物和植物释放碳。

植物吸收氮。

废物释放氮。

土壤中的氮原子

燃烧过程中产生的二氧化碳被释放到大气中。

农作物和树木可以吸收二氧化碳。

发电站燃烧生物燃料发电。

人类和环境

在过去的100年里，地球上的人口已经翻了两番，而且人口数量还在急剧增加。向不断增长的人口提供能源、食物、水和其他资源可能在许多方面损害自然环境。

世界人口在1900年为16亿，2018年为76亿。

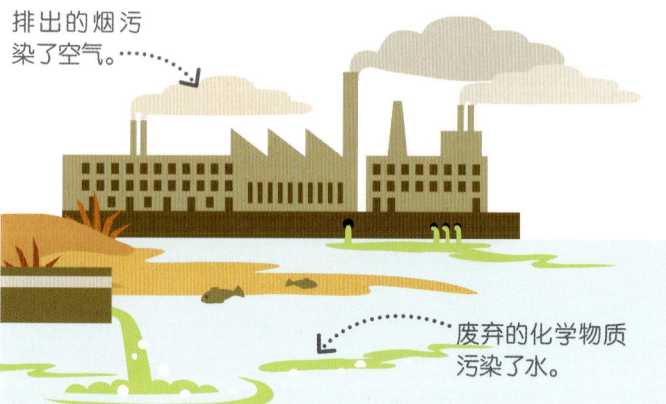

1 栖息地的丧失

野生动物受到森林等自然栖息地丧失的威胁。为了满足人类对土地、食物、饮用水、能源和其他资源的需求，这些栖息地被清理，资源被人类占有。

树木被砍伐制成木材，树林被改成农田。

2 污染

人类活动产生的废弃的化学物质会危害环境。一些化学物质对野生动物有毒，或者在食物链中积累会达到有毒的水平。其他的废物，如二氧化碳会改变地球的气候。

排出的烟污染了空气。

废弃的化学物质污染了水。

3 过度开采

有些种类的食物，比如鱼，是从野外获取的。如果动物被猎杀的速度快于繁殖的速度，它们的数量就会下降，甚至会完全消失。

渔船用网捕鱼。

4 外来物种入侵

当人们把物种引入一个新地方时，这个物种会伤害当地的野生动物。如果新来的物种没有天敌，它们会迅速繁殖，取代本地物种。

美洲灰松鼠已经扩散到欧洲。

生物多样性

如果一个生态系统包含大量不同的物种，我们说它具有高度的生物多样性。保护生物多样性丰富的地区很重要，因为它们在许多方面有益于人类。

这三种植物为人们提供了60%的食物。

小麦　水稻　玉米

1 食物供应

我们种植的农作物的野生"亲戚"可以用于研发新品种，新品种可以抵抗疾病或有其他优势，从而确保我们未来的食物供应。

2 水的供应

森林等植物品种丰富的生态系统可以通过吸收雨水并缓慢释放来减少洪水。森林还能过滤水，帮助防止由污水引起的疾病。

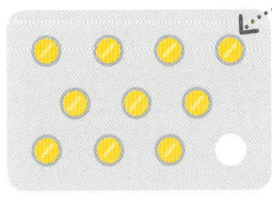

青蒿素是从一种叫作青蒿的植物中提取出来的。

3 药物

许多药物最初是从植物中提取出来的，比如阿司匹林。热带雨林等生态系统可以成为新药物的来源。

蜜蜂在植物之间传播花粉，促进植物繁殖。

4 昆虫助手

蜜蜂等昆虫为许多农作物授粉，包括苹果和桃子。其他昆虫，比如瓢虫，可捕食损害农作物的害虫。

试一试 TRY IT OUT

建立蜜蜂旅馆

不是所有的蜜蜂都住在蜂房里！可以帮助独居的蜜蜂建立一个蜜蜂旅馆，给它们一个安全的巢来繁殖后代。

保持罐头水平，并且确保它不会在风中移动。

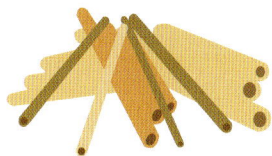

1 收集并晾干植物中空的茎，或者请一个成年人帮你把竹子切成一节一节的。

2 用茎填充一个空容器，比如一个锡罐，直到它们紧紧地挤在一起。

3 在罐子上系一根绳子，将它挂在一堵靠近草地或花园的墙上，并确保那是个阳光充足的地方。

物质

3

MATTER

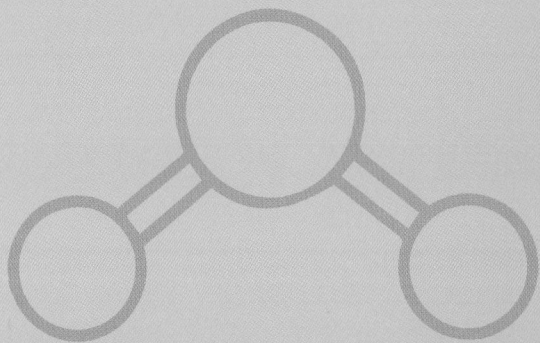

从呼吸的空气和吃的食物到行走的地面，
一切都是由物质构成的。所有的物质都由
叫作原子的粒子组成。这些粒子小得惊
人，形成一滴雨就需要3 000亿个原子。
原子的种类只有118种，但它们以各种各
样的方式组合在一起，创造出了宇宙中的
各种物质。

原子和分子

从雨滴和尘埃到植物、岩石、恒星、行星和我们呼吸的空气，宇宙中所有的东西都以物质的形式存在。动物和人也是物质。所有的物质都是由叫作原子和分子的微小粒子组成的。

1 原子

原子是构成万物的基石。它们非常小，人体中大约有7 000亿亿亿个原子。原子有118种不同的类型。

2 元素

只由一种原子构成的纯物质叫作元素。铜、金、银、铁和氧都是元素。因为原子有118种不同的类型，所以也有118种不同的元素。

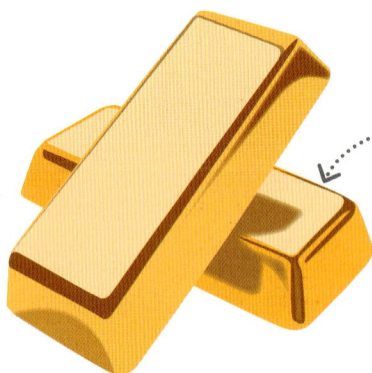

金是一种元素。纯金只含有金原子。

3 分子

一些元素的原子，如氢、氧和氮，结合在一起形成叫作分子的基团。通过化学键的力把原子结合在一起。有些分子只有几个原子；有些分子则有数以千计的原子。

氧原子成对地结合在一起形成氧分子。

氦原子不会结合在一起。

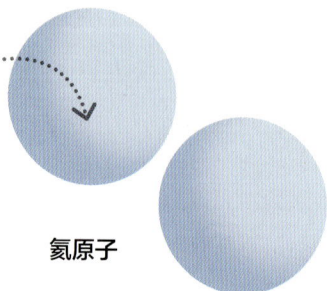

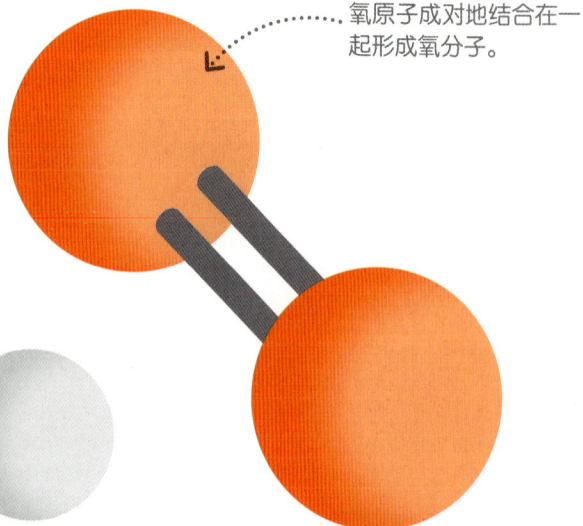

氦原子   氢分子   氧分子

4 化合物

含有一种以上原子的分子称为化合物。例如，水是氢原子和氧原子的化合物。我们从肺部呼出的二氧化碳是氧原子和碳原子的化合物。

氧原子

氢原子

氧原子

碳原子

水分子

二氧化碳分子

5 化学符号

每个元素都有自己独特的符号，由一两个字母组成。例如，C代表碳，H代表氢，He代表氦，N代表氮，O代表氧。

6 化学式

科学家们使用化学符号和数字表示化合物中的元素是如何结合在一起的，这叫作化学式。水的化学式是H_2O，二氧化碳的化学式是CO_2。

化学符号总是以大写字母开头。

如果有第二个字母，第二个字母小写。

He =氦气

Pb = 铅

Pb来自拉丁文"plumbum"。

两个氢原子

一个氧原子

H_2O

水的化学式

一个碳原子

两个氧原子

CO_2

二氧化碳的化学式

试一试 TRY IT OUT

制作分子模型

用黏土捏成小球，然后用小棍把这些黏土小球连接起来，你的分子模型就大功告成了。试着制造水分子（H_2O）和二氧化碳分子（CO_2）的模型。每种元素使用不同颜色的黏土：白色表示氢，红色表示氧，黑色表示碳。

物质的状态

大多数物质可以以三种不同的形式存在：固体、液体或气体。这就是物质的三态，有三种状态存在是因为分子可以以不同的方式聚集在一起。

在常温下，已知的118种化学元素中只有两种是液体，其余的都是固体或气体。

1 固体
固体中的分子紧密地结合在一起，分子之间有较强的键，这给了固体一个固定的形状。固体不会像液体和气体那样流动或改变形状。

2 液体
液体中的分子可以互相滑动，使液体迅速改变形状。液体可以适应任何形状的容器。

房子是由砖和木头等坚硬的固体构建成的。

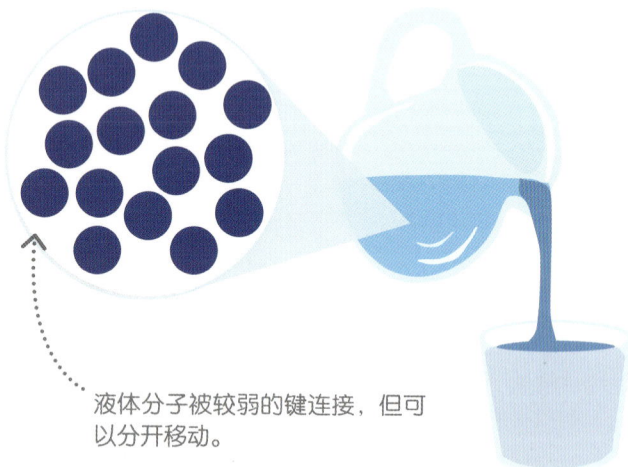

液体分子被较弱的键连接，但可以分开移动。

牙刷

颜料

植物油

餐具

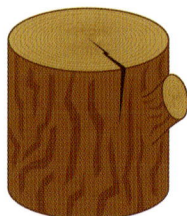

木头

蜂蜜

试一试 TRY IT OUT

挤压实验

把瓶盖拧在一个空塑料瓶上，用手捏一下。然后在瓶中装满水，再试一次，你会发现自己捏不动了。这是因为液体中的分子是聚集在一起的，不容易靠得更近，但是气体中的分子的距离要远得多。

容易被挤压。

很难被挤压。

3 气体

气体分子之间没有化学键，所以它们可以自由地移动，然后分散开来填满任何容器。空气是由气体构成的，你看不见这些气体，但可以把它们困在气泡或气球里。

气体中的分子以每小时数百米的速度飞行。

喷雾剂

喷雾剂包含了三种状态的物质。外面的罐子是固体；内部的喷雾是液体；罐子的顶部含有压缩气体，这种气体在高压下被压缩在一个狭小的空间里。当按下按钮时，压缩气体会以雾状的微小液滴将液体排出。

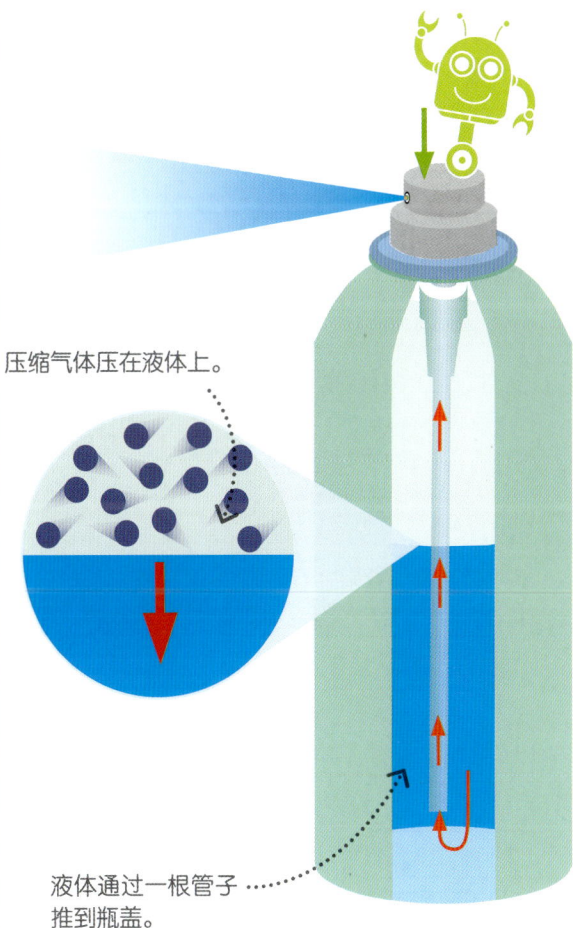

压缩气体压在液体上。

液体通过一根管子推到瓶盖。

肥皂泡

气泡

物态变化

当固体熔化或液体凝固时，我们说它们发生了物态变化。每当一种物质改变状态，它就会失去或获得能量。

当物质改变状态时，它仍然是同一种化学物质。冰、液态水和水蒸气都是水的各种形式。

可逆变化

给物质增加能量可以使它从固体变成液体，或从液体变成气体。当物质失去能量时，就会发生相反的变化。所有物质只要失去或获得足够的能量，都能改变状态。甚至空气也可以变成液体或固体，金属可以熔化成液体，然后变成气体。

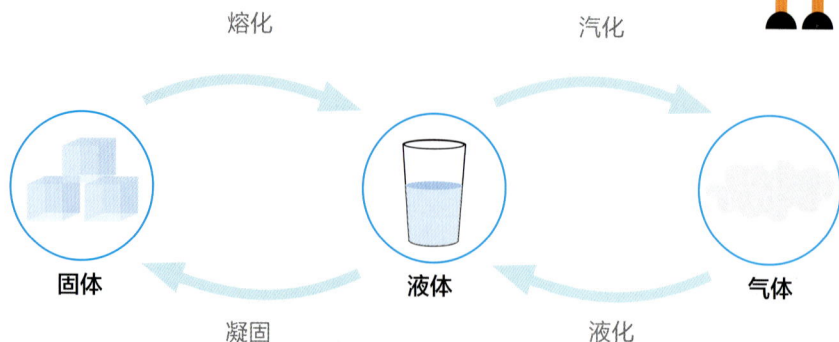

熔化　　　　　　汽化

固体　　　　　液体　　　　　气体

凝固　　　　　　液化

1 凝固

当温度变得足够低时，液体就会凝固，变成固体。例如，水在0℃时就会结冰，组成液态水的分子会失去能量并紧密结合在一起。

2 熔化

当加热固体时，它会熔化变成液体。增加的热能打断了分子之间的化学键，使分子可以相对移动。因此，液体可以流动。固体变成液体的温度叫作熔点。

铸造金属

即使像金属和玻璃这样的物质，如果温度足够高，也会熔化。有些东西是用熔化的金属制成的，这个过程称为铸造。我们将熔化的金属倒入模具，等它冷却并凝固后，就会变成模具的形状。

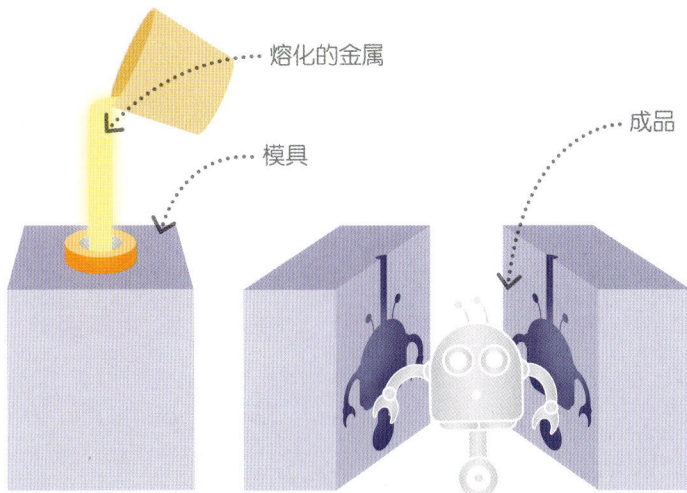

熔化的金属

模具

成品

3 汽化

当液体受热时，分子运动得更快，开始脱离液体，以气体的形式逸出，这叫作汽化。如果把水加热到100℃，水就会沸腾，变成气体。

4 液化

当温度足够低时，气体分子会失去能量并结合在一起，这使得气体变成了液体，这个过程叫作液化。液化形成雨、雾、露水和云层。在寒冷的天气里，我们呼出的气体就呈雾状。

物质的属性

为了确保为每个工程选择合适的材料，工程师必须考虑材料的特性。果冻做的桥没用，因为它不能支撑汽车的重量，但是石头做的桥却可以。

人体中最坚硬的物质是保护牙齿的珐琅质。

描述材料

固体材料可以是硬的，也可以是软的；可以是脆的，也可以是有弹性的，这取决于其分子的排列。工程师们用特定的术语描述这些特性。

1 弹性
弹性是一种固体在被拉伸或挤压后能够恢复到原来的形状和大小的能力。如果你松开一根拉紧的橡皮筋，它会立即恢复到原来的形状。

2 强度
强度是材料抵抗一种推动或拉它的力的能力。砖头很结实，足以承受整座大楼的重量。

3 塑性
一种可锻铸的材料可以被锤打或压成特有的形状。造型黏土具有可塑性。金属也具有可塑性，如铝被卷成薄板制成厨房用的锡纸。

4 延展性
延展性是材料可以被拉伸成细线的能力。金和铜很有韧性，它们可以被拉伸成比人的头发还要细的金属丝。

5 柔度
有些物体是有弹性的，例如，跳水板可稍微弯曲，这样你就可以在上面弹跳。物体的柔度取决于它的材料和形状。

6 脆性
脆性材料不会弯曲、拉伸或改变形状。当作用在它上面的力足够大时，它就会断裂。陶瓷和许多玻璃制品是易碎品。

7 硬度

硬材料不易产生划痕，软材料容易产生划痕。材料的硬度是用莫氏硬度计测量的。该量表将材料的硬度与10种普通矿物的硬度进行比较，这些矿物的硬度从1级（最软）到10级（最硬）排列。

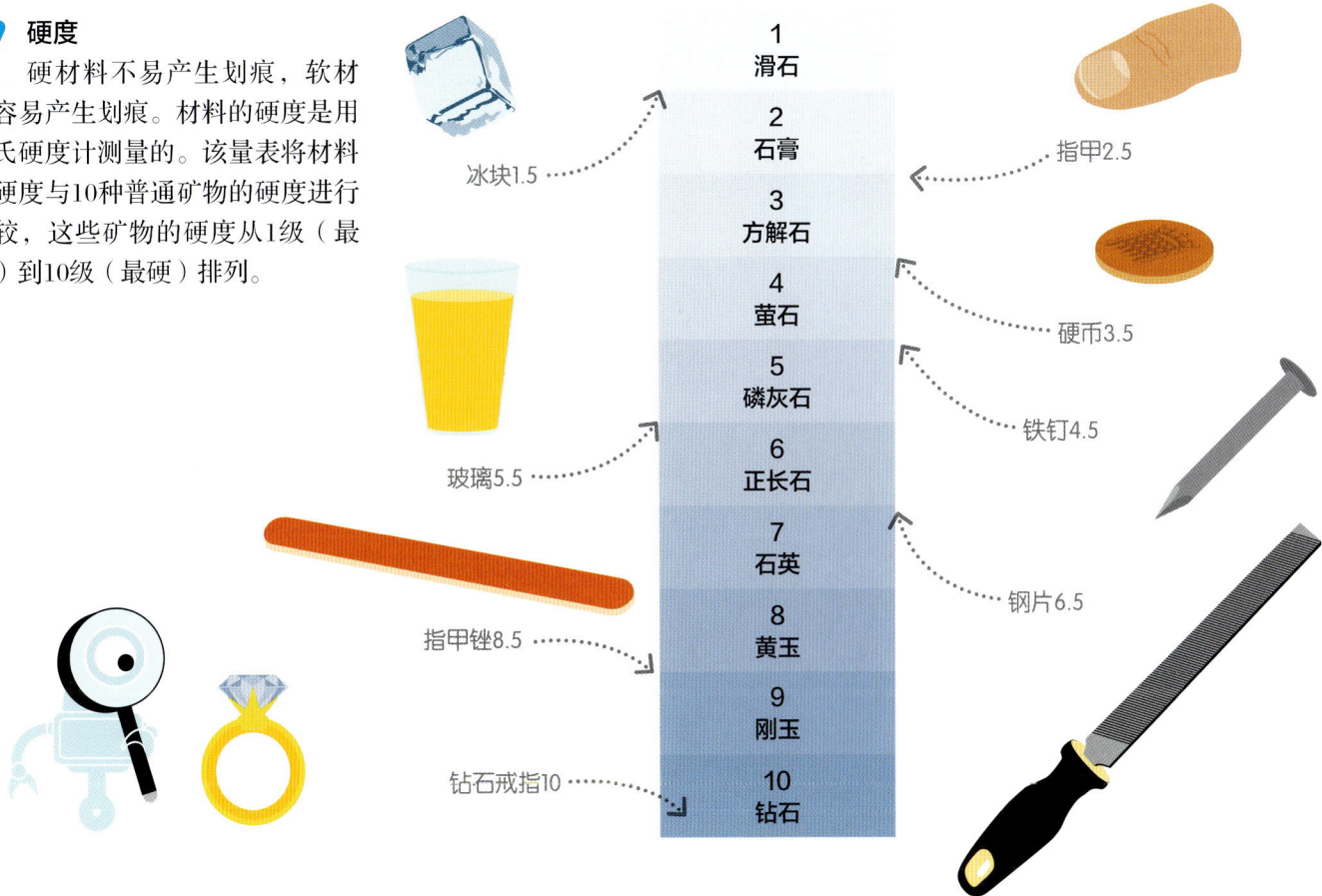

冰块1.5

玻璃5.5

指甲锉8.5

钻石戒指10

| 1 滑石 |
| 2 石膏 |
| 3 方解石 |
| 4 萤石 |
| 5 磷灰石 |
| 6 正长石 |
| 7 石英 |
| 8 黄玉 |
| 9 刚玉 |
| 10 钻石 |

指甲2.5

硬币3.5

铁钉4.5

钢片6.5

性能的改变

高温和低温可以改变材料的性能。比如，某些金属只有在加热时才具有延展性。再比如，黏土通常很容易捏出各种形状。然而，在窑中烘烤后，它会变得又硬又脆。

试一试 TRY IT OUT

黏度竞赛

液体流动的容易程度不同，这一特性被称为黏度。轻薄的、容易流动的液体的黏度低，而厚实的、黏稠的液体的黏度高。我们可以通过黏度竞赛来比较不同液体的黏度。将以下的液体各放一勺在托盘的起点线上：水、花生酱、蜂蜜、番茄酱、植物油和奶油。倾斜托盘，看看每一种液体流动的速度有多快。哪个黏度最高？

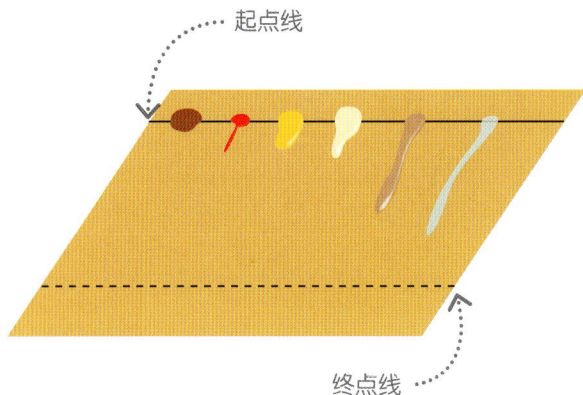

起点线

终点线

膨胀的气体

气体是由数十亿的原子或分子组成的，它们可以自由移动。温度越高，这些粒子运动的速度就越快，它们扩散得就越远，使气体膨胀。

热气球

第一个热气球于1783年升空，成为世界上第一个飞行器。热气球是最简单的交通工具之一，至今仍在使用。它将热空气包围在一个大气球里，通过气体膨胀把乘客升到空中。

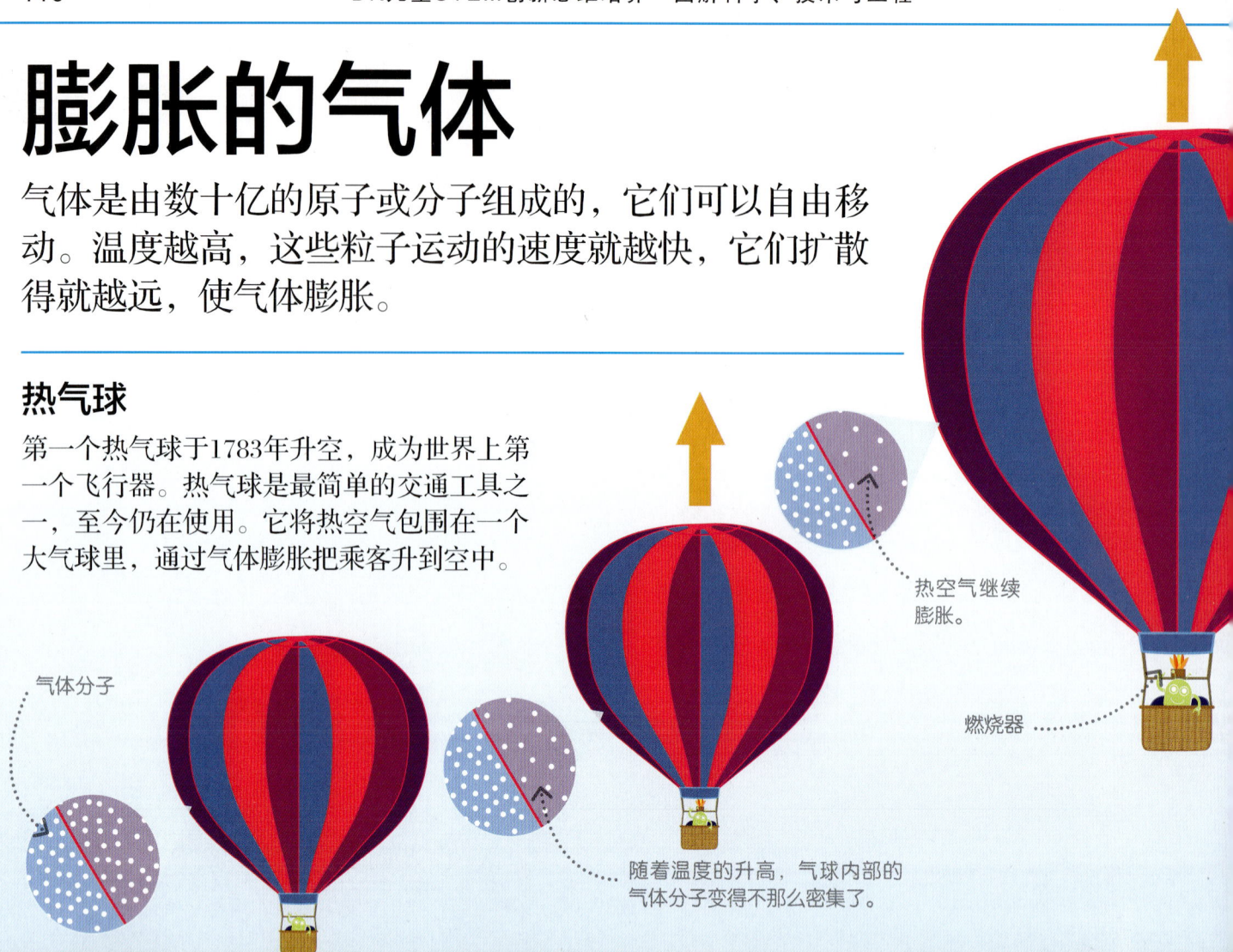

热空气继续膨胀。

燃烧器

气体分子

随着温度的升高，气球内部的气体分子变得不那么密集了。

1 因为气球内部的空气和外部的空气温度差不多，气球停在地面上。内部和外部的气体分子是等间距的，我们说它们有相同的密度。

2 当加热气球内部的空气时，这些气体分子就散开了。气球内部的气体分子变得不那么密集，这就使它变轻了。结果，气球开始上升了。

3 气球内部的空气温度越高，它的密度就越小，相比外部又重又冷的空气也就更轻。因此，气球升得越来越高。

现实世界的技术

比空气还轻

在第一个热气球飞上天后不久，人们就开始试验能够载客长途旅行的巨型气球——飞艇。当时，有一些飞艇使用了氢气，而不是热空气，因为氢气的密度比空气低得多。然而，氢气是易燃气体，一不小心就会发生灾难性的爆炸。今天的飞艇主要使用氦气，因为氦气的密度低，而且不易燃。

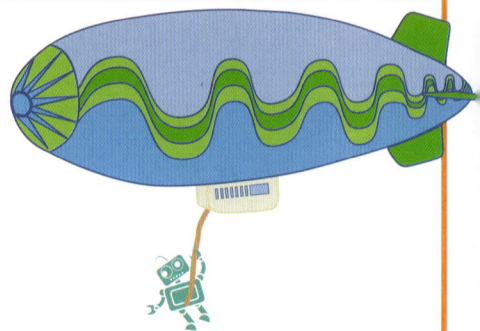

自然界中的热空气

上升的热空气也可以在自然界中找到。太阳作为一个完美的加热器，创造出的上升暖气流可以把飞翔的鸟儿和滑翔机高高举起。

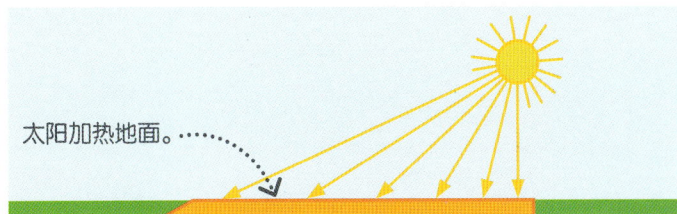

热空气被释放。

气球内部的气体分子变得更加密集。

冷空气被吸入。

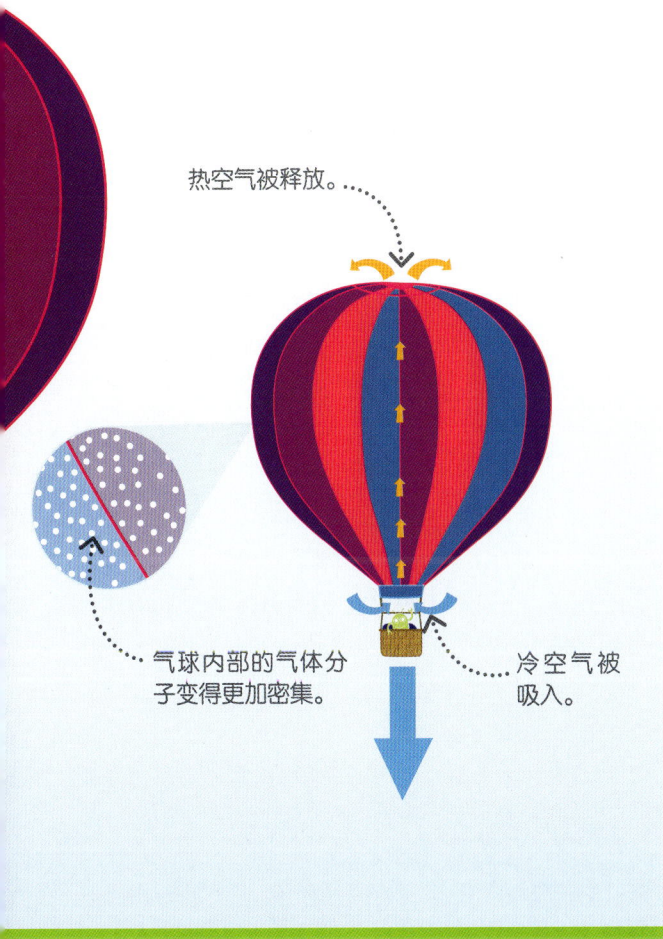

4 要想把气球拉下来，只需要冷却气球内部的空气。将气球内部的热空气从顶部的通风口释放出去，这使得冷空气从底部被吸入气球，取代了被释放的热空气，气球下沉。

热空气比冷空气升得高，因为它的密度更小。冷空气会沉到热空气的下面，因为它的密度更大。

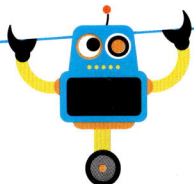

太阳加热地面。

1 太阳把热量传递到地面，所以地面变暖。

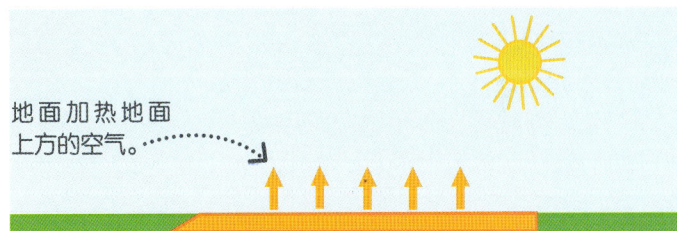

地面加热地面上方的空气。

2 地面把热量传送到它上方的空气中。

热空气上升。   冷空气下沉。

3 由于热空气密度较小，所以热空气上升。鸟儿可以利用上升的热空气把自己升到空中。

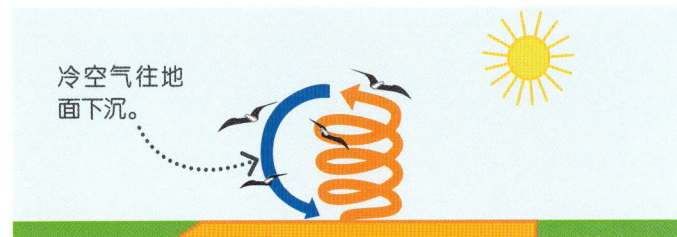

冷空气往地面下沉。

4 当热空气升到很高的地方，就会冷却下来，所以它会开始往地面下沉，这形成了一个循环。

密度

鹅卵石比浴室里用的海绵小，但却更重。如果体形小的物体含有更多的物质，它们可能会比体形大的物体更重。我们就说，这种体形小的物体的密度更大。

> 密度比水小的物体漂浮在水面，密度比水大的物体下沉。

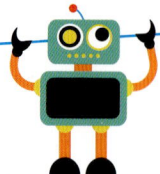

比较质量、体积和密度

质量是指一个物体中有多少物质，体积是指这个物体占了多少空间，而密度是每单位体积的质量。

1 同等的质量
这两个机器人是用同样的材料制成的，所以密度相同。当它们体积相同时，它们的质量也会相同，因此它们能在跷跷板上保持平衡。

2 不同的体积
这两个机器人由相同的材料制成，密度相同，但是右边的机器人的体积更大，质量也更大。因此，它所在的那端的跷跷板会下沉。

3 不同的密度
这两个机器人由不同密度的不同材料制成。用黄金制成的机器人比用铁制成的机器人小，但质量更大。这是因为黄金的密度大概是铁的2.5倍。

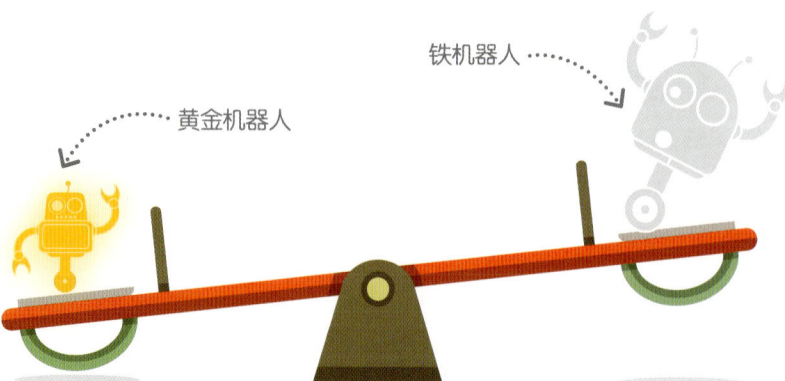

铁机器人

黄金机器人

不同状态下的密度

大多数固体比液体密度大，因为它们的分子排列得更紧密。气体的分子分散开来，中间有很大的空隙，所以气体的密度比固体或液体的密度小得多。

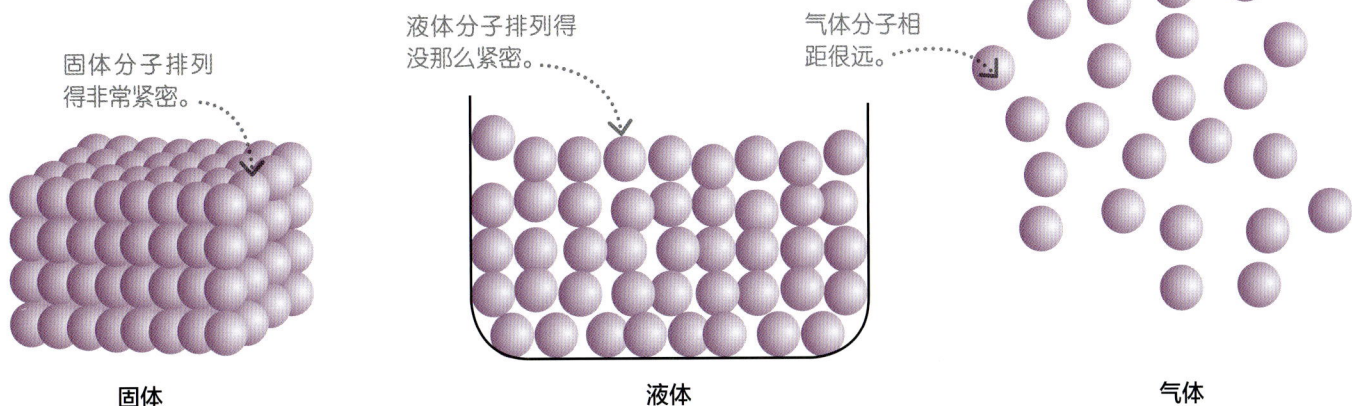

固体分子排列得非常紧密。

液体分子排列得没那么紧密。

气体分子相距很远。

固体

液体

气体

金属的密度

你可以用物体的质量除以体积来计算密度。这些铝块、铁块和金块的体积都是1cm³。不过，由于这些金属有不同的密度，所以它们的质量不一样。铝的密度最小，为2.7g/cm³。黄金的密度是铝的7倍多，为19.3g/cm³。

1 cm³

1 cm³

1 cm³

铝
质量=2.7g
密度=2.7g/cm³

铁
质量=7.9g
密度=7.9g/cm³

金
质量=19.3g
密度=19.3g/cm³

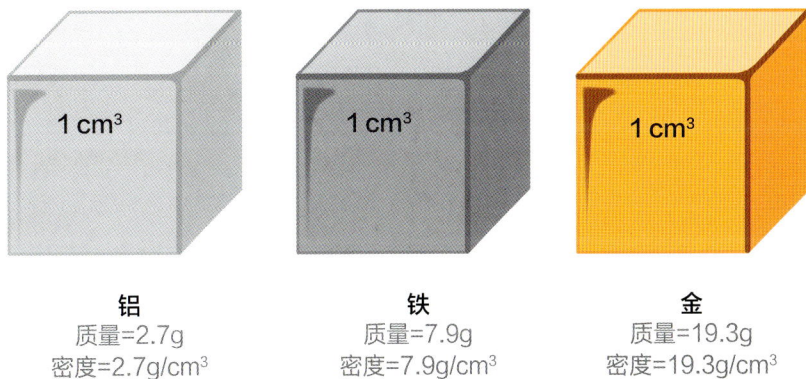

现实世界的技术

快递包裹中的泡沫

一块泡沫含有95%以上的空气，所以它的密度非常低，而且重量非常轻。泡沫有非常好的缓冲作用，因此，它是一种理想的包装材料。易碎物品通常被放在装有泡沫的盒子里运输。回忆一下，你有没有收到过装有泡沫的快递包裹？

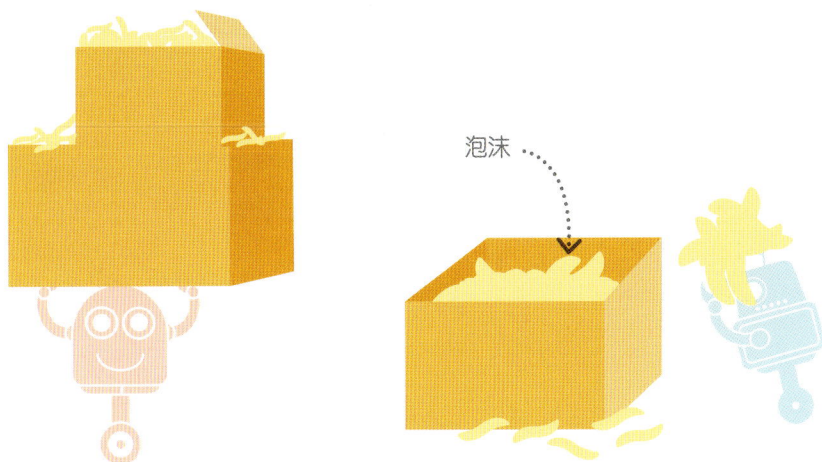

泡沫

混合物

与纯化学物质不同的是，混合物中混合了不同的化学物质，并且这些物质之间没有化学键。固体、液体和气体可以以许多不同的方式混合在一起。

空气是气体的混合物，而岩石是固体的混合物。

混合物的种类

在混合物中，一种物质在另一种物质中扩散形成颗粒。根据颗粒的大小，混合物可分为溶液、胶体和悬浮液。

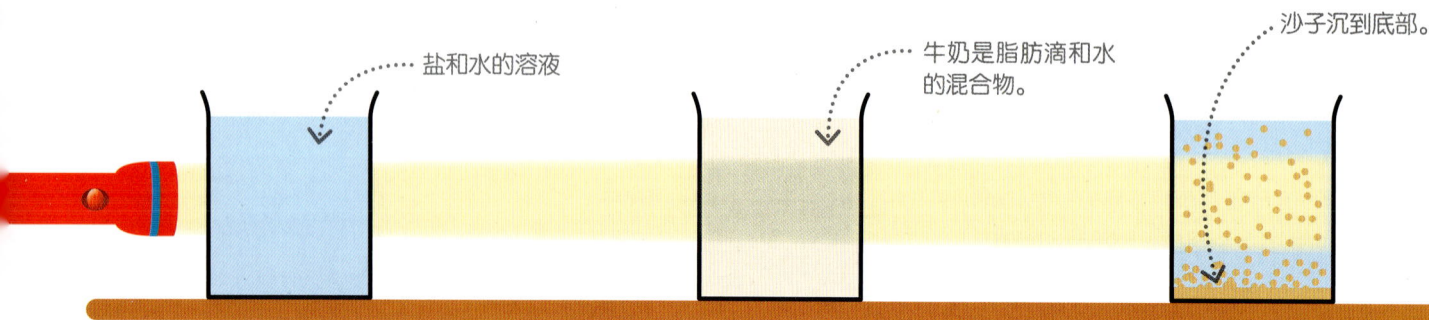

盐和水的溶液

牛奶是脂肪滴和水的混合物。

沙子沉到底部。

1 溶液
盐和水的混合物就是溶液，盐的颗粒很小以至于你根本看不见它们。溶液是透明的，光能直接穿过它。

2 胶体
胶体中的颗粒比溶液中的颗粒大，如牛奶。其中的颗粒往往大到足以散射光线，使手电筒的光束可见。

3 悬浮液
悬浮液中的颗粒很大，清晰可见，如沙子和水的混合物。如果将悬浮液静置一段时间，会出现沉淀。

胶体的种类

胶体可以由固体、液体和气体两两组合而成。每个组合都有一个特定的名称。

空气清新剂

鲜奶油

果冻

蛋黄酱

固溶胶
液滴分散在固体中

液溶胶
液滴分散在液体中

气溶胶
液滴分散在气体中

泡沫
气泡分散在固体或液体中

混合物和化合物

与混合物不同，化合物是两种或两种以上的化学物质的原子通过化学结合而形成的物质。混合物很容易分离，但化合物则不然。

硫磺　　铁屑　　混合物

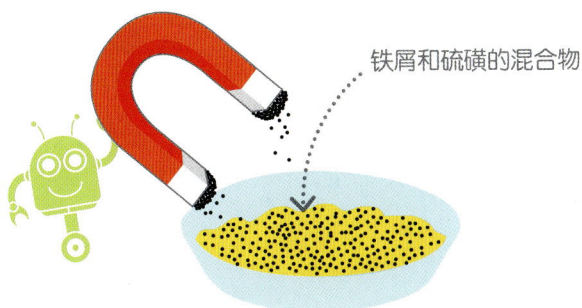

铁屑和硫磺的混合物

1 铁屑和硫磺的混合物
铁屑和硫磺的混合物很容易用磁铁分开。磁铁把铁屑从混合物中吸出来，留下硫磺。

硫化铁

2 硫化铁化合物
如果加热铁屑和硫磺的混合物，就会发生化学反应，产生一种叫硫化铁的黑色化合物。铁原子和硫原子现在是化学结合的，不能用磁铁分离。

纯净物

纯净物只由一种原子或分子构成。化合物可能是纯净物，但混合物不是。自来水不是纯净物，它是水和矿物质的混合物。蒸馏水只含有水分子，是纯净物。

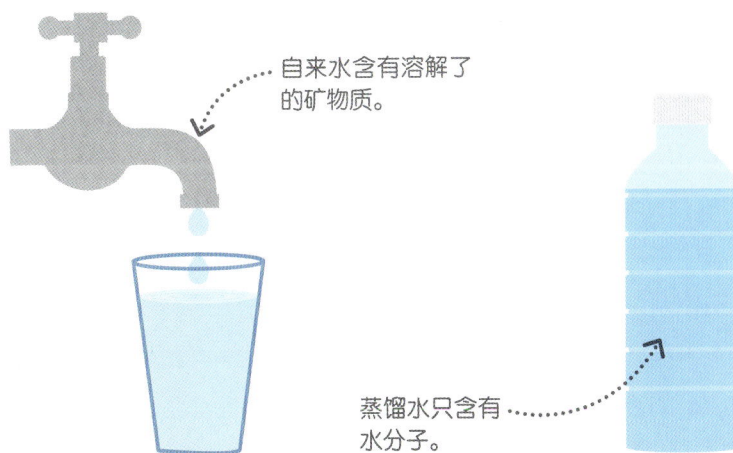

自来水含有溶解了的矿物质。

蒸馏水只含有水分子。

现实世界的技术

合金

合金是不同金属或金属与非金属（如碳）的混合物。合金往往比纯金属更硬，这也使得它们更有用。

青铜
铜+锡

黄铜
铜+锌

银汞合金
汞+银+锡+铜

溶液

当你把糖放入水中并搅拌，它似乎消失了。当物质以这种方式与液体均匀混合时，我们说它溶解了。产生的混合物叫作溶液。

糖溶于水后不可见，但仍然可以品尝到它的味道。

溶解

溶解在液体中的物质叫作溶质，溶解它的液体叫作溶剂。水是很好的溶剂，因为它能溶解很多东西，比如糖和盐。

糖是溶质。

现在糖溶解了，你看不见它。

1 当像糖这样的固体溶于水时，它的分子就会分散在水分子之间。没有大块的糖留下来，所以糖就看不见了。

水是溶剂。

一些土壤会悬浮在水中，使水变得很脏。

未溶解的土壤

2 并不是所有的东西都会溶解在水里，否则你洗澡的时候就会消失。如果你把土壤放在水里搅拌，它就不会溶解。相反，它会沉积在底部。

现实世界的技术

把气体放进水中

和固体一样，气体也能溶解在水中。汽水就是二氧化碳气体溶解在水中制成的。如果你打开汽水瓶子，就释放了使气体溶解的压力。结果，二氧化碳以气泡的形式离开溶液，这就是汽水冒泡泡的原因。

可溶性或不溶性？

你家厨房的橱柜里的哪些食物会溶解，哪些不会?用咖啡、果冻、胡椒、食用油、面粉做实验……或者用其他任何你父母允许你尝试的东西做实验!

1 将一勺子你选择的食物放进一杯冷水中。

2 搅拌它。它会溶解还是最终沉淀在底部?

3 再用温水试一次。结果是一样的吗?

4 用其他食物试试。哪种食物最容易溶解?

3 搅拌能让溶质在水中溶解得更快。因为搅拌使得溶质分子移动，帮助它们在水分子之间扩散。这就是人们把糖加到咖啡里之后会用勺子搅拌的原因。

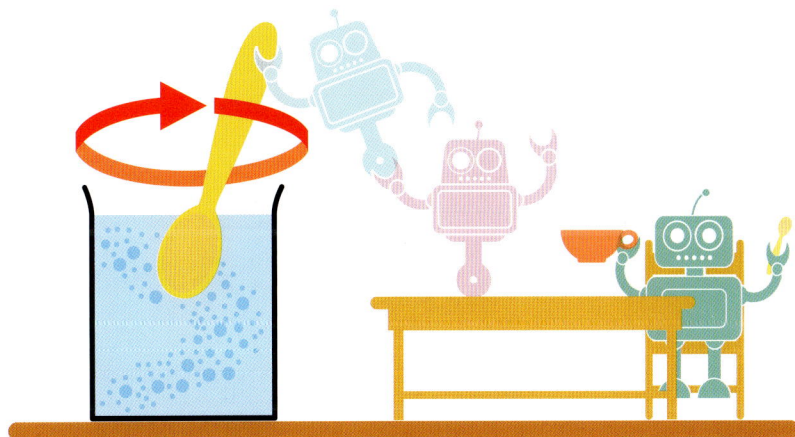

4 溶质在热水中溶解得更快。当你加热水时，水分子运动得更快。水分子更频繁地撞击溶质分子，因此水和溶质迅速混合。比如肥皂和洗发水搭配热水使用时清洁力更强，正是因为它们更容易在热水中溶解。

加热水会增加水分子的能量，使它们运动得更快。

5 溶液中有少量溶质，形成稀溶液。如果有大量的溶质，则形成浓溶液。如果不断增加溶质，使得水最终不能继续溶解溶质了，我们说这时的溶液是饱和溶液。

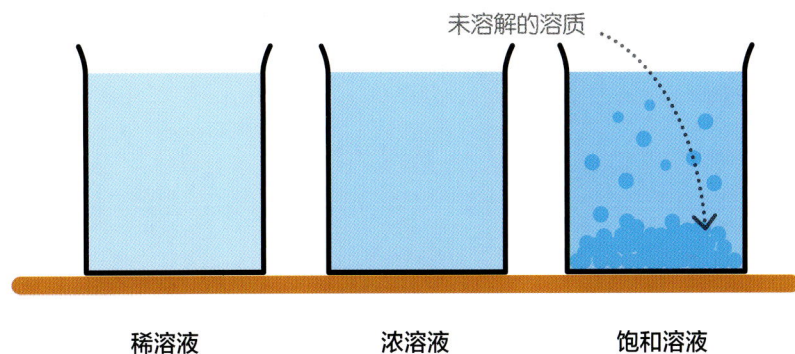

未溶解的溶质

稀溶液   浓溶液   饱和溶液

分离混合物1

混合物中的化学物质没有化学结合，因此可以分离。筛分、倾析和过滤是分离混合物的简单方法。

从水中分离固体物质的一个简单方法是让水蒸发，使固体变干。

筛分

可以用筛子把由两种大小不同的颗粒组成的固体混合物分开。筛子就像底部有小孔的篮子，小颗粒能穿过小孔，大颗粒则不能。

1 如果你试着通过捡石头将沙子和石头的混合物分开，那将是一项很耗时的工作。用筛子则容易得多。

沙子和石头的混合物

2 沙子穿过筛子上的小孔掉了下去，而大的石头则穿不过小孔。石头留在筛子里，沙子堆积在下面。

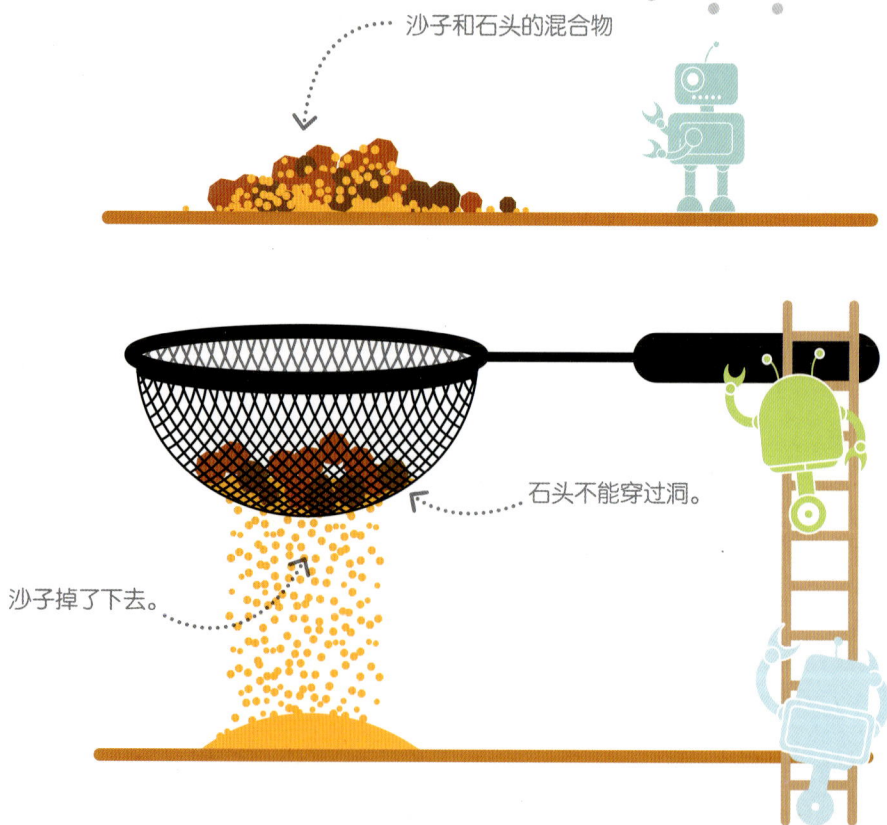

石头不能穿过洞。

沙子掉了下去。

现实世界的技术

水过滤

污水可以使用滤床来净化，滤床上有一层层的沙子和石块，污垢无法通过沙子和石块的缝隙，但水可以通过。清澈的水流出后被送回河里，或者被送进另一个杀菌的滤床。

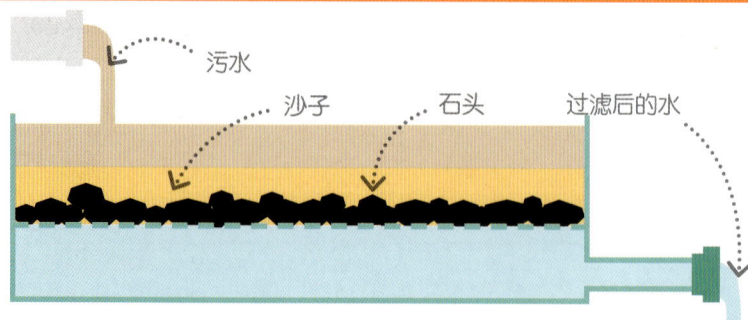

污水

沙子　　石头　　过滤后的水

倾析

当不溶性固体颗粒与液体混合并沉淀在底部时，可以通过倒出液体来分离，这就是所谓的倾析。

1 要分离沙子和水的混合物，需要等待一段时间，让沙子沉淀在底部。

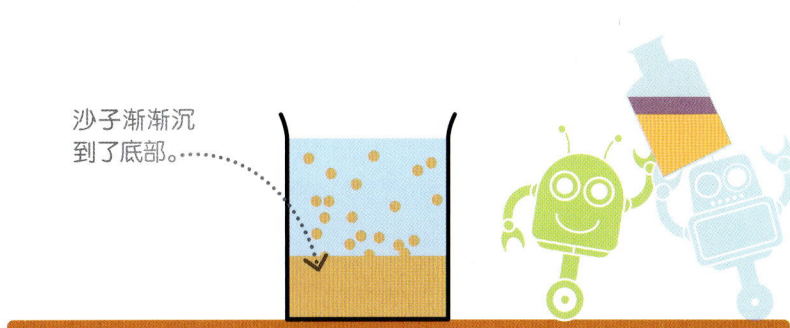

沙子渐渐沉到了底部。

2 如果小心地倾斜烧杯，你可以倒出水而不倒出底部的沙层。

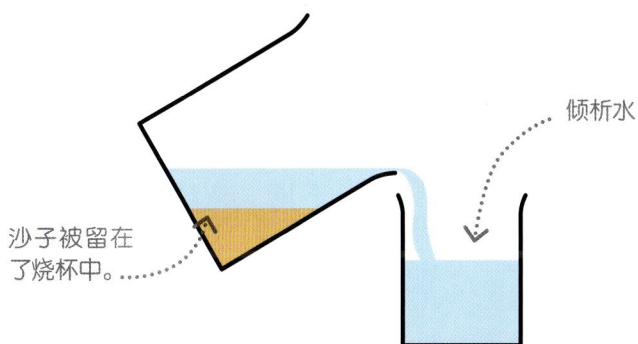

倾析水

沙子被留在了烧杯中。

过滤

另一种从液体中分离不溶性固体颗粒的方法是使用漏斗，这是一种底部有一个小孔的工具。漏斗允许液体通过，阻止固体颗粒通过。

磨碎的咖啡豆和水的混合物

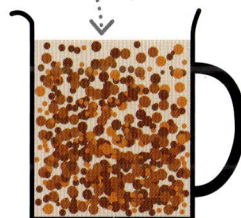

1 喝现磨咖啡时需要过滤它，这样咖啡中才不会有磨碎的咖啡豆。

磨碎的咖啡豆无法通过滤纸。

滤纸

2 要过滤咖啡，应把滤纸贴在漏斗上，将混合物倒进去。咖啡从漏斗上的小孔中渗出，留下了磨碎的咖啡豆。

漏斗

过滤后的咖啡

分离混合物2

和其他混合物一样，溶液也可以被分离，因为溶液中的化学物质没有结合。分离溶液的三种方法是蒸发、蒸馏和色谱法。

当油漆干了时，蒸发将溶剂从颜料或色素中分离出来。

蒸发

加热溶液，直到液体部分变成气体，可溶性的固体就被分离出来了。我们称这种分离方法为蒸发。

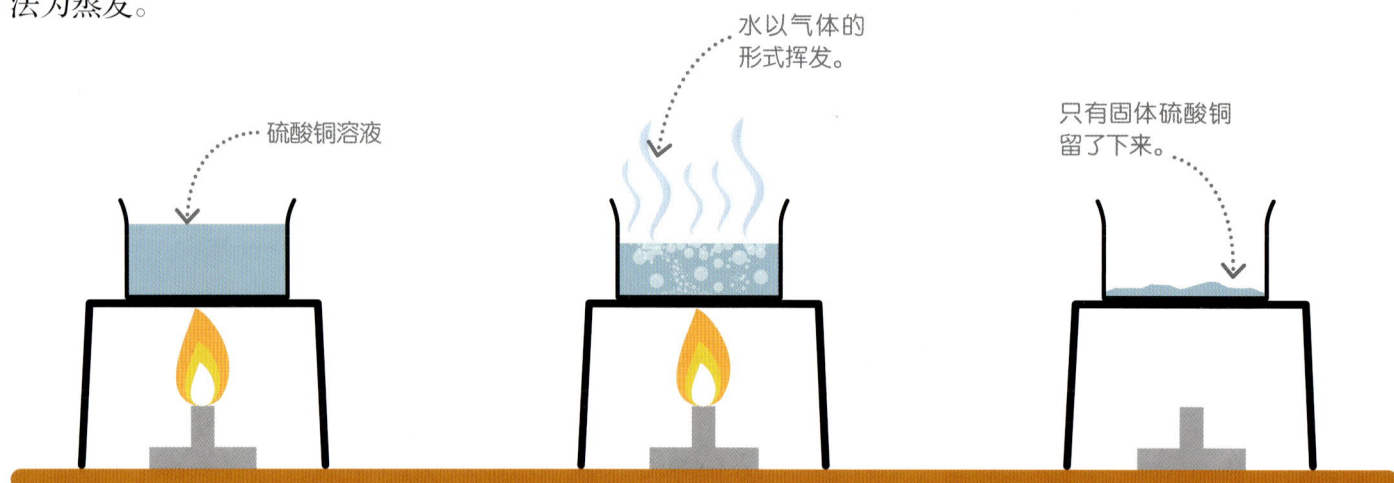

水以气体的形式挥发。

硫酸铜溶液

只有固体硫酸铜留了下来。

1 加热
加热一份溶解了硫酸铜的亮蓝色溶液，使其开始沸腾并蒸发。

2 蒸发
水以气体的形式逸出，溶液变得更浓，固体颗粒开始析出。

3 固体残渣
水全部蒸发后，只剩下固体硫酸铜。这种剩下的固体叫作残渣。

现实世界的技术

可饮用的水

淡水不多的国家，会在海岸上建海水淡化厂。他们把盐从海水中分离出来，为人们提供饮用的纯净水。大多数海水淡化厂的工作原理是先蒸发，然后收集可饮用的水。

蒸馏

这种分离方法与蒸发类似，蒸馏是从沸腾的溶液中收集蒸汽并冷却，直到它凝结成液体。简单的蒸馏可以把水从盐溶液中分离出来。

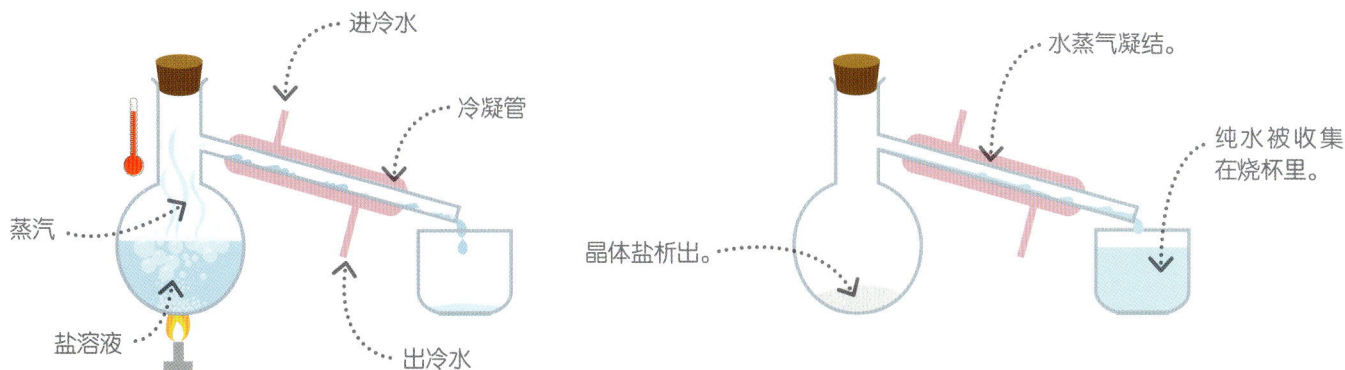

进冷水
冷凝管
蒸汽
盐溶液
出冷水

1 加热和蒸发
加热盐溶液直到溶液中的水沸腾。水蒸气通过一个叫作冷凝管的冷却室。

水蒸气凝结。
纯水被收集在烧杯里。
晶体盐析出。

2 冷凝和收集
冷却后的蒸汽凝结成液态水并滴入烧杯。现在它是纯水，而盐留在烧瓶里了。

色谱法

彩色化学品可以用色谱法分离。将化学物质溶解在水中，然后让它们在吸水材料（比如纸张）上扩散。

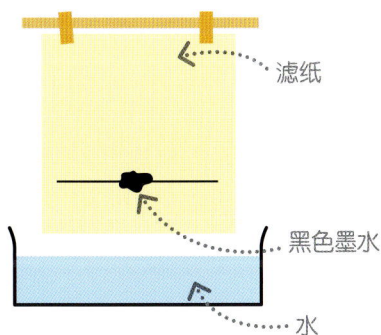

滤纸
黑色墨水
水

1 为了分离黑色墨水中不同的染料，在一张滤纸上放上一点黑色墨水，然后把纸的末端放入水中。

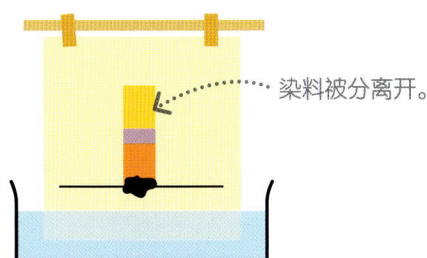

染料被分离开。

2 当纸吸收水分时，黑色墨水溶解并随着水向上运动。不同的染料分子以不同的速度运动，所以黑色墨水分离成了不同的颜色带。

试一试 TRY IT OUT

色谱法制花

用色谱法制作彩色纸花，只需要滤纸、水和一支黑色记号笔。

1 用黑色记号笔在滤纸中间画一个圆圈。

2 把纸对折两次做成圆锥体。

3 把圆锥体的顶端放入水中。确保你画的圆圈在水面以上。

4 观察到墨水中的不同颜色在纸张上移动并分离开来。

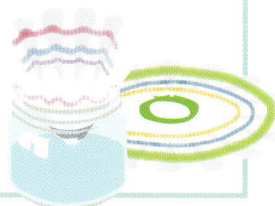

分子运动

分子总是在运动，这就是为什么气味很容易在空气中传播开来。当分子通过气体或液体逐渐扩散开来时，就叫作扩散。

固体中的分子可以振动，但不能从一个地方移动到另一个地方，所以扩散不会在固体中发生。

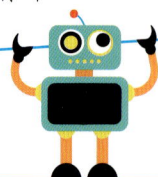

扩散是如何发生的？

扩散的发生是因为液体或气体中的分子是随机运动的。当不同的液体或气体混合时，它们的分子会混合在一起，并且从高浓度的区域往低浓度的区域扩散。随着时间的推移，不同的分子均匀地混合在一起。

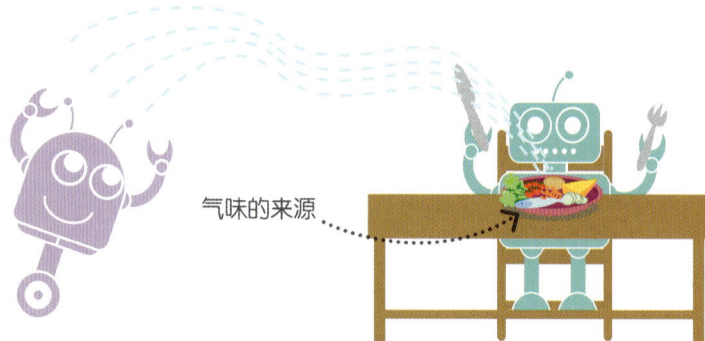

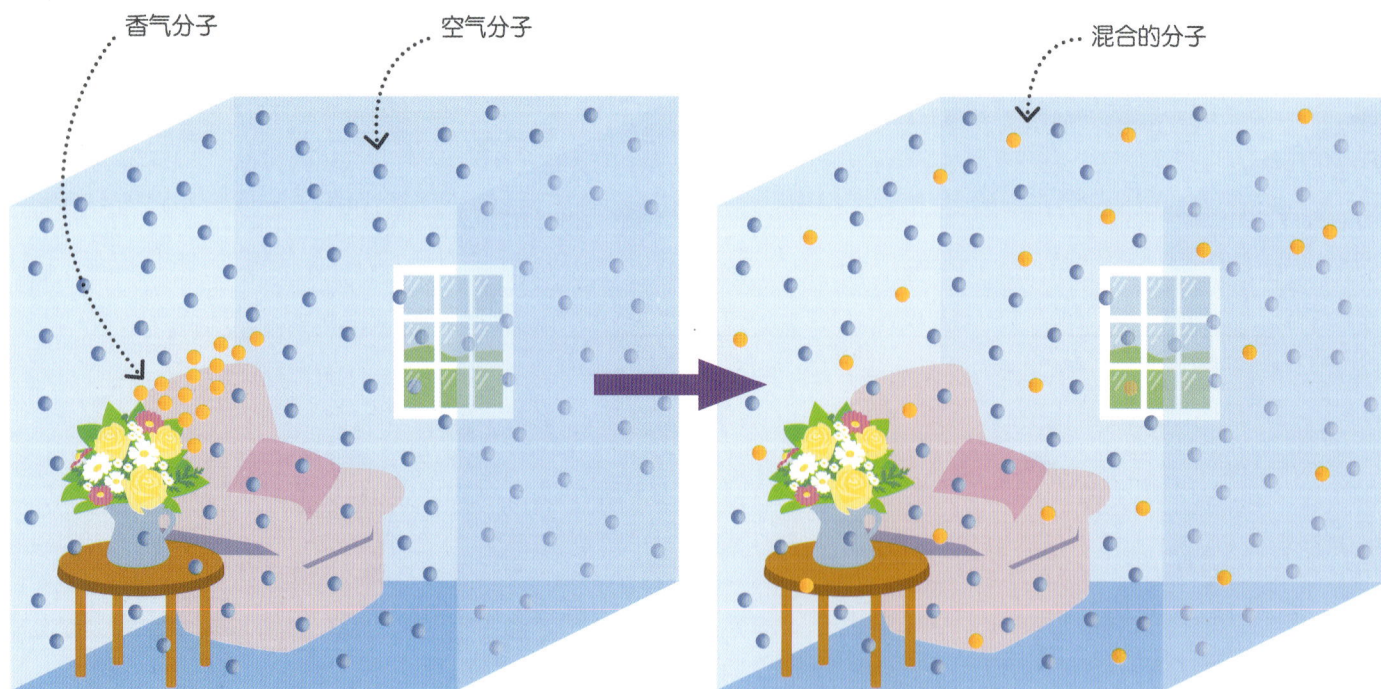

气味的来源

香气分子   空气分子   混合的分子

1 扩散
当你刚把花放在房间里时，花的气味分子集中在花瓶周围。但它们很快就开始扩散并与空气分子混合。

2 均匀地混合
由于气味分子的运动是随机的，它们最终会分散开来，直到与空气混合均匀为止。整个房间里都弥漫着花香。

溶液中的扩散

溶解在液体中的物质可以发生扩散运动。例如，当你把糖放入水中时，即使不搅拌，它最终也会溶解并扩散均匀。

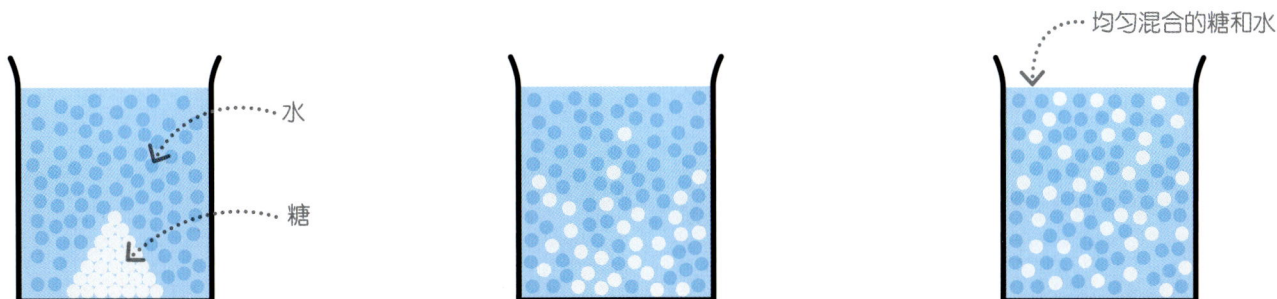

1 当糖刚加入水中时，在玻璃杯底部形成一堆晶体。

2 糖逐渐溶解，但起初分子多集中在底部。

3 糖分子随意地移动，直到均匀地扩散开来。

水
糖
均匀混合的糖和水

布朗运动

1827年，一位名叫罗伯特·布朗的苏格兰科学家在显微镜下观察时，发现水里有一些尘埃在不停地晃动。这种神秘的运动现在被称为布朗运动。德国科学家爱因斯坦解释说，是因为水分子不断地撞击尘埃颗粒，使其做无规则的运动。而这种液体和气体中分子的随机运动也是发生扩散的原因。

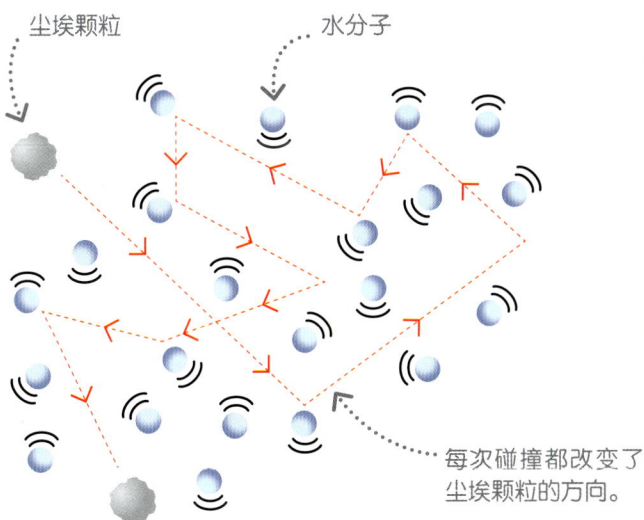

尘埃颗粒
水分子
每次碰撞都改变了尘埃颗粒的方向。

渗透作用

当一种物质可以通过屏障而另一种物质不能时，就会引起一种叫作渗透作用的过程。渗透作用对于活细胞来说很重要，活细胞有一层外膜，可以让水通过，但阻挡其他物质。比如，如果细胞内部的糖浓度比外部的浓度高，水就会通过屏障扩散，直到两边的浓度相等。在这个过程中，细胞吸水膨胀。

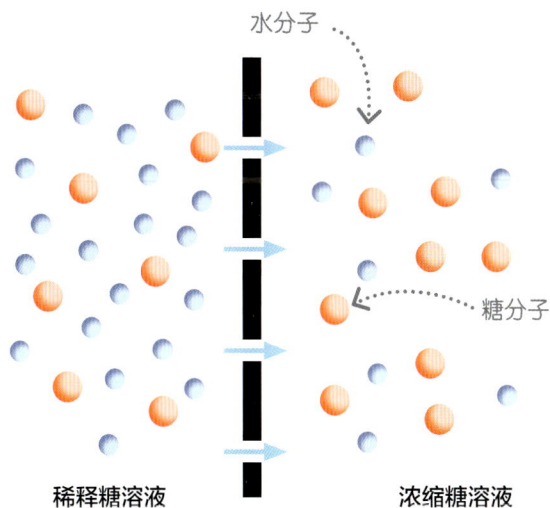

水分子
糖分子
稀释糖溶液 **浓缩糖溶液**

原子结构

所有的物质都是由原子构成的。每个原子都有一个由质子和中子组成的原子核。围绕着原子核旋转的是一种更小的粒子——电子。

> 原子中的电子数通常等于质子数。

碳原子

每个元素在其原子中都有不同数量和排列方式的粒子。例如，在碳原子内部，有6个质子、6个中子和6个电子。

内壳层

1 质子
质子带正电荷，它吸引带负电荷的电子，并把它们固定在原子核周围。

2 中子
这些粒子不带电。

3 电子
电子在原子核之外。它们带的负电荷平衡了质子带的正电荷，所以整个原子是电中性的。

4 核
原子核是由质子和中子组成的。

5 电子壳
电子在离原子核不同距离处形成叫作壳层的电子群。一个原子最多可以有七层电子壳。

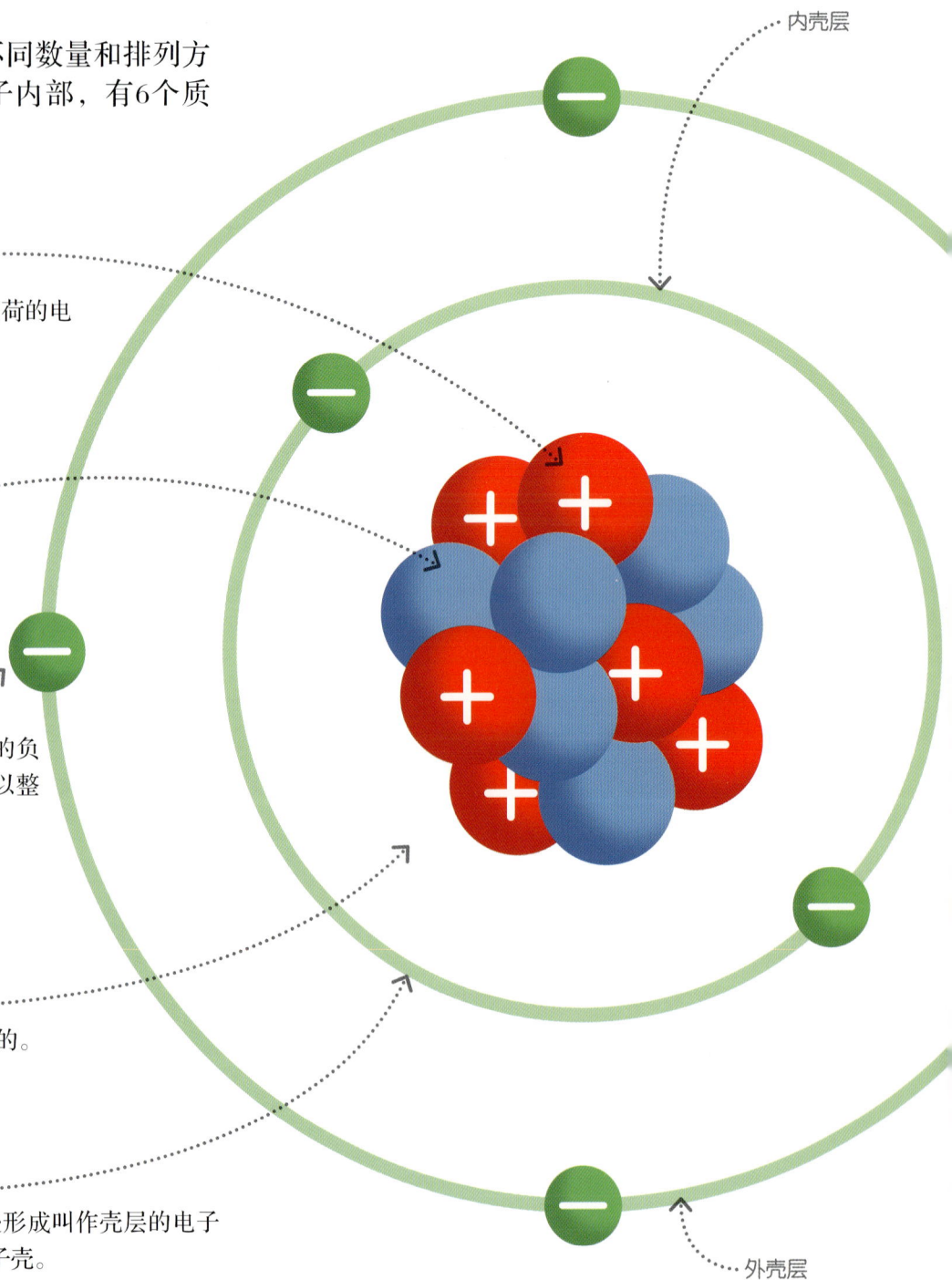

外壳层

质量数和原子序数

电子几乎没有质量，所以原子的质量几乎等于原子核的质量。质子和中子的质量是一样的，可以通过数两者的数量来计算原子的质量。原子的总质量被称为质量数，原子中的质子数被称为原子序数。

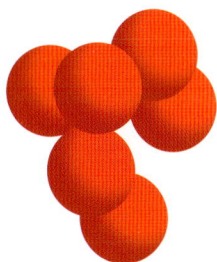

原子序数

+

中子数

=

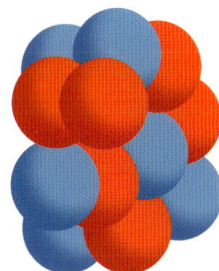

质量数

原子和元素

每一种化学元素都有一个唯一的原子序数（质子数），所以知道一个原子的质子数就可以知道原子是什么元素。例如，氢原子有一个质子，则它的原子序数为1。

氢只有1个质子，没有中子。

氢
原子序数=1
质量数=1

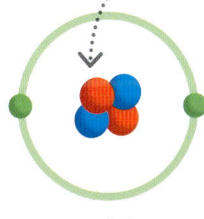

氦有2个质子和2个中子。

氦
原子序数=2
质量数=4

锂有3个质子和4个中子。

锂
原子序数=3
质量数=7

现实世界的技术

原子对撞

科学家通过粒子加速器研究原子内部的粒子。在瑞士的大型强子对撞机里，他们用电磁铁使这些粒子极速穿越长隧道，然后相撞，产生更小的碎片。通过这样做，人们发现了新的粒子。

离子键

当一个原子把电子给另一个原子时，就会形成离子键，使两个原子紧密相连。以这种方式获得或失去电子的原子称为离子。

离子键通常在金属元素和非金属元素之间形成。

1 原子中的电子排列成壳层（参见第124~125页）。内壳层可以容纳2个电子，而其他壳层通常可以容纳8个电子。气体氩原子有3个完整的壳层。

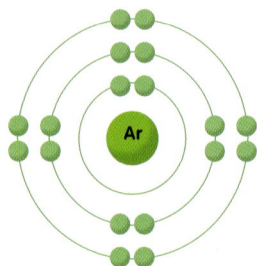

氩气

2 为了保持稳定，大多数原子"想要"一个完整的拥有8个电子的壳层。然而，许多元素的壳层都不完整。例如，有毒的氯气的外壳中只有7个电子，它需要一个额外的电子才能变得稳定。

氯的外层需要多一个电子。

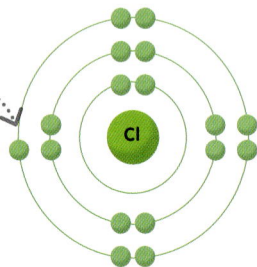

氯气

3 钠是一种柔软的银色金属，它的外壳只有一个电子。如果它可以摆脱那个电子，下面的整个壳层会变成它的外层，使其稳定。

钠的外层只有一个电子。

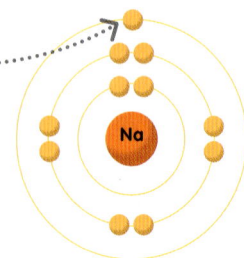

钠

4 当钠和氯混合时，钠原子会释放出多余的外壳层电子到氯原子，所以2个原子都有了完整的外壳层。其结果是发生强烈的化学反应，产生大量的热和光。

钠把一个电子给了氯。

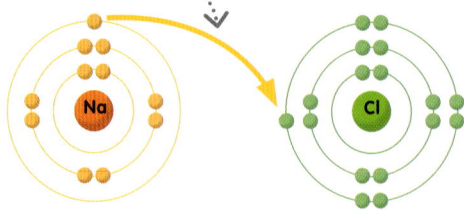

钠和氯发生化学反应

5 电子带负电荷，所以氯的新电子使它带负电荷，它现在叫作氯离子。钠失去了一个电子，变成了一个正离子。因为相反的电荷相互吸引，两个离子结合形成离子键。它们已经形成了盐。

离子键

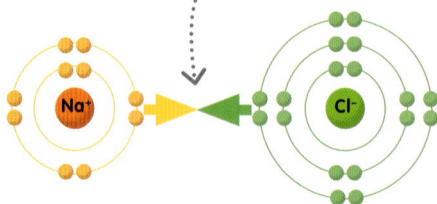

盐（氯化钠）

6 离子键通常以一种被称为晶格的规则结构将离子聚集在一起。在盐中，每个带负电荷的氯离子都被带正电荷的钠离子包围；反之亦然。

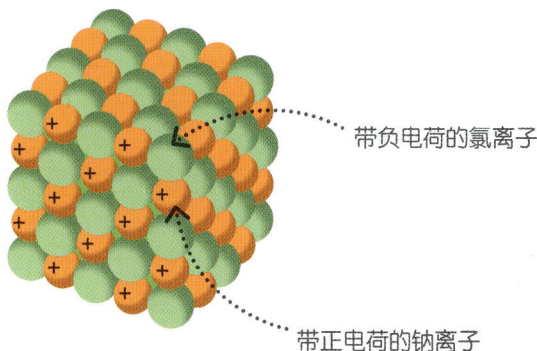

带负电荷的氯离子

带正电荷的钠离子

7 离子键坚固且不易断裂，所以离子化合物通常是非常坚硬、易碎的固体，不易熔化。由于离子排列规则，许多离子化合物形成晶体。晶格的排列方式使晶体呈现出独特的形状。

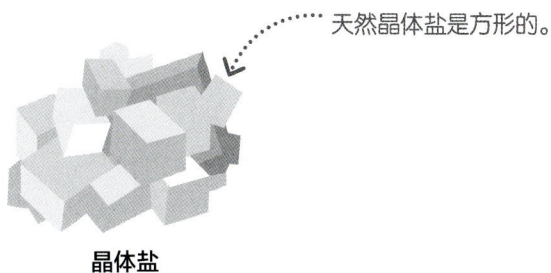

天然晶体盐是方形的。

晶体盐

在水中溶解

虽然离子化合物很硬，不易熔化，但许多离子化合物很容易溶于水。这是因为水分子有带正电荷和带负电荷的两端吸引离子并使它们分离。

1 当盐为固体时，离子键将带正电荷的钠离子和带负电荷的氯离子紧密地结合在一起。

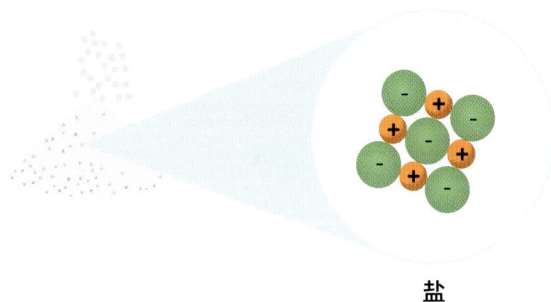

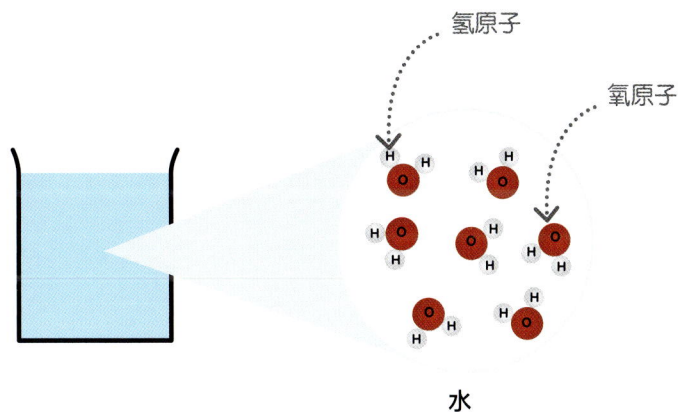

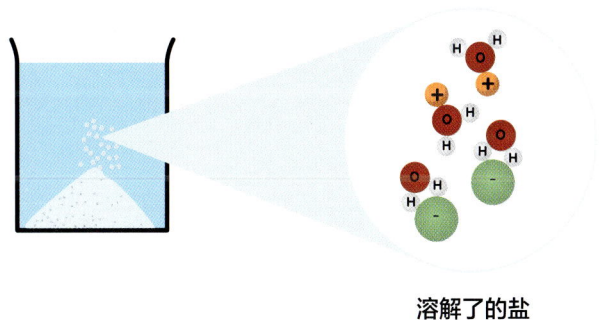

盐

氢原子

氧原子

水

2 水分子有一个氧原子和两个氢原子。氧原子带少量负电荷，氢原子带少量正电荷。

溶解了的盐

3 把盐放入水中时，水分子的正极吸引氯离子，水分子的负极吸引钠离子。盐中的离子键断裂，然后离子分散开来，盐完全溶解。

共价键

在分子中，有些原子通过共用电子而结合。这就形成了一种非常强的键，叫作共价键。

大多数共价键是单键、双键或三键。

1 一个氢原子的外壳层只有一个电子，但它的外壳层需要两个电子才能稳定。一个氯原子的外壳层有7个电子，但它需要8个电子才能稳定。

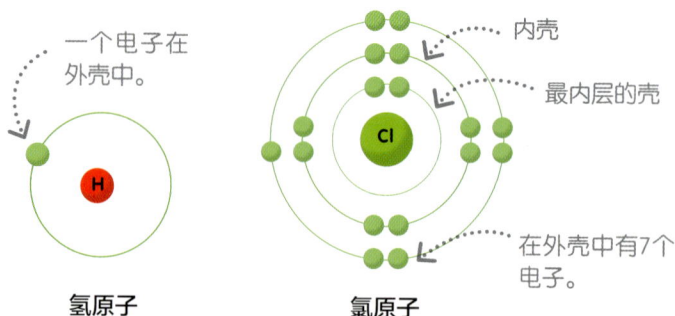

一个电子在外壳中。

内壳

最内层的壳

在外壳中有7个电子。

氢原子　　　氯原子

2 氢原子分享一个电子给氯原子，氯原子分享一个电子给氢原子。这两个原子现在都有一个完整的外壳层，一个共价键把它们连在一起，形成一个氯化氢分子。

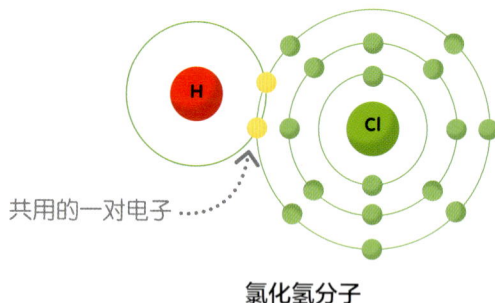

共用的一对电子

氯化氢分子

3 一个原子可以和几个原子形成共价键，形成更大的分子。例如，在水分子中，两个氢原子与一个氧原子相连，每个氢原子由一个单独的共价键相连。

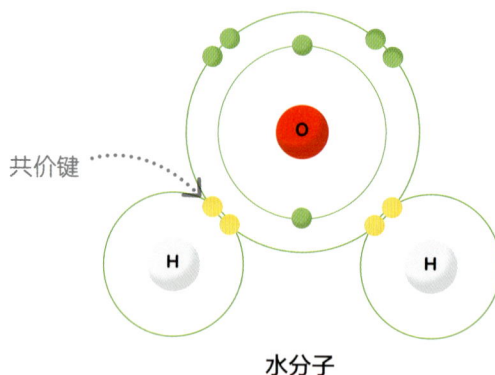

共价键

水分子

4 有时一个分子中的原子共用两对电子，我们称其形成的共价键为双键。例如，在二氧化碳分子中，双键把两个氧原子和一个碳原子连接起来。

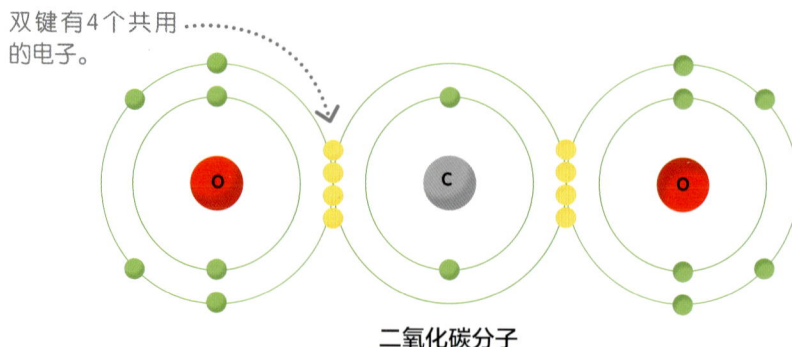

双键有4个共用的电子。

二氧化碳分子

5 3个共用的电子对形成一个三键。空气中的氮气分子（参见第162页）由两个通过三键连接的氮原子组成。

6个共用的电子形成一个三键。

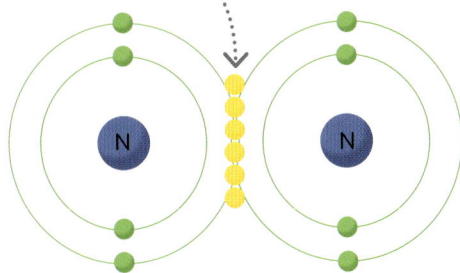

氮气分子

分子间作用力

原子通过共价键形成分子，而分子之间又存在分子间作用力。

1 分子间作用力使气体冷却时变成液体，使液体凝固时变成固体。打破分子间作用力这种弱力不需要很多能量，所以与离子化合物不同，共价化合物的熔点或沸点很低。

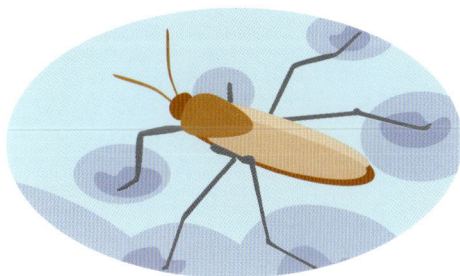

2 水分子之间的分子间作用力让水可以聚集成水滴，也可以形成一种表面。这种表面形成的力叫作表面张力。虽然我们很容易打破这个表面，但足够轻的小昆虫却可以站在上面。

试一试 TRY IT OUT

浮动一个回形针

水表面的分子被分子间作用力牵引在一起，这使得水的表面就像有弹性的皮肤。科学家称这种力为表面张力。试试下面这个实验，看看表面张力是怎么起作用的。

1 在盆子里装满水。

2 把回形针放在纸巾上。

3 轻轻地将纸巾放入水中，使其停留在水面上。

4 纸会吸收水分，最终下沉，但是因为表面张力的作用，回形针会浮在水面上。

5 在水中加入一滴洗洁精就会削弱表面张力，回形针就会掉进水里。

化学反应

化学反应将化学物质分解，并形成新的物质。所有的化学反应都涉及化学键的断裂或形成。

铁制品因铁和氧的化学反应而生锈。

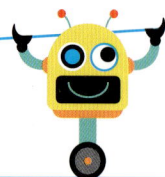

物理变化和化学变化

在物理变化中，物质变化后的化学组成与变化之前的相同，比如黄油融化。但是在化学变化中，会形成新的化学物质，比如面包变成烤面包。

融化了的黄油还是黄油。

烤面包表面主要成分是碳。

1 面包

面包中含有淀粉，淀粉是一种由碳、氢和氧组成的化合物。加热面包做吐司时，化学反应改变了淀粉分子。

没有烤的面包

固体黄油

2 烤面包

面包的表面吸收热量，把淀粉变成黑色的碳，水以气体的形式逸散到空气中。

反应是如何进行的

在化学反应中，原子重新排列形成新的分子或离子。因此，反应产生的新化学物质的性质与原来的化学物质的性质有很大的不同。

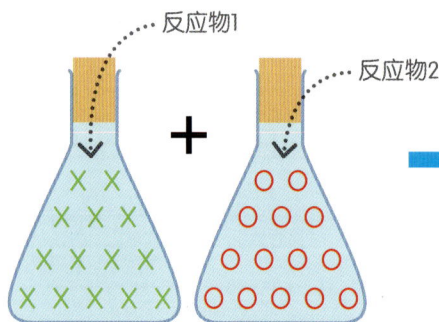

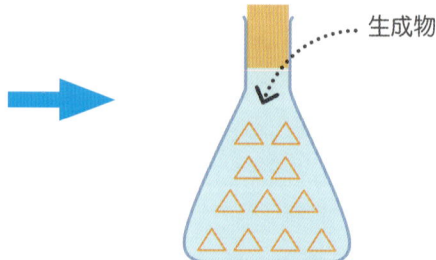

反应物1

反应物2

生成物

1 参与反应的化学物质叫作反应物。这个反应有两种不同的反应物。

2 当反应物混合时，它们的分子分裂，原子重新排列。许多反应以热或光的形式释放能量。

3 反应产生的化学物质叫作生成物。在这个反应中，两种反应物结合成一种生成物。

质量守恒定律

化学反应的生成物的总质量和反应物的总质量是一样的。
反应开始前和结束后都存在相同数目的原子，所以它们的
总质量不会改变。因此，我们说质量是守恒的。

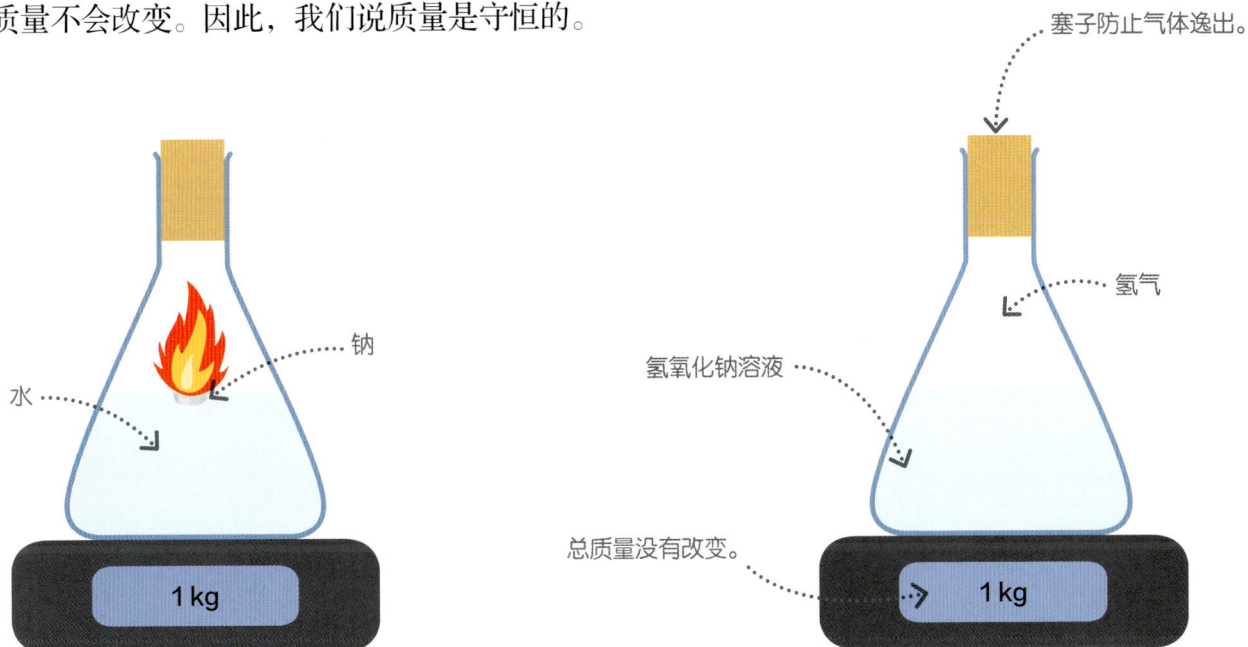

塞子防止气体逸出。

氢气

氢氧化钠溶液

钠

水

总质量没有改变。

1 kg

1 kg

1 当金属钠被投入水中时，会发生剧烈反应，
产生氢气和氢氧化钠。

2 反应结束后没有剩下钠，但是设备和产品的
总质量没有改变，质量是守恒的。

试一试 TRY IT OUT

疯狂的泡沫

在醋中加入小苏打（碳酸氢钠），
就会发生化学反应。这种反应的生
成物之一是二氧化碳气体。这个实
验展示了如何利用化学反应制造大
量含有二氧化碳的泡沫。

白醋、食用色素和
洗洁精混合。

1 将60mL白醋、几滴食用色素和10滴洗
洁精混合，放入空塑料瓶中。将纸折成
圆锥形充当漏斗。

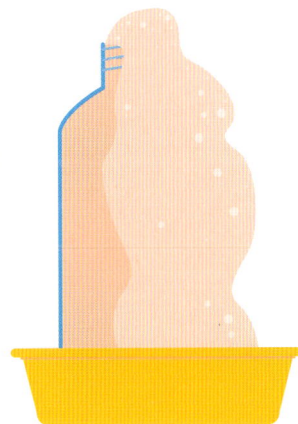

2 把塑料瓶放在一个大盆里，
往漏斗里加入两勺小苏打。
旋转瓶子，赶紧退后。

化学方程式

化学方程式显示了参与化学反应的原子发生的变化。方程左边是反应物，右边是生成物。

> 化学方程式在所有语言中都是用同样的形式写成的。

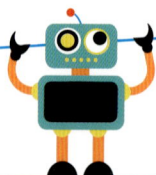

1 文字方程

表示化学反应的一个简单方法是用文字方程。例如，当铁和硫被加热时，它们会发生反应，生成化合物硫化铁。箭头左边的是反应物，右边的是生成物。

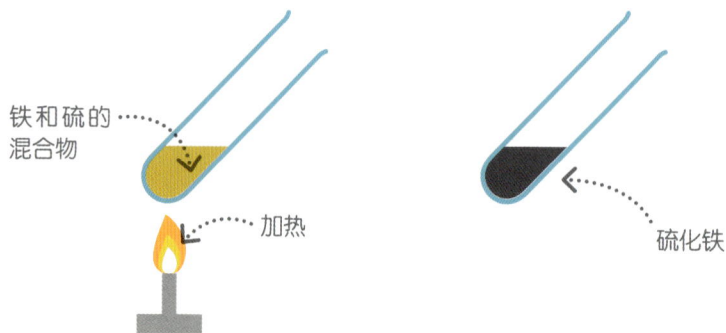

铁和硫的混合物

加热

硫化铁

铁 + 硫 ➜ 硫化铁

2 符号方程

也可以用化学符号写出方程。铁的化学符号是Fe，硫的化学符号是S，所以铁和硫的反应可以按照右边的这种方式写。与文字方程不同，符号方程写了参与反应的原子比例。在这个例子中，一个铁原子与一个硫原子反应生成一个硫化铁分子。

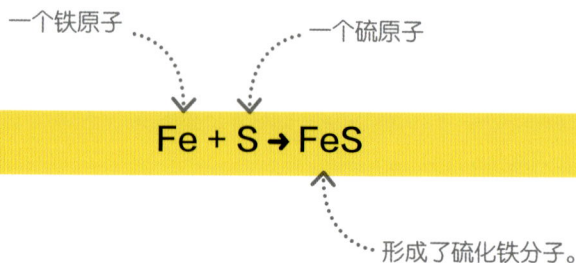

一个铁原子   一个硫原子

Fe + S ➜ FeS

形成了硫化铁分子。

平衡方程

化学方程式必须平衡，一边的原子和另一边的原子一样多。换句话说，在生成物和反应物中，每种原子的总数目必须相同。这个表示氢与氧反应生成水的方程式是平衡的。

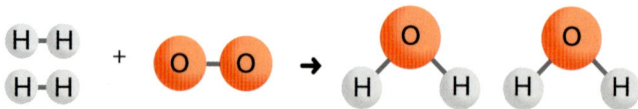

$$2H_2 + O_2 \rightarrow 2H_2O$$

可逆反应

有些反应是可逆的，这意味着它们可以在两个方向发生。
例如，当棕色气体二氧化氮被加热时，它会分解成无色的
一氧化氮和氧气。当这些物质冷却后，它们会再次反应生
成二氧化氮。这个方程由一个特殊的双向箭头表示化学反
应是可逆的。

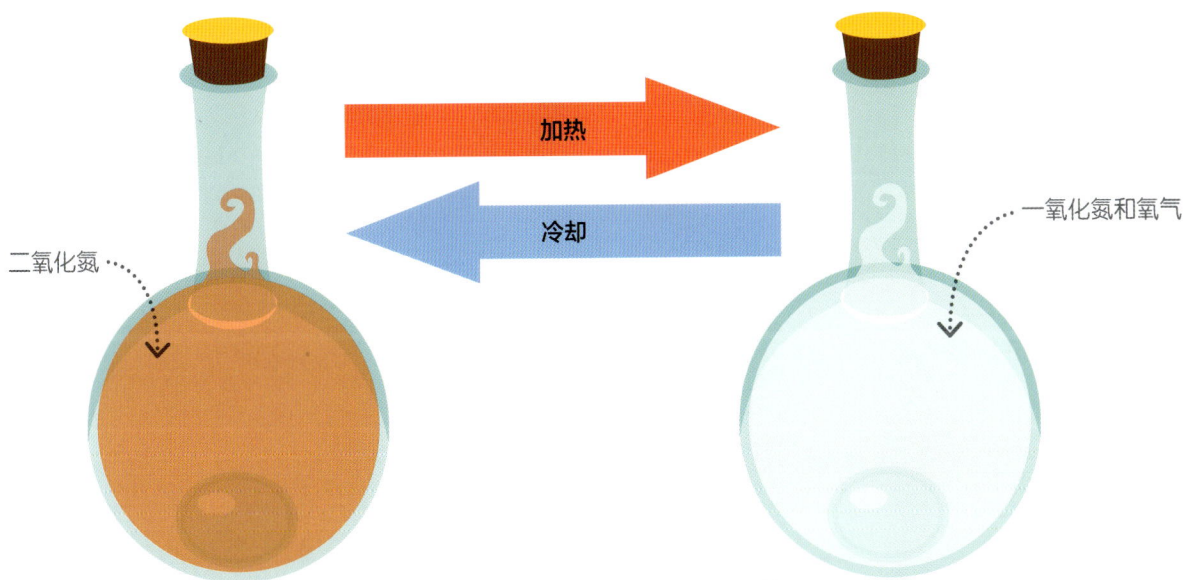

加热

冷却

二氧化氮

一氧化氮和氧气

这个符号表示反应是可逆的。

二氧化氮 ⇌ 一氧化氮 + 氧气

$$2NO_2 \rightleftharpoons 2NO + O_2$$

试一试 TRY IT OUT

完成方程式

试着用化学符号和公式完成钠和水反应生
成氢氧化钠（NaOH）和氢气（H_2）的方
程式。第一部分已经写好了，你完成的时
候记住等式必须平衡哦！

钠 + 水 → 氢氧化钠 + 氢气

$$2Na + 2H_2O \rightarrow ??? + ???$$

答案：$2Na + 2H_2O \rightarrow 2NaOH + H_2$

反应的类型

化学反应有许多不同的类型，但它们大多数可分为三种类型：合成反应、分解反应和置换反应。

人体通过分解反应分解食物。

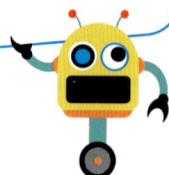

合成反应

1 在合成反应中，两个或两个以上的简单反应物结合成复杂的生成物。

2 金属钠（Na）和氯气（Cl_2）反应生成氯化钠（NaCl）——我们放在食物上的盐就含有这种物质。

钠   盐

+

氯气

钠 + 氯气 → 氯化钠（盐）

$2Na + Cl_2 \rightarrow 2NaCl$

分解反应

1 在分解反应中，反应物分解成更小、更简单的生成物。

2 蓝绿色的碳酸铜（$CuCO_3$）在加热后会分解为黑色的氧化铜（CuO）和气体二氧化碳（CO_2）。

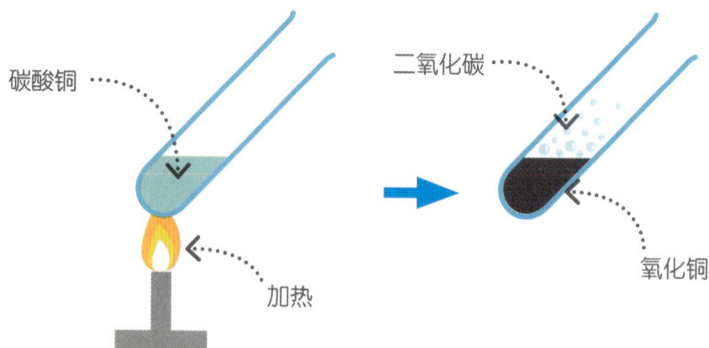

碳酸铜   二氧化碳

加热   氧化铜

碳酸铜 → 二氧化碳 + 氧化铜

$CuCO_3 \rightarrow CuO + CO_2$

置换反应

1 在置换反应中，化合物中的一种元素被更活跃的元素替代。

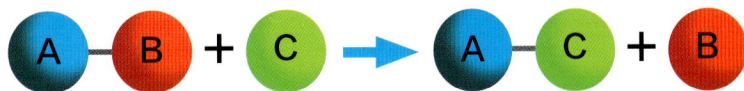

2 例如，把铜条放入硝酸银溶液中，铜原子会取代银原子。铜溶解，使溶液呈蓝绿色，银从溶液中析出，在铜条上留下一层银。

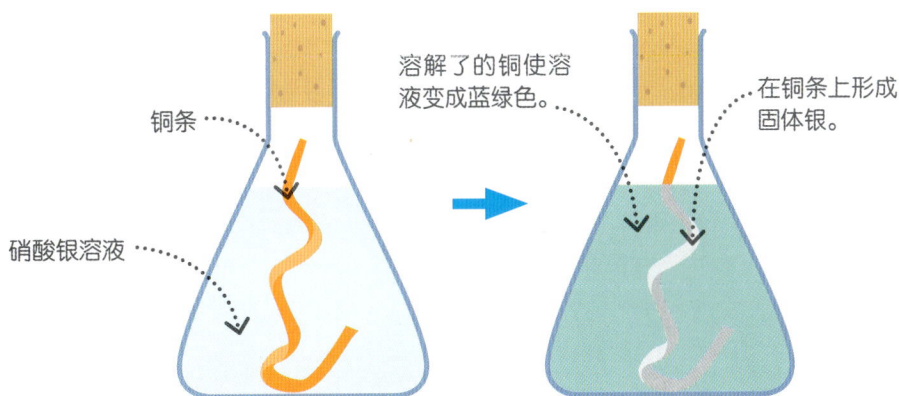

铜条

硝酸银溶液

溶解了的铜使溶液变成蓝绿色。

在铜条上形成固体银。

铜 ＋ 硝酸银 ➜ 硝酸铜 ＋ 银

$$Cu + 2AgNO_3 \rightarrow Cu(NO_3)_2 + 2Ag$$

双置换反应

1 在这种反应中，两个离子化合物发生反应，正离子和负离子互换位置，形成两个新的化合物。

2 例如，把硝酸银溶液和氯化钠溶液混合，正离子和负离子交换，会形成可溶的硝酸钠和不可溶的氯化银。氯化银以白色固体的形式存在于硝酸钠溶液中，使其看起来很混浊。

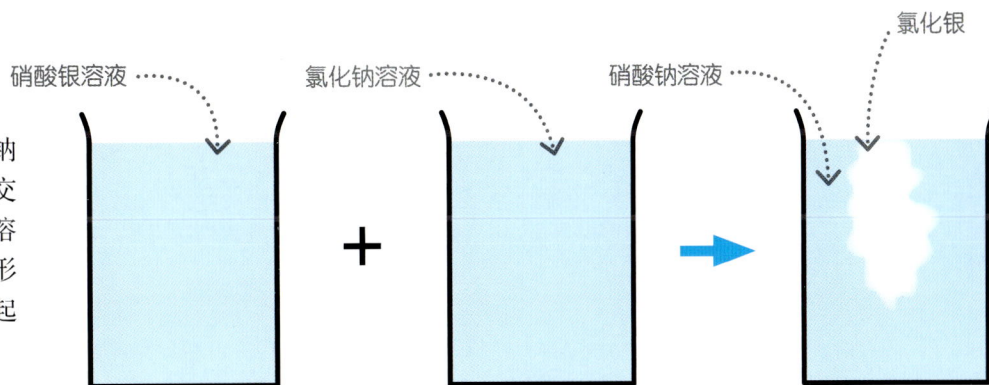

硝酸银溶液

氯化钠溶液

硝酸钠溶液

氯化银

硝酸银 ＋ 氯化钠 ➜ 氯化银 ＋ 硝酸钠

$$AgNO_3 + NaCl \rightarrow AgCl + NaNO_3$$

能量和反应

化学反应涉及能量的传递。有些反应会释放能量，反应的过程会发热或发光，但另一些反应则会从周围吸收能量。

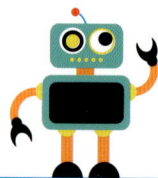

突然释放大量能量的反应会引起爆炸。

活化能

所有的化学反应都需要能量来启动，因为在新分子形成之前，需要能量来打破原子间的化学键。这就是为什么一根火柴不摩擦就无法点燃，蜡烛不点燃就不会燃烧。引发反应所需的能量叫作活化能，活化能就像一座反应物必须跨越的小山。

火柴需要摩擦产生的活化能才能点燃。

放热反应

打破化学键需要能量，但是当新的化学键形成时，能量又被释放出来。如果释放的能量大于吸收的能量，反应就会向周围释放能量，通常以光和热的形式释放。我们称这些反应为放热反应。

$$CH_4 + 2O_2 \rightarrow CO_2 + 2H_2O$$

甲烷 + 氧气 → 二氧化碳 + 水

1 甲烷（CH_4）是在燃气灶中用于烹饪食物的气体。点燃甲烷时，它会与空气中的氧气（O_2）发生反应并燃烧。

2 甲烷与氧气反应的化学方程式表明，这些原子被重新排列成二氧化碳（CO_2）和水（H_2O）。

试一试 TRY IT OUT

感受热

这是一个简单的放热反应，你可以动手试试。在塑料袋里放一些洗衣粉，加水搅成糊状。把袋子拿在手里，当洗衣粉与水发生反应时，你会感觉到有热量散发出来。

洗涤剂溶解的过程中会释放热量。

断开化学键需吸收能量。

形成化学键会释放能量。

甲烷　　氧气

二氧化碳

水

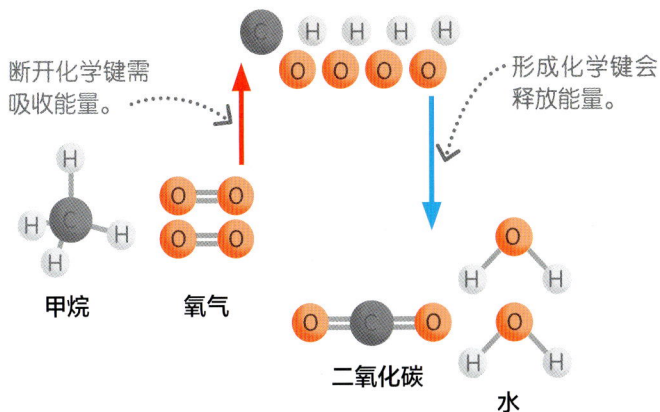

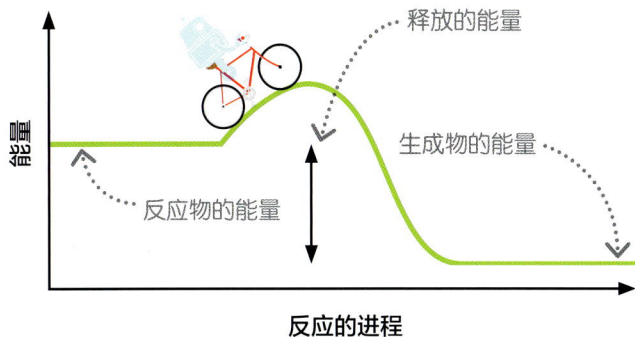

3 在反应过程中，甲烷和氧气分子中的键会断开，产生新的化学键，形成二氧化碳和水分子。放出热量是因为新的化学键比反应物中的化学键储存的能量少。

释放的能量

生成物的能量

反应物的能量

能量

反应的进程

4 这张图表显示了放热反应时能量的变化。在反应结束时，生成物中的能量低于反应物中的能量。

吸热反应

在某些反应中，断开现有化学键所需要的能量比形成新的化学键所释放的能量还要多。额外的能量是从周围环境中吸收的。我们把这种反应叫作吸热反应。

1 植物利用光合作用从阳光中吸收能量并储存在糖中。

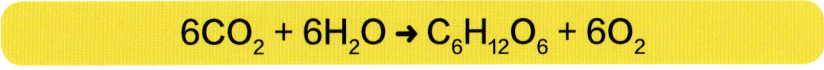

二氧化碳 + 水 ➜ 糖 + 氧气

$$6CO_2 + 6H_2O \rightarrow C_6H_{12}O_6 + 6O_2$$

2 这张图显示了吸热反应时能量的变化。反应结束时，生成物中的能量大于反应物中的能量。

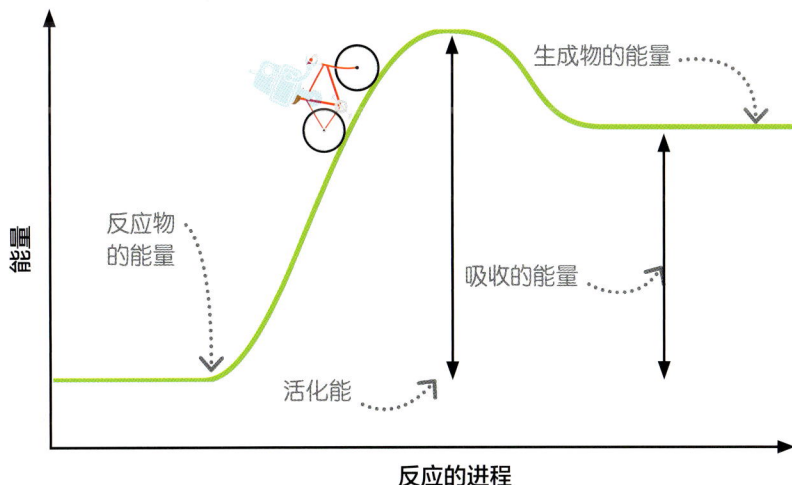

生成物的能量

反应物的能量

吸收的能量

活化能

能量

反应的进程

催化剂

催化剂是一种使反应加速的化学物质。酶是一种生物催化剂，身体使用它可以完成很多工作，包括消化食物。

唾液含有一种可以消化食物中淀粉的催化剂。

能量势垒

除非注入额外的能量，否则有些化学反应是缓慢的或不会开始。例如，除非用火焰加热木头，否则木头燃烧的反应就不会开始。这种额外的能量叫作活化能。催化剂通过减少活化能的需求，使反应更容易发生。

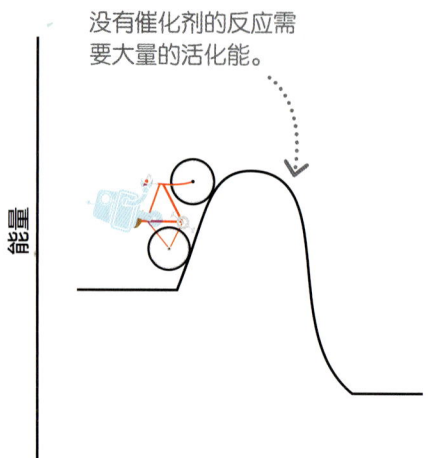

没有催化剂的反应需要大量的活化能。

能量

反应的进程

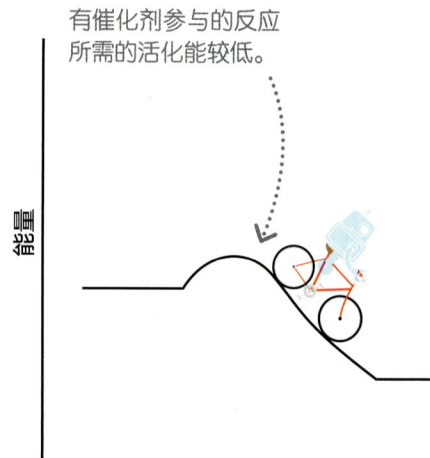

有催化剂参与的反应所需的活化能较低。

能量

反应的进程

催化剂是如何工作的

催化剂与化学反应中反应物的分子结合，然后使反应物的分子紧密结合在一起。这使得反应发生得更快，也更容易。

催化剂

1 催化剂分子具有一种形状，使其能够暂时与反应物的分子结合。

反应物1

反应物2

2 这两个反应物的分子粘在催化剂上，相互反应，形成一个新的分子。

反应中形成了新的分子。

3 新分子从催化剂中分离出来。反应后，催化剂保持不变，可再次使用。

固体催化剂

有些催化剂是固体，它们提供了其他分子可以附着的物理表面。农场和花园的肥料中含有氨，氨是由氮气（N_2）和氢气（H_2）两种气体制成的，这两种气体在铁粉制成的催化剂的帮助下发生反应，这种制氨的方法叫作哈伯法。

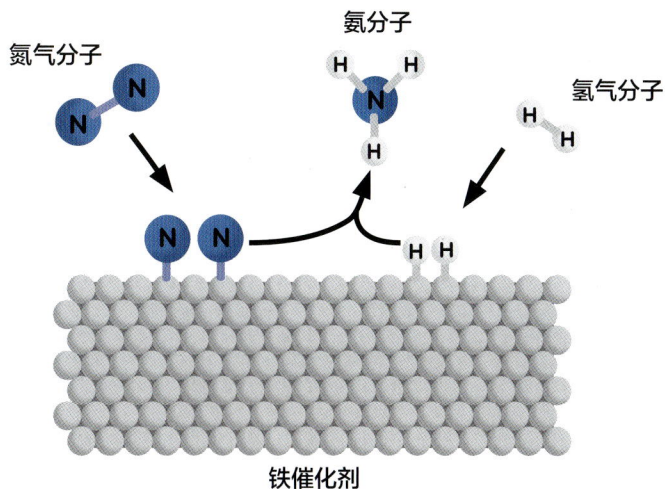

氮气分子

氨分子

氢气分子

铁催化剂

酶

身体使用酶可以做很多事情，包括把大的食物分子分解成血液可以吸收的小分子。食物分子与消化酶上特殊形状的"活性位点"相匹配。这使食物分子与水发生反应并被分解成更小的分子。

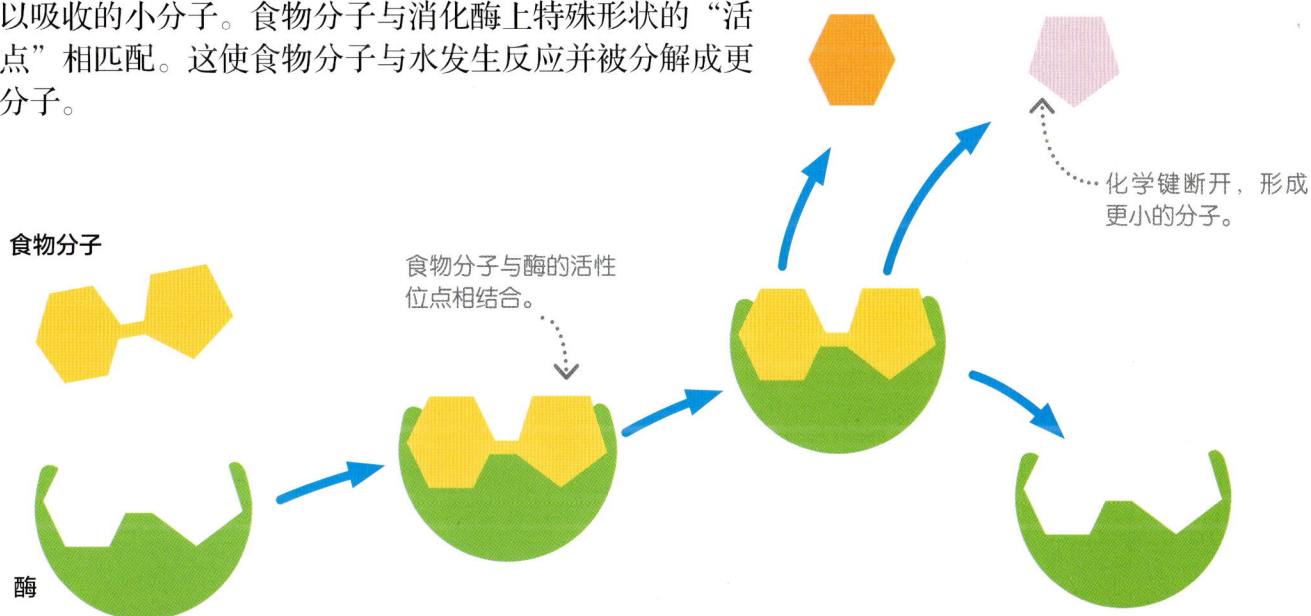

食物分子

食物分子与酶的活性位点相结合。

化学键断开，形成更小的分子。

酶

现实世界的技术

催化转化器

汽车上的催化转化器中有一个蜂窝状结构，它上面覆盖着一层薄薄的贵金属铂和铑。这种涂层的表面积很大，大约有两个足球场那么大。当发动机排出的废气通过时，这些金属会催化未燃烧的燃料、有毒的氮氧化物和一氧化碳，将它们转化为危害较小的二氧化碳、水和氮气。

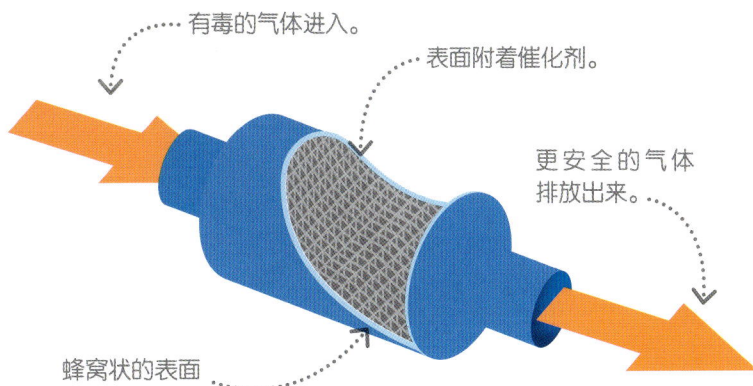

有毒的气体进入。

表面附着催化剂。

更安全的气体排放出来。

蜂窝状的表面

酸和碱

强酸可以腐蚀金属和灼伤人体，但弱酸是安全可食用的，例如柠檬汁的酸劲儿就来自于酸。碱是可以中和酸的化学物质。

> 强酸具有腐蚀性，这意味着它们与某些物质的反应非常强烈，以至于破坏那些物质。

酸是什么？

酸是一种化合物，它在水中分裂，释放出有高度活性的氢离子（即一个裸露的质子）。酸在水中释放的氢离子越多，它的酸性就越强。

氢离子

氢离子

1 强酸
强酸在水中完全分解，产生大量的氢离子。使用时必须非常小心，因为它们会伤害你的皮肤和眼睛。人的胃会产生一种强酸——胃酸，胃酸的主要成分是盐酸，它可以攻击并杀死细菌。

2 弱酸
弱酸在水中只会部分分解。你可以感觉到它们的味道是酸的，因为舌头表面的味蕾可以检测到酸。它们可以刺激你的眼睛，但不会伤害你的皮肤。醋、橙汁、柠檬汁、咖啡和酸奶都含有弱酸。

碱是什么？

碱是一种金属化合物，它可以与酸发生反应，抵消酸的作用，我们说它们中和了酸。强碱和强酸一样，具有腐蚀性和危险性。

泡打粉

厨师在蛋糕面团中加入发酵粉可帮助面团膨胀。泡打粉是一种弱酸和一种叫作碳酸氢钠的碱的混合物。当它们溶解在水里时，里面的酸和碱就会发生反应，释放出二氧化碳气体，使面团变得松软。

测量酸性

可以用试纸测量一种物质的酸性，这种纸是一种特殊的纸，它会随着酸性的改变而改变颜色。颜色显示溶液中氢离子的浓度，也就是pH。酸的pH小于7；碱的pH大于7。一种物质的pH等于7则表示它是中性的（既非酸性也非碱性）。

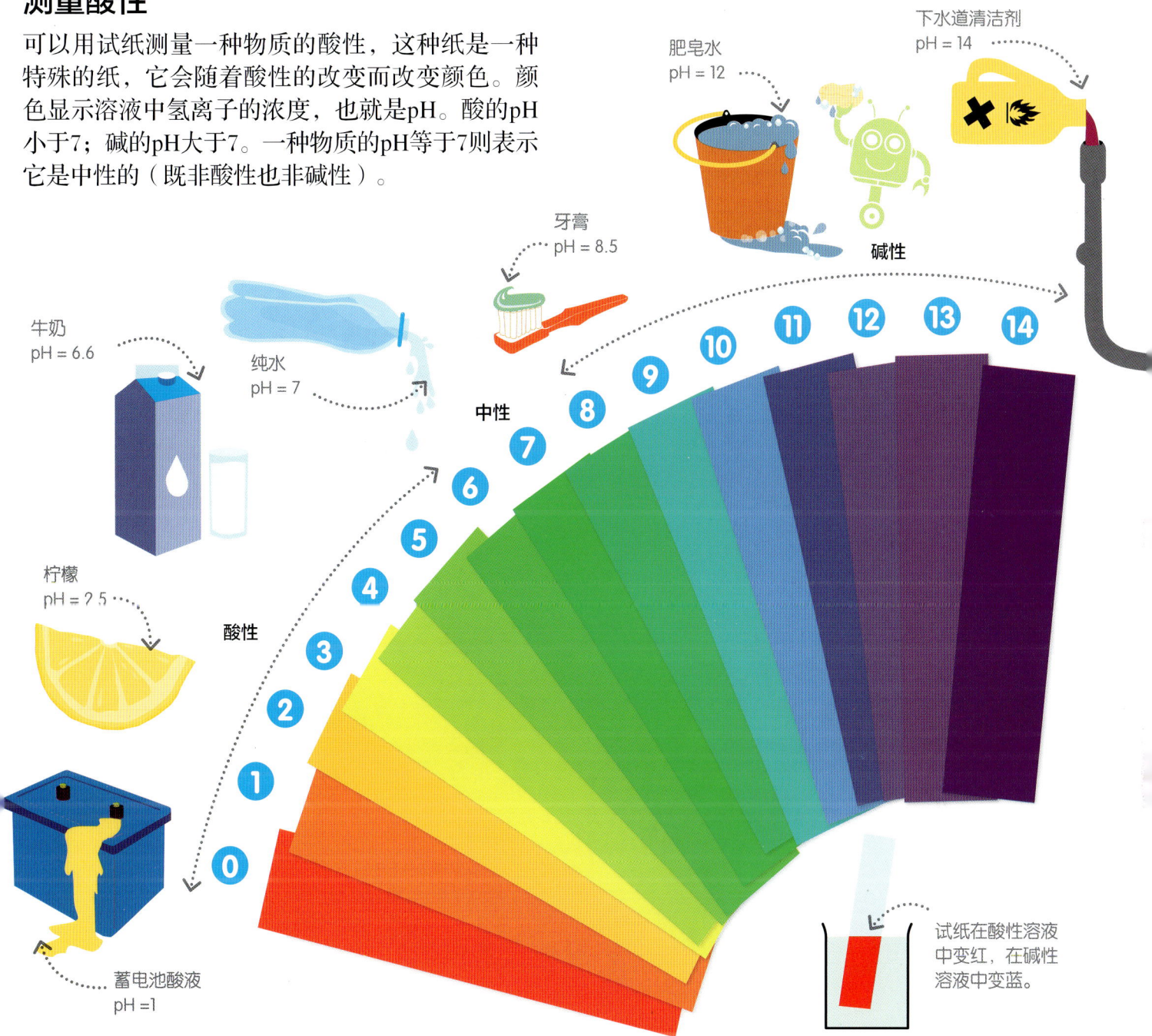

肥皂水
pH = 12

下水道清洁剂
pH = 14

碱性

牙膏
pH = 8.5

牛奶
pH = 6.6

纯水
pH = 7

中性

柠檬
pH = 2.5

酸性

蓄电池酸液
pH =1

试纸在酸性溶液中变红，在碱性溶液中变蓝。

试一试 TRY IT OUT

紫甘蓝指示剂

你可以使用紫甘蓝制作自己的指示剂，观察不同物质的酸碱度。

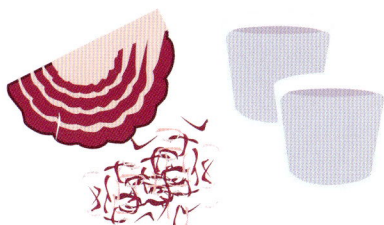

1 请家长把一个紫甘蓝切碎，放进水里煮沸，滤出紫色的液体，静置变凉。把紫色液体倒进几个玻璃杯里。

2 在玻璃杯中加入白醋。溶液将带有酸性，并变成亮粉色。

3 在另一个玻璃杯中加入小苏打。溶液将带有碱性，并变成蓝绿色。

酸和碱的反应

酸与碱之间的反应叫作中和反应。碱性溶液、金属氧化物和金属碳酸盐都可以中和酸，形成盐和水。

> 治疗消化不良的药是通过中和胃里的酸来起作用的。

1 酸和碱

碱可以在水中释放出氢氧根离子（OH⁻）。当酸和碱混合时，酸中的氢离子与氢氧根离子结合形成水，剩下的离子结合形成盐。有些酸和碱反应非常强烈，释放出的热量足够使水沸腾。

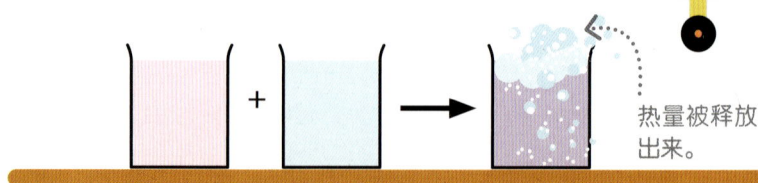

热量被释放出来。

酸 ＋ 碱 → 盐 ＋ 水

示例　　盐酸　＋　氢氧化钠　→　氯化钠　＋　水

2 酸和金属氧化物

金属氧化物是由金属和氧形成的化合物。当酸与金属氧化物发生反应时，会形成盐和水。比如，氧化铜（一种黑色粉末）与硫酸（一种透明液体）反应，形成硫酸铜和水。硫酸铜是亮蓝色的，所以这个反应会发生鲜明的颜色变化。

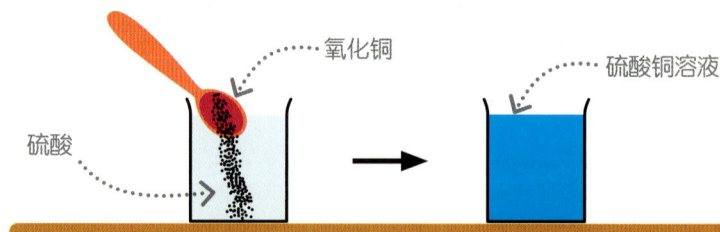

氧化铜

硫酸铜溶液

硫酸

酸 ＋ 金属氧化物 → 盐 ＋ 水

示例　　硫酸　＋　氧化铜　→　硫酸铜　＋　水

3 酸和金属碳酸盐

金属碳酸盐是由金属和碳酸盐离子或碳酸氢盐离子组成的化合物。它们与酸反应形成盐、水和二氧化碳气体。二氧化碳在水中产生气泡。

碳酸钙

硫酸钙沉入水底。

硫酸

酸 ＋ 金属碳酸盐 → 盐 ＋ 水 ＋ 二氧化碳

示例　　硫酸　＋　碳酸钙　→　硫酸钙　＋　水　＋　二氧化碳

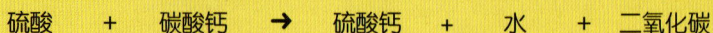

酸和金属

酸不仅可以与碱发生中和反应，还可以与金属发生反应。金属物体被酸破坏的过程称为腐蚀。酸和金属之间的反应产生盐和氢气。有些金属（如铁和锌）与酸反应快，但有些金属（如银和金）根本不与酸发生反应。

硫酸

氢气泡

铁钉

酸 + 金属 → 盐 + 氢气

示例　　硫酸　+　铁　→　硫酸铁　+　氢气

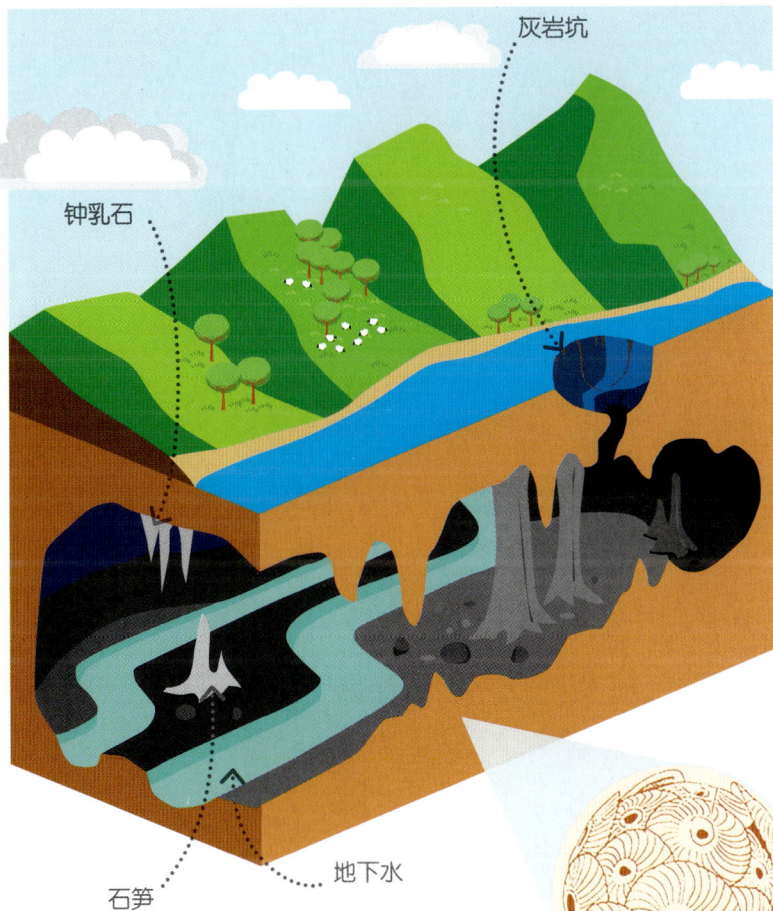

灰岩坑

钟乳石

石笋

地下水

石灰岩中的贝壳化石

石灰岩溶洞

酸和碱之间的化学反应形成了壮观的石灰岩溶洞，这些溶洞在世界各地都有分布。石灰岩主要由石化了的海洋生物中的碳酸钙组成。微酸性的雨水在渗入地面的过程中会侵蚀石灰岩，产生空洞，慢慢地形成洞穴。

试一试 TRY IT OUT

擦亮你的硬币

用酸和金属氧化物之间的反应来抛光旧的呈现出棕色的硬币，使它们焕然一新。酸从表面剥离掉暗色的铜氧化物，露出下面的纯铜。

1 将醋倒入一个小玻璃杯中，加入几勺子盐。充分搅拌直到大部分盐溶解。

2 将一枚硬币浸入水中30s，然后将其捞出，表面的暗色就消失了。

失去光泽的铜

闪亮的铜

电解

由离子（带电粒子）组成的化合物可以通过接入电流的方式分裂成化学元素，这就是电解。

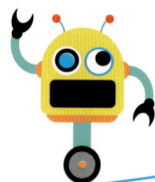

在纯水中，每6亿个水分子中就有一个被分解成离子。

电解是如何发生的？

只有在液体中的离子（参见第126页）可以自由移动的情况下，才能发生电解，进而导电。水导电是因为少量的水分子分裂成带正电荷的氢离子（H^+）和带负电荷的氢氧根离子（OH^-）。当电流通过水时，这些离子会变成氧气和氢气。

1 电极
两个叫作电极的金属或碳棒被放置在化合物（电解质）中，一个电极（阳极）带正电荷；另一个电极（阴极）带负电荷。当电极连接到电池上时，电流通过水。

2 移动的离子
氢氧根离子（OH^-）被正极吸引，所以它们向带正电荷的阳极移动。带正电荷的氢离子（H^+）被相反的电荷吸引，向带负电荷的阴极移动。

3 在阳极
到达阳极的氢氧根离子（OH^-）会失去电子。一对氧原子结合形成一个氧分子，氧气被释放出来，氧气气泡出现。

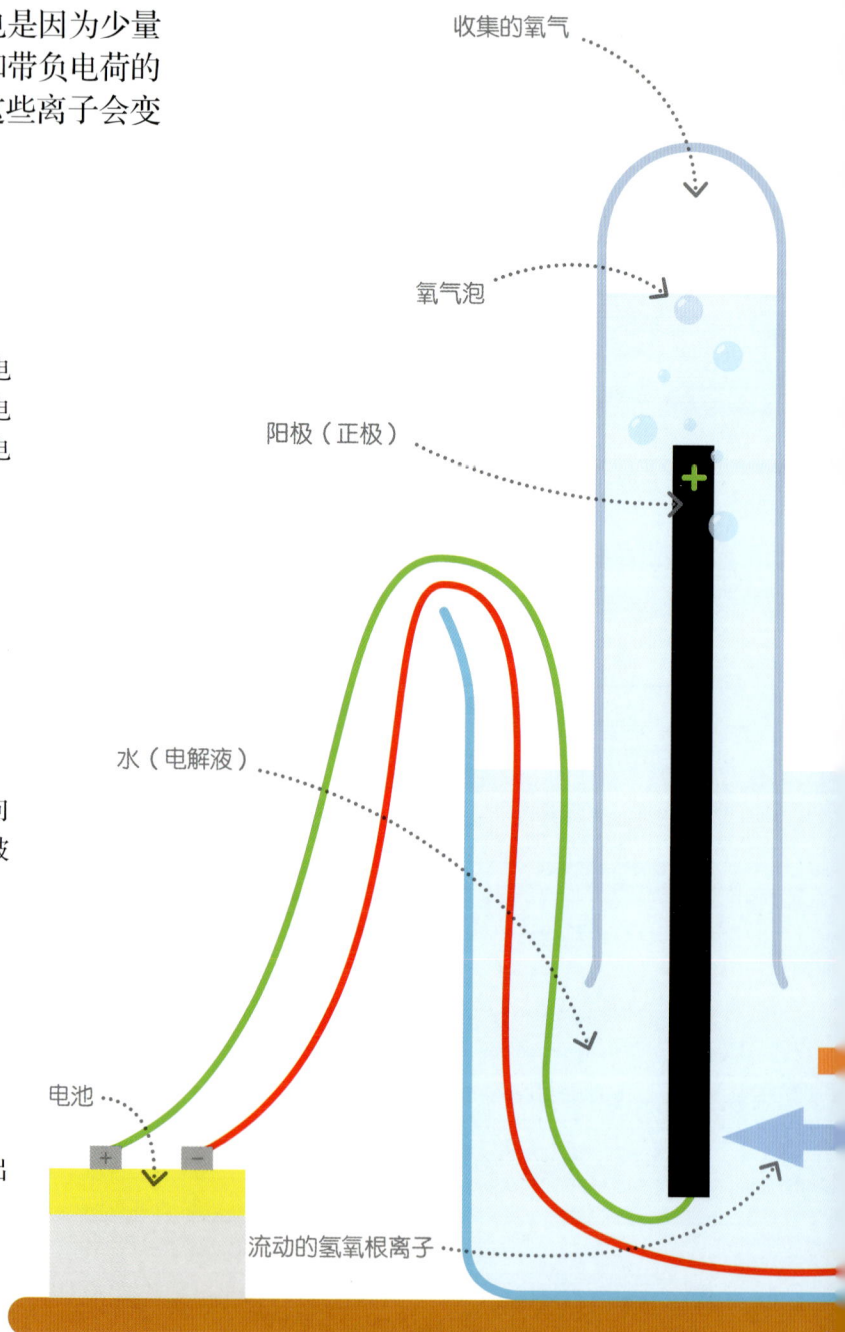

收集的氧气

氧气泡

阳极（正极）

水（电解液）

电池

流动的氢氧根离子

电解水!

使用如图所示的设备，你也可以电解水。要确保铅笔的两端都削尖，每根线都要接触到一支铅笔的铅笔芯。连接到电池负极的铅笔是阴极，连接到电池正极的铅笔是阳极。

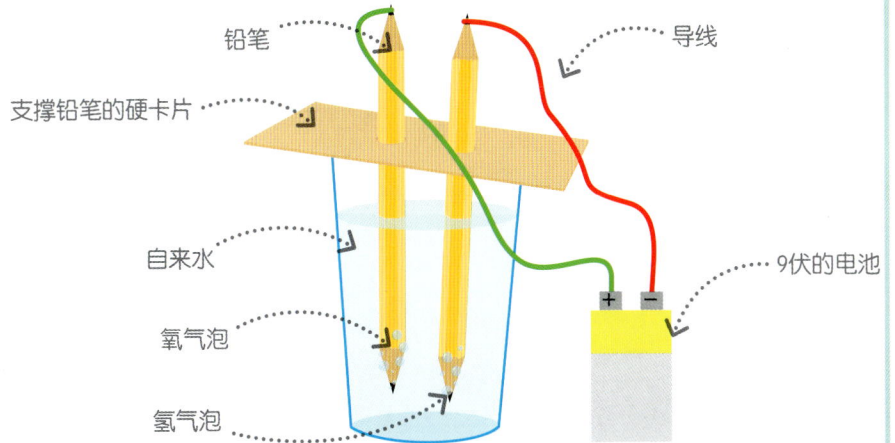

铅笔

导线

支撑铅笔的硬卡片

自来水

9伏的电池

氧气泡

氢气泡

收集的氢气

试管收集气体

氢气泡

阴极（负极）

4 **在阴极**
到达阴极的氢离子获得电子并成为原子。氢原子成对形成氢气分子，产生气泡。

5 **收集气体**
通过阴极上方的试管可收集氢气，阳极上方的另一根管子收集氧气。每个水分子含有两个氢原子和一个氧原子，所以产生的氢气是氧气的两倍。

流动的氢离子

电镀

我们可以用电解的方法在物体表面镀上一层薄薄的金属层，这叫作电镀。比如，勺子可以镀银。勺子做阴极，阳极是一块纯银。电解质溶液含有银化合物。在电解过程中，银离子通过溶液从阳极到阴极，覆盖在勺子上。

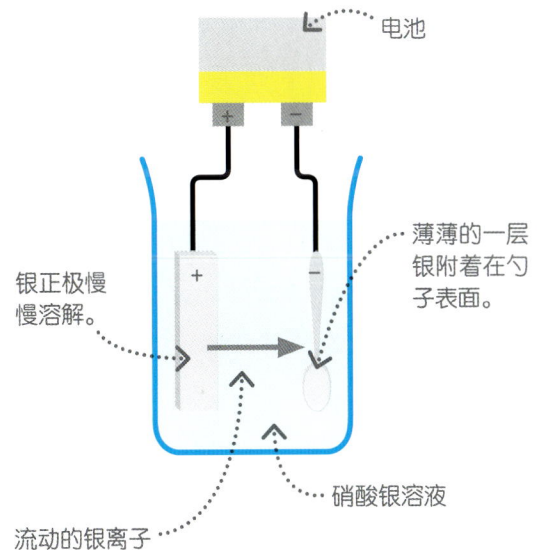

电池

银正极慢慢溶解。

薄薄的一层银附着在勺子表面。

流动的银离子

硝酸银溶液

元素周期表

元素周期表列出了科学已知的所有化学元素，它们是按照原子序数——原子中的质子数排列的。

大多数化学元素形成于爆炸的恒星，也就是超新星的内部。

组织的元素

图表将元素排列成称为周期的水平行和称为族的垂直列。每一种元素都是独一无二的，但是具有相似物理和化学性质的元素被排在一起。

1 元素
每一格给出了一种元素的信息，包括它的名称、化学符号和原子序数（参见第124~125页）。

原子序数

化学符号

元素名称

2 周期
沿着行从左至右，原子序数逐渐增加。这意味着每个元素在其原子核中的质子数比其左边的元素多一个。

3 族
如果你知道一个族中的一个元素的性质，就可以对族中的其他元素作出预测。比如，第一族中的所有金属都可以与水发生强烈反应。

4 额外的行
这两个部分由稀土金属组成。稀土元素太多，不适合放在周期表中，它们通常单独显示在底部。

1 H 氢							
3 Li 锂	4 Be 铍						
11 Na 钠	12 Mg 镁						
19 K 钾	20 Ca 钙	21 Sc 钪	22 Ti 钛	23 V 钒	24 Cr 铬	25 Mn 锰	26 Fe 铁
37 Rb 铷	38 Sr 锶	39 Y 钇	40 Zr 锆	41 Nb 铌	42 Mo 钼	43 Tc 锝	44 Ru 钌
55 Cs 铯	56 Ba 钡	57-71 La–Lu 镧系	72 Hf 铪	73 Ta 钽	74 W 钨	75 Re 铼	76 Os 锇
87 Fr 钫	88 Ra 镭	89-103 Ac–Lr 锕系	104 Rf 钅卢	105 Db 钅杜	106 Sg 𬭳	107 Bh 𬭛	108 Hs 𬭶

周期

族

| 57 La 镧 | 58 Ce 铈 | 59 Pr 镨 | 60 Nd 钕 | 61 Pm 钷 |
| 89 Ac 锕 | 90 Th 钍 | 91 Pa 镤 | 92 U 铀 | 93 Np 镎 |

门捷列夫

现代元素周期表是由俄国化学家门捷列夫于1869年设计的。当时，已知的元素只有63个。据说门捷列夫在一张卡片上写下了每个元素的名字和符号，并根据元素的重量来排列卡片。他在表格中留下了一些空白，用来存放他预测会被发现的元素，后来被证实了。

门捷列夫
1834—1907

现实世界的技术

发现新元素

新元素仍在被预测和被发现，但这一过程变得越来越难，因为新元素非常不稳定，它们只在实验室中存在几分之一秒，然后原子分裂，变成其他元素。

硼是一种灰色的金属物质，表面具有光泽，发现于陨石（来自太空的岩石块）中。

铝是一种软而轻的金属，不会生锈，并被用来制造铝箔和铝制易拉罐等物品。

氦气比空气轻，用于热气球和飞艇。

2 He 氦

5 B 硼	6 C 碳	7 N 氮	8 O 氧	9 F 氟	10 Ne 氖
13 Al 铝	14 Si 硅	15 P 磷	16 S 硫	17 Cl 氯	18 Ar 氩

27 Co 钴	28 Ni 镍	29 Cu 铜	30 Zn 锌	31 Ga 镓	32 Ge 锗	33 As 砷	34 Se 硒	35 Br 溴	36 Kr 氪
45 Rh 铑	46 Pd 钯	47 Ag 银	48 Cd 镉	49 In 铟	50 Sn 锡	51 Sb 锑	52 Te 碲	53 I 碘	54 Xe 氙
77 Ir 铱	78 Pt 铂	79 Au 金	80 Hg 汞	81 Tl 铊	82 Pb 铅	83 Bi 铋	84 Po 钋	85 At 砹	86 Rn 氡
109 Mt 鿔	110 Ds 鿏	111 Rg 铹	112 Cn 鎶	113 Nh 鉨	114 Fl 铁	115 Mc 镆	116 Lv 铊	117 Ts 硱	118 Og 鿫

62 Sm 钐	63 Eu 铕	64 Gd 钆	65 Tb 铽	66 Dy 镝	67 Ho 钬	68 Er 铒	69 Tm 铥	70 Yb 镱	71 Lu 镥
94 Pu 钚	95 Am 镅	96 Cm 锔	97 Bk 锫	98 Cf 锎	99 Es 锿	100 Fm 镄	101 Md 钔	102 No 锘	103 Lr 铹

图例

金属元素

大多数元素都是金属元素。一般来说，金属有相似的特性——具有光泽、容易导电和导热，而且富有延展性。

准金属元素

准金属也叫半金属，既有金属的性质又有非金属的性质。有些准金属有较弱的导电性，可用于制作计算器和计算机。

非金属元素

大多数非金属都是固态的，具有相似的性质——表面没有光泽、导热和导电性能不好，在固态时很脆。其中有些元素非常活泼，如氟（F）和氧（O），非金属中有11种是气体。以氦（He）开头的那一族气体是所有元素中最不活泼的。

金属

金属通常坚硬、表面具有光泽、触感冰冷，很容易辨认。铁、银和黄金是广为人知的金属，但金属还有很多其他的种类。事实上，金属元素占元素周期表中所有元素的四分之三以上。

铁是最常见的金属。

金属的性质

已知的金属有90多种，而且都是独一无二的。然而，大多数金属往往具有相同的物理性质。

由硬金属制成的物体被击中时，会发出清脆的响声。

1 由于反射光线，大多数金属都有一个闪亮的银色表面。然而，并非所有的金属都是银色的，金是黄色的，铜是红棕色的。

2 大多数金属在室温下是坚硬的固体，但也有例外。比如，你可以用指甲在纯金上留下划痕，而汞在室温下是液体。

3 金属通常是有延展性的，这意味着我们可以把它们锤成薄片，或者把它们拉成金属丝。

4 金属的导热性很好，这使它们成为制作平底锅的理想材料。当你触摸一个金属物体时，它会将你的皮肤热量传导走，这就是为什么人们触摸金属会感到冰冷。

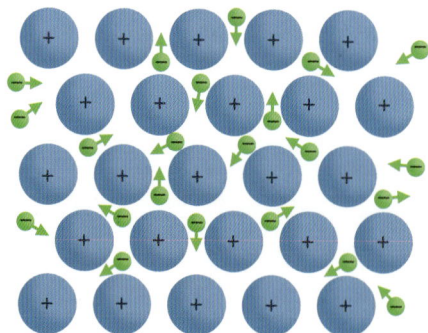

5 纯金属不会形成分子。相反，它们的原子结合成晶格，通过金属键连接在一起。电子可以在原子间移动。

6 许多金属都能导电，因为它们的电子能自由移动。铜是最好的导体之一。它被用来制造电线，把电力输送到我们家里。

金属组

金属非常多，化学家们把它们分成不同的组，每一组都有不同的化学性质。

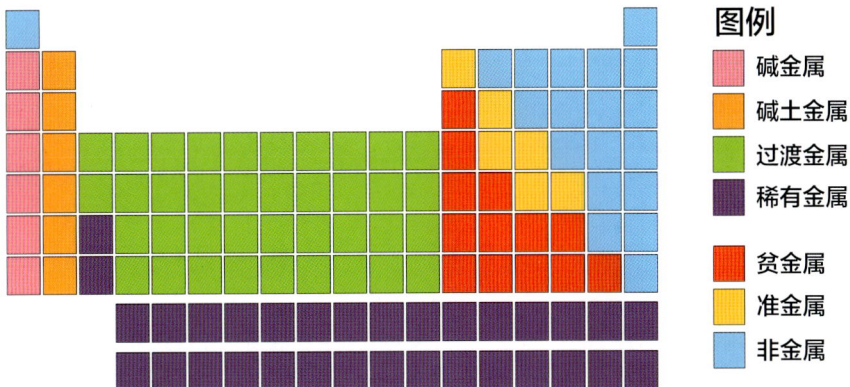

图例
- 碱金属
- 碱土金属
- 过渡金属
- 稀有金属
- 贫金属
- 准金属
- 非金属

1 碱金属具有很强的活性，当它们与水发生反应时，会形成碱（参见第140页）。碱金属很软，可以用刀切开，熔点低。

2 碱土金属比碱金属坚硬，熔点也更高。钙就是碱土金属，它存在于牙齿和骨骼中。

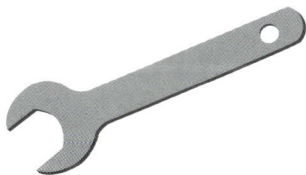

3 过渡金属硬度高、光泽强、熔点高。它们对制造工具、桥梁、船只和汽车非常有用。

4 稀有金属被发现的量很少，但其中有些是非常有用的。比如，钕被用来制造磁铁和耳机。

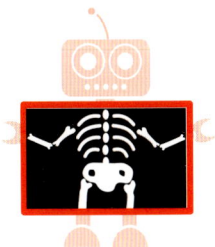

5 贫金属一般都很软，但铝和铅等一些贫金属仍然非常有用。铅可以防止X射线等辐射。

6 准金属既有金属的性质，又有非金属的性质。一些金属（如硅）导电性较弱，被用于制造计算机芯片。

现实世界的技术

焰色反应

许多金属元素燃烧都具有特定颜色的火焰。这意味着我们可以通过这种方法来确定溶液或含有未知金属元素的化合物中存在哪些金属。用一个铁丝圈取出一点待测样品，然后将其放在火焰中，观察火焰的颜色。

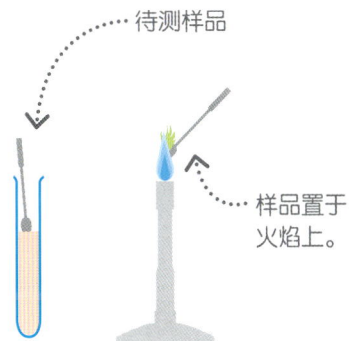

待测样品

样品置于火焰上。

根据火焰的颜色可以看出样品含有的金属。

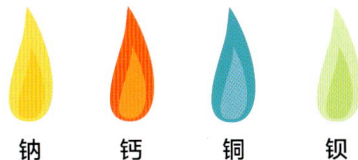

钠　钙　铜　钡

金属活泼性排序

金属活泼性排序是将金属按活泼性强弱进行排列。在这个列表中出现的位置越高，就越容易与其他化学物质发生反应。

如果你接触到钾，它会立即与皮肤中的水分发生反应。

1 有些金属元素活泼性很强，比如金属钾，会与水发生强烈反应，但也有些金属不活泼。

钾与水发生剧烈反应。

2 可以从金属在元素周期表中的位置看出它的化学活泼性有多强（参见第146~147页）。靠近周期表左边或底部的金属更容易发生反应，这是因为它们的原子很容易失去电子，并与其他元素形成化学键。

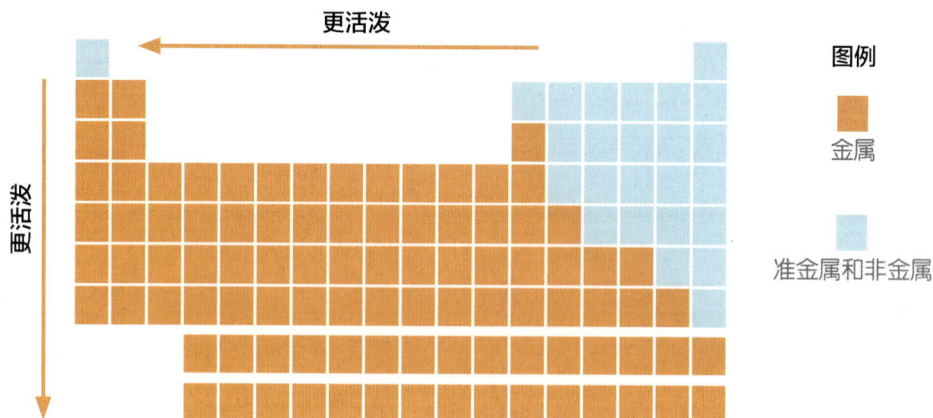

更活泼

更活泼

图例

金属

准金属和非金属

3 在这个列表中，位置越靠上的金属，活泼性越强，这就是金属活泼性排序。这个列表放入了非金属碳作为参考，帮助我们预测金属会与哪些化学物质反应以及反应的速率。

金属	和水反应	和酸反应	和氧反应
钾 钠 钙	●●●	●●●	●●●
镁 铝		●●	●●
（碳）			
锌 铁 锡 铅		●●●●	●●●●
铜 银			●●
金			

更活泼

活泼度低

4 在化合物中，活泼性较强的金属将取代活泼性较弱的金属，这叫作置换反应。比如，如果在硫酸铜溶液中放入铁钉，铁会取代铜，因为它的活泼性更强。溶液变成硫酸铁并改变颜色，铜原子从溶液中析出，在钉子上形成一层薄薄的铜。

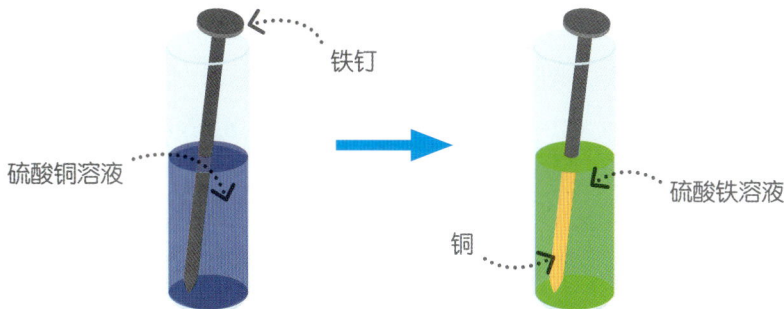

铁钉

硫酸铜溶液

硫酸铁溶液

铜

硫酸铜 + 铁 → 硫酸铁 + 铜

提取金属

1 只有少数金属（如黄金）在自然界中以单质的形式存在。大多数金属以化合物的形式存在于矿石中。金属的活泼性越强，就越难从矿石中提取。最活泼的金属只能通过一种昂贵的技术——电解来提取。活泼性较弱的金属（如铁）可以通过将矿石和碳一起加热来提取。

金属	提取方式
钾 钠 钙 镁 铝	电解
（碳）	
锌 铁 锡 铅	与碳一起加热
铜 汞	直接在空气中加热
银 金	不需要提取，发现的时候就是纯的

2 碳是一种非金属，但它能从化合物中取代金属活泼性排序中位置在它下面的金属。比如，铁是通过与碳一起加热，从矿石中提取出来的，碳取代了氧化铁中的铁，产生纯铁。

氧化铁+碳 → 二氧化碳+铁

现实世界的技术

高炉

在一种叫作高炉的设备中，通过将富含氧化铁的矿石和碳一起加热，将铁从矿石中提取出来，这种高炉内的火可以持续燃烧多年。碳以焦炭（一种由煤制成的燃料）的形式被添加到高炉内，热空气被吹入以保持火焰燃烧。碳取代了氧化物中的铁，熔化的铁从底部流出。

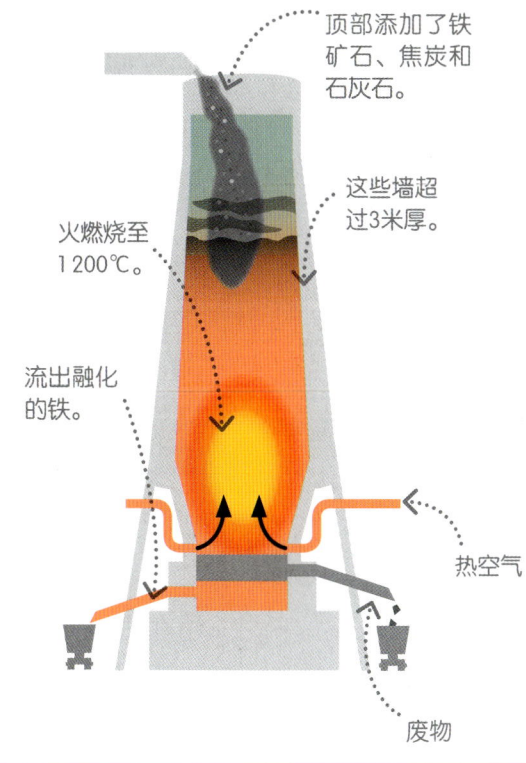

顶部添加了铁矿石、焦炭和石灰石。

这些墙超过3米厚。

火燃烧至1 200℃。

流出融化的铁。

热空气

废物

铁

铁是所有金属中最普通，也最有用的一种。几千年来，人们一直在使用铁，从制造汽车、轮船到建造摩天大楼。

一般成年人体内大约有4g的铁。

红色的氧化铁

1 铁器时代

铁是唯一一种拥有以它的名字命名的历史时期的元素——铁器时代。大约在公元前1000年，人们发现了从岩石中提取铁的方法。不久，铁被用来制造农具、武器和盔甲。

2 地球上的铁

铁是地球上最普通的金属，很多被"锁"在地核中，这就使地球有了磁场。然而铁也是地壳中第二丰富的金属。它的氧化物使世界上许多地方的地面呈红色。

红细胞

钢桥

3 生活中的铁

我们需要含铁的饮食来保持健康。我们的身体使用铁来制造血红蛋白，血红蛋白是红细胞中的一种物质，它将氧气从肺部输送到我们的细胞。富含铁的食物包括肉类、海鲜、豆类和绿叶蔬菜。

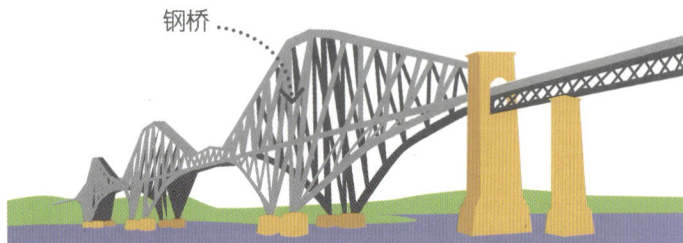

4 钢

与其他金属相比，纯铁相当软。然而，通过将铁与少量的碳混合可形成钢这种合金。碳原子可以阻止铁原子之间发生相互滑动，因此钢比纯铁更加坚硬。

现实世界的技术

不锈钢

将金属铬添加到钢中会产生不锈钢。这种钢比普通钢耐磨、防锈、不易弄脏。厨房餐具和医生使用的手术器械通常是由不锈钢制成的。

铝

铝是地壳中最常见的金属。它重量轻，易于成型，可以与其他金属混合形成更坚固的合金。

铝仅次于铁，是用量第二大的金属。

1 在交通工具中的用途
铝比钢轻。铝合金用于制造自行车、小轿车、卡车、火车、轮船和飞机的零件。这减轻了运输工具的重量，从而减少了燃料的消耗。

2 防生锈
当铝暴露在空气中时，表面会形成一层非常坚硬的氧化铝涂层，可以将金属密封起来防止生锈。这就是铝对制造自行车很有用的原因。

铝箔用于食物保鲜。

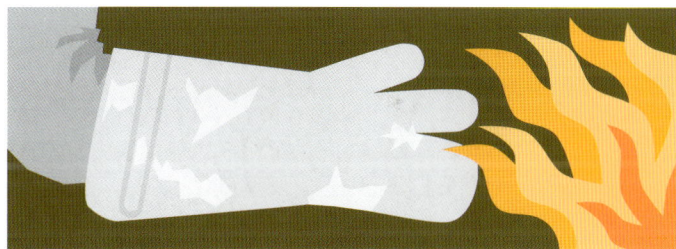

3 铝箔
当铝被压得很薄时，会成为很结实、很有光泽的铝箔，非常适合用于包装。这种箔纸能隔离水、光、细菌和有害化学物质。它无毒无味。

4 消防服
铝能很好地反射热量，所以它经常被用作隔热材料。一种由含铝材料制成的消防服可以保护消防员免受火焰的炙烤。

现实世界的技术

回收铝
铝制的易拉罐可以通过熔化并压成薄片来回收利用。相比于从岩石中提取新铝，回收利用的过程需要消耗的能量很少，所以回收铝比从零开始生产要便宜得多。

挤压成块

打碎

卷成薄片

银

几千年来，人们用银来制造硬币和珠宝。银还能制成用于普通照相和X光摄像的光敏化合物。

地壳中含有纯银。

1 优良的导体

在所有金属中，银是最好的导体。一些电路板零件有银涂层，但因为银很贵，所以铜在电路中使用更广泛。

2 纯银

纯银是一种柔软的金属，很容易被切割成各种形状。在硬币和珠宝中，会将银与少量的铜混合使其更坚硬，我们称为标准银。

X光片的黑暗部分是由微小的银粒构成的。

3 光敏化合物

银与氯、溴和碘形成光敏化合物，可用于照相胶卷和X光片。当光线照射到上面时，化合物就会变成纯银，变成黑色。

4 杀菌

因为银可以杀死细菌，银、氮和氧的化合物——硝酸银与水混合，可以用于清理刀伤和擦伤。

现实世界的技术

人造雨

如果农作物生长时缺水，飞机就可在空中释放碘化银粉末，冰和水滴附着在粉末上形成云。当这些水滴变得足够大时，就会下雨。

金

黄金是人类最早发现和使用的金属之一。它的美丽和稀有使它成为最珍贵的金属。

迄今为止发现的最大一块天然黄金中含有超过90kg的纯金。

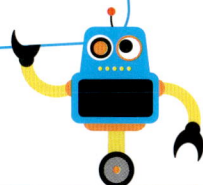

1 自然界中的金

在自然界中，金通常在岩石中以微小的斑点或颗粒的形式存在。金矿工人把岩石压碎，并用水或强酸洗出其中的金粉。

皇冠上的黄金不会失去光泽，因为金不与氧发生反应。

2 不活泼

金是最不活泼的元素之一。在常温下，它不会与氧气发生反应，这意味着它不会生锈或失去光泽。

金箔

3 可食用的金

纯金没有毒性，甚至可以食用。黄金可以被压成极薄的薄片，称为金箔，厨师可用它来装饰蛋糕和甜点。

一部普通的智能手机大约含有0.034g黄金。

4 金在电子产品中的应用

与大多数其他金属不同的是，黄金不会与空气中的氧气发生反应，因此它可以在电子元器件中形成非常可靠的微小连接。每部智能手机里都有少量的黄金。

现实世界的技术

航天员的遮阳板

航天员头盔的遮阳板上覆盖着一层很薄的金，航天员透过它仍然能看见外面。金极易反射光线和热量，所以这层金可以保护航天员的眼睛免受太阳光线的伤害。

金层能反射有害光线，保护航天员的眼睛。

氢

宇宙的大部分是由氢构成的。它是化学元素中最简单的元素，也是元素周期表中的第一个元素。氢气是一种透明的气体。

氢可以与其他元素结合形成许多不同的化合物。

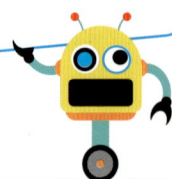

1 氢原子

氢原子是所有元素中最简单的原子，原子核中只有一个质子，原子核外只有一个电子。氢原子成对结合形成氢气分子（H_2）。

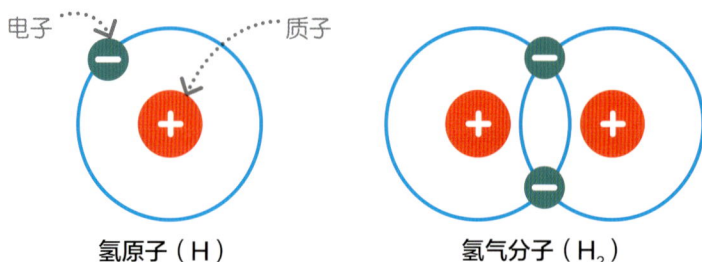

电子　质子

氢原子（H）　　氢气分子（H_2）

2 水

水是一种透明的，几乎无色的化学物质。它是地球上海洋和大多数生物的主要组成部分。它的化学式是H_2O（一个氧原子和两个氢原子相连）。

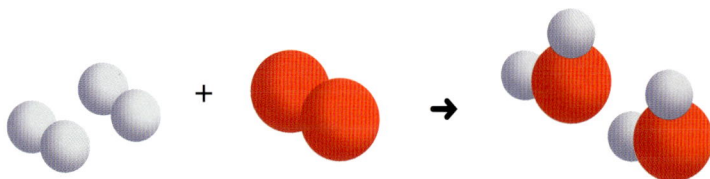

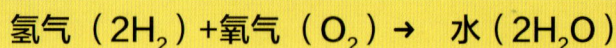

氢气（$2H_2$）+氧气（O_2）→　水（$2H_2O$）

3 氢无处不在

人们离不开氢。它是所有有机化合物（构成生物的化学物质）的关键组成部分，并且可以与氧气结合形成水。人体内的大多数原子都是氢原子！

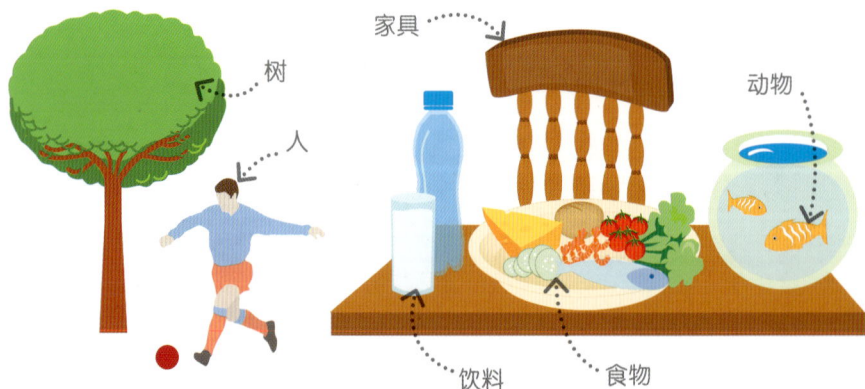

树　家具　动物　人　饮料　食物

4 迷失在太空

氢分子的质量非常小，它们在地球的大气层中向上漂浮并逃逸到太空中。然而，太阳的质量比地球大得多，它有足够的重力来留住氢。

氢气　太阳的主要组成部分是氢。

现实世界的技术

氢燃料电池

氢是一种很好的燃料，它不会产生污染，燃烧只产生水。未来的汽车可能由氢燃料电池提供动力。它们利用燃料箱中的氢气和空气中的氧气来产生电力，从而驱动电动机。

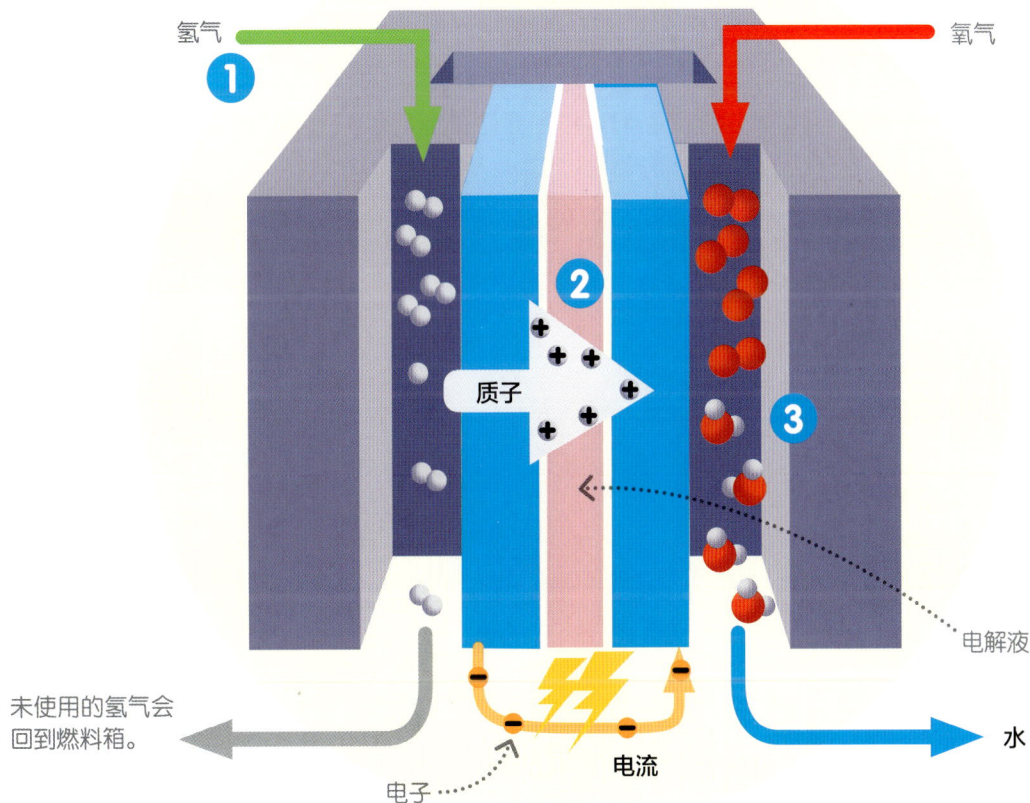

氢气

电动机

电池

H₂ 燃料箱

氢气
1

氧气

2

质子

3

电解液

未使用的氢气会回到燃料箱。

电子

电流

水

1 氢气和氧气进入燃料电池，发生了化学反应，氢原子分裂成质子和电子。

2 质子通过电解质，电子通过电线流动，产生电力，为电动机提供动力。

3 来自氢的质子和电子与氧反应生成水。然后，水就会通过汽车的排气装置以蒸汽的形式排出。

碳

地球上所有的生命都是以碳元素为基础的，这要归功于碳原子之间惊人的连接能力，它们能形成数百万种不同的有机化合物。

碳至少形成了上千万种已知的化合物，比任何其他元素都要多。

碳的形式

有几种不同形式的纯碳，叫作碳元素的同素异形体。

金刚石中的每个原子与四个相邻的原子形成金字塔形状。

1 金刚石是地球上最坚硬的天然物质，这是因为它的原子以重复的金字塔模式结合。金刚石在地下数百米的高温高压下经过数十亿年才能形成。虽然金刚石很坚硬，但它不是坚不可摧的——金刚石可以燃烧。

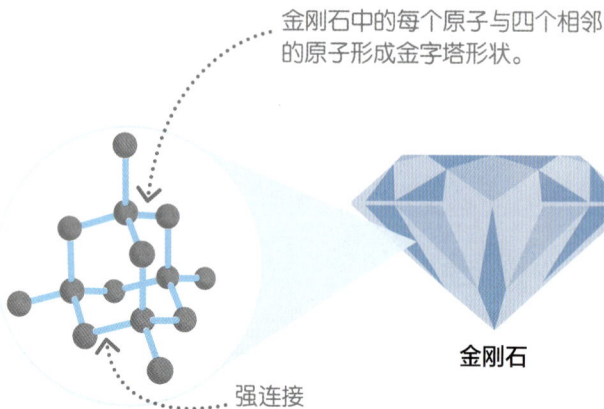

强连接

金刚石

2 铅笔中的"铅"根本不是铅，而是石墨——一种软而易碎的碳元素同素异形体。它是软的，因为碳原子连接形成薄片，可以轻易发生相互滑动。这就是为什么它可以被用于制作铅笔和润滑剂。

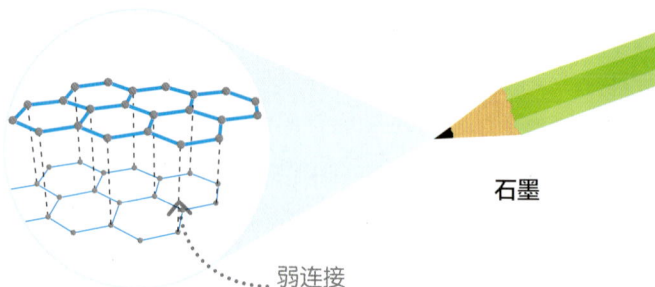

弱连接

石墨

3 木炭和焦炭含有呈玻璃状的石墨颗粒形成的碳，这种碳叫作无定形碳。无定形碳没有规则的晶体结构，而是由一堆形状各异的杂乱碳分子组成的。

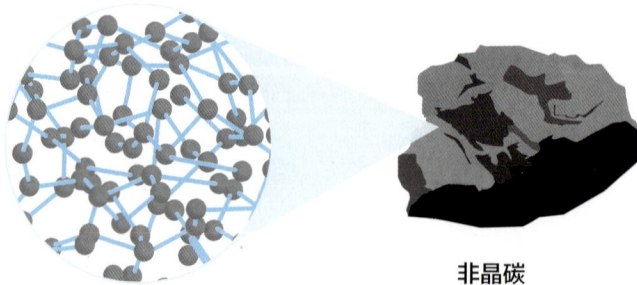

非晶碳

4 富勒烯是一种碳分子，它由60个或更多的碳原子结合在一起形成有规律的几何形状，如球体。首先被发现的是碳60，它是由20个六边形和12个五边形组成的，外形就像足球一样，所以也叫足球烯。

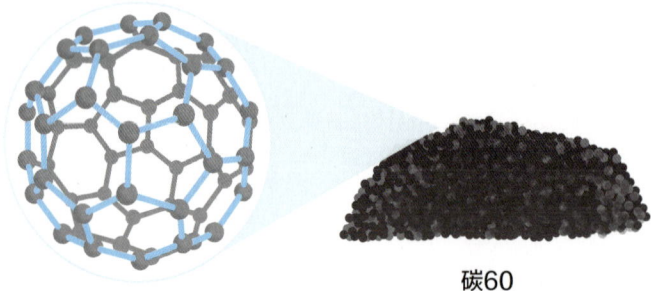

碳60

碳捕捉

化石燃料释放出二氧化碳是全球变暖的主要原因。"碳捕捉"是发电站正在测试的一个减少碳排放的方法。通过与一种叫作胺的化学物质作用,将二氧化碳从烟雾中去除,废物被泵入地下。通过这种方式,发电站可以减少90%的碳排放,但额外的能源需求使它们的效率大大降低。

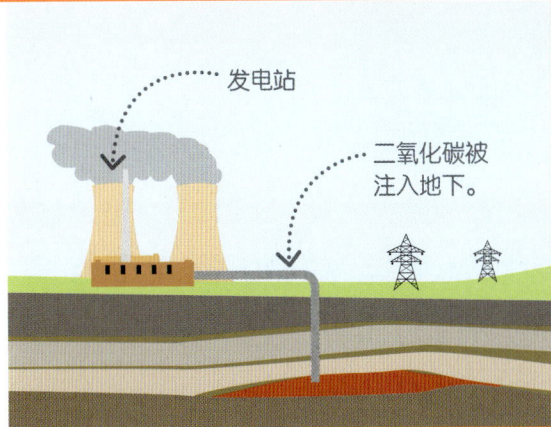

发电站

二氧化碳被注入地下。

有用的碳

碳化合物非常有用。天然的碳化合物构成了我们的食物、衣服、纸张和木头等材料。从原油中提取的碳化合物被用作燃料或被制成塑料。

丙烷分子

1 我们使用的许多燃料都是碳氢化合物,它们只由碳原子和氢原子构成,通常呈链状排列。最简单的碳氢化合物之一是丙烷,它可以用作烧烤的燃料。

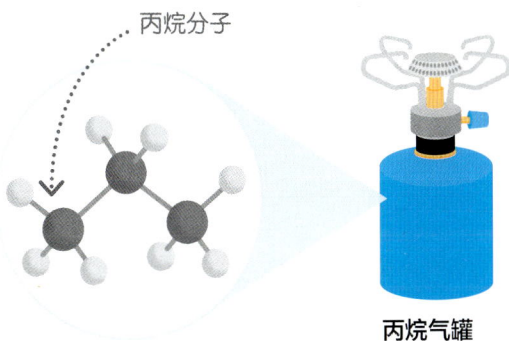

丙烷气罐

2 金刚石的强度使其可用于切削硬质材料。金刚石锯片有旋转的金属刀片,内嵌小的人造金刚石。它可以切割玻璃、砖块、混凝土和坚硬的岩石。

金刚石锯片

3 碳纤维是一种人造材料,由非常细的碳线编织,然后加热塑形而成。这种材料的强度足以制造汽车、自行车和飞机,而且重量比钢和铝轻得多。

碳纤维自行车

4 几乎我们所有的衣服都是由碳化合物制成的。像棉花和羊毛这样的天然织物,是由植物和动物的碳化合物制成的,而尼龙和涤纶则由合成纤维制成。

碳化合物

原油

从塑料到汽油，许多有用的产品都来自原油。原油是氢原子和碳原子组成的链状化合物——碳氢化合物的混合物。碳氢化合物可以通过分馏法分离。

1 开采和运输

原油通过油井从地下抽出。然后，卡车或轮船将其运往炼油厂，加工成汽油、柴油和航空燃油等非常实用的产品。

2 加热

原油加热至沸腾并形成一种热气体混合物。这些气体进入一个设有塔板和不同高度出气管的高塔。当气体冷却时，塔板就会收集到液体。

3 最大的分子

分子最大的碳氢化合物的沸点高。因此，它们一进入塔内就冷却并变回液体，这种液体由底部的管子收集。

4 小分子

小分子的碳氢化合物在塔内上升得更高，在较低的温度下又会变成液体。不同高度的管道收集不同种类的碳氢化合物。

4

20℃

最轻的气体上升到顶部。

70℃

120℃

原油是由海洋生物的残骸经过数百万年形成的。

200℃

300℃

375℃

塔内底部的温度较高。

3

400℃

热气体进入塔内。

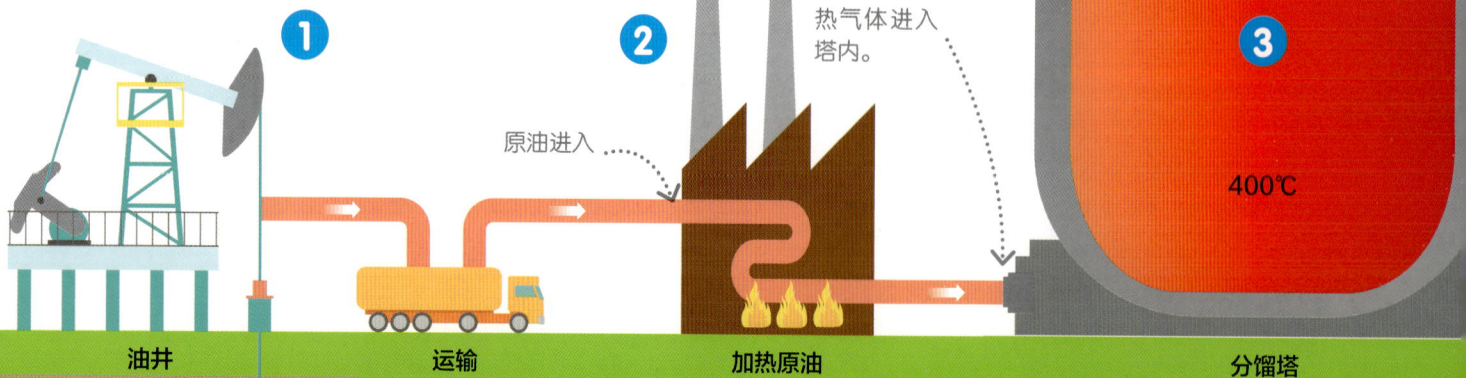

1

2

原油进入

油井　　　运输　　　加热原油　　　分馏塔

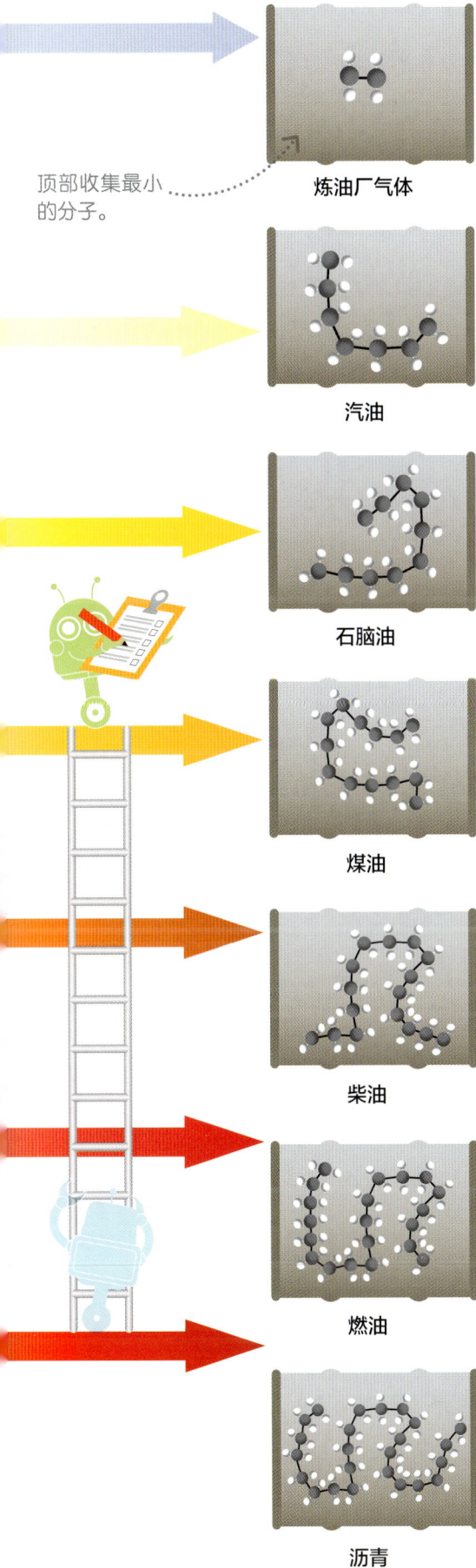

顶部收集最小的分子。

1 炼油厂气体
最简单的碳氢化合物是甲烷和乙烷等气体。它们被装入罐子里，用作加热和烹饪的燃料。

罐装液化气

炼油厂气体

2 汽油
汽油化合物的分子更大。我们用它们作为汽车等交通工具的燃料。

汽油

3 石脑油
石脑油是一种淡黄色的液体，烃链上有8～12个碳原子。它被用于制造塑料、药品、杀虫剂和化肥。

塑料玩具

石脑油

4 煤油
煤油是一种轻质油性液体，用作喷气发动机的燃料。当用于加热和照明时，它也叫石蜡。

煤油

5 柴油
柴油的烃链比汽油长，沸点也比汽油高，可用作卡车、公共汽车等交通工具的燃料。

柴油

6 燃油
轻质燃油可用作船舶、拖拉机的燃料和取暖油。较重的燃油用于工厂和工业锅炉。

燃油

7 沥青
最大的碳氢化合物分子形成一种叫作沥青的黏性半固态物质，沥青可用于铺路。

沥青

碳氢化合物　　　　　　　产物及应用

氮气

氮气占地球大气总量的78%，你每天都在不知不觉中吸入氮气。

空气中的氮气是由两个原子组成的分子（N₂）。

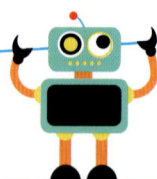

氮循环

氮对生命至关重要，因为它是营养物质蛋白质的关键成分，所有生物体都离不开蛋白质。然而，植物和动物不能直接从空气中获得氮，它们需要依赖氮循环。

氮在空气中以氮气（N₂）的形式存在。

晴天时，天空呈现出蓝色是因为氮气和氧气分子会散射蓝光。

闪电能把氮气变成硝酸盐。

1 氮气从空气中进入土壤。生活在土壤和植物根部的固氮细菌将氮转化为硝酸盐，然后硝酸盐溶解在地下水中。

2 植物从根部吸收的水中获得硝酸盐，并用于制造氨基酸和蛋白质，帮助生长。

3 动物吃植物，消化蛋白质，然后利用得到的氨基酸构建自身所需的蛋白质。

细菌

真菌

4 粪便、尿液和动植物尸体等废物会将氮返回土壤。

5 土壤中的细菌和真菌以废物为食，释放出植物可以吸收的硝酸盐。

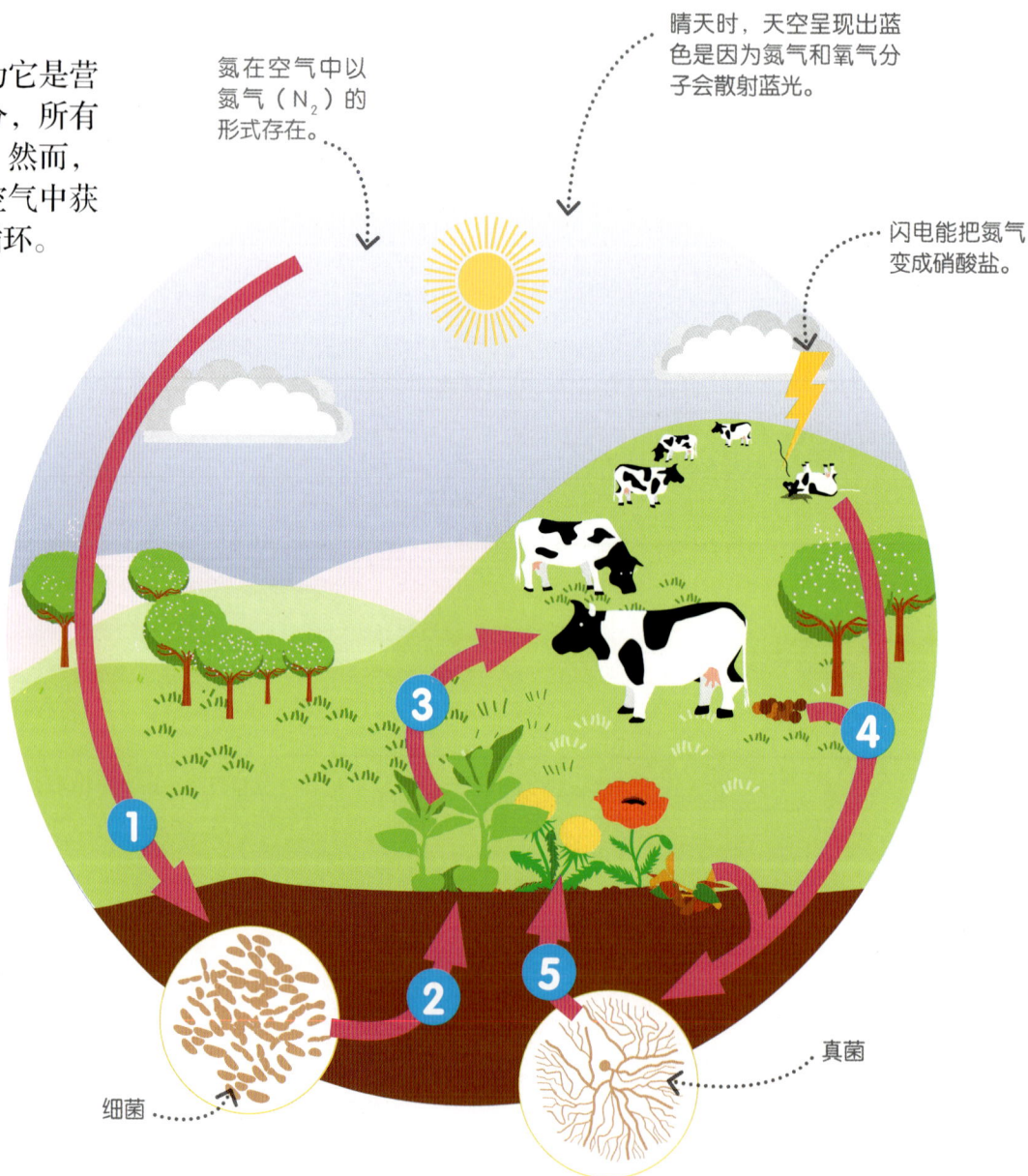

氧气

氧气是一种透明的气体，在地球大气总量中占比超过20%。它是一种非常活泼的元素，也是动植物生存必不可少的元素。

> 水分子中的氧构成了人体的大部分质量。

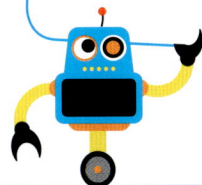

1 必不可少的气体
我们需要持续不断的氧气供给来维持生命。我们通过吸入空气获取氧气。

2 氧气供应
植物源源不断地向地球大气中补充氧气，氧气是植物光合作用产生的副产品。

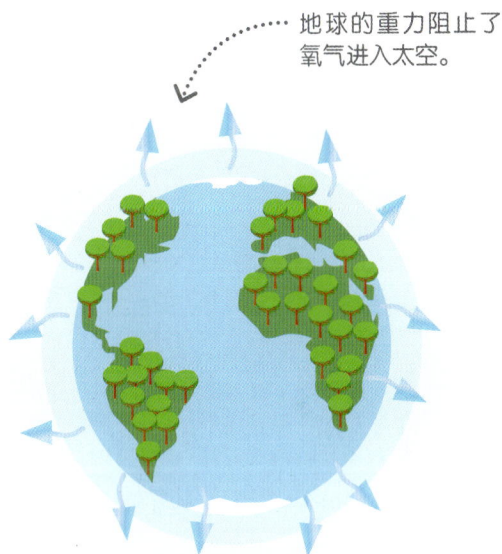

潜水员在水中只能通过氧气罐来吸入空气。

地球的重力阻止了氧气进入太空。

氧气是如何发生反应的

火焰在有氧气的情况下是稳定的。

玻璃杯

当氧气供应被切断时，火焰就熄灭了。

久而久之，铁就会生锈分解。

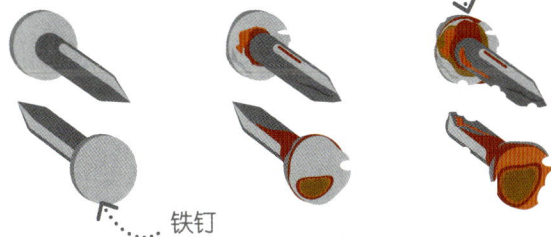

铁钉

1 氧气和火焰
火焰是空气中的氧气和燃料之间的化学反应。没有氧气供应，火焰就会熄灭。

2 生锈
氧能与许多化学物质发生反应而不产生火焰。比如，暴露在空气中的铁钉与氧缓慢反应形成氧化铁（铁锈）。

磷

磷的活性很高，自然界中从未发现过纯磷，但是含磷化合物在矿物岩石中普遍存在。磷原子可以通过不同的形式结合形成不同种类的磷。

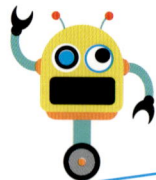

磷存在于DNA中。

磷的种类

1 红磷是一种暗红色的粉末，火柴盒上用于擦划的表面就是由红磷制成的。

2 白磷暴露在空气中时，会在暗处发光。当它与氧气接触时，就会着火。

3 黑磷是一种片状物质，看起来像石墨（是用于制造铅笔的材料）。

磷的发现

1669年，德国炼金术士亨尼格·布兰德进行了一项奇怪的实验。他把尿液煮了几个星期，当加热并加入沙子时，尿液产生了一个发光的、蜡状的白色固体块——磷。

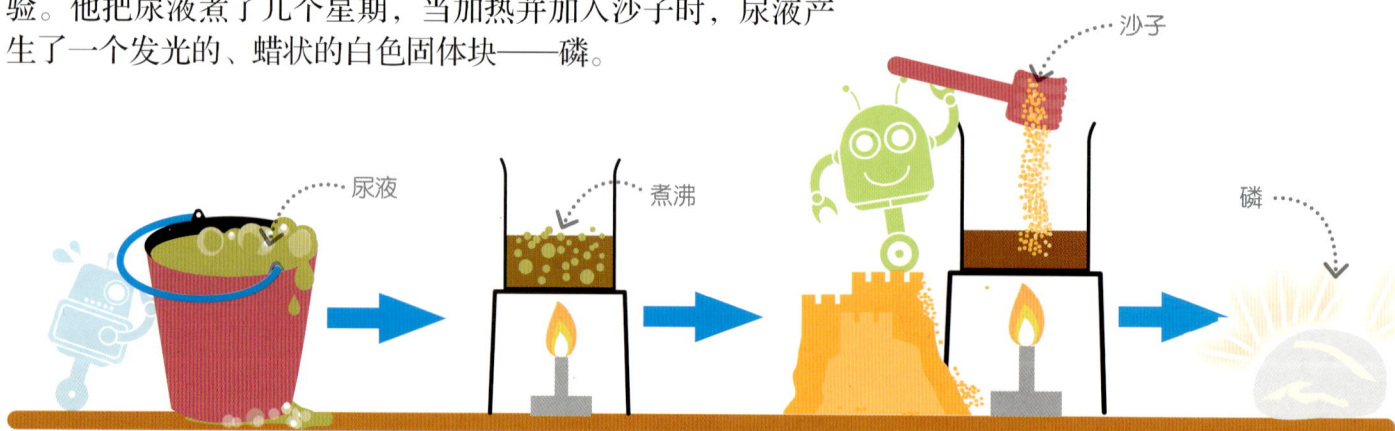

沙子

尿液

煮沸

磷

坚硬的牙齿和骨骼

牙齿和骨骼很坚硬，因为它们含有非常坚硬的矿物质磷酸钙。几个世纪以来，牛的骨头被磨成粉末，用于制作一种坚固耐用的瓷器——骨瓷，可以做成杯子、盘子和碗。

现实世界的技术

火柴盒

火柴盒侧边含有磨砂玻璃和红磷。当火柴擦到此表面时，火柴与玻璃的摩擦会加热磷，磷会被点燃。然后，磷会点燃火柴头中的可燃化合物。

硫

纯硫由晶体组成，通常是亮黄色的易碎固体。大自然中的硫是在火山附近发现的，由火山爆发产生的热气流沉积而成。

切碎的洋葱会释放出让人流泪的硫化物。

1 硫的种类
硫有两种：一种是片状晶体；另一种是针状晶体。

片状晶体

针状晶体

2 爆炸性的硫
火药是木炭和硝酸钾的混合物，用于制造烟火和武器。它还含有硫，这使得火药更容易燃烧。

3 有气味的硫
许多硫化物，比如硫化氢有非常强烈的刺鼻气味。臭鼬的喷气、堵塞的排水沟和大蒜的难闻气味就是由硫化物产生的。

4 酸雨
石油和煤炭等化石燃料在燃烧时会产生含硫的烟雾。这些烟雾与空气中的水混合，形成硫酸。硫酸以酸雨的形式落到地上，会破坏建筑物、毁坏树木。

燃烧石油和煤炭释放出硫。

烟雾随风飘动。

烟雾与云中的水混合，形成硫酸。

酸雨

现实世界的技术

硫酸
虽然硫酸作为酸雨降落时可能有害，但它也是最有用的硫化物之一。化学工业中，可使用硫酸制造油漆、洗涤剂、油墨、植物肥料和许多其他产品。

卤素

卤素是一组活性非常强的元素。它们太活泼了，无法在自然界中以单质的形式存在，但卤素能形成许多不同的化合物。

地球上的海洋含有3 900亿吨氯化钠（盐）。

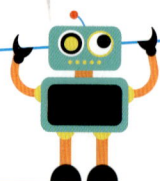

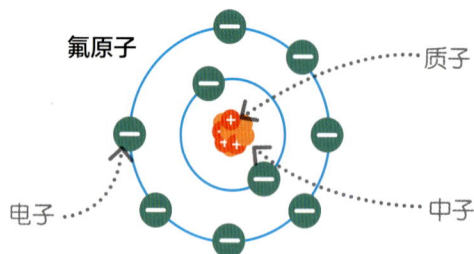

氟原子

质子

电子

中子

活性原子

卤素原子的外壳层有7个电子，但需要8个电子才能稳定。因此，它们很容易与能共享或贡献一个电子的元素发生反应，从而使自己的整个外壳层有完整的8个电子。

氟气是一种淡黄色的气体。

1 氟
氟气能与砖、玻璃和钢铁发生燃烧反应。牙膏中含有的氟化物可以强健牙齿。

氯气是一种黄绿色的气体。

食盐中含有氯。

2 氯
氯气是一种有毒气体，在第一次世界大战期间被用作武器。它也是人体所需的氯化钠（盐）的一部分。

溴是一种棕色的液体。

3 溴
灭火器中的阻燃化学物质是用溴制成的。溴也被用于清洁游泳池里的水。

加热时，碘变成紫色气体。

偏光太阳镜

4 碘
碘是在室温下唯一呈固态的卤素，是紫黑色的。碘可以用于制作偏光太阳镜和消毒伤口。

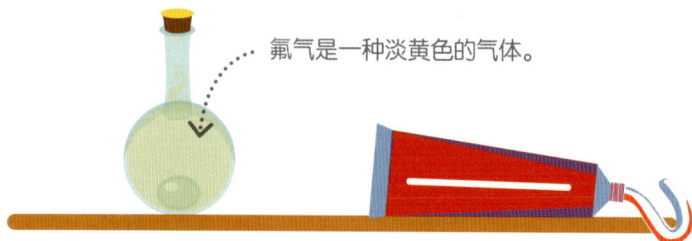

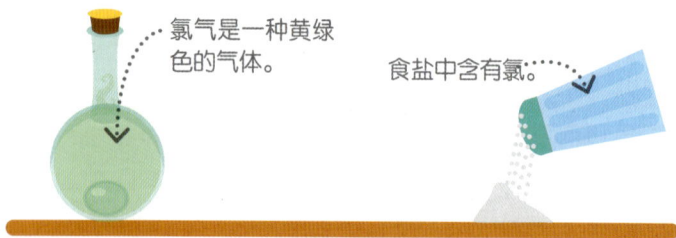

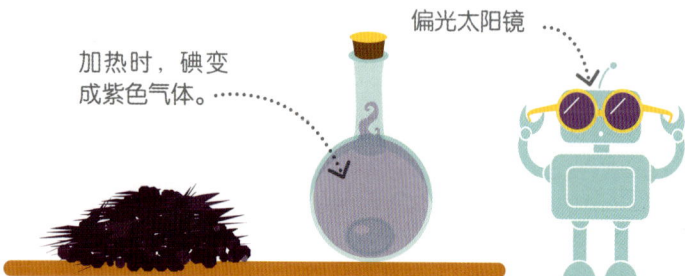

惰性气体

和活性很强的卤素截然不同，惰性气体非常不活泼。它们都是无色无味的。

除了氢，氦是宇宙中含量最丰富的元素。

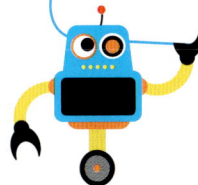

不活泼的原子

惰性气体原子的外壳层有完整的8个电子。这意味着它们非常不活泼，因为它们不需要得到或失去任何电子。它们很少形成化合物。

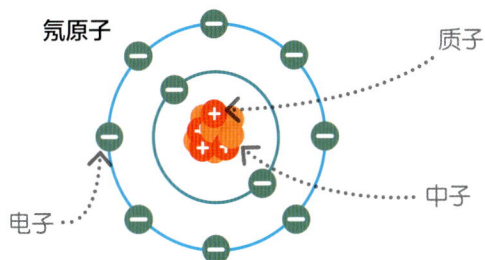

氦原子

质子

电子

中子

1 氦
氦气无色无味，原子重量非常小，这就是为什么充满氦气的气球会向上浮动。

2 氖
当电流通过氖气时，氖气会发出明亮的光。氖气可用于制作色彩鲜艳的霓虹灯标志和制造激光。

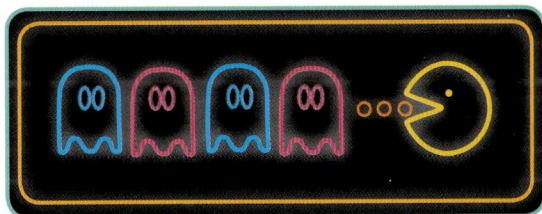

3 氩
氩气是一种极好的绝缘体，所以它被用在潜水服上的双层玻璃板之间，让潜水员能在冷水中保持温暖。节能灯泡中含有氩气。

4 氙
当接通电流时，氙气会发出明亮的蓝色光。探照灯和照相机闪光灯中都有氙气。

材料科学

材料科学将化学家、物理学家和工程师的技能相结合，创造出的新材料具有特殊性质，如强度、柔韧性或轻便性。这些材料中最重要的一些是复合材料、陶瓷和聚合物。

复合材料

复合材料是通过编织在一起或分层放置的多种材料组成的，这使它们极其结实。许多纤维具有非常好的弹性，这种纤维可嵌入到其他材料，比如塑料、金属，甚至是混凝土中。纤维可以加固这些材料，使其不易断裂。

1 挡风玻璃由两层玻璃组成，中间夹着一层塑料。塑料可以防止玻璃破碎。

2 许多高性能汽车的车身都是由碳纤维制成的，碳纤维由非常细的碳线编织，然后加热塑形而成。碳纤维材料比钢轻，但也一样结实。

3 轮胎是由坚韧的聚酯面料涂上橡胶分层形成的，并通过钢丝线加固。

陶瓷

陶瓷是硬而脆的材料。几千年来，人们一直通过烘焙黏土来制造砖、瓦和陶器。现在，科学家们可以设计出更先进的陶瓷，用于特殊用途，比如过滤汽车尾气中的污染物。

4 陶瓷发动机部件包括用于火花塞的绝缘体，这些火花塞能引燃发动机内部的汽油，而陶瓷涂层可帮助活塞头承受热量。

5 催化转化器吸收汽车尾气中的有害气体。它们是由重量轻但强度高的陶瓷制成的，能承受高温。

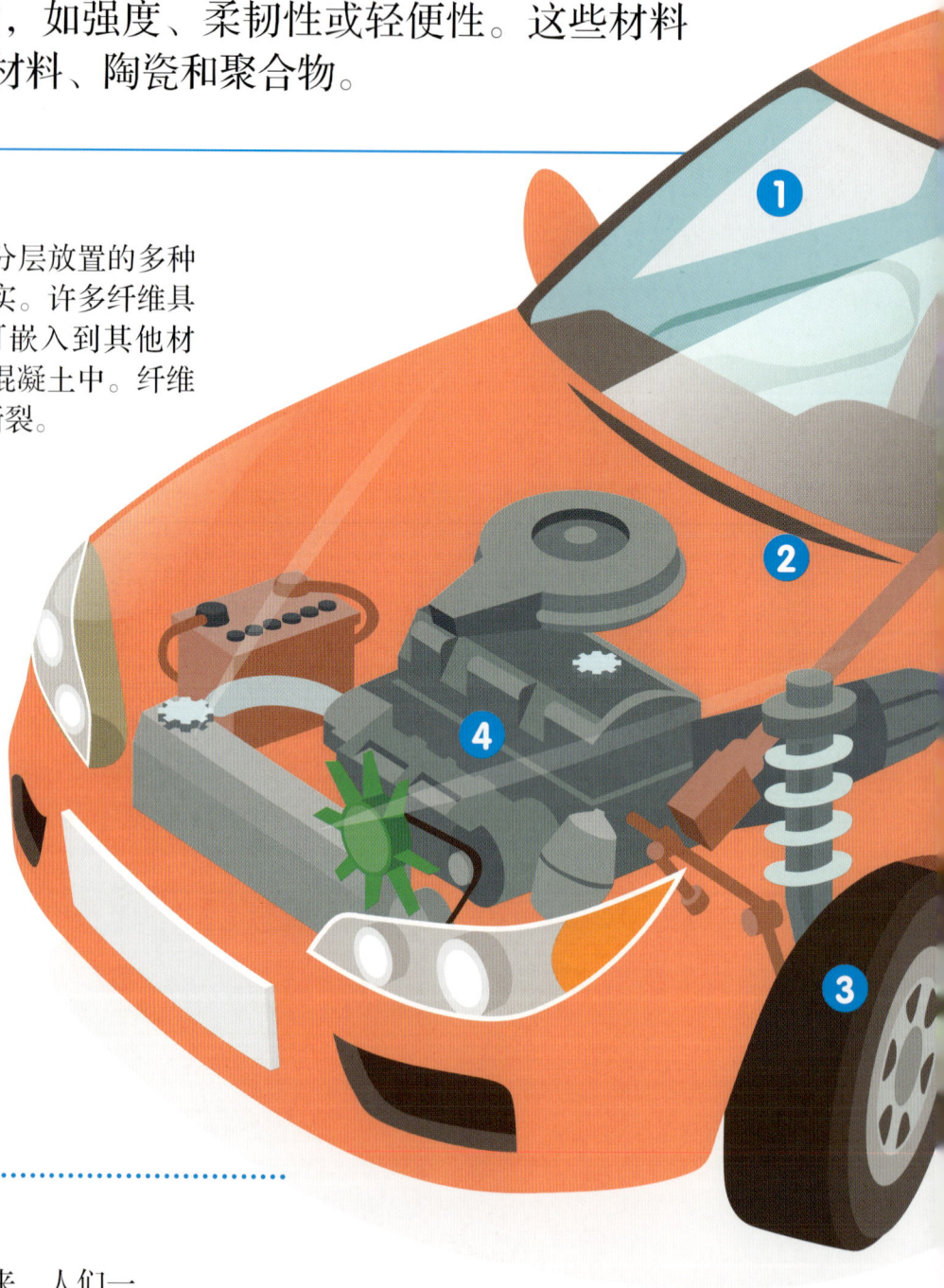

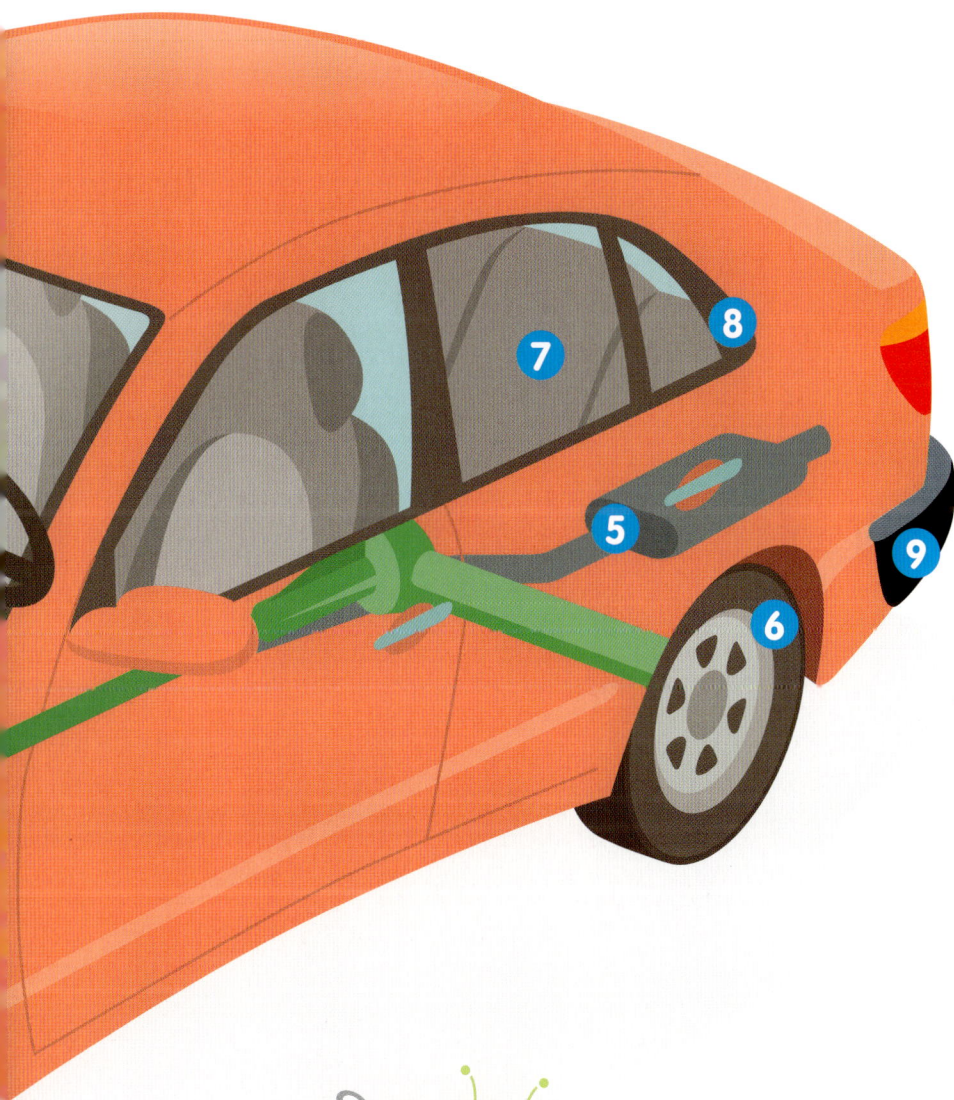

透气面料

防水且透气的登山夹克是用一种叫作聚四氟乙烯的聚合物制作的，同样的材料也被用于制作不粘锅。登山夹克中有数以亿计的小洞，这些小洞可以让汗水中的水蒸气流出，但这些洞又很小，使得雨水无法进入。

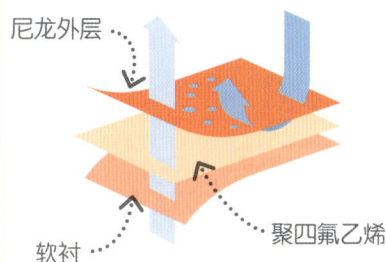

尼龙外层

软衬 聚四氟乙烯

聚合物

聚合物是基于碳元素的长链分子。塑料是实验室或工厂制造的人造聚合物。大多数聚合物是防水的，化学性质不活泼，这使它们非常持久耐用。许多聚合物可以很容易地被塑造成各种形状。

9 汽车保险杠由聚丙烯等塑料制成，坚固耐用，容易成型。从门衬里到仪表板，塑料被用于制作许多部件，甚至可以制作车灯。

8 汽车车门和车窗上的防水密封条是由EDPM制成的，EDPM是一种耐磨的合成橡胶。

7 聚氨酯为汽车座椅制造了一种强度高、重量轻的泡沫，既能提供足够的支撑，又能提供足够的舒适度。

6 陶瓷可以用于制造轮胎压力传感器，当它们弯曲时，就会产生电信号。传感器可以告诉司机：轮胎需要充气了。

聚合物

聚合物是由不断重复的部分组成的长链分子化合物。许多天然材料，如木材和羊毛，都是由聚合物构成的。塑料是人工聚合物。

> 大多数聚合物都是以碳原子为基础的，碳原子可以连接成链。

聚合

聚合物是由被称为单体的重复单元构成的。比如，聚乙烯是由乙烯单体构成的，乙烯是一种气体。乙烯通过聚合反应转化成聚乙烯。碳原子之间的双键断裂，然后通过单键连接，形成透明的固体聚乙烯。

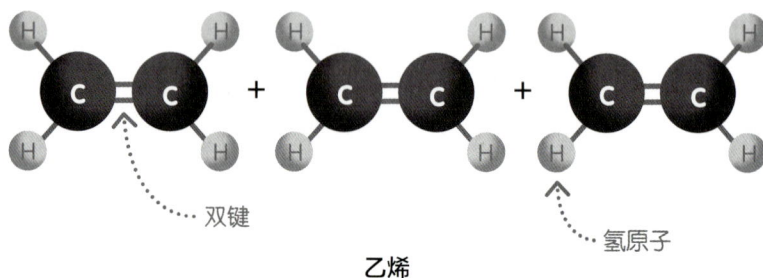

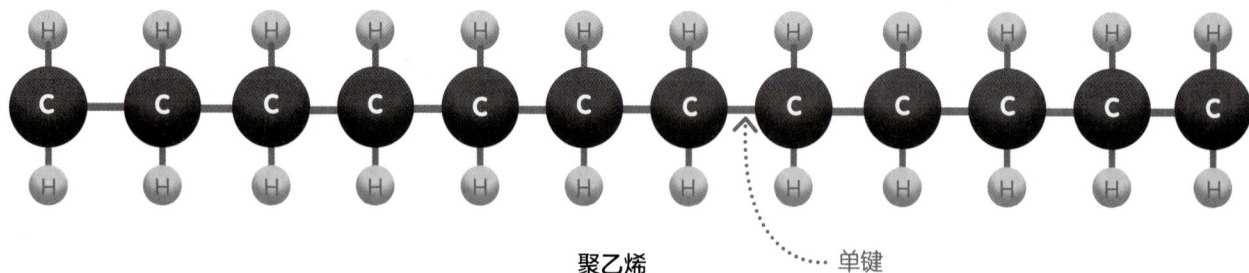

双键

氢原子

乙烯

聚乙烯

单键

天然聚合物

许多生物分子是聚合物，包括蛋白质、碳水化合物和脂肪。当我们消化食物时，身体将聚合物分解为可以消化吸收的单体。

1 肉类富含蛋白质，蛋白质是由氨基酸单体构成的聚合物。

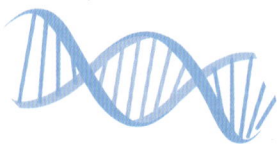

2 DNA分子是由两条缠绕在一起的聚合物构成的，形成了双螺旋结构。

3 纤维素是由糖分子结合而成的纤维材料。它存在于木材和纸张中。

4 淀粉也是由糖分子构成的。土豆和面包中含有大量淀粉。

塑料

塑料是由我们从原油中得到的化学物质制成的人造聚合物（参见第160～161页）。塑料有两种基本类型：热塑性塑料，如聚乙烯加热后会熔化，冷却后又会变硬；热固性塑料受热后会保持坚硬，不会熔化。

单体

交联

1 热塑性塑料可以熔化，因为它们是由可以互相滑动的单个的聚合物分子组成的。

2 热固性塑料不能熔化，因为它们的聚合物分子是由交联键连接的。

塑料及其用途

不同种类的塑料可制作各种日常用品，包括包装袋、玩具、窗框、容器、电话，甚至衣服。

1 聚乙烯以柔软的形式存在时，可用于制作塑料袋和保鲜膜，而以较硬的形式存在时，可用于制作饮料瓶、玩具、垃圾桶等。

2 PVC（聚氯乙烯）是最硬的塑料之一，用于制造排水沟、排水管和窗框。

3 聚苯乙烯被用于制造计算机光盘等，因为它很容易成型。它还可以填充泡沫中微小的气泡，制成一次性杯子。

4 聚碳酸酯塑料是很难打破的，可以制成透明的物品。它被用于制造手机、太阳镜、护目镜和窗户。

试一试 TRY IT OUT

把牛奶变成塑料

你可以用天然聚合物酪蛋白制作自己的纽扣或其他物体，牛奶中就有酪蛋白。

1 在平底锅中加热0.3L全脂牛奶直到沸腾。加入一汤匙的醋，使其分离成凝块和液体。

2 让牛奶冷却，然后通过毛巾把凝块和液体分开。在毛巾里挤压凝块，以除去多余的液体。

3 在残留于毛巾里的凝块上添加食用色素。然后揉成各种形状，静置让其变硬。

能量

4

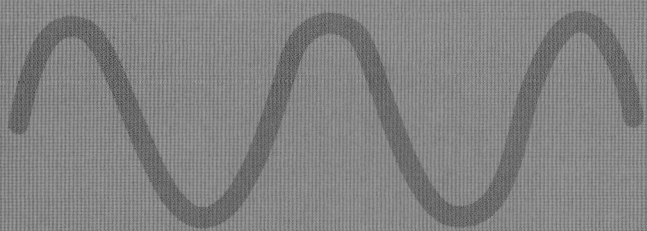

ENERGY

能量是一切事情发生的动力。没有它，什么都不会动，世界会变得漆黑、冰冷、沉寂。能量可以通过不同的方式进行储存和传递，从给手机供电的电能到存储在食物中的化学能。当你使用能量时，它不会消失，它只是从一处转移到另一处。

能量是什么？

从令人眼花缭乱的烟花到喷气发动机的轰鸣声，再到肌肉的运动，能量是一切事情发生的动力。能量可以被存储或使用，但不能被破坏。当你使用能量时，它不会消失，它只是从一处转移到另一处。

光能

1

化学能

动能

2

3

1 我们在地球上使用的能量大部分来自于太阳。太阳的能量通过太空以光和热的形式到达地球只需要8分钟。

2 植物吸收太阳的能量可制造新的化学物质。我们吃的食物中含有植物存储的化学能。

3 由食物提供能量，我们的肌肉将化学能转化为动能，使我们能够走路、跑步或骑自行车。

能量的形式

能量可以有许多不同的形式，包括热能、光能、声能、电能等。其中一些，比如光能可以将能量从一个地方转移到另一个地方，或者从一个物体转移到另一个物体。另一些则扮演能量存储的角色。比如，电池和压缩弹簧都能存储能量。

动能　　声能　　光能　　热能

弹力　　核能　　化学能　　电能

重力势能

动能

热量和声能

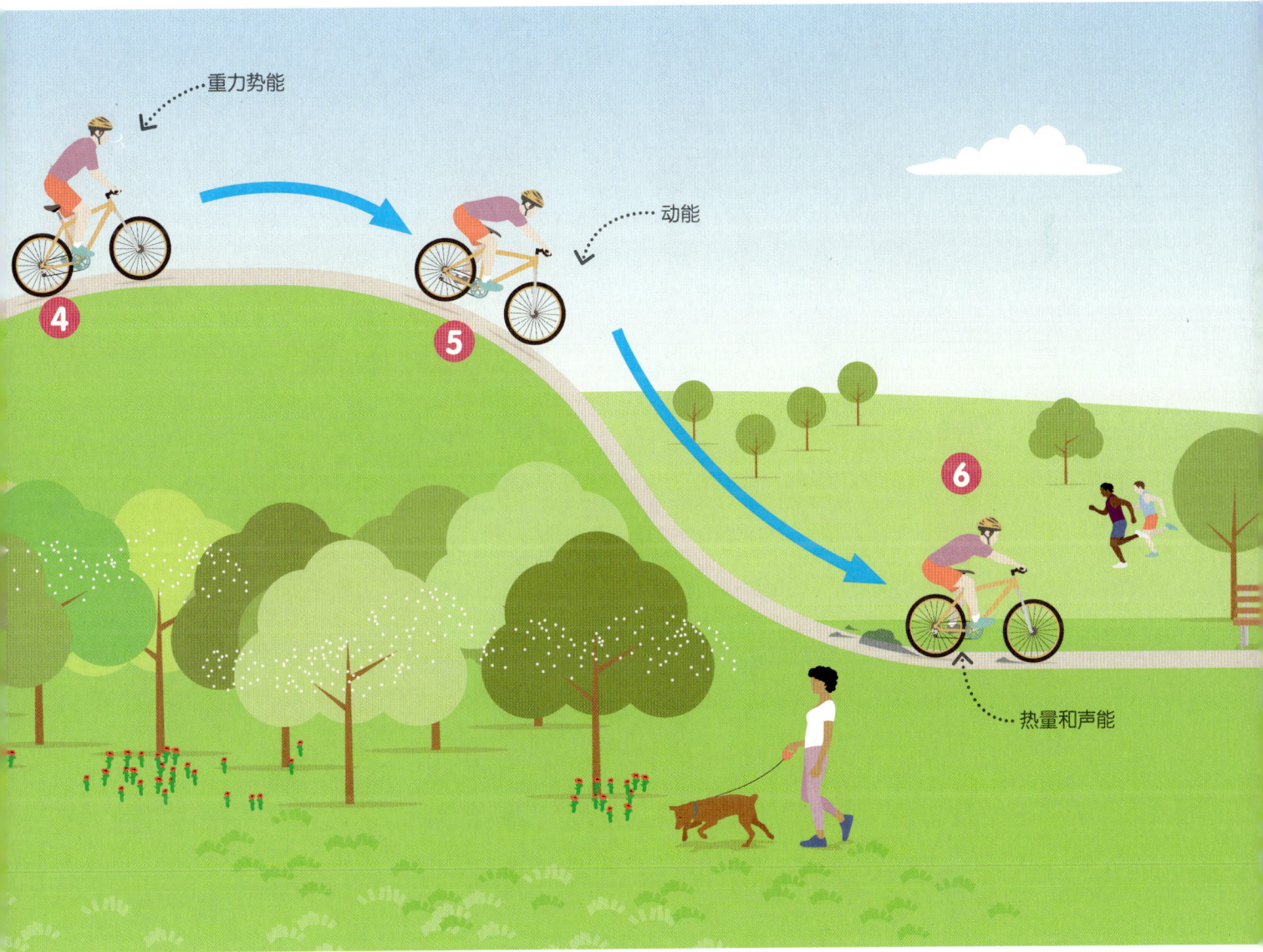

4 骑车上坡时，我们的肌肉会把能量转化成重力势能。任何位于高处的物体都有这种能量。

5 骑车下坡时，重力势能转化为动能，即使不踩踏板也能使自行车加速。

6 刹车时，自行车的动能就会转换为热量和声能，使得刹车吱吱作响，同时自行车也会减速。

能量的测量

能量可以有很多不同的形式，所以有很多测量方法。最常见的能量单位是焦耳（J）。

> 一块芝士蛋糕所含的能量足以让一个5W的灯泡工作17个小时。

能量单位

1 1J是将100g物体（如苹果）举高1m所需要的能量。需要10J才能将装有10个苹果的袋子举到同样的高度。

2 焦耳是非常小的能量单元，我们通常用千焦耳（简称"千焦"）表示。1kJ等于1000J。爬一段普通的楼梯大约用1kJ能量。

3 将1L水加热升温1℃需要4.19kJ能量。使1L的水开始沸腾，需要从室温（20℃）加热到100℃，这将需要335kJ能量。

4 汽油能储存大量的能量，这就是它能成为汽车燃料的原因。1L汽油可以存储大约35MJ（3 500万J）能量。

能量和运动

人体每天需要大约8 000kJ能量。消耗能量的多少取决于你有多活跃、你的体形有多大，体形越大，需要的能量就越多。

1 以普通速度行走一小时大约需要970kJ的能量。快速行走需要几乎两倍的能量。

2 游泳每小时大约需要2 400kJ的能量。蝶泳比自由式游泳或蛙泳这样轻柔的游泳方式消耗的能量多。

3 以普通速度奔跑每小时大约消耗3 700kJ的能量。高速冲刺比慢跑消耗的能量更多。

功率

功率是衡量能量使用速度的指标。机器越强大，它消耗能量的速度就越快。电器的功率以瓦特计，1 kW等于1 000W。

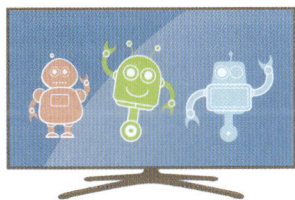

1 1W意味着每秒使用1J的能量。一台30W的电视每秒需要使用30J的能量。

2 一台1 500W的割草机耗电非常快，但只需要每周使用一次，所以它的运行成本并不高。

3 200W的电冰箱比割草机的功率小。然而，它会消耗更多的能量，因为它总是开着的。

现实世界的技术

测量电

交电费时不用焦耳来衡量能量，而是使用千瓦时（kW·h）。1kW·h等于360万J，如果使用一台1 000W的机器，比如一台普通的熨斗或微波炉，1小时就需要1kW的能量。

电表显示一所房子用了多少电。

发电站

发电站为我们的家庭提供大部分电力。我们近三分之二的电力供应是由传统的火电站提供的。

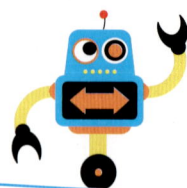

化石燃料是经过数百万年的时间从死去的生物体的残骸中提炼出来的。

热发电站

为了发电，大多数火电厂燃烧化石燃料，如煤、石油。燃烧化石燃料对环境有害，因为会释放二氧化碳，而二氧化碳会导致全球变暖。

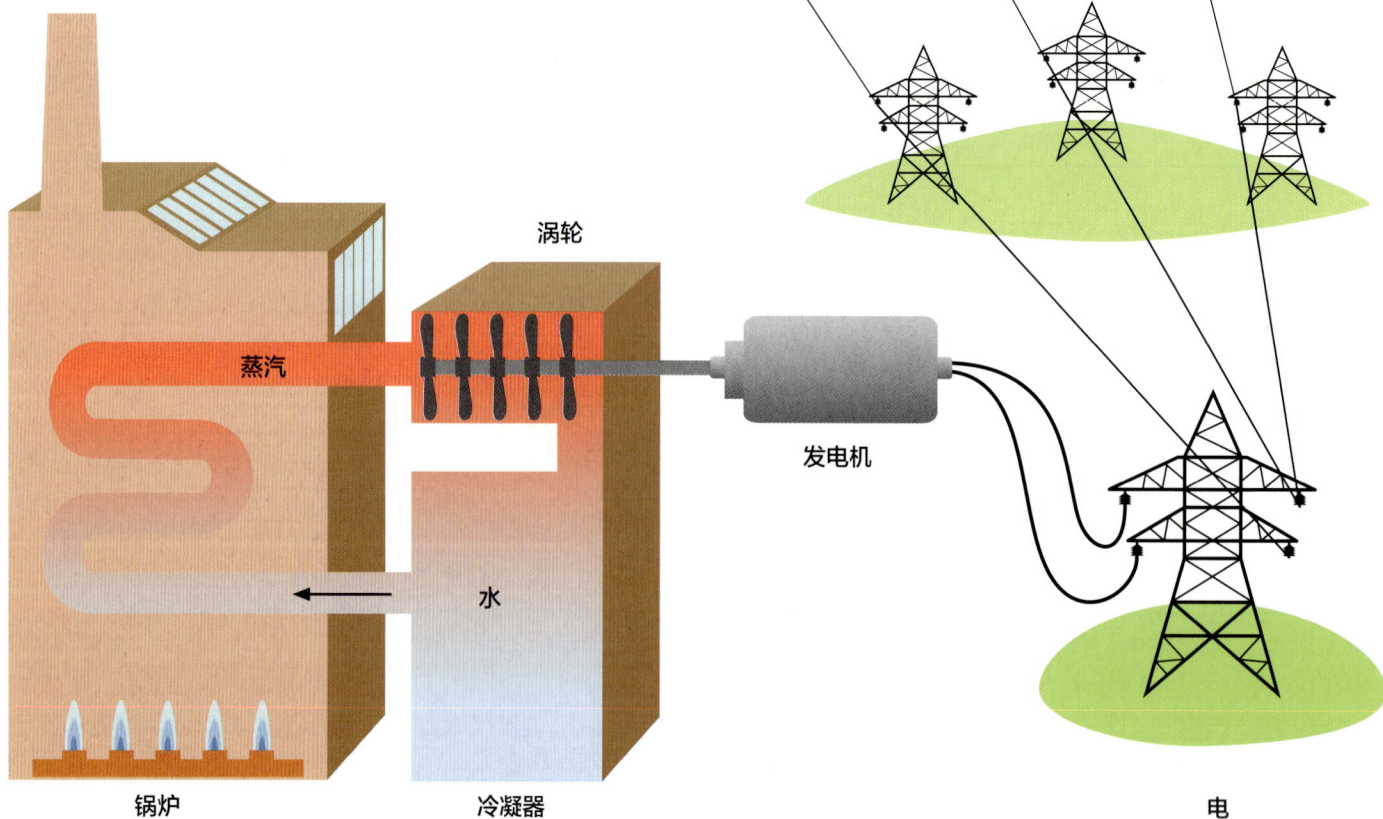

家庭、学校和工厂

涡轮

蒸汽

发电机

水

锅炉

冷凝器

电

1 燃烧化石燃料加热水，水变成蒸汽，蒸汽通过管道网络流动。

2 蒸汽使涡轮机旋转，然后蒸汽又变成了水。

3 旋转的涡轮机带动发电机，发电机旋转时产生电能。

4 电通过安装在电塔上的电缆输送到家庭、学校和工厂。

可再生能源

地球上的化石燃料最终将耗尽，但其他形式的能源——可再生能源，将永远存在下去。与化石燃料相比，可再生能源对全球变暖的作用要小得多，但可再生能源发电站可能在其他方面对环境造成危害。

1 风力发电站是利用风力推动巨大的涡轮机在空中旋转发电。它们在风大的地区或海上工作效果最好。也有些人认为它们破坏了风景。

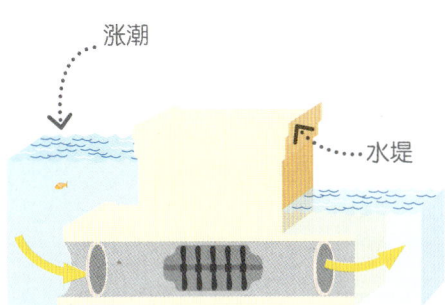

2 潮汐和海浪都利用海水的运动来驱动海底的涡轮机。这些发电站造价昂贵，但可以产生大量电力。

3 水力发电站是通过引导河流通过涡轮机发电。为了确保强大的水流，必须修建大坝和建造人工湖，而这可能会破坏自然栖息地。

4 生物质能发电站燃烧的是废弃的植物而不是化石燃料。燃烧生物质所释放的二氧化碳可以被新作物和森林所吸收。

5 集中式太阳能发电站利用太阳能电池板将能量集中到中央锅炉上。这种发电站占地面积较大，而且只能在全年天气晴朗的地方运行。

现实世界的技术

发电机

发电机把运动物体的动能转换成电能。这辆自行车的轮子转动起来，可以点亮安装在轮子上的灯。自行车的发电机里有一个铜线圈和一块磁铁。当磁铁旋转时，电子被移动的磁场推过线圈，产生电能。

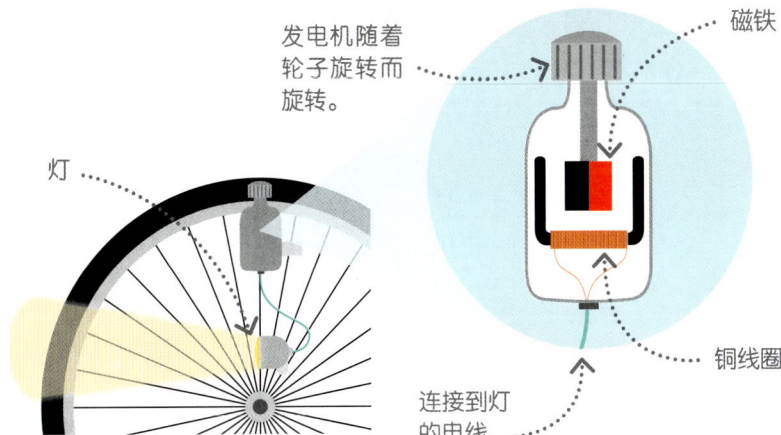

发电机随着轮子旋转而旋转。

磁铁

灯

铜线圈

连接到灯的电线

热

热是一种能使分子和原子运动得更快的能量。它们移动得越快，温度就越高。当物体加热时，它会以热能的形式释放能量。如果物体足够热，它可能会发光。

> 阳光照射在皮肤上使皮肤分子振动得更快。

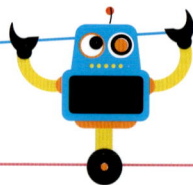

粒子和热

一个物体可能看起来静止不动，但构成它的粒子（原子或分子）总是在运动——高速移动、旋转、向各个方向振动。运动的粒子具有动能，正是这种动能使物体具有温度。

1 在常温下，铁棒中的原子在振动，但它们之间的化学键仍保持在原来的位置。

2 当铁棒被加热时，原子振动得更快。加热到950℃时，铁开始发红，因为这时原子会以光的形式释放一些能量。

3 随着铁越来越热，它的颜色逐渐变成白色。在1 538℃时，铁原子将分离，铁将熔化。

常温下的铁

白色的、炙热的铁

温度

物质的温度显示粒子的平均动能：振动越快，温度则越高。温度可用温度计测量，单位是摄氏度或华氏度。

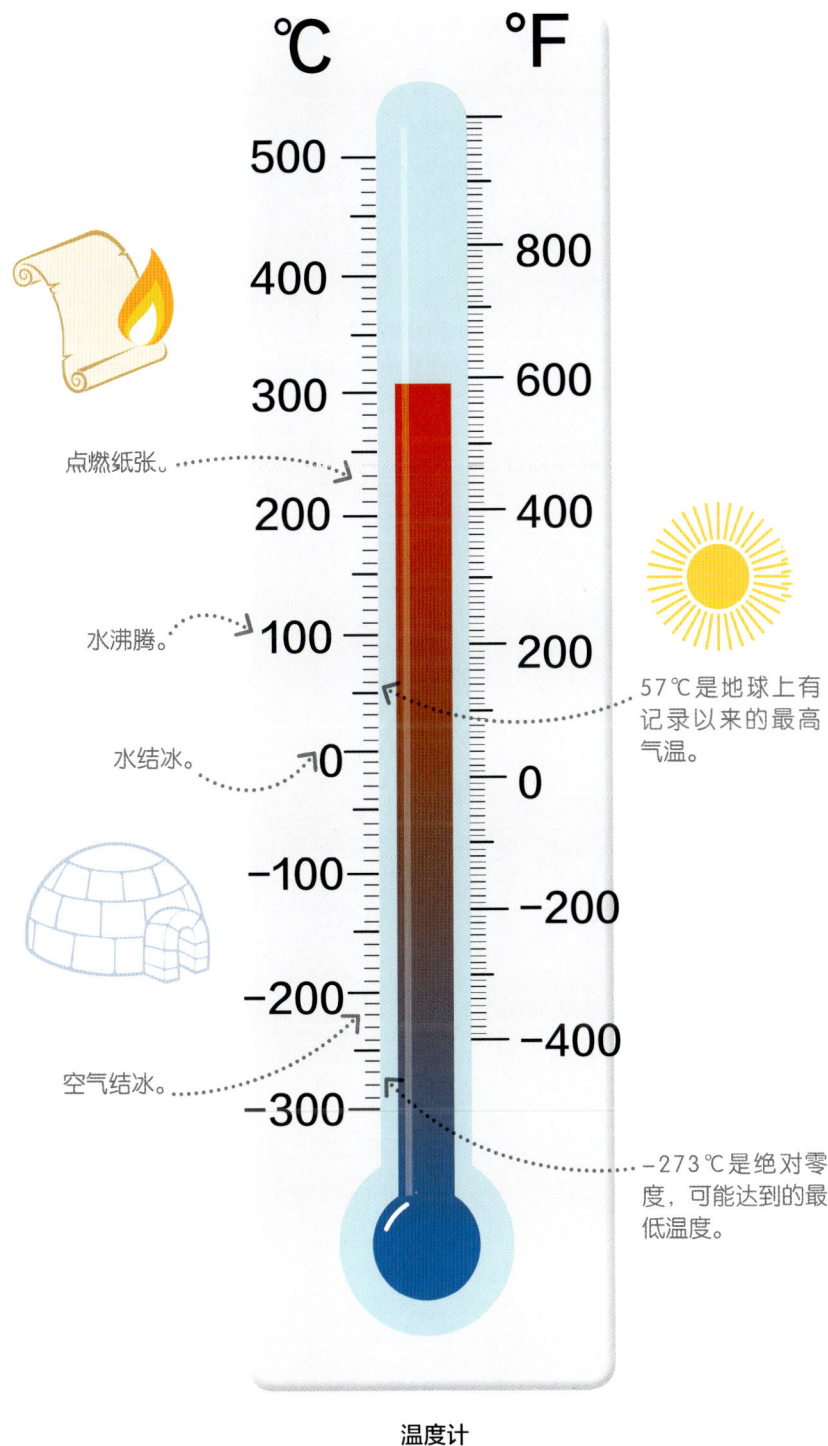

热量和温度

存储在物质中的热能取决于它的温度及体积。冰山的体积要比一杯滚烫的咖啡大得多，所以冰山所含的热能要比一杯滚烫的咖啡多。

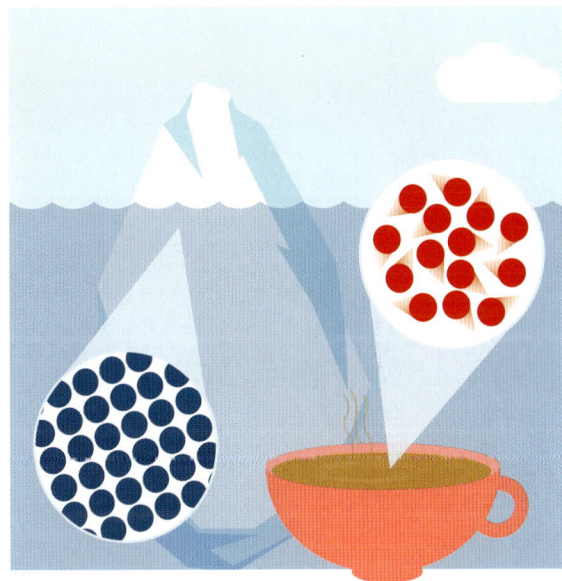

℃ ℉
500
400
300
200 — 点燃纸张。
100 — 水沸腾。
0 — 水结冰。
-100
-200 — 空气结冰。
-300

800
600
400
200
0
-200
-400

57℃是地球上有记录以来的最高气温。

-273℃是绝对零度，可能达到的最低温度。

温度计

现实世界的技术

数字温度计

数字温度计含有热敏电阻，当它变暖时，可以传导更多的电。热敏电阻导电越多，就代表温度越高。

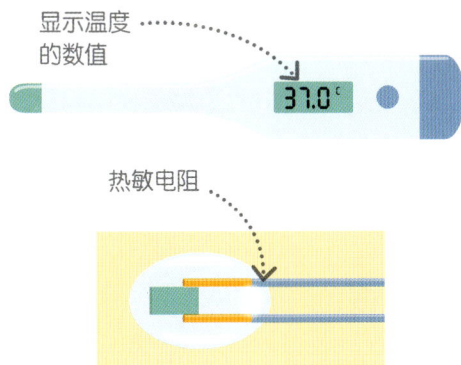

显示温度的数值
37.0℃

热敏电阻

热传递

热不会永远停留在一个地方。它总是往温度较低的地方传递。热以三种不同的方式传递：热传导、热对流和热辐射。

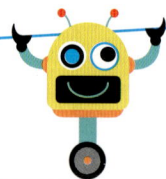

埃菲尔铁塔每年夏天都会因热膨胀而长高15cm。

振动的分子

热传导

热传导发生在热的物体接触冷的物体时。热量从热的物体传递到冷的物体，直到两者的温度相同。

1 一个冷的金属勺子放在一杯热茶里。

2 热茶里的分子比冷勺子里的分子振动得快。热茶里的振动分子与冷勺子里的分子碰撞，使勺子里的分子振动加快，勺子因此变热了。

3 勺子里的已经振动得较快的分子撞击到它们旁边振动慢的分子，使它们的振动加快，热量沿着勺子传递。

4 整个勺子都变热了，因为每个分子都在快速振动并且与相邻的分子发生碰撞。

导体和绝缘体

有些材料，如金属和水，导热性好。它们摸起来很凉爽，是因为当你触摸它们时，它们会把热量从你的皮肤传递出去。像织物、塑料和木材这些导热性不好的物体，它们可阻止热量从你的身体中流失。

导体

饮料罐   游泳池   煎锅

绝缘体

手套   羊毛   木质勺子

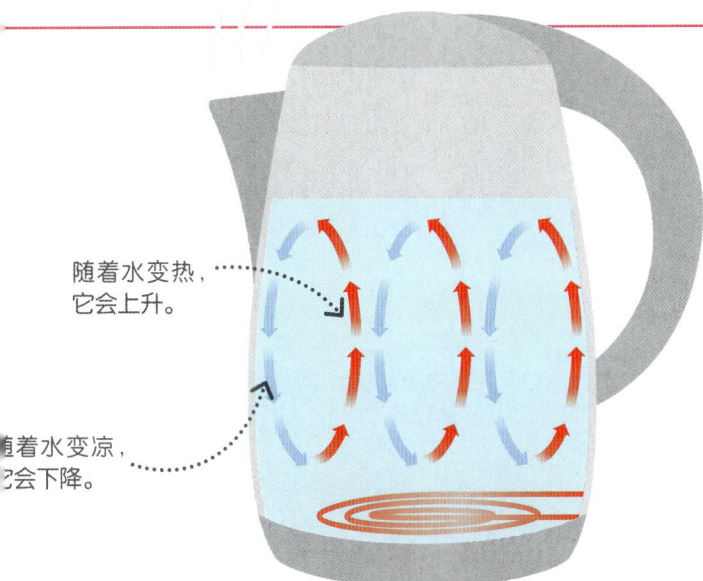

随着水变热，
它会上升。

随着水变凉，
它会下降。

热对流

热对流使热量通过液体——任何种类的液体或气体。这是一种周期性运动。热水上升是因为它比周围的冷水更轻、密度更小。然后，热水冷却，密度增大，再次下沉。

热辐射

与热传导和热对流不同，热辐射是一种以波传递能量的现象。这些波也叫作红外线。人的肉眼是看不见它们的，但皮肤可以感觉到，这就是在明亮的阳光下或把手靠近火时会感觉温暖的原因。

红外线

试一试 TRY IT OUT

水的热对流

当液体的温度改变时，它的密度也会随之改变。热水的密度比冷水的密度小，所以热水会上升。这种运动叫作水的热对流。试试这个简单的实验，看看热对流的实际效果。

1. 在蛋杯里放一些热水和几滴食用色素。在杯子上放一小片保鲜膜，用橡皮筋固定住。

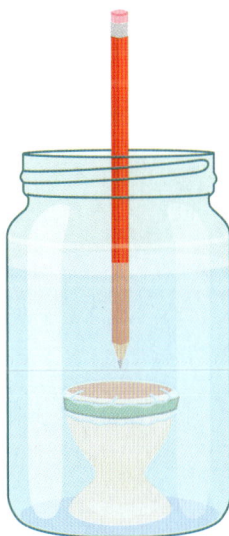

2. 把蛋杯放在一罐冷水的底部。用铅笔尖的一端刺穿保鲜膜。

3. 把铅笔拿出来。我们可以看到有颜色的热水上升到顶部了。

发动机是怎样工作的?

大多数汽车、飞机、轮船和火箭都是由发动机驱动的,发动机燃烧燃料释放热量,然后将热能转化为动能。我们称之为热力发动机。

"起火""着火"的科学术语是燃烧。

内燃机

汽车发动机叫作内燃机,因为这种发动机是在内部一个小的金属汽缸中燃烧燃料。燃烧燃料产生的热气体每秒钟将金属活塞在气缸内上下推动大约50次。然后,这些活塞上的杠杆把快速的上下运动变成车轮的旋转运动。

发动机

空气和燃料

活塞向下移动。

气缸

1 吸入
汽车发动机的汽缸分四个阶段工作。在第一阶段,活塞向下移动,空气和燃料被吸入气缸。

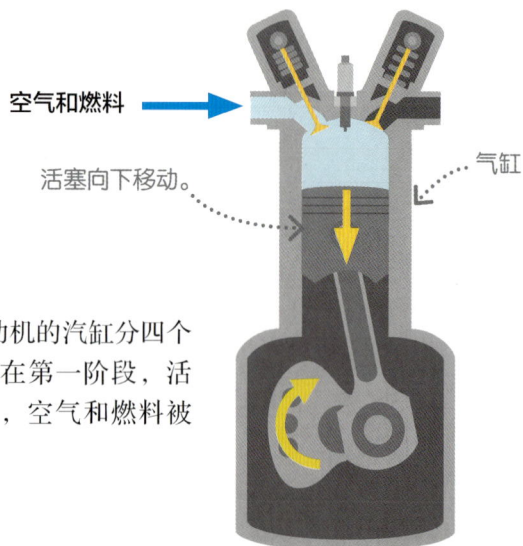

进气阀关闭。

活塞向上移动。

2 挤压
顶部的进气阀关闭,捕获空气和燃料。活塞向上移动,将气体挤压到一个小空间。

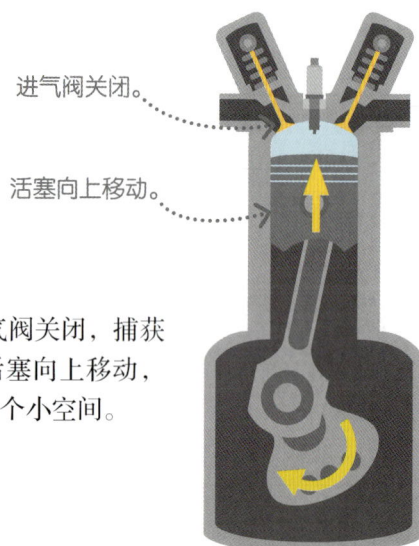

火花塞

燃烧的燃料

3 燃烧
火花塞打出的火花使得气缸内的燃料燃烧,释放出热气体,膨胀并以巨大的力量推动活塞向下。活塞下的连杆和曲柄使垂直运动变为旋转运动。

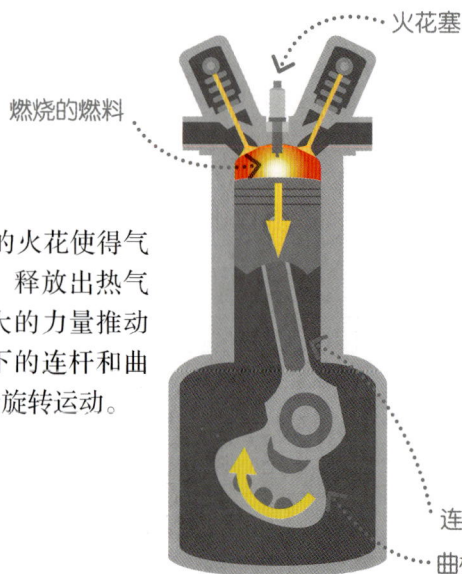

连杆

曲柄

出口阀门打开。

排放气体

4 排气
活塞上升并推动燃烧产生的气体进入出口阀门,通过排气管排出汽车。

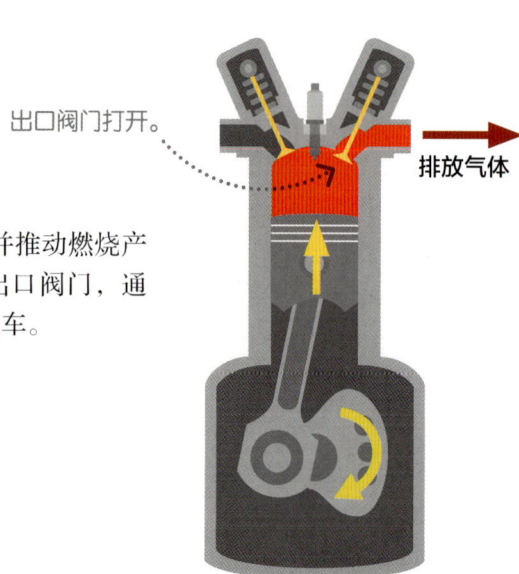

喷气发动机

大型飞机由喷气发动机提供动力，这种发动机没有活塞和气缸。但是它有风扇在管子里呼呼旋转，吸入空气并将其挤压进燃烧室。

大型飞机

1 前面的一个大风扇吸进空气，然后一组小的压缩风扇压缩空气，这样当它燃烧和膨胀时就会释放更多的能量。

2 喷气燃料中注入压缩空气，混合物被点燃，热量使压缩空气和燃烧燃料产生的气体膨胀。

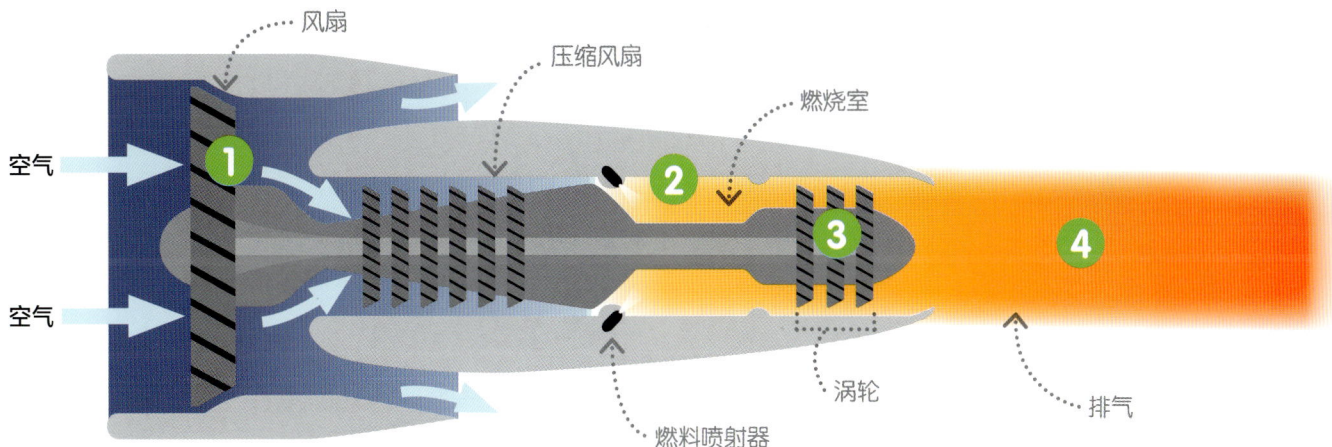

风扇 / 压缩风扇 / 燃烧室 / 空气 / 涡轮 / 排气 / 燃料喷射器

3 膨胀的气体通过涡轮并使其旋转，这使得前面的风扇和压缩风扇也旋转。

4 热的废气以高速从后面喷出。这种强大的运动产生了一种推力，推动飞机向前。

火箭的能量

太空中没有空气，所以火箭必须携带氧气（参见第163页）和燃料。氧气与燃料发生反应，为火箭提供动力。

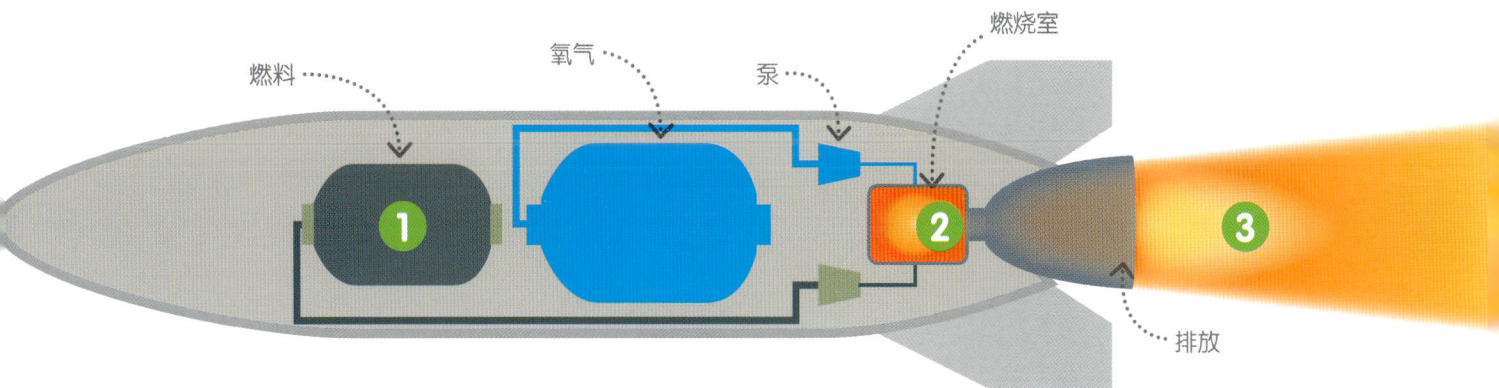

燃料 / 氧气 / 泵 / 燃烧室 / 排放

1 燃料（通常是液态氢）和液态氧从两个大型储罐泵到发动机。

2 氧气和燃料混合后在燃烧室中燃烧。这就从火箭后部产生了一股热气流。

3 向后推出的废气所产生的力产生了一个大小相等且方向相反的力，推动火箭向前。

波

看起来好像是波浪把水从一个地方移到另一个地方，但事实并非如此。水波不会使水向前移动，声波也不会使空气向前移动。它们只是把能量从一个地方转移到另一个地方。

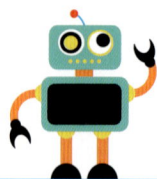

水波通过海洋传递能量，而不是传递水。

波是如何工作的？

波是我们生活中很重要的一部分。我们与它们一起发送和接收信息，一起做饭，甚至一起冲浪，所以了解它们是如何工作的是很有帮助的。

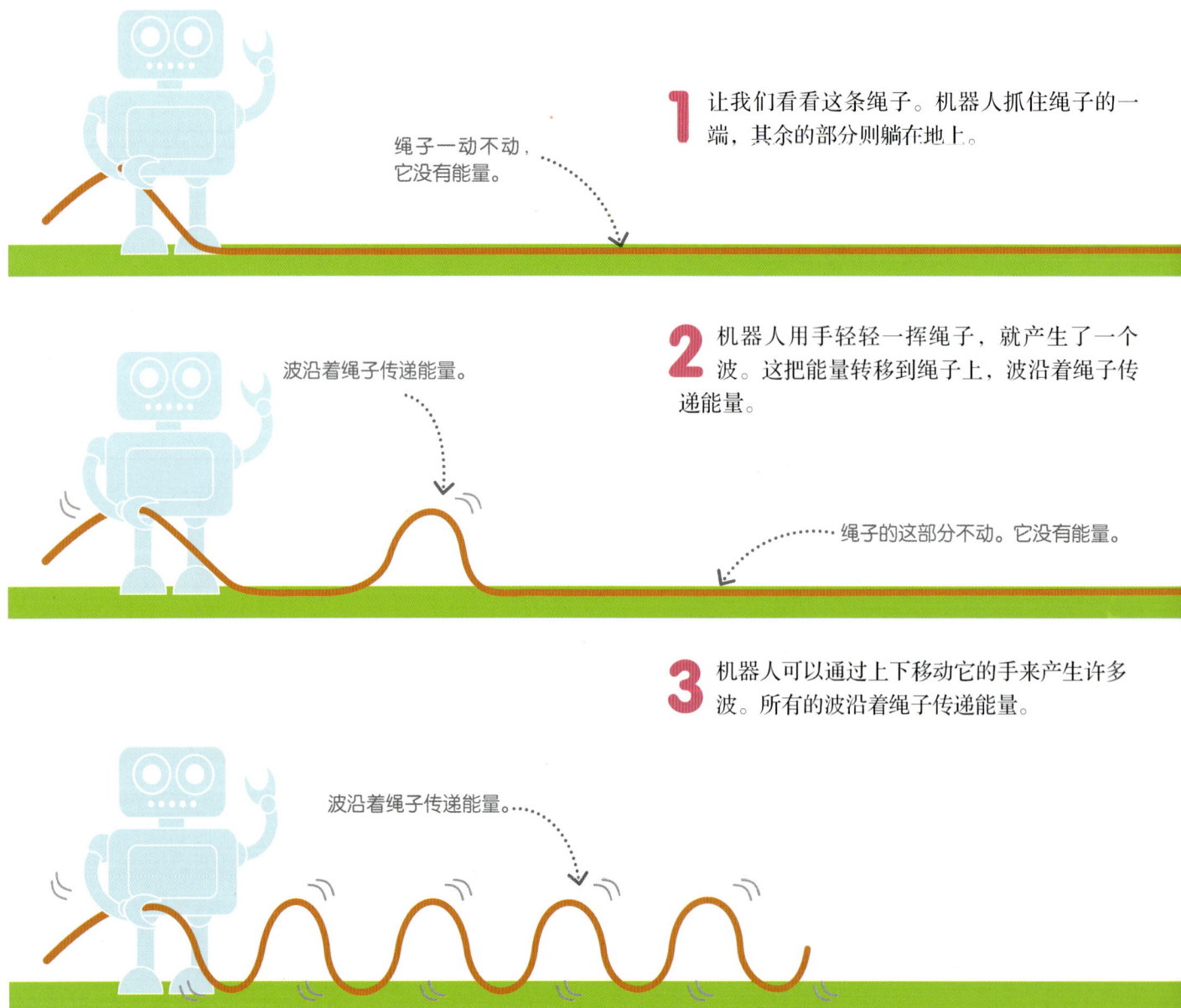

绳子一动不动，它没有能量。

1 让我们看看这条绳子。机器人抓住绳子的一端，其余的部分则躺在地上。

波沿着绳子传递能量。

绳子的这部分不动。它没有能量。

2 机器人用手轻轻一挥绳子，就产生了一个波。这把能量转移到绳子上，波沿着绳子传递能量。

3 机器人可以通过上下移动它的手来产生许多波。所有的波沿着绳子传递能量。

波沿着绳子传递能量。

造波机

用刺在木叉上的软糖做一个波形机，研究改变波的大小和速度时会发生什么。

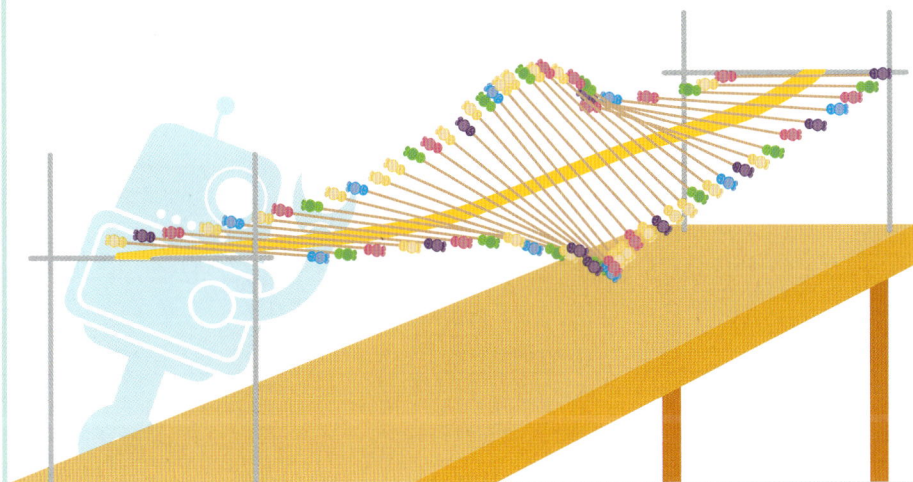

1 在两个固定点之间连接一段胶带。你可以用两把椅子的靠背，或者用固定在长板凳末端的夹子。胶带具有黏性的一面应该朝上。

2 沿着胶带，每隔5cm放一根扦子，在上面再加一层胶带固定扦子。

3 把软糖推到每个扦子的两端。确保胶带是水平的，然后弹一下胶带的任意部分来触发波，观察波的来回移动。

测量波

所有类型的波都可以用同样的方法测量。要测量一个波，就需要知道它的波长（两个峰之间的距离）、振幅（波的高度）和频率（每秒的波数）。

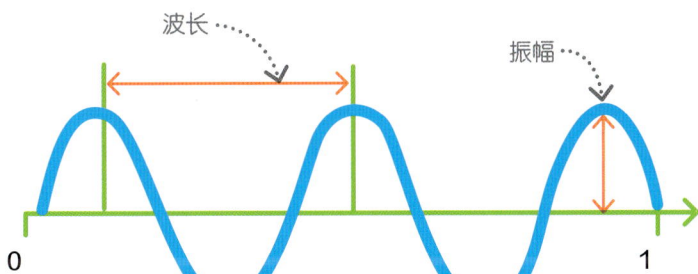

低频

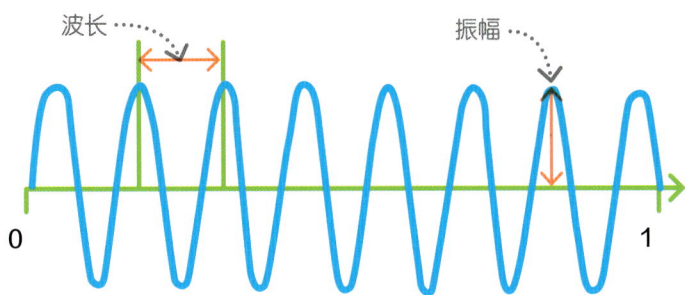

高频

光学纤维

工程师已经开发出一些利用电波传送信息的惊人方法。光学纤维是像头发丝一样细的玻璃或塑料长丝。光波沿着这些纤维以惊人的速度传播。这些光波携带着数字数据，为家庭提供高速的互联网连接。

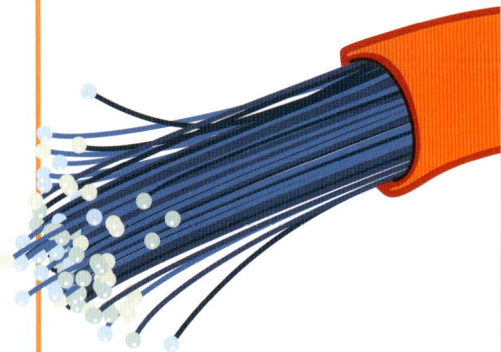

波是如何表现的？

波单独存在时能平稳、均匀地传播。但当它们遇到障碍或从一种介质传递到另一种介质（如从水传递到空气）时，它们的移动方式就会发生变化。

科学已知的传播速度最快的东西是光波。光速是无法超越的。

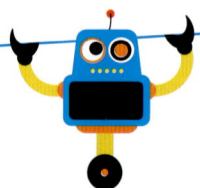

反射

碰到固体障碍物时，波会被反射。反射波的形状取决于入射波的形状和障碍物的形状。

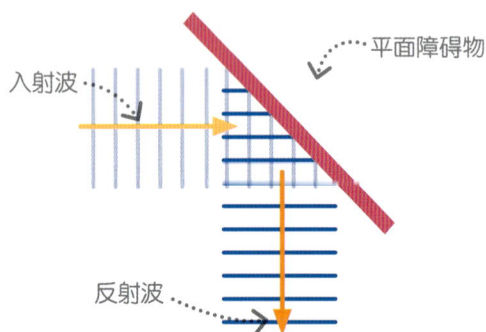

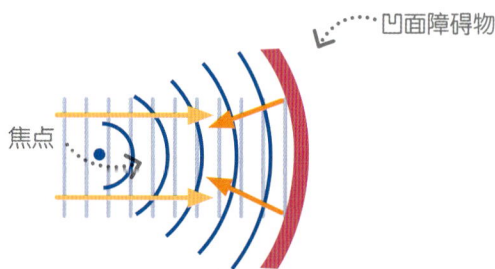

1 当直波碰到平面障碍物时，反射波不会改变形状。光波碰到镜子时会发生这样的反射。

2 当直波碰到凹面障碍物时，反射波会向内收缩形成一个焦点。卫星信号接收器就有聚焦无线电波的形状。

3 当圆形波碰到平面障碍物时，它们又会以圆形波的形式反弹回来。池塘里的波纹如果碰到池壁就会这样。

折射

波在不同的物质中以不同的速度传播。比如，当光从空气传播到水中时，速度会减慢，这种速度的变化使光在以一定角度撞击新物质时会改变方向，这就是折射。一杯水里的一根吸管看起来是弯曲的，这就是因为光发生了折射。

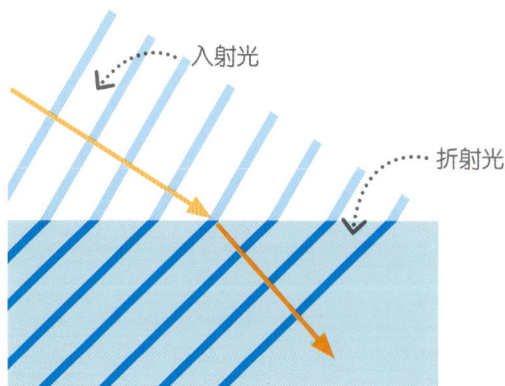

1 当光从空气传播到水中时，它们会减慢速度，从而产生折射。

2 照到吸管上的光在从水到空气的传播过程中会发生折射，因此形成弯曲的图像。

衍射

穿过缝隙时，波有时会散开，这就是衍射。衍射只发生在间隙相对于波长的大小很小的时候。

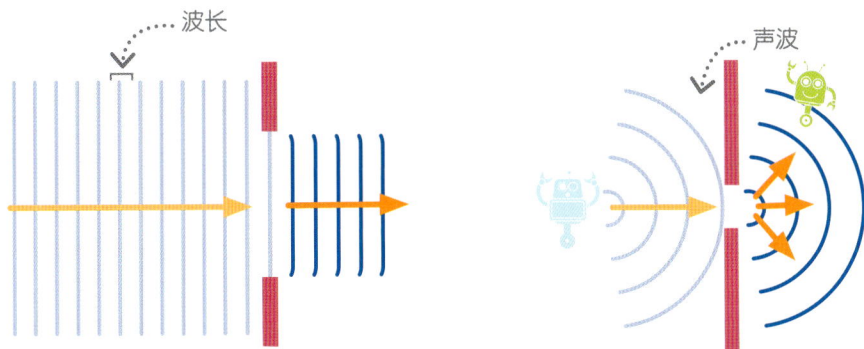

波长

声波

1 如果短波穿过一个很宽的间隙，就不会发生衍射。当波被阻挡时会形成阴影。当光波穿过门口时，就会发生这种情况。

2 当长波穿过一个很小的缝隙时，就会发生衍射。这就是我们隔着门也能听到声音的原因。

干涉

当波相遇时，它们可以结合成较大或较小的波，这就是干涉。肥皂泡和蝴蝶翅膀上看到的彩虹色闪光，就是光的干涉在起作用。暴风雨天气会使海浪相互干涉，产生巨浪。

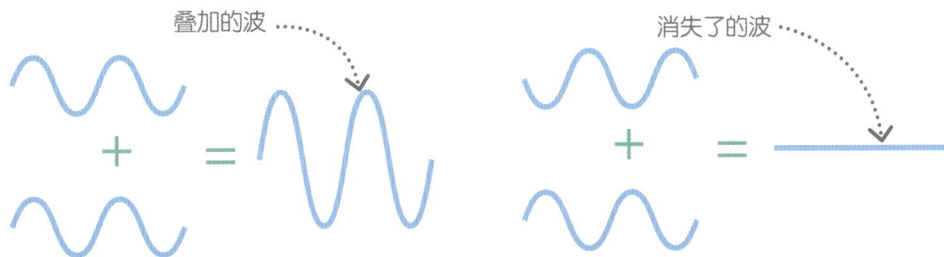

叠加的波

消失了的波

1 如果相似波的波峰同时到达，这两波加起来就会形成一个新的更大的波，这叫作相长干涉或建设性干涉。

2 如果一波的波峰与另一波的波谷（最低点）重合，两波就相互抵消了。这叫作相消干涉或破坏性干涉。

制造波

往平静的池塘里扔鹅卵石，就能看到干涉现象。仔细地计时，投两个鹅卵石来制造两组同心波纹。观察波浪相遇的地方，寻找建设性干涉（更大的波纹）和破坏性干涉（平静的水面）。

鹅卵石

同心波

发生干涉的水波

声音

我们听到的声音是空气在振动。当声音发出时，它会使空气振动。这些振动随后被我们的耳朵接收，并识别为声音。

超音速喷气式飞机的飞行速度比声音的传播速度还要快。

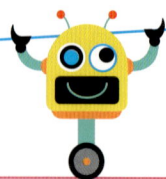

声波

所有的声音都是从振动开始的。这些振动以声波的形式在空气中传播，直到传到我们的耳朵。

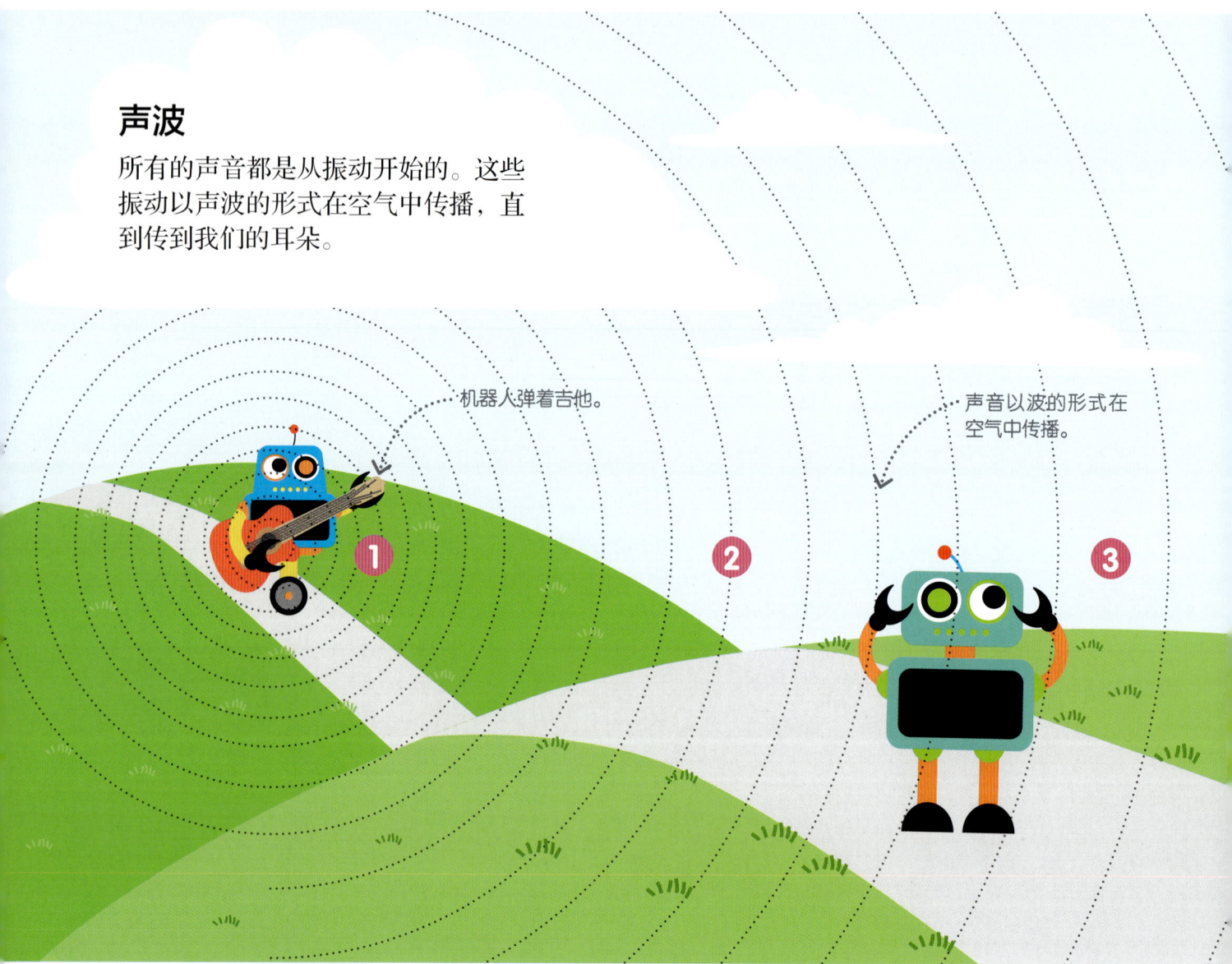

机器人弹着吉他。

声音以波的形式在空气中传播。

1 拨一下吉他弦，它就会振动。这种振动将吉他弦周围的空气分子来回推动，使空气也发生振动。

2 每一个空气分子撞击到相邻分子，依此类推，通过空气传播振动。

3 声波向周围扩散，随着它们远离声源，声音也越来越小。

声速

声波可以穿过气体、液体和固体。它们在液体中的传播速度比在空气中快，因为液体分子的密度更大，所以振动传递得更快。声波在固体中的传播速度更快。

1 太空中

太空是完全寂静的，因为它是真空的——没有空气。声音不能在太空中传播，因为没有空气分子可以让声波移动。

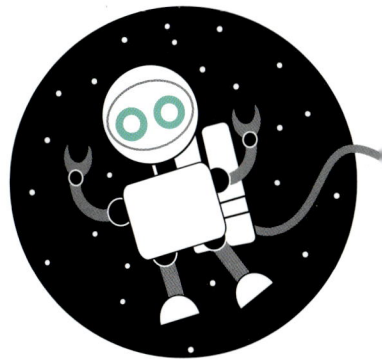

2 空气中

声音在空气中以330m/s的速度传播，但速度比光速慢100万倍。这就是我们会先看到闪电后听到隆隆雷声的原因。

声音比光传播得慢。

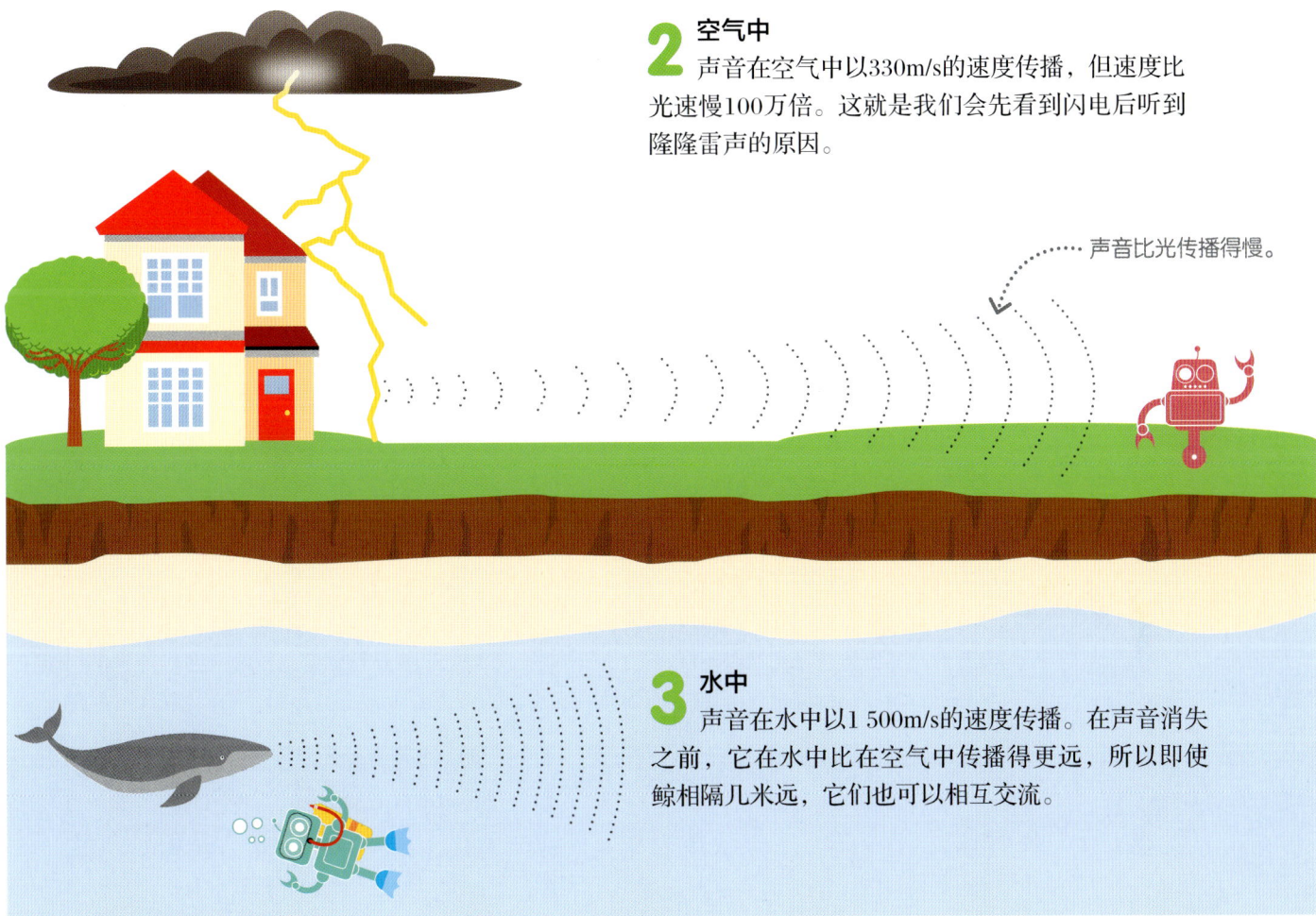

3 水中

声音在水中以1 500m/s的速度传播。在声音消失之前，它在水中比在空气中传播得更远，所以即使鲸相隔几米远，它们也可以相互交流。

试一试 TRY IT OUT

酸奶盒手机

在两个酸奶盒之间系一根绳子，让朋友拉其中一个杯子，直到把绳子拉紧。把你的耳朵贴在盒子上，让朋友对着盒子说话。你应该能够听到他的声音。

声音的测量

声音可以是响亮的，也可以是微弱的，可以是像口哨一样的高音，也可以是像雷声一样的低音。产生这些差异是因为到达耳朵的声波形状是不同的。

婴幼儿能听到大人听不到的音调过高的声音。

音频

低频

高频

33Hz（每秒33个声波）

4 186 Hz

262Hz

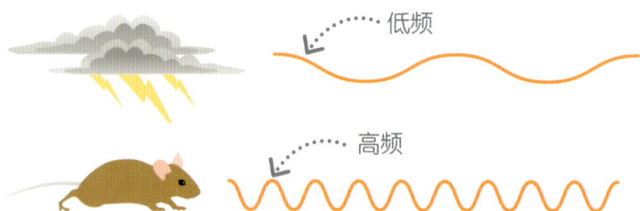

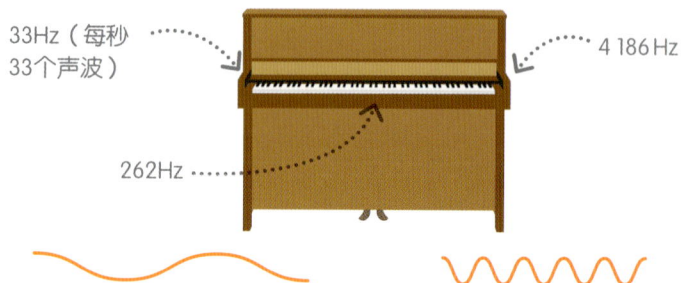

1 每秒钟到达耳朵的声波数量叫作音频。音频越高，声音的音调就越高。

2 频率以赫兹（Hz）表示。大多数钢琴的频率为33Hz（最低音符）到4 186Hz（最高音符）。

3 人的耳朵能听到20Hz到20 000Hz的频率。对于人类来说，过高而听不到的声音叫作超声，过低而听不到的声音叫作次声，有些动物能听到超声或次声。

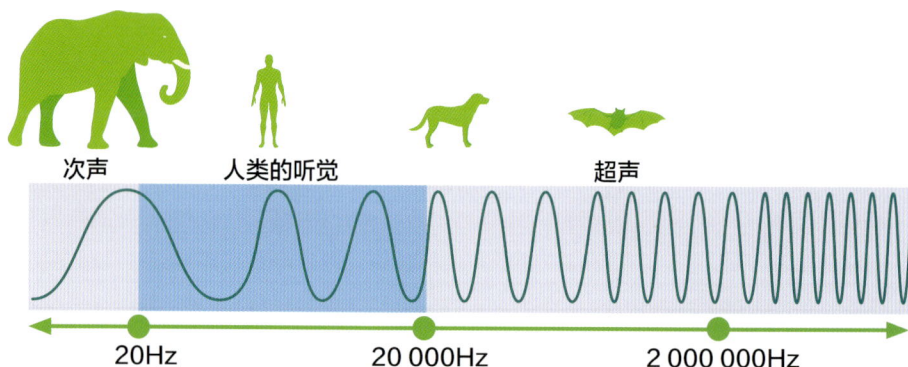

次声　　　人类的听觉　　　超声

20Hz　　　20 000Hz　　　2 000 000Hz

响度

声音的响度（音量）取决于波中的能量。这通常用波的高度来表示。响度的单位是分贝（dB）。

洗衣机工作时的声音大约是80dB。

大笑声大约是60dB。

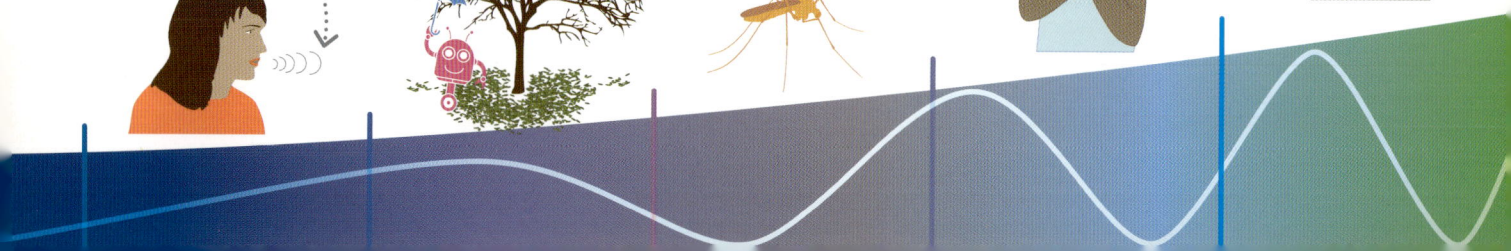

树叶沙沙作响的声音大约是10dB。

蚊子的叫声大约是20dB。

人类能听到的最安静的声音是0dB的窃窃私语。

音色

很少有声音只包含一个音高。大多数都有基本的音高，以及一系列叫作泛音的附加音高。泛音赋予每种乐器独特的声音，帮助我们区分不同的声音。

1 音叉产生的声音几乎没有泛音，所以它的波动很简单。

2 小提琴有锯齿状的波形，在主波上有许多尖锐的泛音。

3 人类的声音和小提琴一样有许多泛音，但有着更明显的波峰。

割草机工作时的声音大约是90dB。

雷声大约是120dB。

音量最大的尖叫声是128.4dB。

喷气式飞机起飞时的声音是110~140dB。

人类制造出的最大的声音是原子弹爆炸的声音，为210dB。

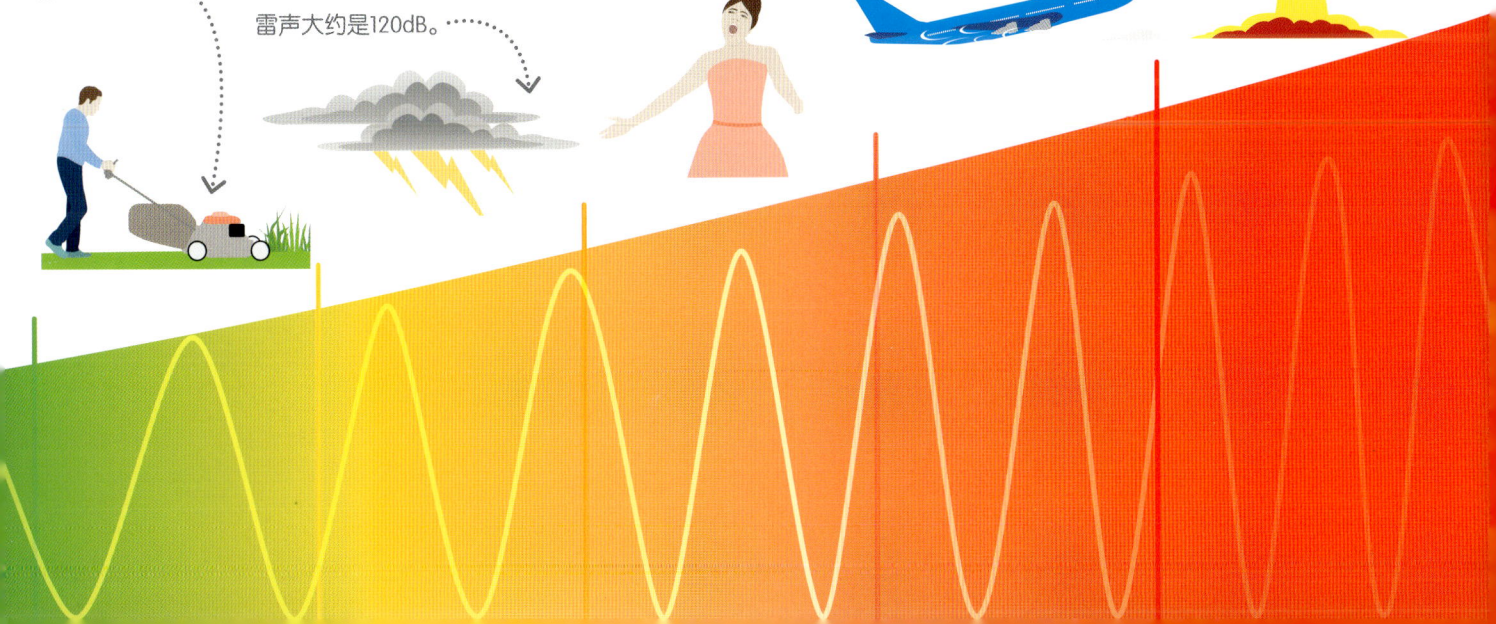

光

光是我们眼睛能看见的一种能量形式。光以波的形式传播，它移动得很快，一束光可以瞬间照亮整个房间。

千万不要直视太阳。它非常明亮，会伤害你的眼睛。

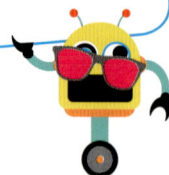

1 太阳、星星、蜡烛和电灯都能发光，我们称它们为发光物体或光源。当光线直接射入眼睛时，会看到发光的物体。

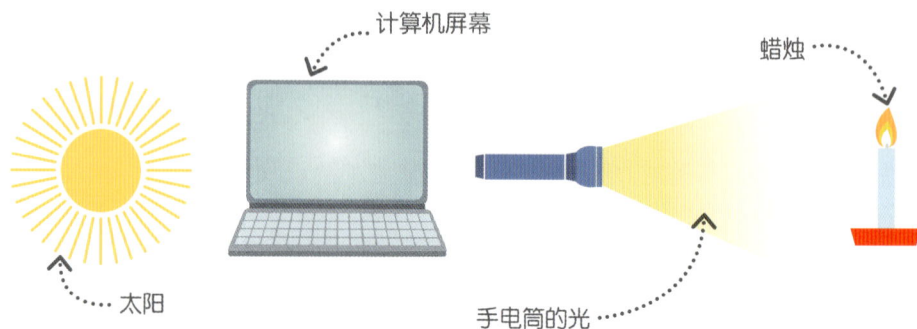

计算机屏幕

蜡烛

太阳

手电筒的光

2 很多物体不发光，能看到它们只是因为光线从它们身上反射回我们的眼睛。月亮不发光，它之所以看起来是明亮的，是因为它能反射太阳光。

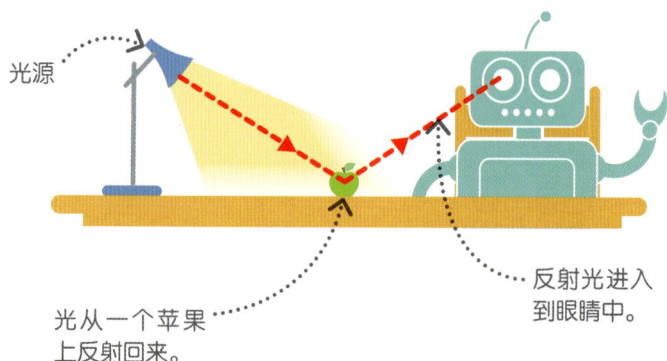

光源

反射光进入到眼睛中。

光从一个苹果上反射回来。

3 光沿直线传播，我们把光传播的路径称为光线。如果把三张有洞的卡片排成一行，然后用手电筒照进去，只有当洞对齐时，光线才能通过。

光源

光的路径

4 因为光沿直线传播，如果物体挡住了它的传播路径，就会产生阴影。阴影不完全是黑暗的，因为附近物体反射的光仍然可以照到它们。

阴影

5 一个小的或远距离的光源会投射出尖锐的阴影，而一个大的光源会投射出不同区域的柔和阴影。阴影中所有光线都被遮挡的黑暗中心叫作本影，在这周围的浅阴影叫作半影。

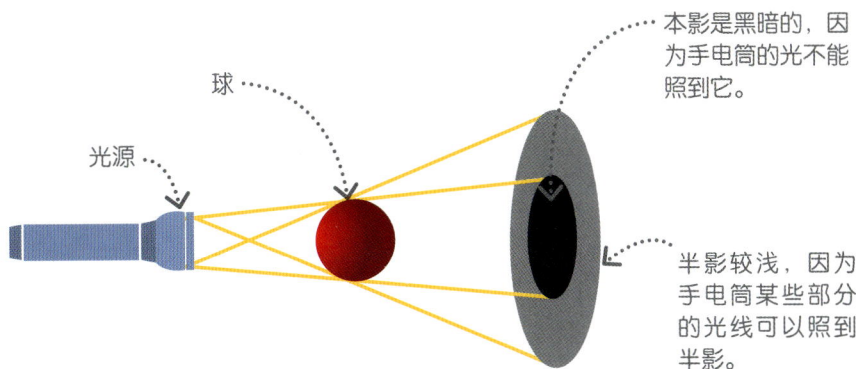

光源

球

本影是黑暗的，因为手电筒的光不能照到它。

半影较浅，因为手电筒某些部分的光线可以照到半影。

不透明、透明和半透明的材料

大多数固态物体能阻挡光线，但有些材料能让光波直接穿过，比如水或玻璃。

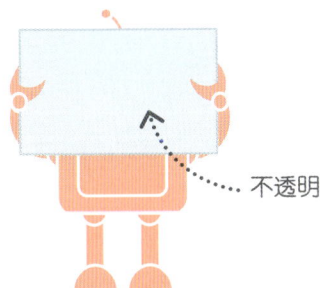

不透明

透明

半透明

1 不透明的材料能阻隔所有的光。木头或金属等材料是不透明的，这些材料只能反射光或者吸收光。

2 有些材料是透明的，如玻璃。它们几乎能让所有的光线通过；有少部分光线是反射的，这就是我们可以看到玻璃表面的原因。

3 在光线通过时可以散射光线的材料是半透明的，比如磨砂玻璃。光线被半透明材料内部的微小颗粒散射。

试一试 TRY IT OUT

日晷和阴影

你可以制作一个日晷，并根据阴影的位置判断时间。

1 在花盆中装满沙子，然后将一根长棍牢牢地插进沙子里。

2 一个晴朗的早晨，在上午8点时把一块鹅卵石放在棍子的影子末端，并在鹅卵石上记录下时间。每小时重复这样的操作。

3 在下一个晴天检查你的日晷，并判断时间。

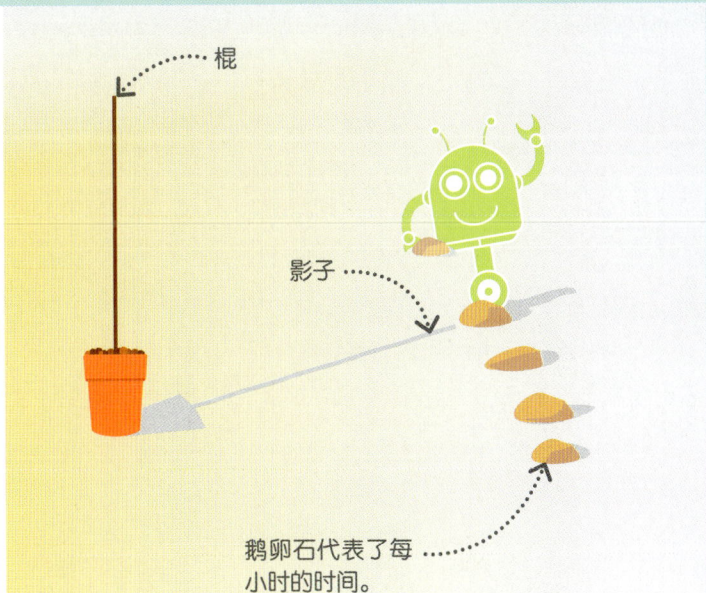

棍

影子

鹅卵石代表了每小时的时间。

反射

当光线从物体上反弹时，我们称之为反射。像镜子这样非常光滑的物体反射光线的效果非常好，我们能在其中看到图像。

> 玻璃镜子的背面有一层薄薄的银层，用来反射光线。

1 表面粗糙的物体，向许多不同的方向散射光线。表面非常光滑的物体，如镜子，有规律地向同一个方向反射光线。这就是能在镜子里看到自己的脸的原因。

光线

粗糙的表面

光滑的表面

2 射入镜子的光线叫作入射光线，而反射出去的光线叫作反射光线。反射光线以与入射光线完全相同的角度反射，我们称之为反射定律。

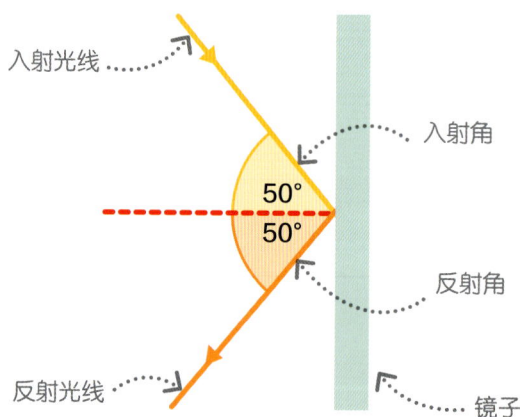

入射光线

入射角

50°

50°

反射角

反射光线

镜子

3 照镜子时，我们会看到镜子后面物体的图像。镜子后面的这个图像看起来和前面的物体与镜子的距离相同。

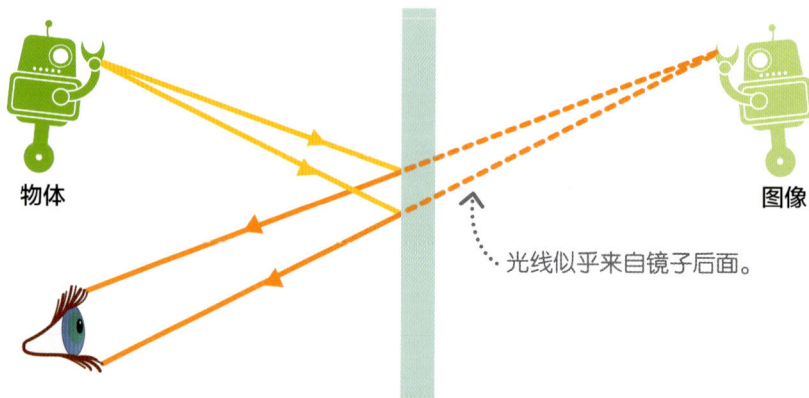

物体

图像

光线似乎来自镜子后面。

4 镜子不会左右翻转。镜子里的单词看起来是反的，是因为它是面向镜子的，而实际上它是沿着镜子中的一根线，从前往后翻转成像的。

物体   图像

5 在无风的日子里，湖面光滑得像一面镜子，它反射湖边的景色，形成了一个镜像。

图像

弯曲的镜子

镜面弯曲的镜子会改变图像的大小。这是因为光线在镜子的不同地方以不同的角度反射。

凸面镜

1 凸面镜向外弯曲，像勺子的背面，它使图像更小，但视野更开阔。凸面镜用于汽车后视镜，开阔汽车后方的视野。

凹面镜

2 凹面镜向内弯曲，像勺子的前面。当物体接近凹面镜时，图像会放大，人们用凹面镜刮胡子或化妆。

现实世界的技术

超大望远镜

智利的超大望远镜（ELT）属于大型太空望远镜，使用镜子而不是透镜收集来自深空的微弱光线。ELT的主镜由798面六边形镜子组成，每面镜子宽1.45m，呈蜂窝状排列，形成一个巨大的凹形盘子。

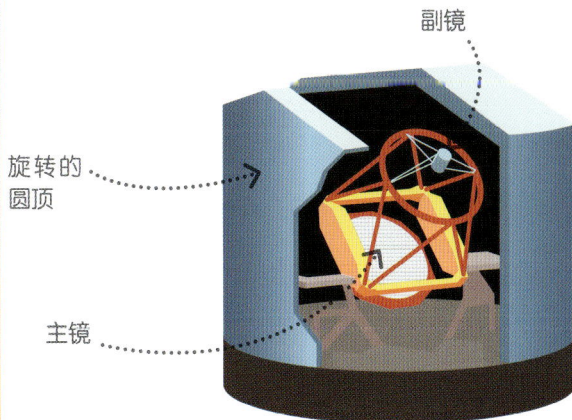

副镜

旋转的圆顶

主镜

折射

当光波从空气传播到水或玻璃中时，它们会减速，
并发生弯曲。这种光线的弯曲叫作折射。

声波在从一种物质传
播到另一种物质时也
会改变速度。

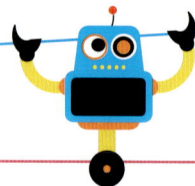

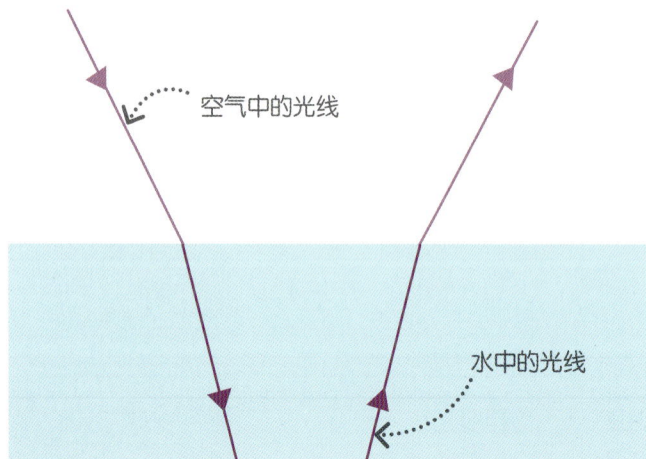

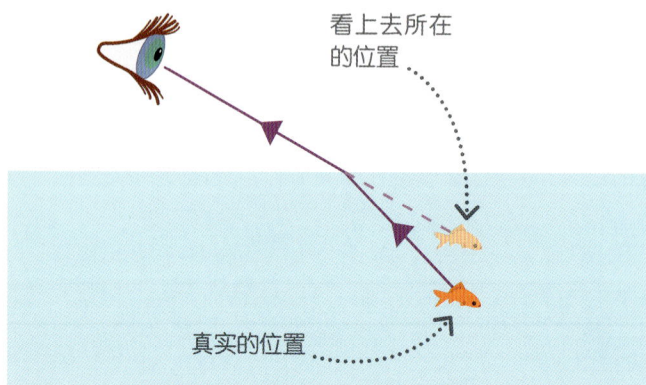

空气中的光线

水中的光线

1 光在空气中传播得很快，但在水中传播得较慢。进入
水后，光波的速度下降并弯曲。当光离开水面时，它
会以相反的方式加速和弯曲。

看上去所在
的位置

真实的位置

2 观察水下物体时，物体折射的光线会产生扭曲的图
像，使物体看起来比实际更接近水面。

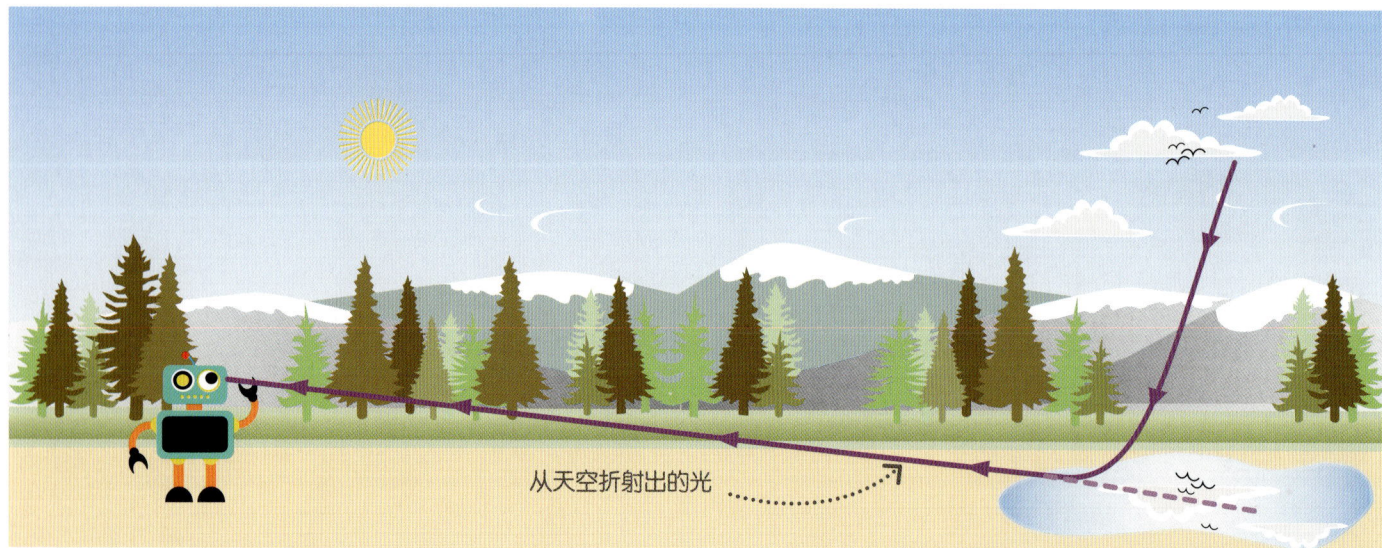

从天空折射出的光

3 当光线从冷空气传播到暖空气时，会发生折射，这就造成了海市蜃楼——在沙漠里，或炎热夏季的公路
上，远处神秘的水坑闪闪发光。海市蜃楼是来自天空的蓝光，被地面上温度较高的空气折射所形成的。

透镜

透镜是由玻璃或其他透明材料制成的曲面圆盘。它们特殊的形状使光发生折射，这就改变了你通过它们所看到的东西。透镜有两种主要类型：凹透镜和凸透镜。

1 凹透镜
凹透镜的中间较薄，边缘较厚，这使得穿过它的光线分散开来。因此，当通过凹透镜看一个物体时，它看起来比实际要小。

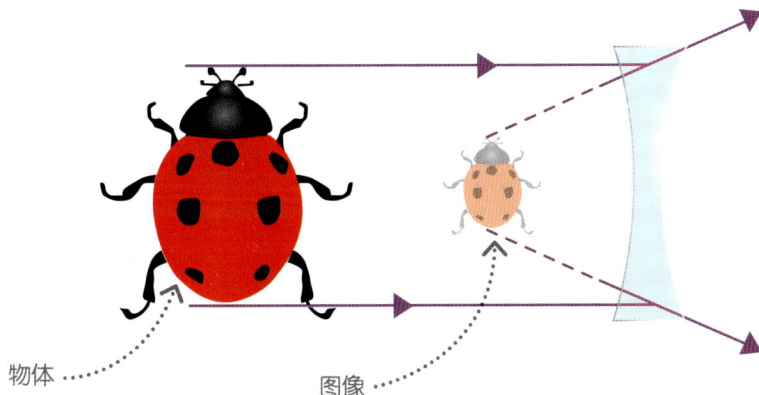

物体 ⋯⋯→   图像 ⋯⋯→

2 凸透镜
凸透镜的中部较厚，这使得光线向内弯曲，并会聚在一起。通过凸透镜看附近的物体时，它被放大了——看起来比实际要大。

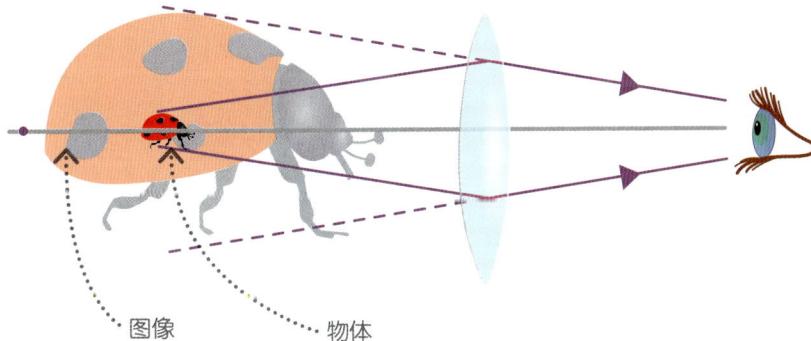

图像 ⋯⋯→   物体 ⋯⋯→

3 焦点
平行光线经过凸透镜后相遇会聚的点称为焦点，焦点与透镜之间的距离称为焦距。凸透镜越厚，聚焦效果越强，焦距越短。

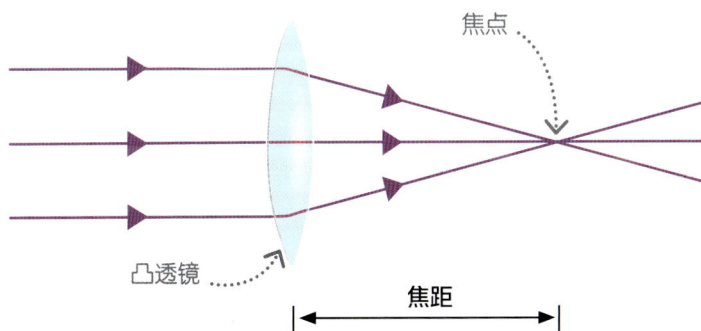

焦点 ⋯⋯→

凸透镜 ⋯⋯→   焦距

试一试 TRY IT OUT

看见一对纽扣

将一个纽扣放入一杯水中，变成两个纽扣。纽扣发出的光在离开水面时发生折射，形成第二个纽扣的图像。用正确的角度握住玻璃杯可以看见两个纽扣，一个穿过玻璃杯的侧面，一个穿过水面。

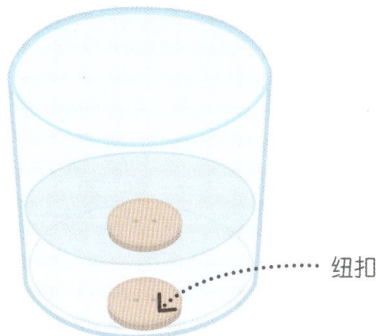

纽扣 ⋯⋯→

成像

透镜可以形成物体的图像。一个图像是一个物体的复制品，但它可能比物体小，也可能比物体大或与物体本身左右相反或上下倒置。

在镜子里看到的映像叫作虚像。

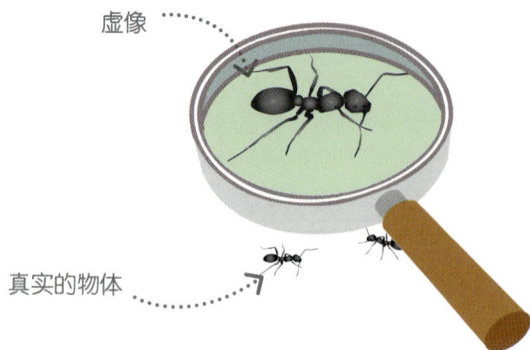

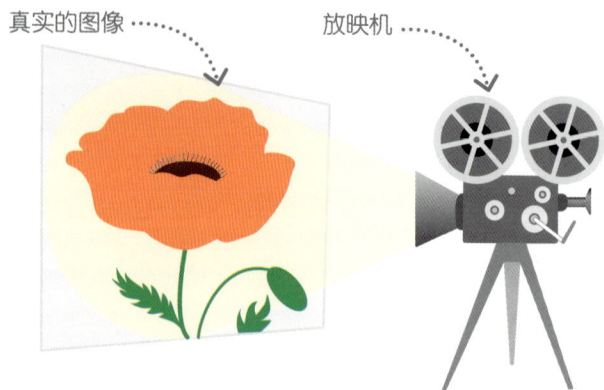

1 通过透镜看到的图像称为虚像。用放大镜看物体时，看到的虚像比真实物体要大。

2 可以在屏幕上显示的图像称为真实的图像。投影仪、照相机和人眼都能产生真实的图像。

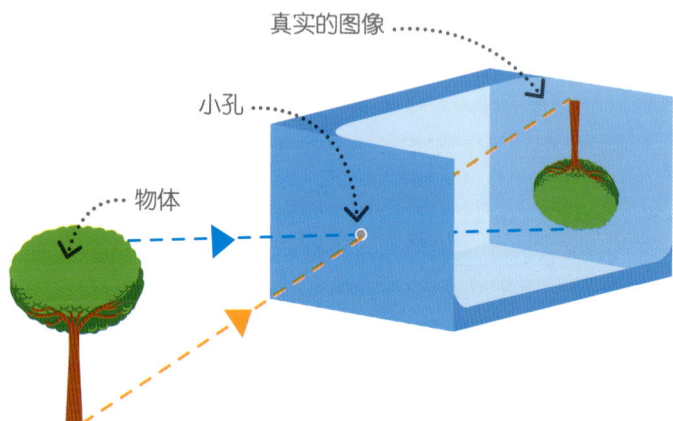

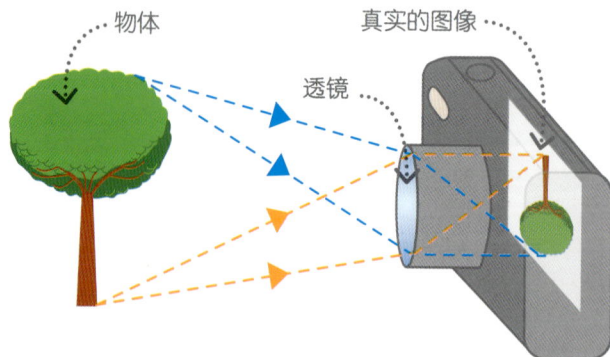

3 针孔照相机可以在没有镜头的情况下产生真实的图像。物体上的每个点的光线对应落在屏幕上的一点，因此形成了图像。但这幅图像非常模糊，因为只有极少量的光可以通过这个小孔。

4 照相机和眼睛使用透镜来形成真实的图像，这意味着可以使用一个更大的孔，允许更多的光通过并形成一个更亮的图像。透镜使光线弯曲，使来自物体上每个点的光线对应落在传感器上的某一点上，形成清晰的图像。

数码相机

数码相机将光线聚焦到传感器上，这是一种硅芯片，通过产生电荷对光子（粒子）作出反应。就其本身而言，传感器无法区分颜色，因此在顶部放置了一个由微小彩色滤光片组成的网格。每个正方形的颜色与图像中的一个像素对应。

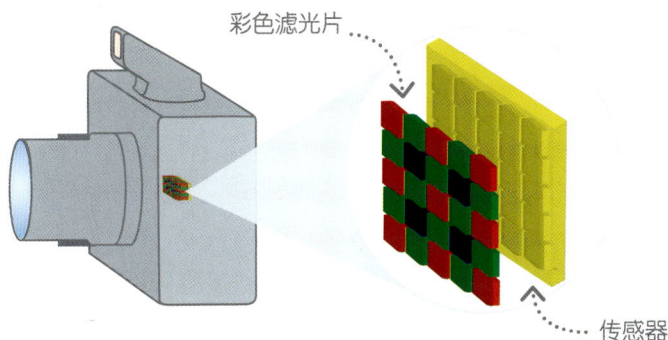

彩色滤光片

传感器

射线图

可以画一个射线图，找出由透镜产生的图像的位置。

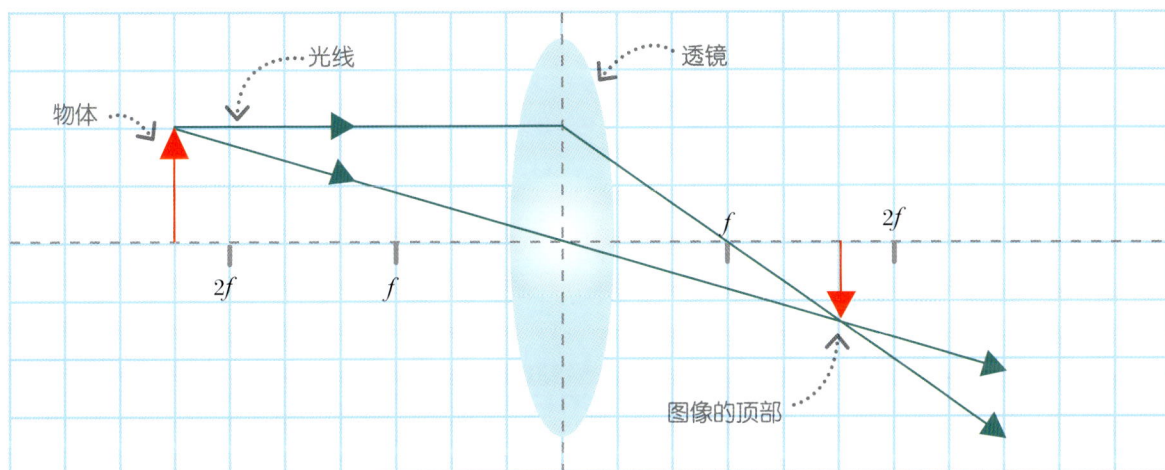

光线　　透镜

物体

物体

2f　　f　　　f　　　2f

图像的顶部

1 画一个横轴，透镜在中间。将物体与镜头的距离用焦距的倍数标记（参见第199页）：f，$2f$，…。

2 把物体画成向上的箭头。

3 从物体的顶部通过透镜中心画一条直线。

4 从物体的顶部到镜头画一条水平线，然后沿着焦点f向下延伸。

5 这两条线相交的点是图像的顶部。图像不一定成像在焦点处。

做一个针孔照相机

不需要透镜来聚焦光线和形成图像，按照右侧所示的步骤，你可以通过只有一个针孔的盒子来形成图像。

1 在鞋盒的一端切一个小方洞，在鞋盒的另一端切一个大方洞。

2 用胶带把铝箔粘在小方洞上，用大头针把它刺破。用胶带在大方洞上贴上描摹纸。

3 除了针孔处，将整个盒子用厚厚的毯子盖住，将针孔对准明亮的物体，图像就会出现在描摹纸上。

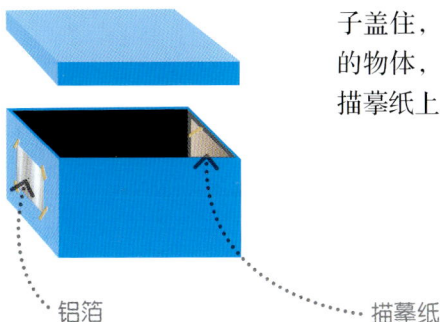

铝箔　　　　　描摹纸

望远镜和显微镜

望远镜和显微镜是使用透镜或镜子来形成放大的图像。它们的工作原理相似，但是望远镜可以放大远处物体的图像，显微镜可以放大附近微小物体的图像。

世界上最强大的显微镜可以使单个原子可见。

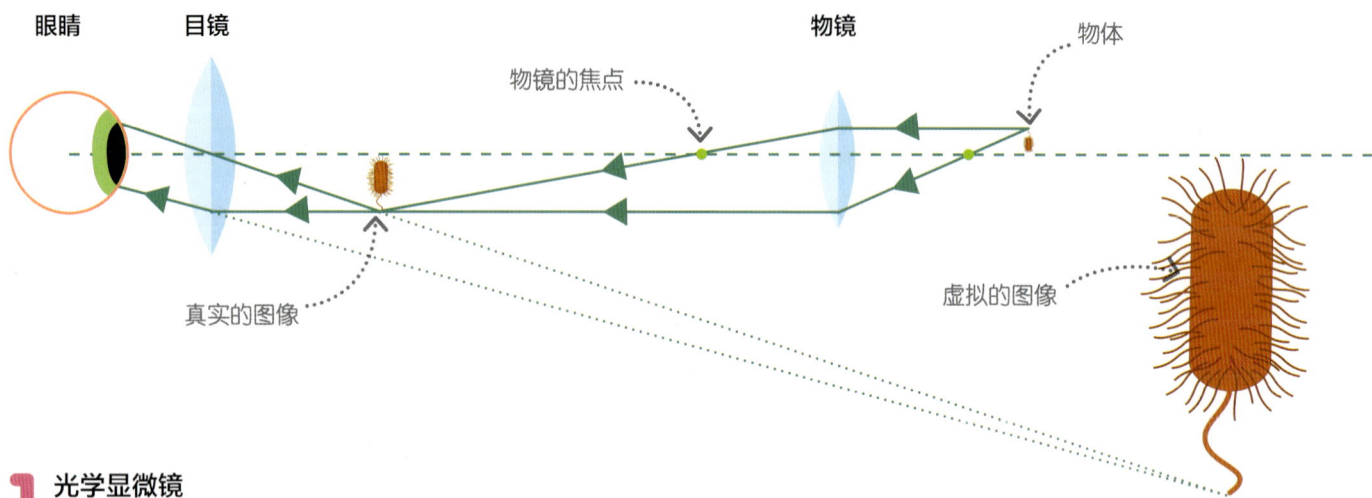

眼睛   目镜   物镜   物体

物镜的焦点

真实的图像

虚拟的图像

1 光学显微镜

光学显微镜有两个主要的凸透镜，它们都像放大镜一样工作。第一个镜头叫作物镜，形成了一个放大的物体图像。通过第二个镜头，将前面放大的物体的图像继续放大，最终得到的图像比物体大几百倍（但是是倒置的），这样就可以看到肉眼看不见的小物体，比如细胞。

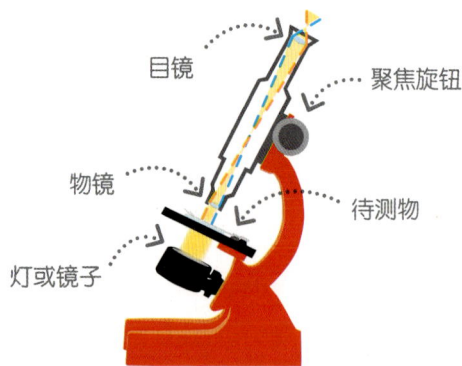

目镜   聚焦旋钮

物镜   待测物

灯或镜子

扫描电子显微镜是研究昆虫等小动物的理想设备。

2 使用光学显微镜

使用光学显微镜时，要把待测物放在灯或镜子上的载物台上。光线穿过物体，穿过物镜，然后穿过目镜。

3 扫描电子显微镜

扫描电子显微镜不是用光而是用一束由磁铁聚焦的电子产生图像。它们可以放大10万倍，比光学显微镜显示更多的细节。

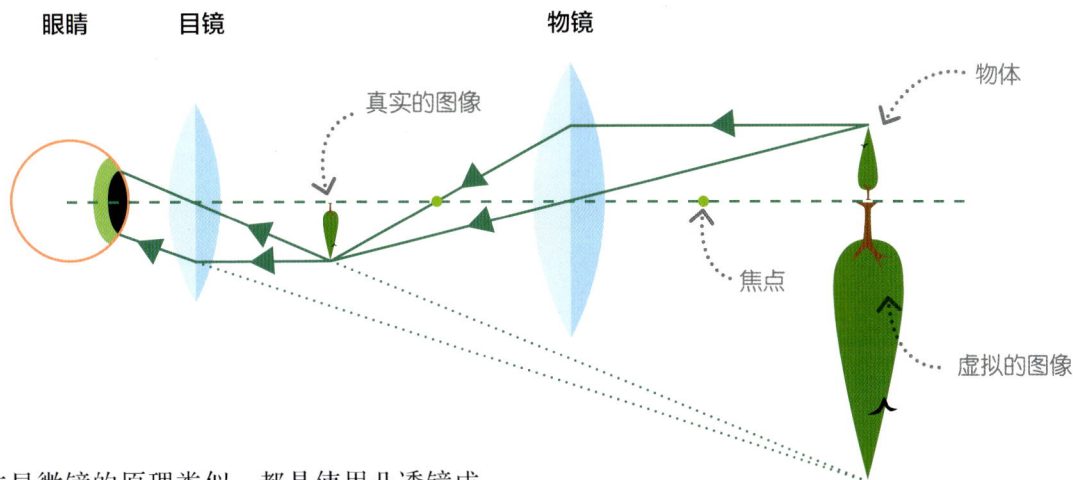

眼睛   目镜   物镜

真实的图像

物体

焦点

虚拟的图像

1 望远镜

望远镜与显微镜的原理类似，都是使用凸透镜成像。但是，望远镜是形成了一个在远距离的较大物体的放大图像。

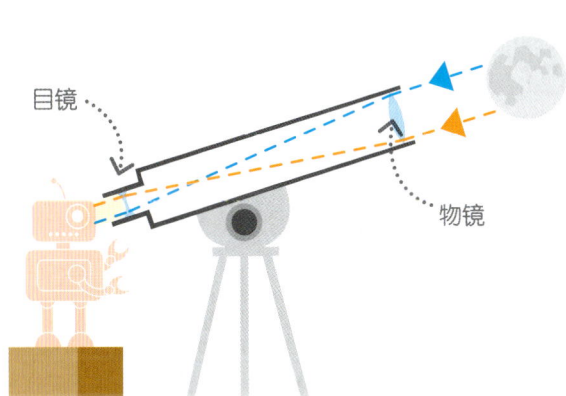

目镜

物镜

目镜

主镜

副镜

2 望远镜的使用

使用望远镜时要通过目镜观察，转动聚焦盘，使目镜中的镜头前后移动。许多人用三脚架支撑望远镜，这样可以防止图像抖动。

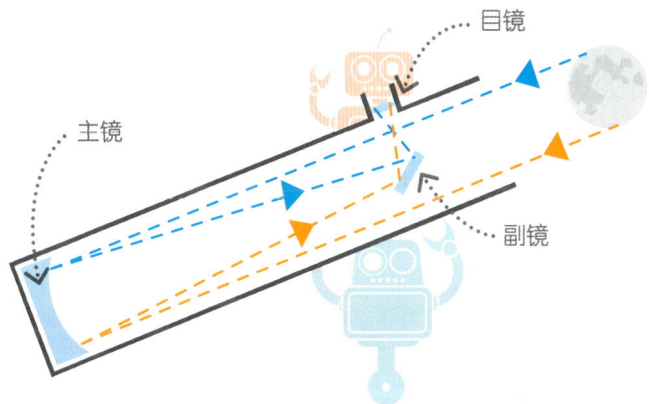

3 反射式望远镜

反射式望远镜不使用透镜，而是使用弯曲的有金属涂层的反射镜来成像。在要求较高的望远镜中使用这样的镜面效果更好，因为与玻璃镜片不同，反射式望远镜的镜面不会使光线在弯曲时分裂成不同的颜色。

现实世界的技术

射电望远镜

大多数望远镜使用可见光，但恒星和星系发射出其他我们看不到的辐射，包括无线电波。射电望远镜用一个像卫星接收器一样的大圆盘收集和聚焦来自太空的无线电波。这些望远镜使天文学家能够透过阻挡可见光的尘埃云团，研究银河系的核心。

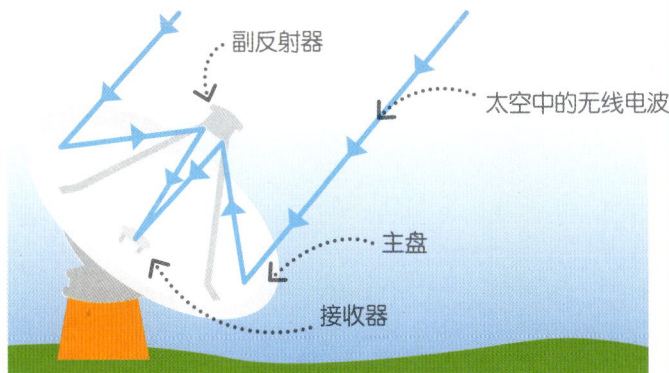

副反射器

太空中的无线电波

主盘

接收器

色彩

世界充满了色彩，从晴朗天空的天蓝色到成熟番茄的深红色，所有这些颜色是我们眼睛看到不同波长的光的表现形式。

> 黑色物体不反射任何光，它们吸收光。

分离光

白光看起来几乎没有颜色，但实际上它是所有颜色光的混合。

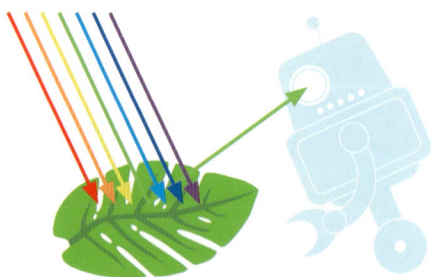

1 可以通过把白光照射进一个棱镜来将其分解。棱镜对每个波长的光的折射（弯曲）程度是不同的。每一种颜色都有不同的波长，所以颜色呈扇形散开，形成彩虹图案——光谱。

2 大多数有颜色的物体不是发出光，而是反射光。它们通过吸收一些波长并反射其余波长而得到它们的颜色。叶子看起来是绿色的，因为它吸收光谱中的所有其他颜色，但反射绿色。

3 光谱中的颜色顺序总是一样的：红、橙、黄、绿、蓝、靛、紫。红色波长最长，约为665nm（1m=1 000 000 000nm）。紫色波长最短，约为400nm。

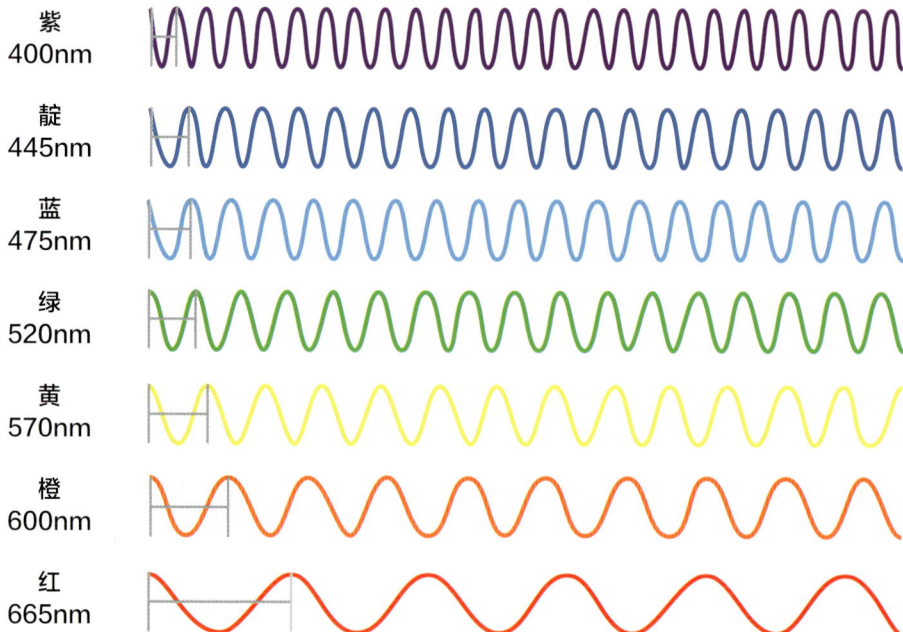

紫 400nm
靛 445nm
蓝 475nm
绿 520nm
黄 570nm
橙 600nm
红 665nm

4 当阳光从你身后射入空气中的水滴并以42°的角度反射到你的眼睛时，你会看到一道彩虹。水滴像玻璃棱镜一样分离光线的颜色。

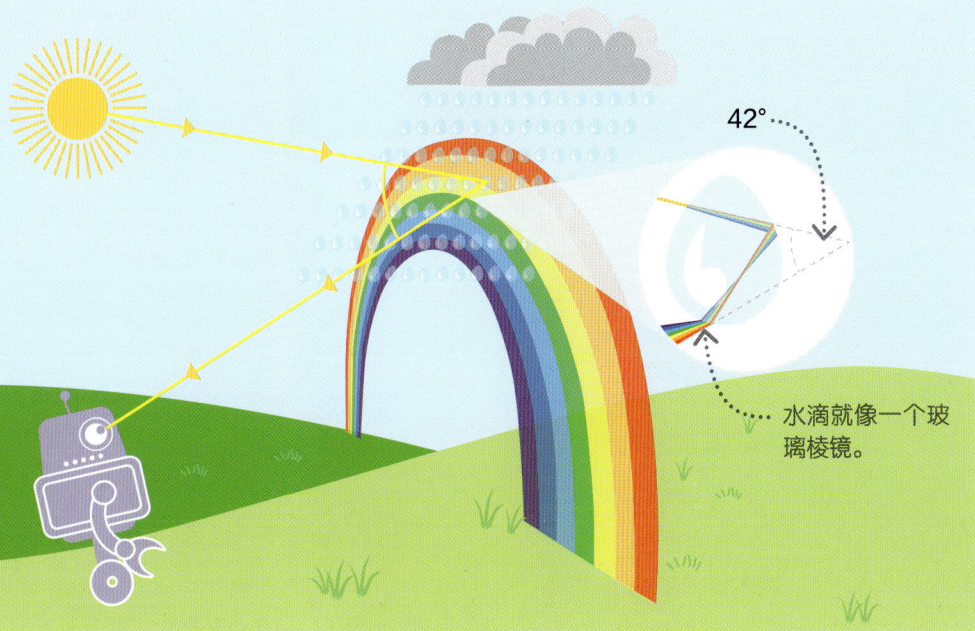

42°

水滴就像一个玻璃棱镜。

添加颜色

我们的眼睛可以看到无数种颜色，但所有这些颜色都可以通过将三种不同颜色的光——红、蓝、绿以不同的比例混合得到，我们称这三种颜色为光的原色。混合颜料也会产生不同的颜色，但是是通过减少某些颜色颜料的量而不是增加颜料。

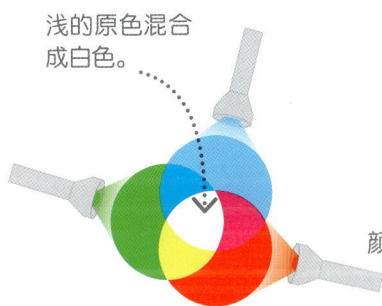

浅的原色混合成白色。

颜料的原色混合成黑色。

1 添加原色会产生其他颜色。把所有三种原色的光加在一起就产生了白光。

2 混合颜料会减少某种颜色。比如，蓝色颜料和黄色颜料的混合物看起来是绿色的，因为这些颜料吸收除绿色以外的所有波长。

现实世界的技术

显示屏

计算机、电视和手机屏幕可以通过混合三种原色的光来创造每一种可能的色调。仔细观察屏幕，你会看到红色、绿色或蓝色的小点（像素）。通过控制像素，屏幕能以任意比例混合颜色。

绿色像素

蓝色像素

光的应用

人们已经发现了光的许多巧妙的用途，观察身体内部、对眼睛进行手术、向世界各地发送高速互联网数据等。

> 激光用于测量月球与地球的确切距离。

激光

激光是一种明亮的人造光，产生的光束很强，可以在钢铁上烧一个洞。激光束又直又窄，可以精确地击中阿波罗号航天员留在月球上的一面镜子。

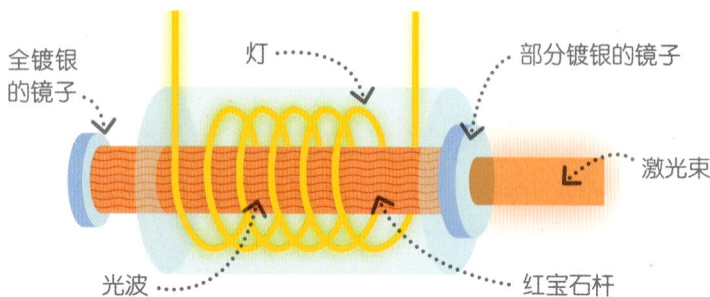

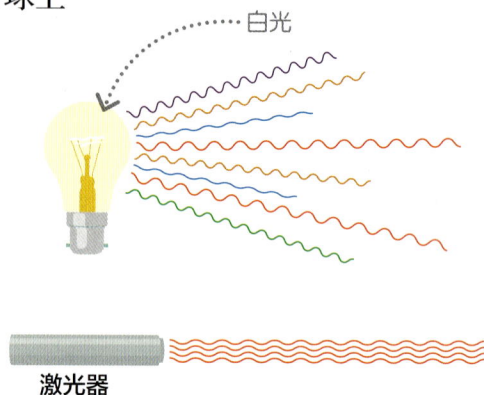

全镀银的镜子　灯　部分镀银的镜子　激光束　光波　红宝石杆

白光　激光器

1 在红宝石激光器中，一圈灯管照亮一根人造红宝石（氧化铝）杆。红宝石中的原子吸收能量，并以红光重新发射。杆的两端都有反射光线的镜子，形成强烈的光束。其中一个是部分镀银的镜子，可让光束逃逸。

2 白光是不同波长的混杂物。相比之下，激光只能产生单一波长的光。光波不仅大小相等，而且步调完全一致。这有助于使激光束在很长一段距离内保持狭窄而紧密的聚焦。

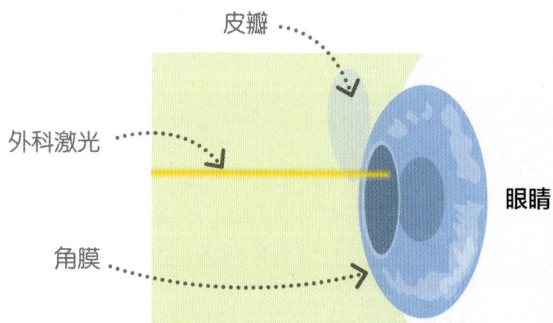

皮瓣　外科激光　眼睛　角膜

3 激光的精密性使其对精细手术很有用，比如激光眼科手术。在眼睛的外眼角膜上切下一个皮瓣，然后用激光脉冲使小块组织蒸发，可以矫正视力。然后将皮瓣折回去，让它愈合。

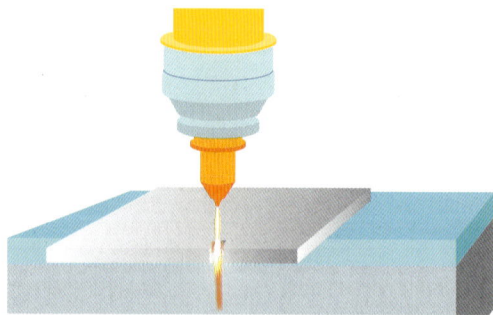

4 有些激光器产生强大的红外线光束，可以熔化金属、玻璃、塑料甚至金刚石。这些激光比电钻更快、更精确，可以用于制作发动机上用于冷却的小孔或淋浴喷头、咖啡机和食品罐上的圆滑小孔。

光纤

光纤是一束细小的玻璃纤维，能以光脉冲的形式传输数据。它们传输数据的速度比电线快得多。

1 每根光纤都是一根细如发丝的玻璃纤维。光线穿过纤维的玻璃芯，从一边反射到另一边。光束无法逃逸，因为它不会以一个足够大的角度去撞击并穿过侧面，而是被反射到对面，这就是所谓的全内反射。

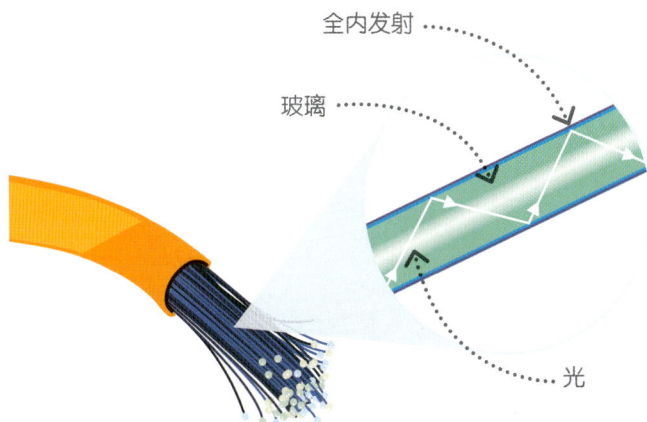

全内发射

玻璃

光

2 当你使用互联网连接到世界另一个地方的网站时，数据通过海底的光缆出现在你眼前。它们是由特殊的船只铺设的，这些船只将光缆输送到沿着海底构筑的犁上——挖出一条沟渠并将光缆投入其中。船只每天要铺设长达200km的光缆，这些光缆的使用寿命约为10年。

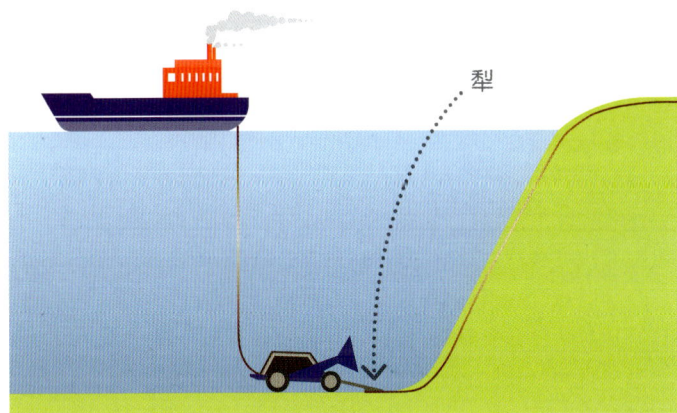

犁

现实世界的技术

内窥镜

内窥镜是医生观察病人身体内部的设备。内窥镜通常有三根线缆：一根含有光学纤维，可以将光线导入身体，照亮医生想看到的区域；一根是将反射光反射回来，让医生可以看到图像，通常是在显示器上；还有一根线缆允许微小的外科手术装置置入人体，比如切除受损组织的区域。

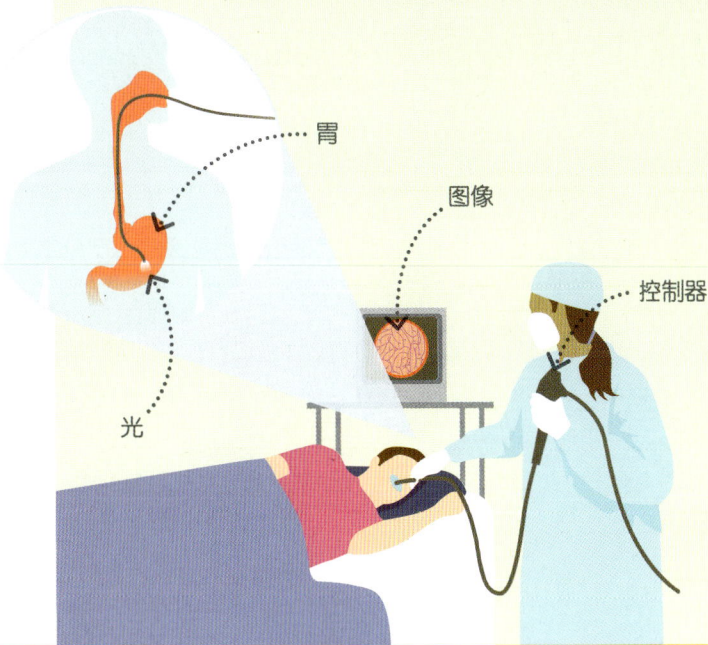

胃

图像

控制器

光

电磁波谱

光能是一种辐射形式，它以可见波的形式传播。辐射也可能以很短或很长的波的形式传播，我们的眼睛无法感知。所有这些不同波长的光和可见光一起构成了电磁波谱。

所有电磁波都以光速传播。

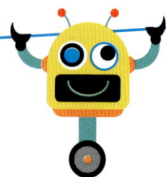

电磁波

电磁波的范围是从几米或几千米长的无线电波到比原子小的伽马射线。

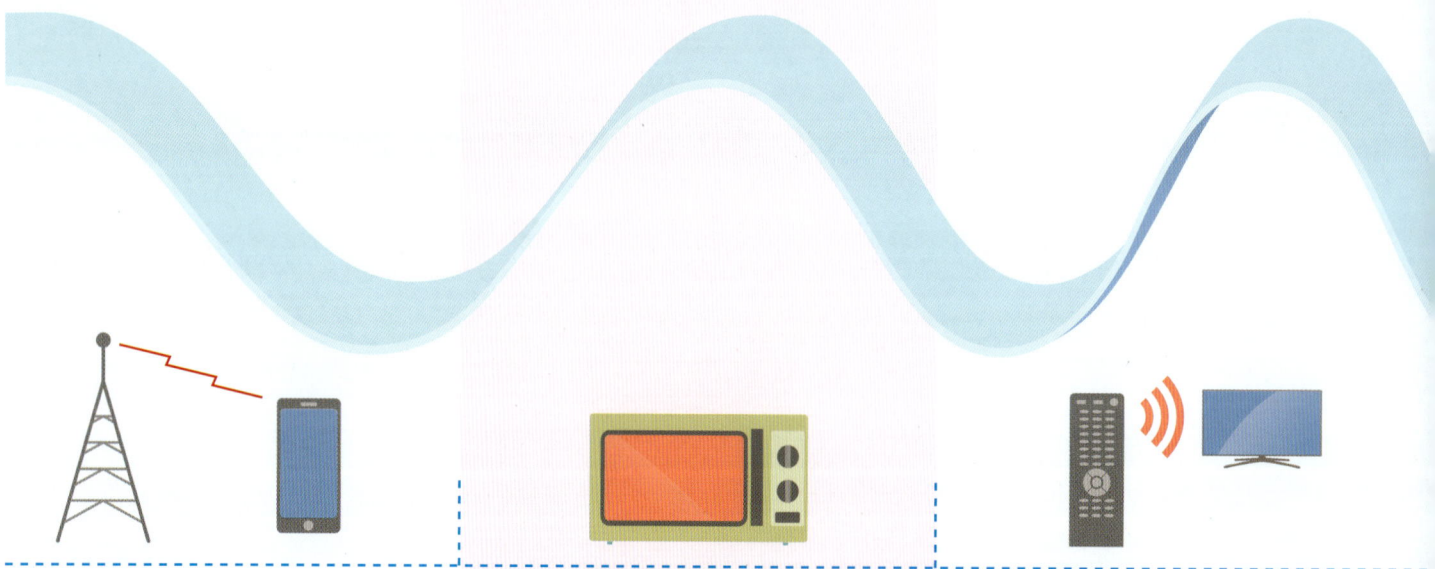

1 无线电波
无线电波不仅可以传送广播节目，还可以传送电视节目、电话和互联网数据，其传输速度为光速，人眼不可见。长波可以绕过障碍物，但像手机信号这样的短波沿直线传播的效果最好。

2 微波
微波比无线电波短（有时被归类为非常短的无线电波）。微波炉产生大约12cm长的波，这些波能穿过玻璃和塑料使水分子振动，从而加热食物。

3 红外线
红外线波只有1mm长，能传递热能。虽然它们是看不见的，但当你在火边取暖或站在明亮的阳光下时，就能感受到它们的存在。电视遥控器使用弱红外光脉冲向电视发送信号。

无线电波

多年来，光的本质一直是科学的难题。声波在空气中以振动的形式传播，而光波可以在没有振动的空间中传播。19世纪，英国科学家詹姆斯·克拉克·麦克斯韦发现，磁场和电场的变化可以以光速传播。他提出了可见光在磁场和电场中是一种双波的理论，预言一定还有其他不可见的不同长度的电磁波。果然，几年后，科学家们成功地制造出了无线电波，这一突破改变了世界。

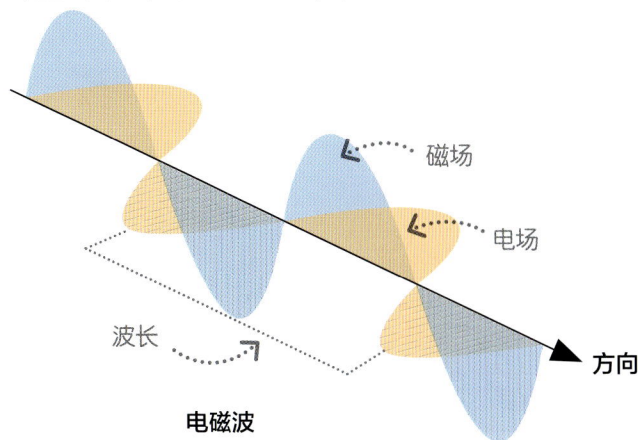

磁场

电场

波长

方向

电磁波

4 可见光

这是电磁波谱中我们能看到的一部分。可见光的波长为0.000 4~0.000 7mm。波长最长的可见光是红色的，而波长最短的可见光是紫色的。

5 紫外线

紫外线（UV）来自太阳，会导致晒伤。登山运动员和滑雪者可能会因为较强的紫外线而刺痛眼睛，所以要戴太阳镜保护眼睛。我们看不见紫外线，但许多鸟类和昆虫却可以。

6 X射线

这些电磁波的大小和原子差不多。它们可以直接穿过人体柔软的部位，但被骨骼和牙齿所阻挡，这使它们成为制作骨骼图像的理想工具。

7 伽马射线

这是最危险的电磁波类型。它们携带大量能量，可以杀死活细胞。伽马射线是由放射性物质发出的，可用于抗癌。

静电

把气球放在衣服上摩擦，然后把它带到墙边，它就会静止在那里，就像变魔术一样。它是被一种能引起闪电的东西固定住了：静电。

在干燥、阳光明媚的日子里，当空气中没有太多水分时，静电的影响最为明显。

电力和电子

电是由电磁力引起的。这种力通常会把电子困在原子内部，但它们有时会逃逸。如果逸出的电子聚集在一个地方，就会产生静电。如果它们流出，就会产生电流。

1 每个原子都有一个中心原子核和一个外层电子区（参见第124页）。电子带负电荷，原子核带正电荷。相反的电荷相互吸引，就像磁铁的两极一样。这种引力通常使电子保持在原来的位置。

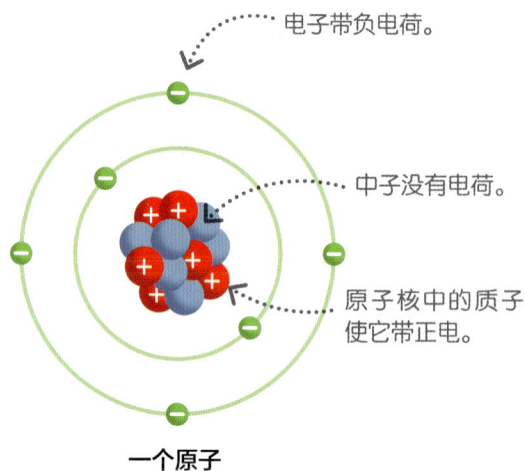

电子带负电荷。

中子没有电荷。

原子核中的质子使它带正电。

一个原子

2 如果把某些物质放在一起相互摩擦，电子就会脱离原子，从一种物质转移到另一种物质。比如，在羊毛衫或头发上摩擦气球，就能把电子传递到气球上。这些多余的电子让气球带上了负电荷。

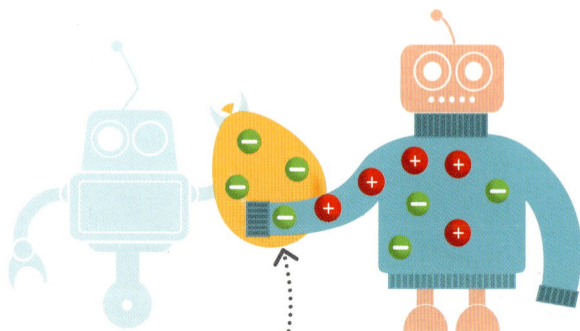

摩擦气球给了它额外的电子。

3 相反的电荷相互吸引，相似的电荷相互排斥（相互推开）。当你把气球放在墙上时，气球里的负电荷会排斥墙上的电子。这使得壁面带正电荷，所以带负电荷的气球就附着在壁面上了。

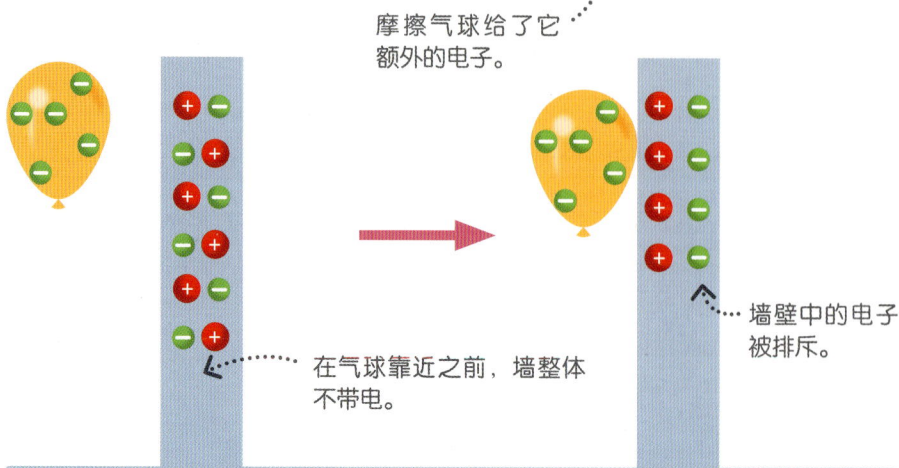

在气球靠近之前，墙整体不带电。

墙壁中的电子被排斥。

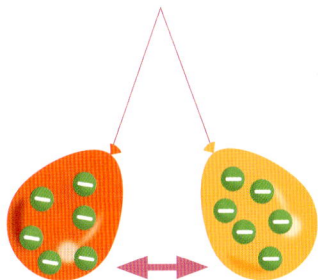

4 如果把两个气球在一件羊毛衫上摩擦，它们都会带负电荷。如果把它们挂在一根长绳上，气球会互相排斥，在它们之间留下一个小缺口。

电子从地毯上挪到你的鞋子上。

5 塑料鞋底能像气球一样吸收额外的电子。当鞋底在地毯上摩擦时，多余的电子会使你的全身带负电荷。当触摸金属制品时，电荷就会逸出，给你轻微的电击。

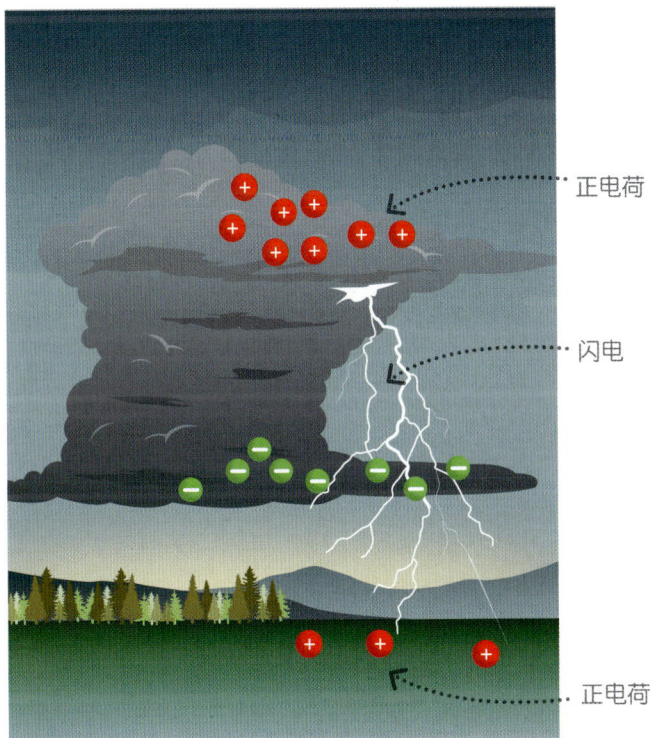

正电荷

闪电

正电荷

闪电

闪电充分地显示了静电的威力。云层里的冰晶和雨滴在旋转和碰撞并相互交换电子的过程中带电荷。正电荷和负电荷聚集在云的不同部位。云底部聚集的电荷使得地面上产生与之相反的电荷，这将把电荷从云层中拉下来，形成一束强大的光和热。

试一试 TRY IT OUT

柔韧的水

试试这个魔术，看看静电是如何使水弯曲的。首先在衣服上摩擦气球，用静电给它充电。打开水龙头，让它慢慢地流。紧紧握住气球，电荷会吸引水，使水弯曲。

带电气球

跳跳纸

在薄纸上画出小的形状并剪下来。把它们散乱地放在桌子上，然后用气球在你的头发或毛衣上摩擦给气球充电30s。把气球放在纸片上方，纸片会跳起来并粘在气球上。

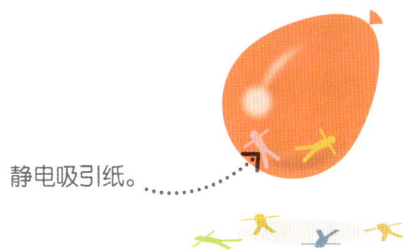

静电吸引纸。

电流

与静止不动的静电不同，电流是会移动的。我们使用的所有电器都依赖于流动的电流。

导线中电子的运动速度比蜗牛慢，但它们传输的能量每秒可移动数千千米。

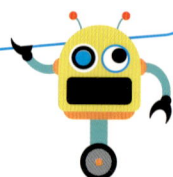

移动电子

电流依赖于电子的自由移动——电子是构成原子外层的微小的带负电荷的粒子。在金属等材料中，一些电子仅与原子松散地结合在一起，因此可以自由移动。这些自由电子可以相互推动，传递电荷，就像接力赛中的选手一样。

电子自由移动。

1 当电线与电源没有连接时，自由电子在金属原子之间自由移动，但没有电荷的转移。

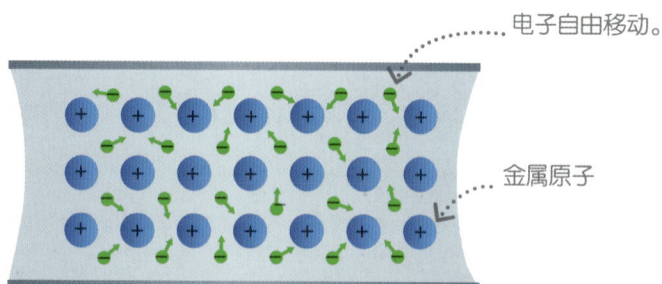

金属原子

2 当电源接通时，电源上的负电荷排斥电子。电子移动并排斥邻近的电子，而邻近的电子又排斥邻近的电子，以此来传递电荷。

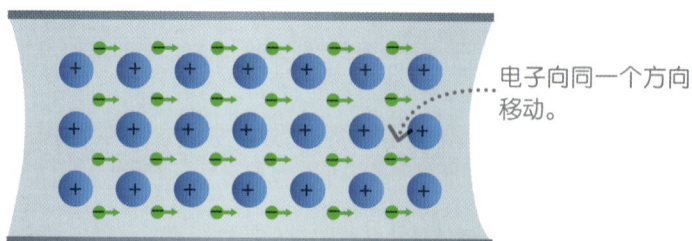

电子向同一个方向移动。

现实世界的技术

电池

电池通过化学反应产生电流。电池有三部分：带负电荷的一端称为阳极；带正电荷的一端称为阴极；以及储存电解质的中央储存器。电解质中的化学反应导致电子在阳极上积聚，电子自然地被吸引到阴极，但它们的路径被阻塞。但是，当电池与电路连接时，电子会沿着电路移动，产生电流。

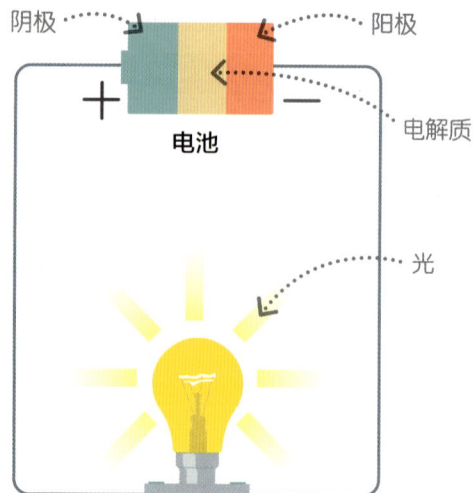

阴极

阳极

电池

电解质

光

导体和绝缘体

1 导体

电流容易通过的材料称为导体。铜、金和银等金属是良导体，因为它们的原子中有一个能很容易地从原子中分离出来的外层电子。大多数电线都用铜制作。金银很贵，所以只能用在小型电子设备上。水中含有溶解的离子（带电粒子），可以导电，所以用湿手接触带电物体是危险的。

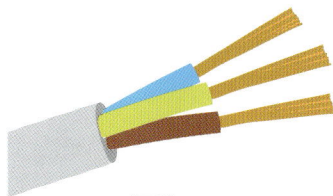

铜线

金

银

含有水的液体能导电。

柠檬汁

2 绝缘体

大多数材料没有自由电子，所以它们阻碍了电流的流动，这些材料叫作绝缘体。好的绝缘体包括橡胶、陶瓷、木材、羊毛、玻璃、空气和塑料。用塑料包裹电线可以防止电荷泄漏。虽然塑料物体不会让电流通过，但它们仍然可以吸收静电，所以当你穿着塑料底的鞋走在塑料地毯上触摸一个导电的物体时，会受到轻微的电击。

橡胶

陶瓷

木材

羊毛

试一试 TRY IT OUT

香蕉导电测试

要想知道你家周围的东西是良导体还是绝缘体，可以试试这个简单的实验。找一个由5号或7号电池供电的旧手电筒。在家长的帮助下，把它拆开，如图所示，用胶带把三段电线粘到电池终端和灯泡连接上。两个没有连接的电线末端可以放在硬币、水果和餐具等不同物体上，看看灯泡是否会亮起来。

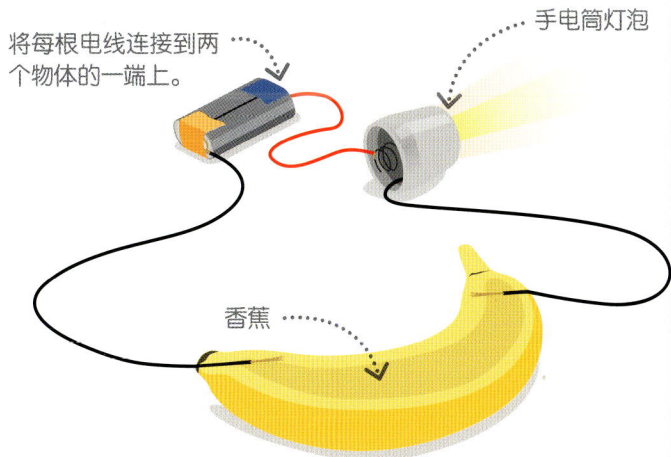

将每根电线连接到两个物体的一端上。

手电筒灯泡

香蕉

电路

我们使用的所有电器，从电话到电视，都依赖于电路中的电流。当电路接通时，形成一个完整的闭合回路。

电路中的小器件称为元器件。

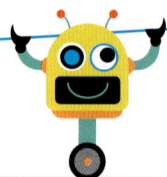

1 最简单的电路是基于铜线的回路。电流在两个条件下才会流动：推动电子的能量来源，比如电池；一个完整的、无断裂的电子循环回路。这里有两个电路不工作，看看你能不能找出原因。

不工作　　　不工作　　　工作

2 如果电路被断开，电流就会停止流动。这就是开关的工作原理。

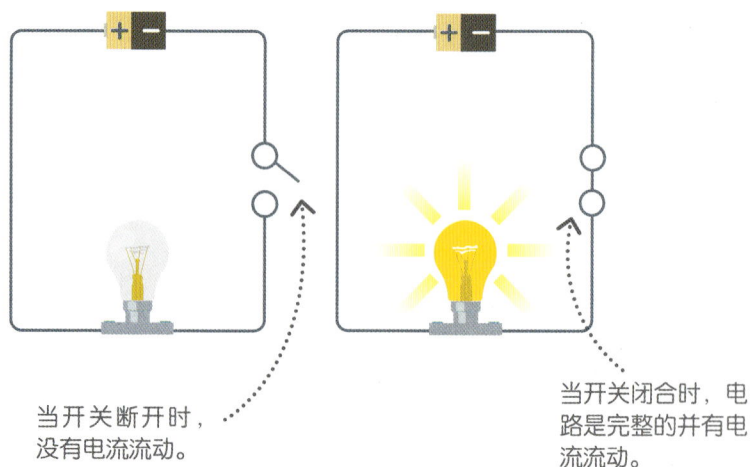

当开关断开时，没有电流流动。

当开关闭合时，电路是完整的并有电流流动。

3 当两个电池连接在一起时，它们以两倍的力推动电子通过电路，我们说它们有两倍的电压。（你可以在第216页找到更多关于电压的信息。）电路中的灯泡会发出更亮的光，蜂鸣器会发出更大的噪声。

两个电池时，光更亮。

串联电路和并联电路

电路可以用两种基本方式连接。如果所有元器件都连接在一个回路中，那么它们就是串联的。如果电路有分支，那么它们是并联的。

1 串联电路

当电路串联时，各元器件在一个回路中一个接一个地连接。这两个灯泡共用相同的电流，所以它们的亮度只有单个灯泡的一半。如果其中一个坏了，电路就坏了，另一个灯泡也就不亮了。

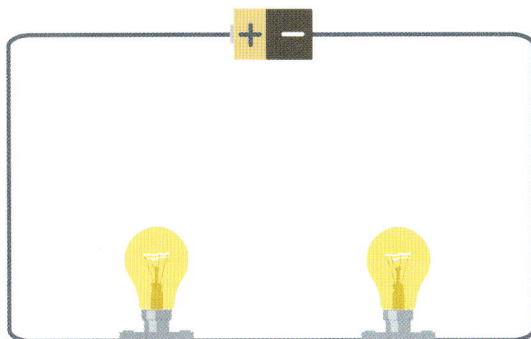

2 并联电路

在并联电路中，元器件在独立的分支上。每个分支都接收了全部电压，所以两个灯泡都发出明亮的光。电流的路径不止一条，所以如果一个灯泡坏了，另一个还会继续工作。家里的布线是按并联电路设计的，这样不同的设备就可以独立地工作。

这里的断开只会让一个灯泡停止工作。

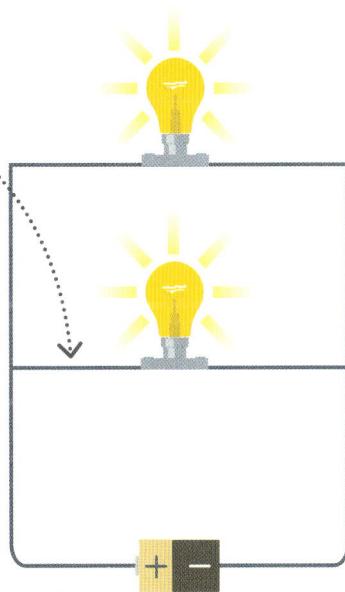

现实世界的技术

保险丝和断路器

如果家里的电器坏了，电就可能会从电线里漏出来，进入它的金属外壳。为保护你免受故障电器的冲击，它们的插头通常装有保险丝，很多人的家里也有保险丝盒或断路器。断路器里有细细的电线，如果电流过高，电线就会断裂。断路器是一种"跳闸"的开关，当它们检测到电力激增时，就会切断电路。

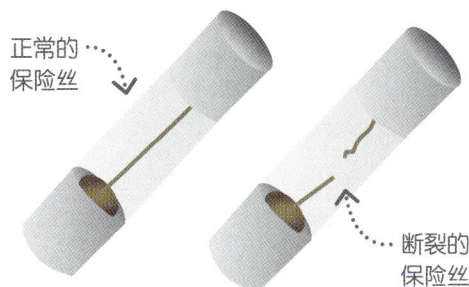

正常的保险丝

断裂的保险丝

电流、电压和电阻

电流流过电路的多少取决于推动电子的力有多强（电压），以及电子通过电路有多容易（电阻）。如果把电想象成流经管道的水，电流、电压和电阻就很容易理解了。

很多设备由电流提供动力，电流每秒可以改变几十次方向，这叫作交流电。

电流

1 电子穿过导线的速度是电流。测量电流就像测量流经管道的水量——大电流意味着大量的电子通过，传递大量的能量。

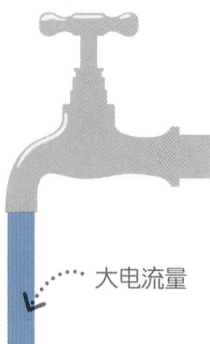

大电流量

2 小电流意味着移动的电子更少。电流是以安培（A）为单位测量的。1A的电流意味着每秒有6万亿电子通过一个特定的点。

小电流量

电压

1 如果没有东西推动，电流是不能流动的。在电路中，推力来自电路开始和结束时的电子势能差。这叫作电压，用伏特（V）表示。电压和水压一样，当储水罐的水位较高时，重力会产生更高的压力，使水从水龙头里喷出来。当储水罐的水位较低时，压力更低，从水龙头流出的水流更小。

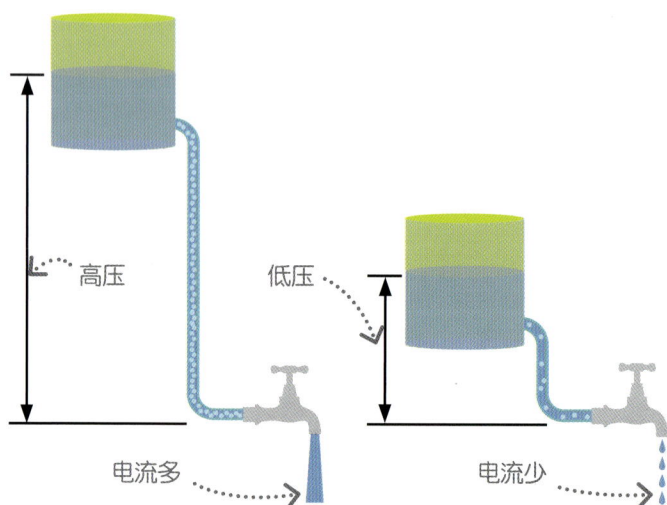

高压

低压

电流多

电流少

2 电压不是电流的大小，而是推力的大小。更高的电压会产生更强的推力，从而产生更大的电流。比如，使用一个高压电池，会使灯泡发出比使用低压电池时更亮的光。

9V的电池

1.5V的电池

电阻

低阻力   **高阻力**

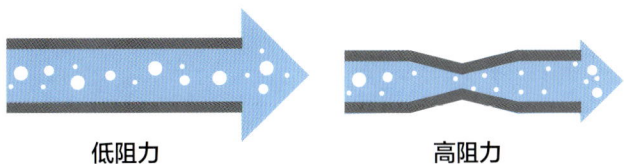

1 即使在像铜这样的良导体中，由于电子和原子相互干扰，电流流动也会遇到一些阻力。我们把表示电阻的单位称为欧姆（Ω）。导线越细或越长，它造成的电阻就越高。

灯泡里的灯丝是一根细线，能产生高电阻。

2 电阻使能量以热或光的形式流失。一根很长很细的电线缠绕在一个线圈上，会产生很高的电阻，它会发出红红的或白热的光。这就是电暖器和灯丝灯泡的工作原理。

3 任何增加电路中阻力的事物都会让电流减少。

4 高电阻减少电流，但高电压增加电流。电流、电压和电阻之间的关系可以用欧姆定律表示：电流=电压÷电阻。

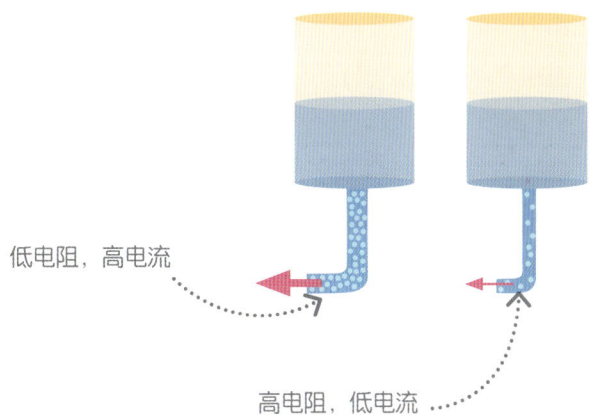

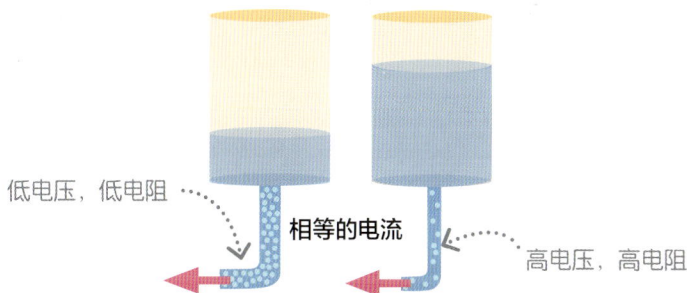

低电阻，高电流

高电阻，低电流

低电压，低电阻

相等的电流

高电压，高电阻

电流 ＝ 电压 ÷ 电阻

现实世界的技术

变压器

当电流流过导线时，电阻会造成能量损失。电流越大，损失越大。为减少损失，发电站以低电流高电压远距离传输电能。升压变压器在电能离开发电站时提高了电压，降压变压器在电能到达家里之前将电压降低到更安全的水平。高压电缆是危险的，因此由电缆塔在离地面较高的地方进行运输。

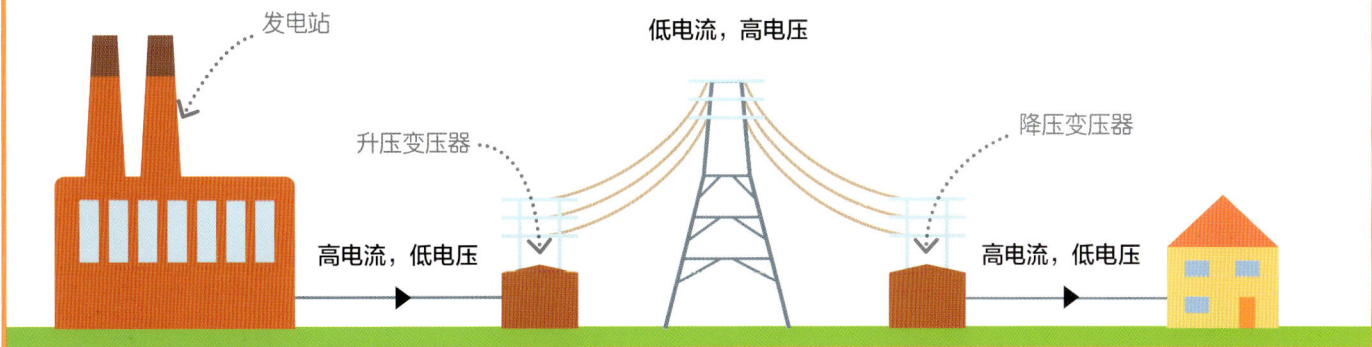

发电站

低电流，高电压

升压变压器

降压变压器

高电流，低电压

高电流，低电压

电和磁

电与磁密切相关。每一种电流都会产生磁场，而磁体也可以产生电流。研究电和磁的科学分支称为电磁学。

电和磁是由电磁力引起的，电磁力是控制宇宙的四种基本力之一。

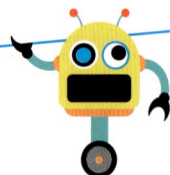

电磁体

1 当电流通过导线时，导线就变成了一个磁铁。它的周围能产生一个可以感受到磁力的区域——磁场。你可以通过一个磁罗盘观察，当它靠近携带直流电的导线时，磁罗盘就会旋转。

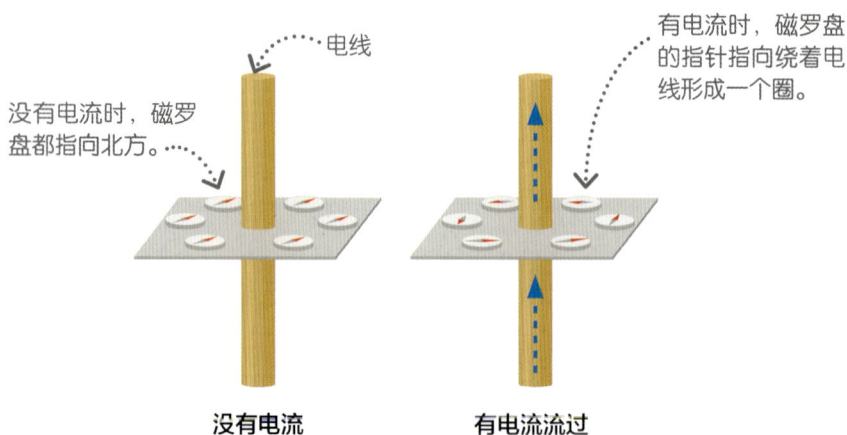

电线

没有电流时，磁罗盘都指向北方。

有电流时，磁罗盘的指针指向绕着电线形成一个圈。

没有电流　　　　**有电流流过**

2 电流可用于产生一种叫作电磁体的强磁场，这种磁场可以接通或断开。如果电线被扭成线圈，线圈周围的磁场就会相互加强，这样效果最好。

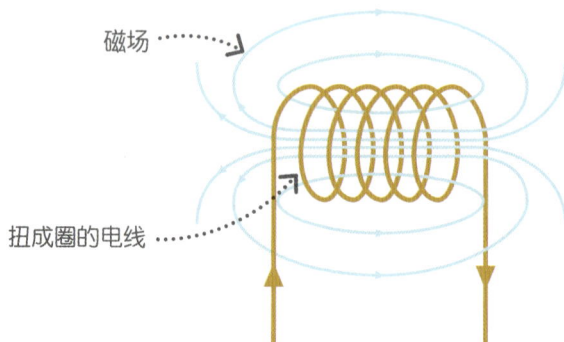

磁场

扭成圈的电线

3 如果线圈缠绕在铁棒上，效果会更强。铁棒被电流产生的磁场磁化。

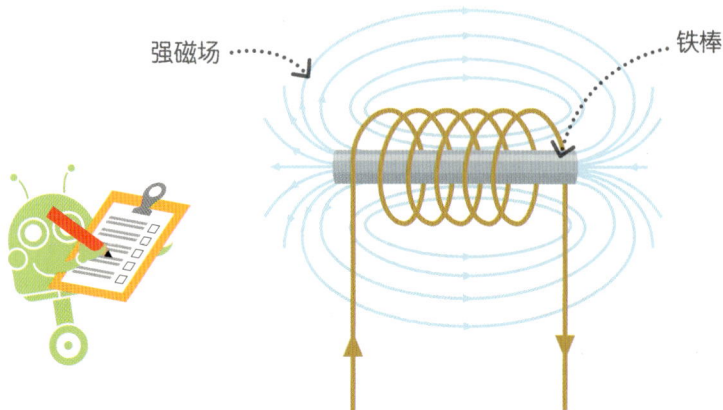

强磁场

铁棒

发电

1 电能产生磁场，磁场也可以发电。当磁铁经过导线或导线经过磁铁时，就会产生上述结果。磁场"诱导"了导线中的电流，所以这种效应叫作电磁感应。

磁铁在导线上方上下移动会产生电流。

穿过磁铁的导线上下移动也会产生电流。

电表

2 在循环中来回移动磁铁会产生更强的电流。线圈越多（磁铁运动越快或磁性越强），电流就越大。但是，仅仅通过增加回路并不能增加电流：在密集的线圈中移动磁铁是一项更艰巨的工作，因为感应电流产生了一个磁场，排斥磁铁。

更多的线圈

小电流　　　　**中电流**　　　　**大电流**

3 几乎所有的电都是由电磁感应产生的。在一个典型的发电站里，来自熔炉的蒸汽吹向涡轮（一种风扇），使其旋转。涡轮在发电机内旋转强力磁铁，在线圈中产生电流。

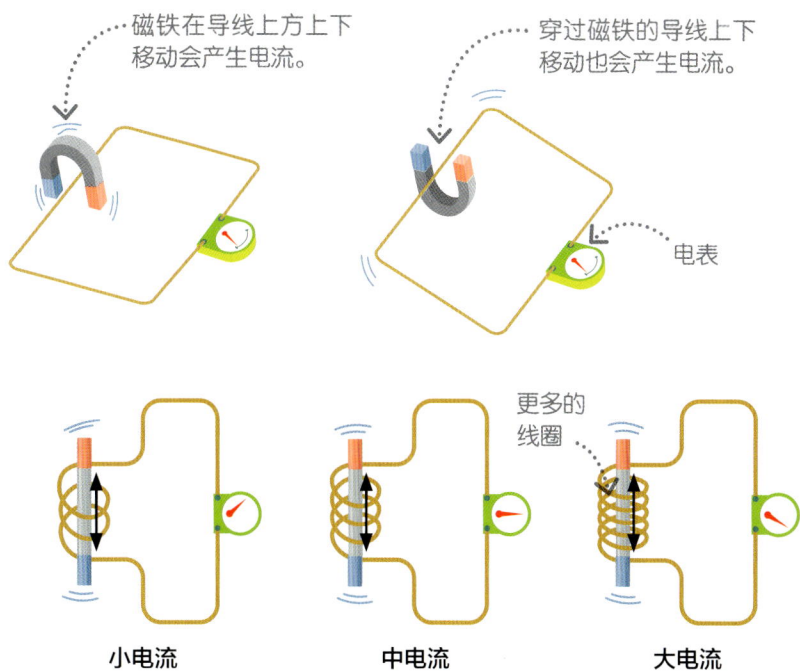

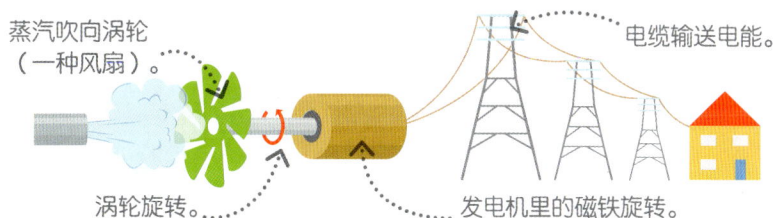

蒸汽吹向涡轮（一种风扇）。

电缆输送电能。

涡轮旋转。

发电机里的磁铁旋转。

电动机

发电机将动能转化为电能，而电动机则相反，将电能转化为动能。

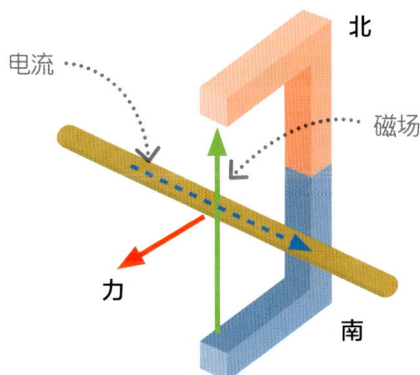

电流

北

磁场

力

南

线圈旋转。

N

S

连接到电源的电刷接触器持续旋转线圈。

1 当电流流过现有的磁场时，导线因为自身的磁场被磁铁排斥会发生反作用，这叫作电动机效应。

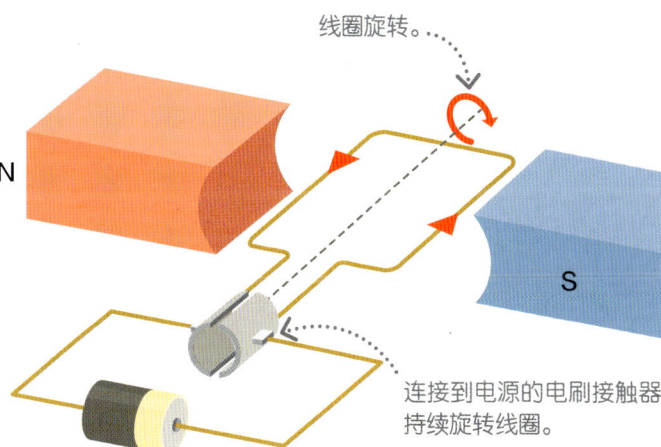

2 如果电线被扭成一圈，一边的反冲力向上，另一边的反冲力向下。如果线圈松散地连接电源，则线圈旋转。这是一台电动机，从电动工具到电动汽车，电动机得到了广泛的应用。

电磁学的应用

电磁铁是一种磁铁，只要轻轻一按开关，就能开始或停止工作。从磁悬浮列车到扬声器，这些强力磁铁被广泛应用于各种设备中。

电磁铁线圈越多，它的磁性就越强。

磁悬浮列车

磁悬浮列车的速度可以达到603km/h，和飞机一样快。它们不是依靠车轮滚动，而是漂浮在空中，由电磁铁产生的磁引力支撑悬浮。这样减小了摩擦阻力，因此磁悬浮列车比普通列车快得多。

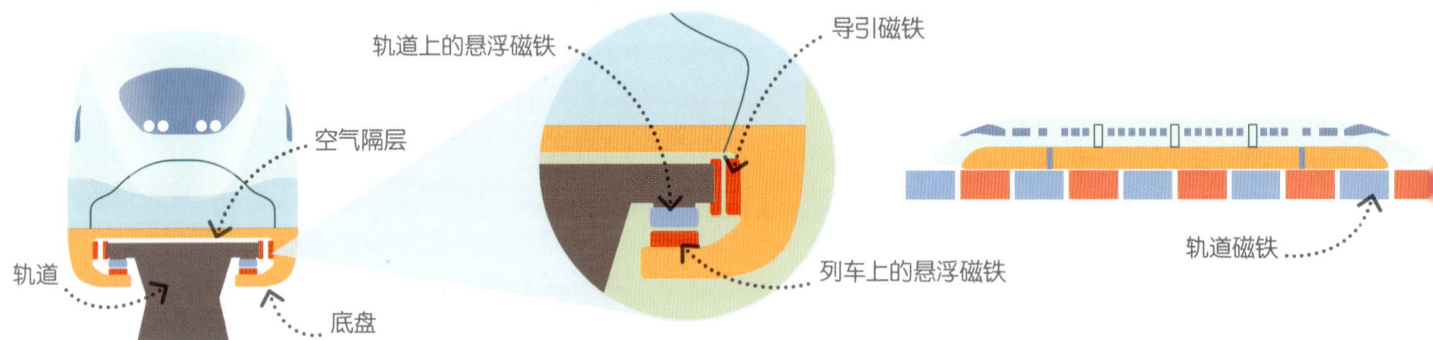

轨道上的悬浮磁铁　　导引磁铁

空气隔层

轨道　　底盘

列车上的悬浮磁铁

轨道磁铁

1 超高速磁悬浮系统利用磁引力提升列车C形底盘的底部，在列车和轨道之间创造出一种空气隔层。

2 导引磁铁在列车和轨道上使用磁斥力阻止列车左右移动并且避免列车离铁轨太近。

3 悬浮磁铁同样也驱动列车。计算机控制它快速运行或者停下，引导列车前进、减速，以及保持列车稳定。

起重磁铁

起重磁铁可用于抬起废铁和钢铁物体，如旧车。磁体是一个大的铁盘，里面装有一个内嵌的线圈，接通电流时，线圈就会对整个磁体进行磁化。它可以举起非常重的物体，只要轻轻一按开关，重物就会掉下来。

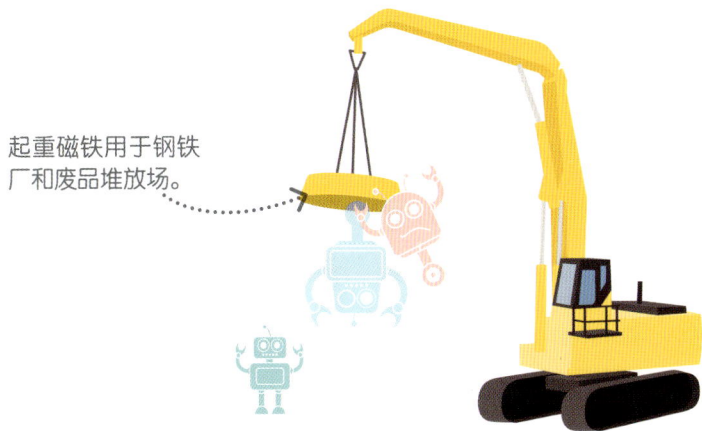

起重磁铁用于钢铁厂和废品堆放场。

扬声器

各种各样的扬声器，甚至耳塞里的小喇叭，都用电磁在空气中产生振动——声波。大多数扬声器通过前后移动一大张纸或塑料圆锥体（一个膜片）来产生声波。

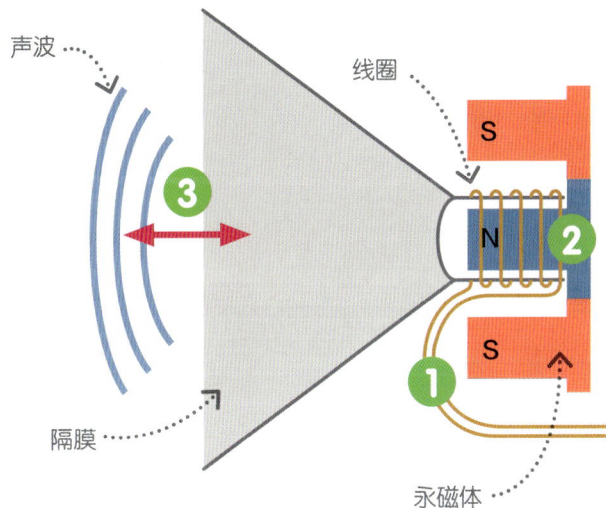

声波
线圈
S
N
S
永磁体
隔膜

1 电信号以交流电（一种能迅速改变方向的电流）的形式发送给扬声器。电流把绕在隔膜上的一根电线变成电磁铁。

2 扬声器中的永磁体排斥电磁铁，使隔膜向前反射。当交流电（AC）反转时，膈膜会向后拉。

3 膜片快速地前后振动，产生声波。振动的频率由交流电流的频率控制。

试一试 TRY IT OUT

做一个电磁铁

你可以用一个大铁钉、一根长铜线和一个不可充电的D形电池来制作自己的电磁铁。一定要使用绝缘的（涂塑或涂漆的）铜线，因为纯铜会把电传导到铁钉上，电会溜出线圈。

铜线圈
N
S

1 用铜线紧紧地缠绕铁钉至少25圈。

2 将电线的两端连接到电池的两端。

3 试着吸起小的金属物品，比如回形针。

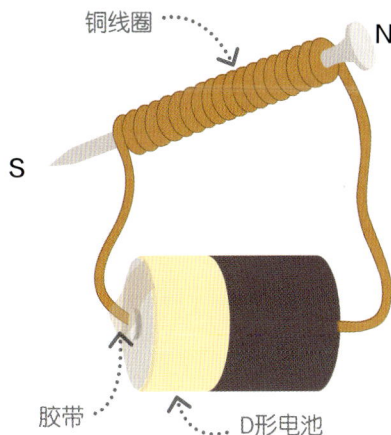

胶带
D形电池

电子技术

电子技术不仅用于发电，也可以处理信息。
大多数现代电子设备都是数字化的，它们以
数字流的形式处理信息。

> 一个比指甲还小的
> 计算机芯片可以容
> 纳30亿个晶体管。

1 模拟和数字

电子设备可以以两种截然不同的方式处理信息：
模拟和数字。模拟设备利用电压或频率的变化来传输
信息。比如，模拟无线电将无线电波频率的变化转化
为扬声器发出的声波。然而，数字设备使用短电脉冲
作为一种1和0的代码来传输信息，这种代码叫作二进
制代码。

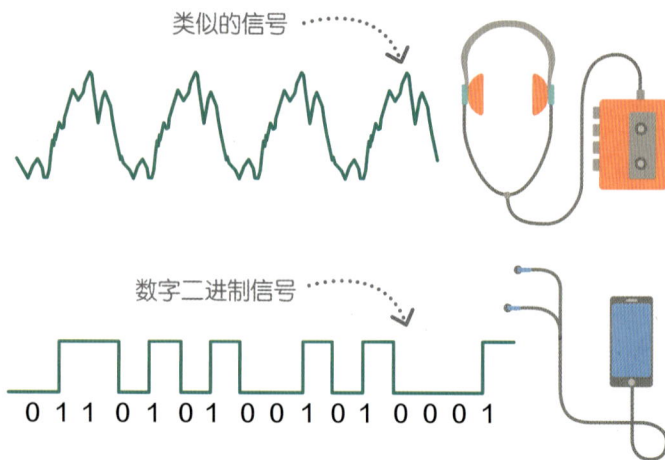

类似的信号

数字二进制信号

0 1 1 0 1 0 1 0 0 1 0 1 0 0 0 1

2 二进制数字

二进制代码的1和0叫作二进制数字，或简称
为"位"。只用八位，就可以表示字母表中的任何
字母和从0（00000000二进制）到255（11111111二
进制）的任何数字。八个"位"组成一个字节，一
百万个字节组成一个兆字节，十亿个字节组成一个
十亿字节。

A	1000001	N	1001110
B	1000010	O	1001111
C	1000011	P	1010000
D	1000100	Q	1010001
E	1000101	R	1010010
F	1000110	S	1010011
G	1000111	T	1010100
H	1001000	U	1010101
I	1001001	V	1010110
J	1001010	W	1010111
K	1001011	X	1011000
L	1001100	Y	1011001
M	1001101	Z	1011010

HEY = 1001000 1000101 1011001

3 晶体管

所有的数字设备都依赖的元器件叫作晶体管，晶
体管可以起到开关的作用。典型的晶体管是一种三层
的半导体材料。半导体只在某些情况下导电。当电流
流到三层材料的中间层时，它让电在另外两个连接材
料之间通过，将晶体管切换到"开"状态。

大晶体管有三个看起来像
腿一样的金属端子。硅芯
片中的晶体管要小得多。

4 逻辑门

数字设备中的晶体管分组组成"逻辑门"。这些是数字电路的组成部分,因为它们可以作出逻辑决策,这意味着它们可以做数学。大多数逻辑门有两个输入和一个输出。"门"判断它的输入并"决定"是否打开输出。比如,AND门只在同时接收两个输入时才打开,而OR门在接收一个或两个输入时都可打开。

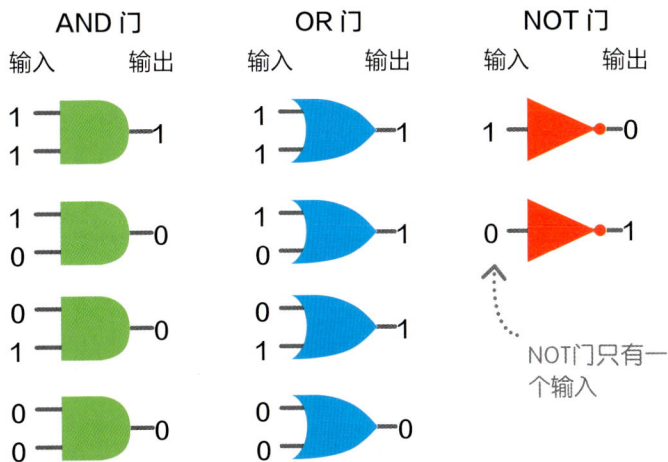

AND 门　　　　OR 门　　　　NOT 门
输入　输出　　输入　输出　　输入　输出

NOT门只有一个输入

5 触发器

逻辑门可以以一种巧妙的方式排列,使它们能够记忆。这涉及将它们的输出连接回它们的输入,这就是所谓的反馈。这样,最终的排列就可以记住前面的输入,这是所有计算机内存的基础。

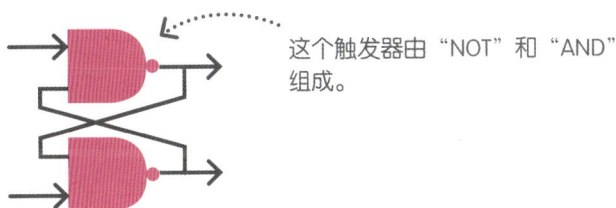

这个触发器由"NOT"和"AND"组成。

6 集成电路

所有的电子电路都是通过将一个又一个元器件接在一块电路板上而制成的。今天,包含数百万个晶体管的电路可以打印到一种叫作硅晶圆的半导体上。晶片可以被切割成硅芯片或集成电路的小方块。

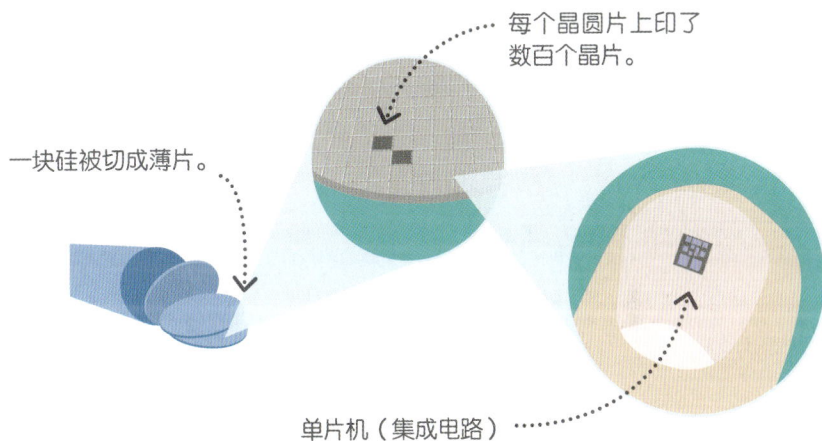

每个晶圆片上印了数百个晶片。

一块硅被切成薄片。

单片机(集成电路)

现实世界的技术

机器人

机器人是无须人工操作就能自动完成复杂任务的机器。大多数机器人都是由计算机控制的,许多机器人都有感官系统,可以接收信息并作出如何反应的决定。机器人可以有许多不同的形式。

机器狗

"好奇号"火星探测车

1 有些机器人造得像人或动物。比如,四条腿的机器人可以在相对陡峭或粗糙的地面上行走。

2 机器人宇宙飞船和潜艇可以在人类无法到达的地方工作。"好奇号"是一个汽车大小的机器人,自2012年以来一直在探索火星表面。

3 从汽车到计算机,工业机器人被用于制造许多东西。它们执行诸如焊接、油漆、包装和电路装配等任务。

カ

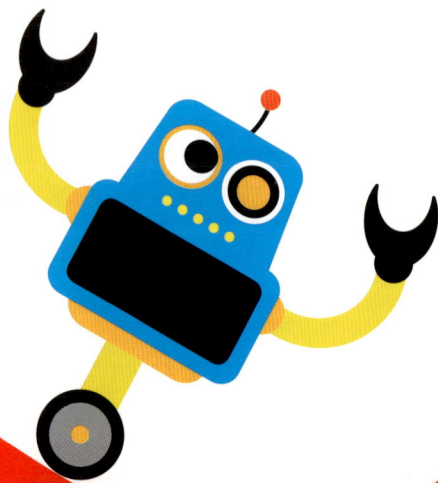

当汽车刹车或球滚下山时，就会受到外力的作用。力是简单的推或拉，它可以使物体运动、停止运动、加速、减速、改变方向或改变形状。在整个宇宙中，力都在起作用——比如，引力使地球保持在绕日轨道上。

力是什么?

力就是简单的推或拉。当你踢球或骑自行车时,就是在使用力。力可以使物体开始或停止运动,加速或减速,或改变方向,甚至改变形状。

你看不到力,但能经常看到或感觉到它的影响。

滑板运动员加速。

球减速。

力能使静止的物体运动。

1 使物体运动
力能使静止的物体运动。当你踢球时,脚上的力量会让球飞出去,重力又会将球拉回来。

2 加速
力可以使运动的物体加速。当你滑下坡时,速度更快,是因为重力把你的身体拉了下来。

3 减速或停止运动
力可以使物体减速或停止运动。当你接球时,手的力量会使球速度减慢并停止运动。

画力

力的单位是牛顿（N），以英国科学家艾萨克·牛顿爵士的名字命名。1N是一个大苹果的重力。我们可以通过画力的示意图来显示力是如何作用的。力有大小和方向，所以用箭头表示。箭头越长，力就越强。

举力
12 000N

重力
8 000N

风筝改变了方向。

弓弯曲。

4 改变方向
力可以使运动的物体改变方向。当你放风筝时，风作用在风筝上的力使风筝在空中旋转。

5 改变形状
力能改变一个物体的形状。弓箭手拉弓时，弓会弯曲。松开时，弓就弹回来了。

远距离的力

有些力只在物体相互接触时起作用，比如当你踢球时的力。其他的力（称为非接触力）可以在一定距离内起作用。

1 引力
引力是所有物体之间非常微弱的吸引力。我们只在一些极其大的物体上注意到它，比如地球。地球引力使物体落到地上。

2 磁力
磁力吸引磁性材料，如铁制物体。磁体有南北两极，相反的两极相互吸引，但相似的两极相互排斥（互相推开）。

3 电荷
带正电荷或负电荷的物体可以像磁铁一样推拉。相反的电荷相互吸引，相同的电荷相互排斥。

拉伸和变形

当力作用在一个不能移动的物体上时，这个物体可能会改变形状甚至断裂。我们称之为变形。

> 如果施加足够的力，所有物体最终都会断裂。

1 当外力作用在脆性物体上时，它们会折断或粉碎，比如你可以把一个饼干掰成两半，打碎窗户，或者用锤子砸开储蓄罐。

2 其他物体不会断裂，而是改变形状。我们说它们"变形"了。如果形状是永久性改变了，就像一块被拉伸的口香糖，那么这个物体就是有塑性的。

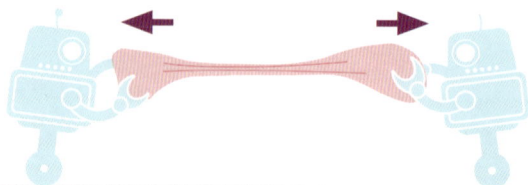

3 有些物体，比如网球，只会暂时改变形状，那么它们就是有弹性的。

改变形状

物体变形的方式取决于作用在物体上的力的大小和方向。

1 压缩
当力从相反的方向挤压物体时，它就会压缩，两侧可能会鼓起来。

2 拉伸
向相反方向拉的力会产生张力，从而拉伸物体。

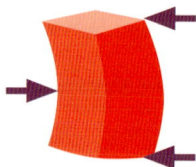

3 弯曲
当几个力作用于不同的地方和不同的方向时，物体就会弯曲或折断。

4 扭曲
扭转力（扭矩）在物体的不同部位以相反的方向作用，会扭曲物体。

弹性

1 弹性物体在力停止作用后弹回原来的形状。然而，它们也有自己的局限性。如果你把一个弹性物体拉伸到某一点以上，它就不会恢复到原来的形状，这一点就叫作它的弹性极限。

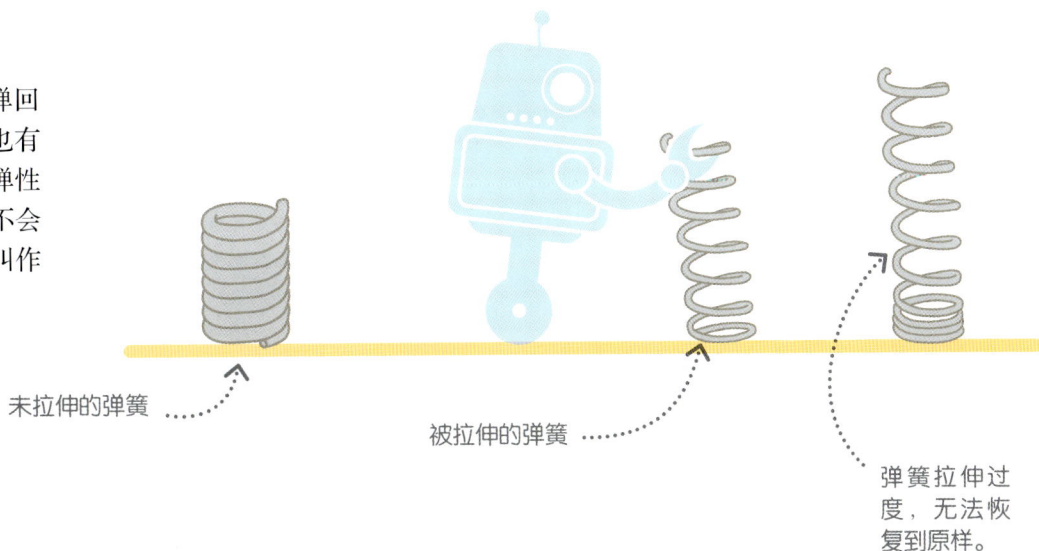

未拉伸的弹簧

被拉伸的弹簧

弹簧拉伸过度，无法恢复到原样。

2 在一个物体达到弹性极限之前，它伸展的量与作用力成正比，我们称之为胡克定律，英国科学家罗伯特·胡克（Robert Hooke， 1635—1703）发现了胡克定律。

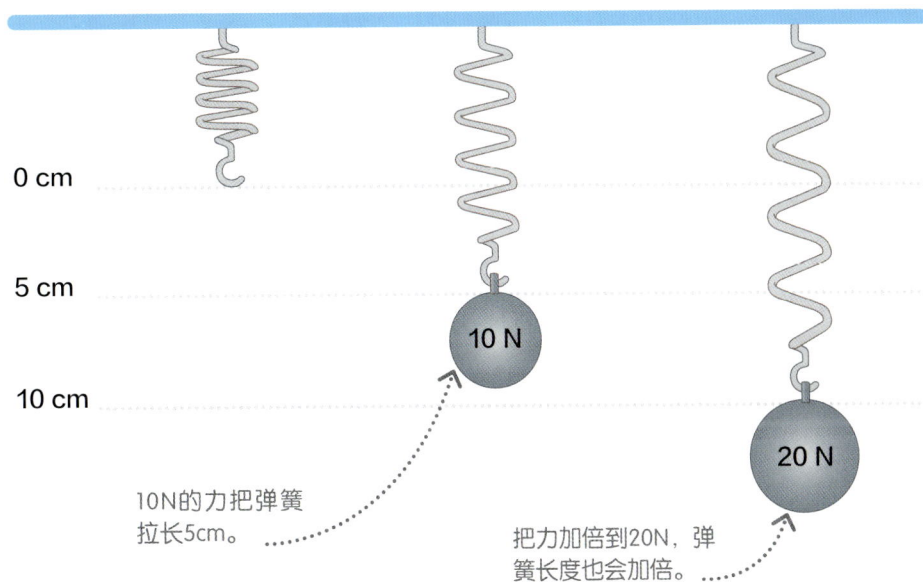

0 cm

5 cm

10 cm

10 N

20 N

10N的力把弹簧拉长5cm。

把力加倍到20N，弹簧长度也会加倍。

现实世界的技术

撑杆跳

撑杆跳运动员使用的是由多层玻璃纤维和碳纤维制成的空心钢管。该杆是有弹性的，杆前端被固定后会急剧弯曲。当杆子恢复到原来的形状时，杆子就会变直，把运动员推向很高的高度。顶级撑杆跳运动员可以跳过6.1m的高度。

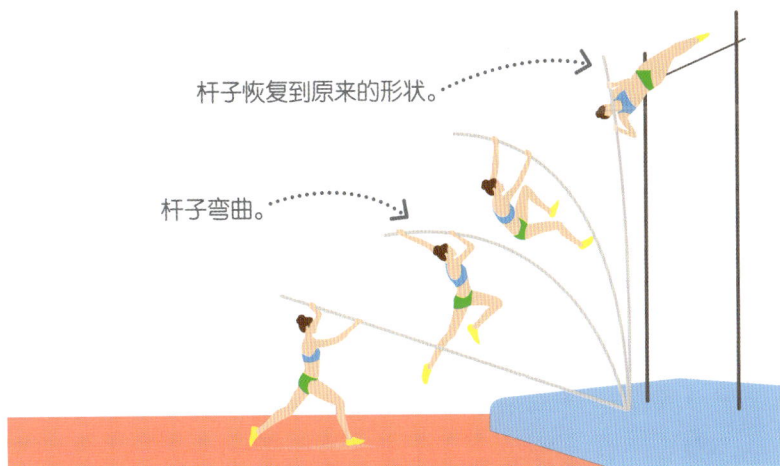

杆子恢复到原来的形状。

杆子弯曲。

平衡力和不平衡力

当几个力同时作用在一个物体上时，它们结合在一起，形成一个力。当不同的力平衡时，它们相互抵消。

> 当力平衡时，物体就处于平衡状态。

平衡力

1 拔河队以同样的力量向相反的方向拉动。力是平衡的，没有占主导地位的力，所以没有人移动。

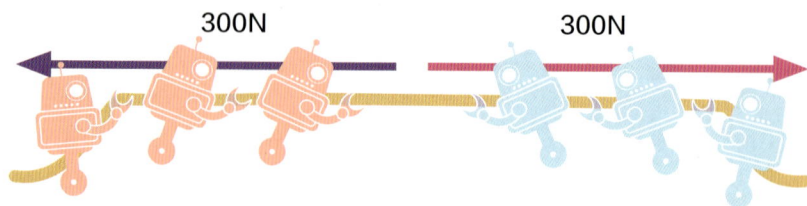

300N　　300N

2 悬挂的灯罩经常被自身的重量拉下。然而，它的重量是由悬挂它的缆绳的拉力来平衡的。这两种力相互抵消，灯罩就不会掉下来。

10N　　10N

3 当你把一个物体放在桌子上时，重力仍然作用在物体上，但物体不会掉下来。这是因为它的重量被来自桌子的向上的力所平衡。

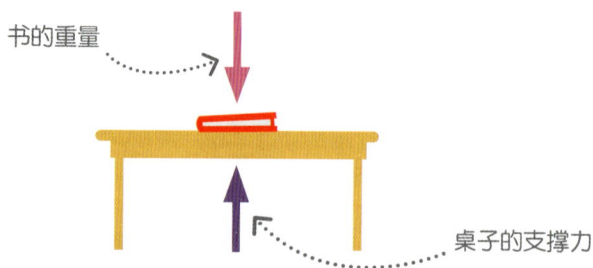

书的重量

桌子的支撑力

4 平衡力可以作用于运动的物体。当跳伞运动员达到最高速度时，下落的速度和方向保持不变。作用于跳伞运动员上的空气阻力和重力是平衡的。

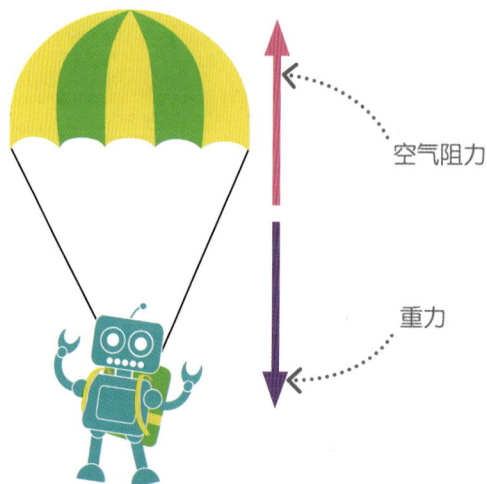

空气阻力

重力

不平衡力

当力不平衡时，它们结合成一个力来移动物体或改变物体的运动状态，这个力叫作合力。

分力   **合力**

1 如果知道不同力的大小和方向，就可以计算出合力。比如，作用于同一方向的力可以简单地相加。

2N
2N
4N

2 当力朝相反的方向作用时，从大的力中减去小的力。

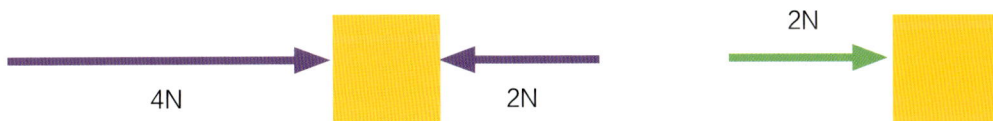

4N
2N
2N

3 当力不在相同或相反的方向时，合力在这些力之间的方向上。在这里，一个向两个不同方向推的盒子是斜着移动的。你可以画一个比例图，把一个箭头加到另一个箭头的末端，算出合力。

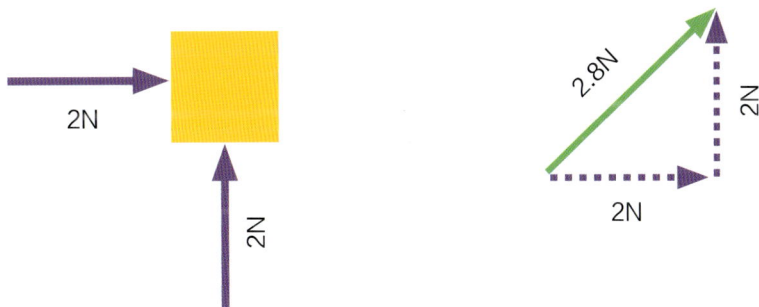

2N
2N
2.8N
2N
2N

现实世界的技术

悬索桥

悬索桥可以支撑其自身的重量和桥上所有车辆的重量而不会倒塌。桥的重量把它往下拉，但是这个力被柱子上的向上的力平衡。钢缆和吊杆上的拉力也会将桥向上拉并支撑其重量。

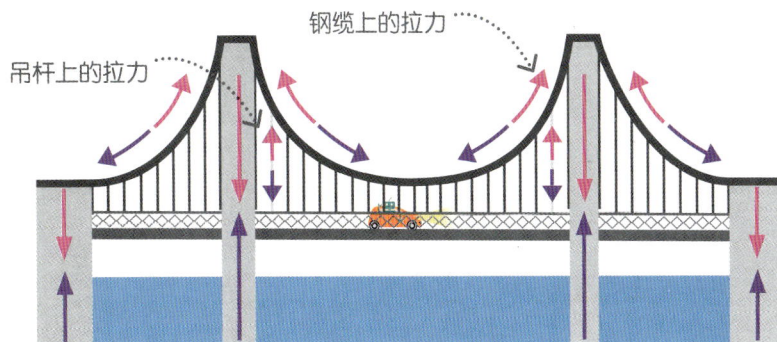

钢缆上的拉力
吊杆上的拉力

磁力

磁力是一种在不接触的情况下，可以推或拉物体的力。磁铁只能拉动某些特定材料制成的物体，包括铁、镍、钴和钢。

如果把条形磁铁切成两半，每个条形磁铁都会变成一块完整的磁铁。

磁铁是如何工作的?

磁力来自于电子——构成所有原子外层的微小带电粒子。每个电子的作用都像一个小磁铁棒，但在大多数物体中，电子混杂在一起，磁力相互抵消。

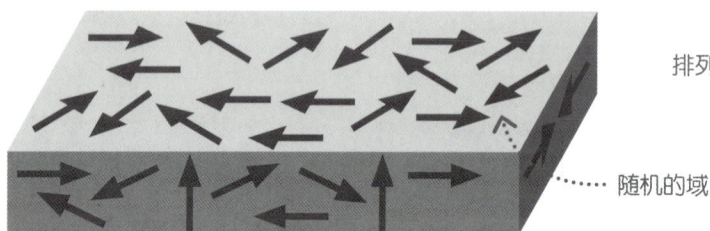

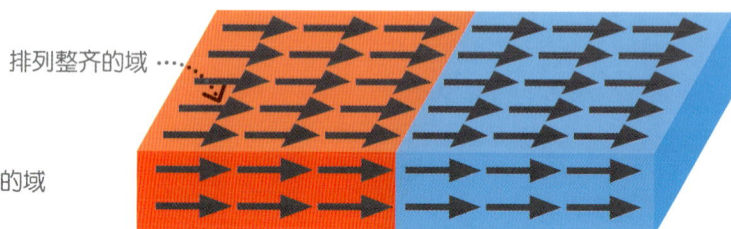

排列整齐的域

随机的域

1 粘在磁铁上的材料中，比如铁，电子排列成簇状，叫作"域"，就像微型磁铁一样。然而，这些域通常不会对齐。

2 在磁体中，所有的域排列在一起。它们的磁力结合在一起，在整个磁铁周围产生强大的磁力。

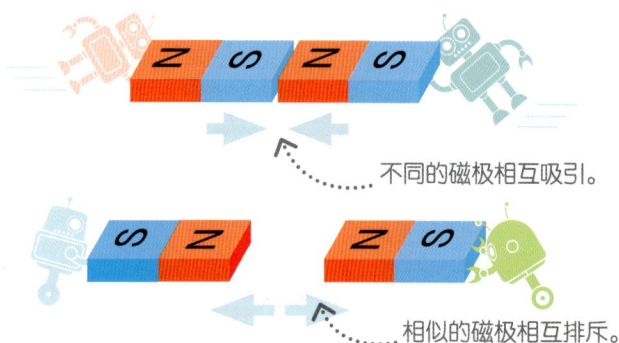

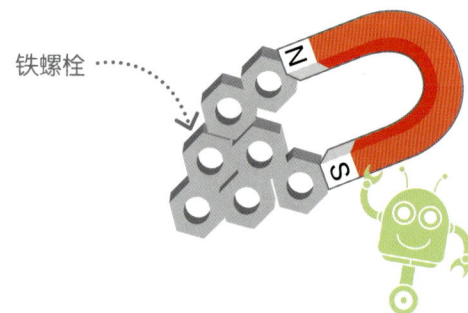

不同的磁极相互吸引。

相似的磁极相互排斥。

3 磁体有两极：北极和南极。如果相反的磁极靠近，两个磁体间就会产生强烈的拉力。如果相似的磁极靠近，它们会相互排斥。

铁螺栓

4 磁铁也能吸引那些本身不是磁铁的物体，这是因为磁力可使像铁这样的磁性材料内部的结构域暂时排列整齐。

磁场

每个磁铁的周围都有磁场，其中的物体会受到磁力的作用。磁力不是沿直线延伸的，它是从磁铁的一个极点向另一个极点弯曲。

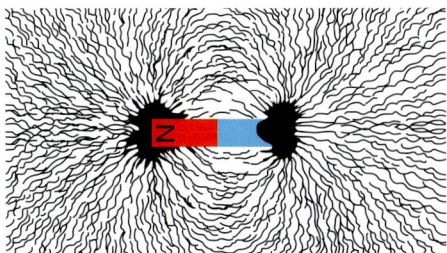

1 磁场是看不见的，但可以通过在条形磁铁周围撒铁屑来观察。铁屑会沿着磁力的方向排列。

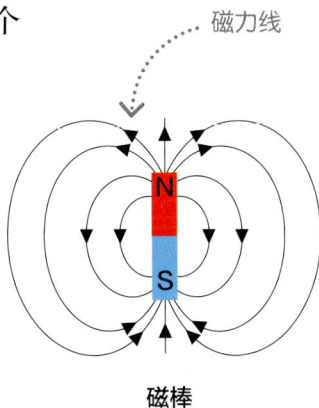

磁棒

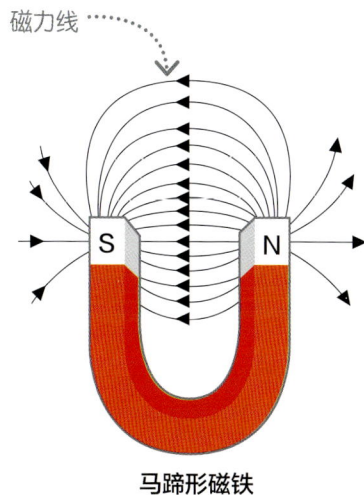

马蹄形磁铁

2 这些线显示了磁场中小磁针北极的指向，所以它们由磁铁的北极指向南极。磁力线最密集的地方就是磁场最强的地方。

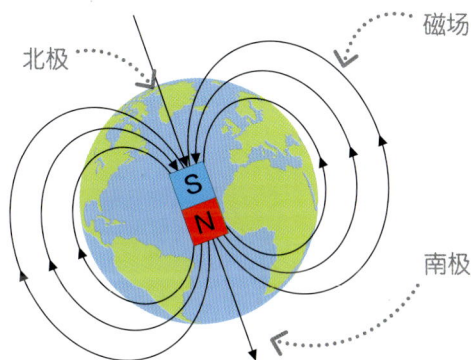

3 地球的中心是一个炽热的、部分熔化的"铁心"，它的作用就像一个巨大的磁铁，能产生一个巨大的磁场。这片区域向太空延伸数千千米。

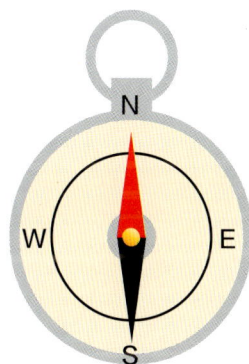

4 指南针就是一根在一个点上平衡的磁针，磁针与地球磁场对齐，指示是北方和南方，可以帮助我们找到方向。

现实世界的技术

核磁共振成像

核磁共振成像扫描仪可以帮助医生看到人体内部。当病人躺在扫描仪里时，一个巨大的圆柱形磁铁会使病人体内的氢原子排成一行，然后在短时间内发射快速变化的磁场脉冲，使氢原子旋转并重新排列。这时，它们就可以发射出可被处理成图像的无线电波。

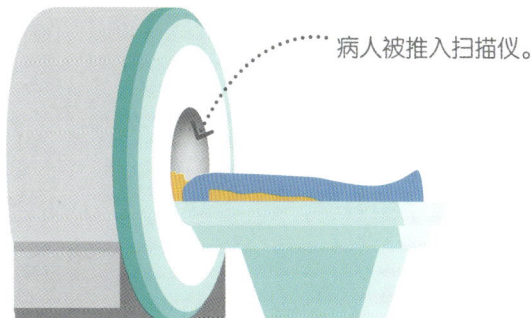

病人被推入扫描仪。

摩擦力

当一个物体滑过另一个物体、或与另一个物体发生摩擦时，有一种力会使它减速，这个力就是摩擦力。表面越粗糙，摩擦力越大。摩擦力是运动的阻力，但有时它也是一件好事，因为它能控制你的运动状态。

火柴能在与火柴盒进行刮擦时被点燃，是因为摩擦使火柴头发热。

1 不管某个物体看起来多么光滑，实际上它的表面有着成千上万的小凸起和凹痕。当两个物体在一起摩擦时，这些凸起会互相碰撞，并使物体减速。这个使物体减速的力就是摩擦力。

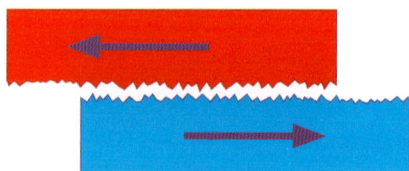

2 摩擦有两种：静摩擦和滑动摩擦。静摩擦比滑动摩擦大得多，它使一个静止的物体很难被移动，比如一个沉重的盒子。一旦你让它运动起来，它就很容易向前推进，因为这时只有滑动摩擦在减慢它的速度。

3 当发生摩擦时，运动物体中的一些能量就会转化为热能。尽力摩擦双手，你就可以注意到这一变化，大约10s后会感到手发热。

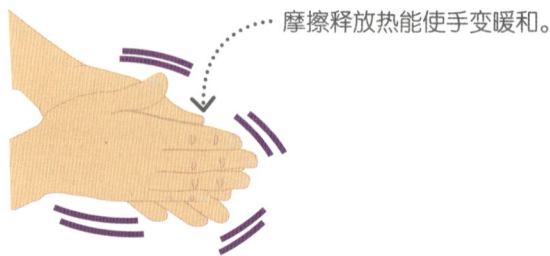

摩擦释放热能使手变暖和。

4 摩擦持续一定的时间后，相互摩擦的部位就会受到磨损，所以自行车和汽车需要经常修理。木匠使用锯片等工具来增加摩擦，这样他们就能很快地锯开木头。

锯片上有锯齿，增大摩擦力。

5 摩擦有助于控制运动。如果没有摩擦，你走路时就会在地板上滑来滑去，坐下时椅子就会滑走。户外鞋和越野轮胎用很深的花纹胎面增加摩擦力。摩擦可以更好地控制运动，让你在松软或湿滑的地面上也能行走或骑车。

多节轮胎能增加摩擦，提供更大的抓地力。

克服摩擦

滚动的物体可以减少摩擦。

湿滑的液体可以减少摩擦。

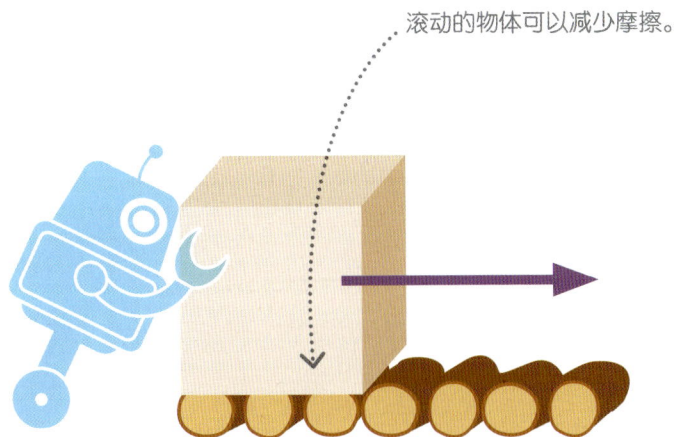

1 滚动的物体受到的摩擦力比拖动的物体要小，所以汽车和自行车要用轴承带动车轮转动，从而使车轮带动车在地面上移动。但是，车轮并不是完全不受摩擦的，它们仍然需要足够的摩擦来抓住地面，从而防止打滑。

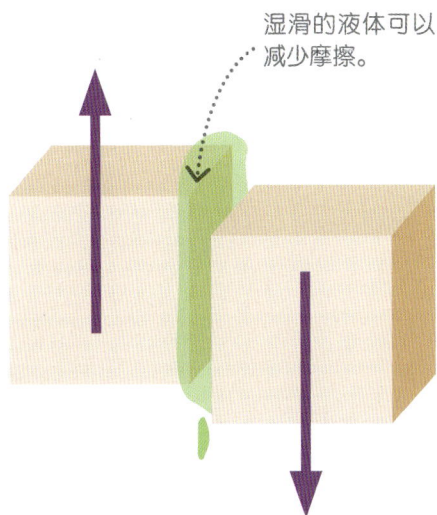

2 在物体间涂一层液体是减少摩擦力的一个好方法，这层液体叫作润滑剂，可以减小物体表面的摩擦。在自行车链条上涂的油是润滑剂，除了有助于链条平稳移动外，它还能保护自行车不被磨损。

现实世界的技术

刹车

刹车通过故意制造摩擦来减慢自行车的速度。当你拉动刹车线时，一根钢缆将刹车片挤压在车轮的钢圈上，使它们在一起发生摩擦。如果刹车得当，自行车会在轮子上产生滑动摩擦。如果在湿滑的地面上刹车太猛，刹车会产生静摩擦，车轮会被固定住，使自行车打滑。所以正确刹车的方法是缓慢、多次刹车。

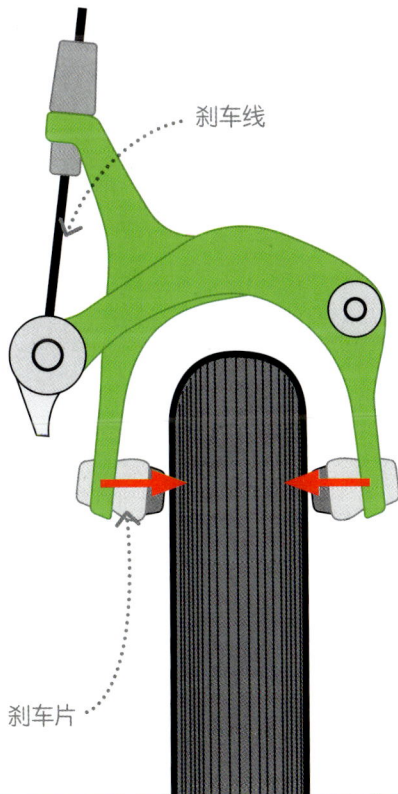

刹车线

刹车片

试一试 TRY IT OUT

摩擦挑战

为了证明摩擦的惊人力量，把两本书的书页交叉起来，然后让一个朋友拉着书脊把它们分开。这是非常困难的，因为数百页书页之间的摩擦力太大了，无法克服。

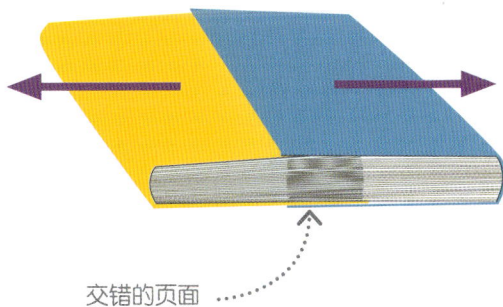

交错的页面

阻力

当物体通过空气或水时，它们必须克服的一种力叫作阻力。光滑的表面和流线的形状有助于减少阻力。

> 空气中的阻力叫空气阻力，水中的阻力叫水阻力。

1 阻力的产生是因为运动的物体必须把空气分子推开，这样就会把能量从物体中转移出去，从而减慢物体的速度。像标枪这样又长又细的物体需要推出去的空气分子相对较少，那么它受到的阻力就小，可以飞很长一段路。

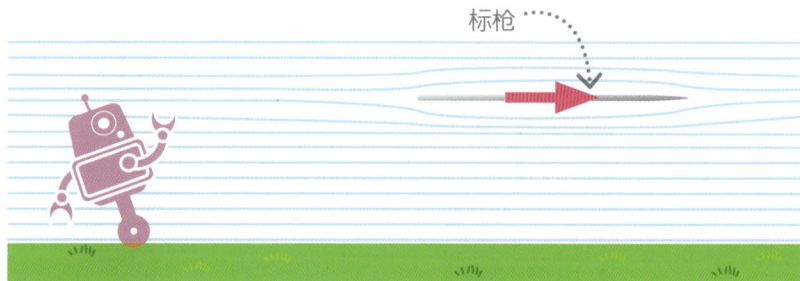

标枪

2 大的物体必须把更多的空气推开，所以它们受到的阻力更大，速度很快就会减小为0。所以不管你怎么扔，硬纸板箱也不能飞得像标枪那么远。

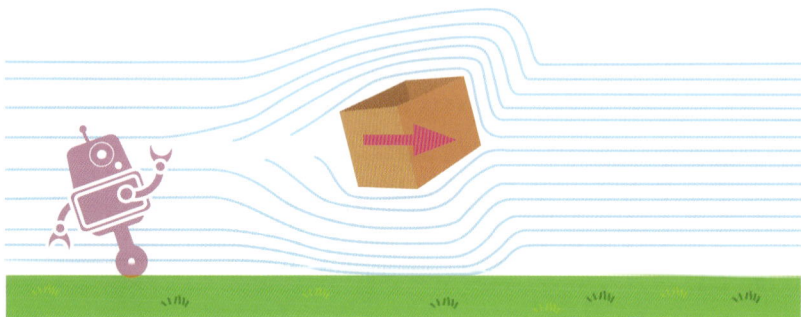

3 阻力的一部分是由物体与空气分子的摩擦引起的，另一部分是由湍流的空气引起的。湍流的空气不是流畅地流动而是旋转着的，这种运动从运动的车辆中获取大量动能，使其效率降低。物体运动得越快、外形越庞大，受到的阻力就越大。

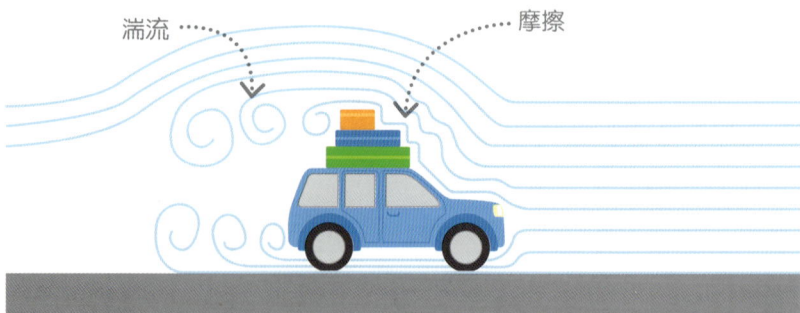

湍流　　　摩擦

4 流线型的物体更容易在空气和水中运动，它们有光滑的表面和锥形的末端，能够减少摩擦和湍流。跑车、快艇和飞机通常都是流线型的，游速很快的动物如鲨鱼和海豚也是流线型的。

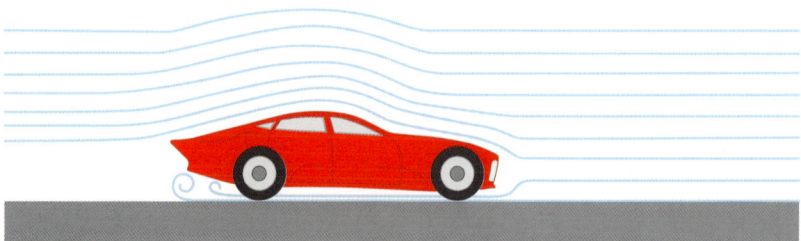

阻力的应用

阻力通常是不利于运动的，因为它会减慢速度和消耗能量。然而，有一些物体就被设计成能产生最大阻力的形状，如降落伞。

1 当跳伞运动员从飞机上跳下时，一开始不会打开降落伞。他的身体加速是因为他的重力大于阻力。

阻力
重力

2 当他加速时，阻力增加。最终阻力等于他的体重，所以他停止加速。他现在正以稳定的速度下落，这种速度叫作"自由落体速度"。

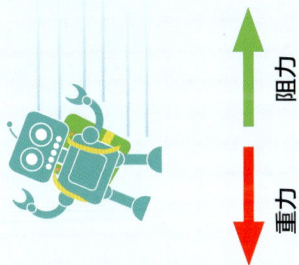

阻力
重力

3 当降落伞打开时，阻力会大大增加。阻力比他的重力大得多，所以他会减速。

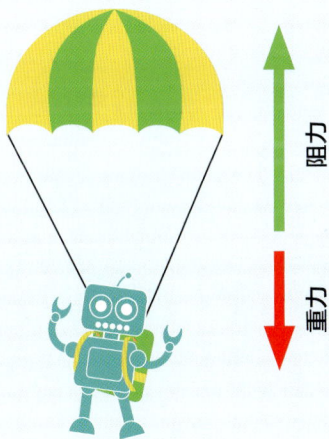

阻力
重力

4 当他减速时，阻力也会逐渐减小。最后，阻力再次等于重力，并且它达到了一个新的自由落体速度。这个速度比之前的速度更慢，可以使人安全着陆。

阻力
重力

鸡蛋降落伞

要想了解降落伞是如何工作的，可以为鸡蛋制作一个降落伞，看看你是否能把它从坠落中拯救出来。

1 从一个袋子上剪下一大块正方形塑料片，在塑料片的四个角系上四根棉线。

2 在塑料杯的顶部打四个洞，然后把棉线系在上面。在杯子里放一个生鸡蛋。

3 从高处发射，杯中的鸡蛋能幸免于难吗?如果不能，做一个更大的降落伞。

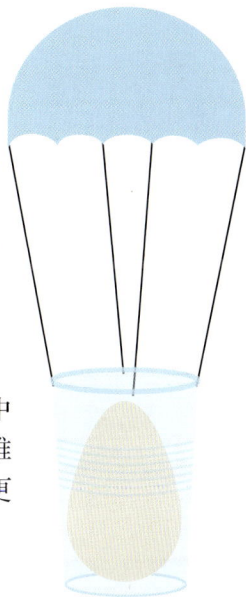

现实世界的技术

水翼艇

由于水中的阻力比空气中的阻力大得多，一些船通过把船壳从水中提出来减少阻力。水翼艇是一种具有水下"翅膀"的船，当它快速移动时，会产生升力（参见第252页），使船上升。

力与运动

1687年，英国科学家艾萨克·牛顿（1642—1727）爵士发表了三大运动定律，这些原理描述了物体受到外力作用时是如何运动的。

> 艾萨克·牛顿通过研究物体在空间中的运动规律，得出了运动定律。

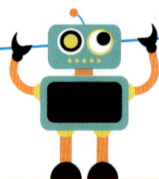

牛顿第一运动定律

如果一个物体没有受到不平衡力的作用（参见第231页），它要么保持静止，要么保持匀速直线运动。

1 地上的足球没有受到任何不平衡的力，所以它静止在原地直到有人踢它。

2 一旦足球被踢，它会沿直线飞出但不会持续很长时间……

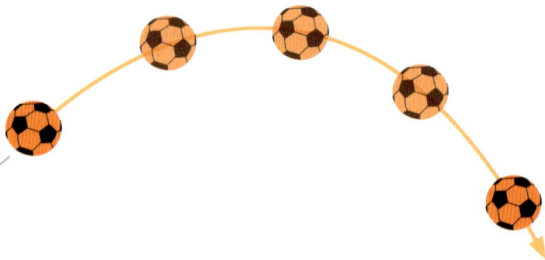

3 现在它在空中，球受到了新的不平衡力：重力和空气阻力。它的速度和方向发生了变化，然后又落回了地面。

4 牛顿第一运动定律听起来不像是常识，因为地球上没有任何东西会一直保持直线运动。然而，这是因为有重力和空气阻力的干扰，在没有空气的外太空，一个运动的物体会永远运动。

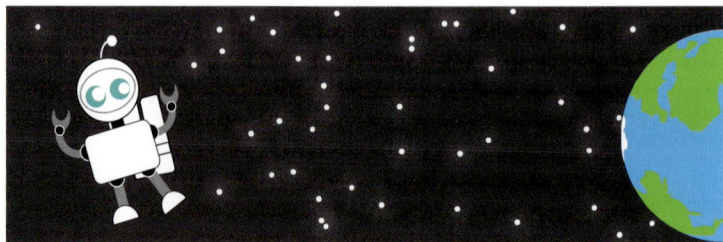

试一试 TRY IT OUT

气球火箭

线　　晾衣夹　　吸管　　胶带　　　　　　　　气球沿着线飞出去。

1 把绳子或线系在门把手上。用一根吸管穿在上面，然后把绳子的另一端固定在一个坚固的支架上，比如桌子上。

2 给气球充气（最好是长气球），然后用晾衣夹夹住不让气体溢出。用胶带把吸管粘在气球上。

3 松开挂钩，看着气球沿着线快速移动。空气从气球后面冲出去，导致一个相等的且方向相反的力推动气球向前运动。

牛顿第二运动定律

当一个力作用于一个物体时，会使物体加速。这个定律可以用一个方程表示。也就是说，力越大、物体质量越小，加速度越大。

加速度 = 力 ÷ 质量

1 当你踢球时，力使它运动得更快——它会加速。

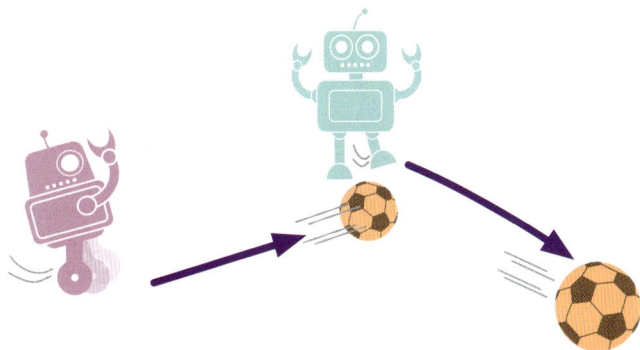

2 在物理学中，加速度是指速度大小或方向的变化——而不仅仅只是加速。如果你从旁边踢一个运动的球，它就有了加速度，因为它改变了运动方向。

3 如果你对一个物体施加两倍的力，它会加速两倍。

4 物体质量越大，使它加速的力就越大。因此，装满的购物车比空购物车更难加速。

牛顿第三运动定律

每个力都有一个大小相等、方向相反的力相伴。当一个物体推另一个物体时，第二个物体也会推第一个物体。

作用力

反作用力

作用力

反作用力

1 当你在划独木舟时，用桨把水向后推，就会产生一个大小相等、方向相反的力，推动小船向前。推动小船前进的力叫作反作用力。

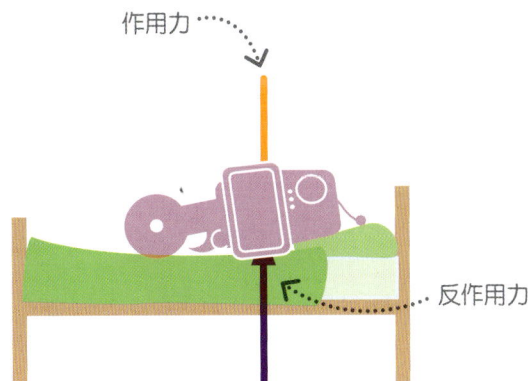

2 牛顿第三运动定律甚至适用于静止的物体。躺在床上时，你的体重会压在床上。然而，床以一种大小相等、方向相反的力把你向上推。

动量和碰撞

当任何运动的物体撞到另一个物体时，就会发生碰撞，如你的手指敲击键盘或跳蚤落在猫身上，都会发生碰撞。当物体碰撞时，碰撞改变了它们的动量——它们保持运动的趋势。

> 一个运动的物体由于它的动量而继续保持目前的运动趋势。

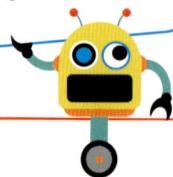

动量

动量是运动物体保持运动趋势的一种度量。一个物体的动量越大，它就越难以停止，如果它与某个物体碰撞，它所受到的损耗就越大。

1 当购物车空空如也时，很容易就能让它停下来，但是一个沉重的购物车需要更多的动量才能使它停止或开始动量。运动物体的质量越大，动量越大，停止的难度就越大。

不太容易

容易停止

2 动量也与速度有关（参见第248页）：物体运动得越快，动量就越大。自行车车手以20km/h的速度前进时，其动量是速度为10km/h的两倍。

10km/h　　20km/h

3 可以用质量（kg）乘速度（m/s）来计算物体的动量。这个方程式显示，一个快速运动的小物体（如子弹）可以与一个运动速度慢但质量大的物体拥有一样多的动量和破坏力。

动量=质量x速度

大但是慢

小但是快

碰撞

1 当物体碰撞时，动量从一个物体转移到另一个物体。比如，当一个运动的球碰到一个静止的球时，第一个球失去了动量，而第二个球获得了动量。

2 如右图所示，一个运动的球击中了几个排列成行的球，动量一直通过球传递，使得最后一个球运动。

3 当物体碰撞时，它们在碰撞后的总动量与碰撞之前相同，这就是动量守恒定律。如右图所示，白色的球击中了一些彩色的球，所有球在碰撞后的总动量等于白色球在撞击之前的动量。

4 物体获得或失去动量的速度越快，所需要的力就越大。当汽车撞到静止的障碍物时，动量的变化是非常突然的，所以力是巨大的。

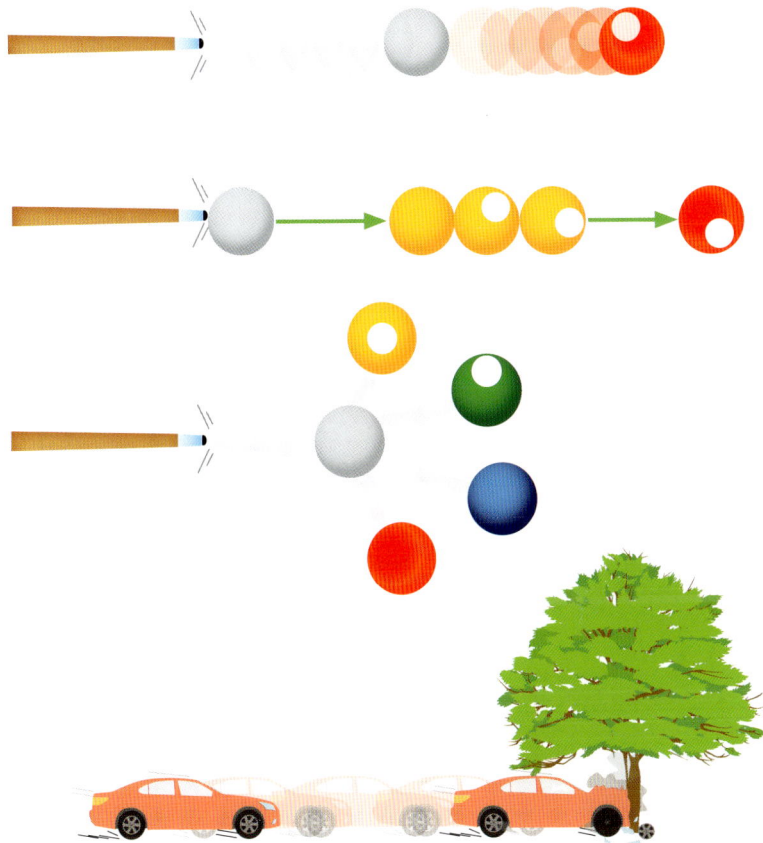

试一试 TRY IT OUT

两球反弹

把一个小球放在一个大球的上面，然后让它们自由坠落，看看会发生什么。当它们弹起时，小球就会弹得比你想象的要高得多。这是因为大球在下落的过程中会积累动量，并在反弹的过程中将大量动量转移到小球上，从而使小球快速向上运动。

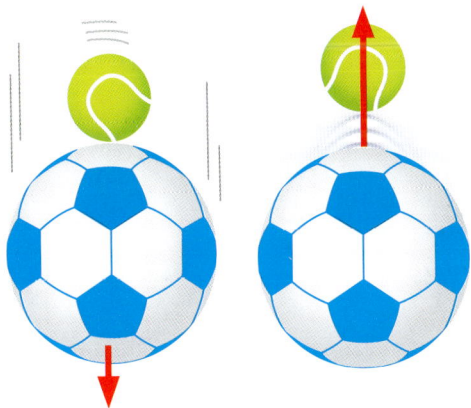

现实世界的技术

防撞褶皱区

当汽车相撞时，因为动量突然改变，两车之间产生巨大的作用力。为了减小破坏，许多汽车的前部和后部都有防撞褶皱区。在撞击时它们逐渐崩塌，减缓动量的变化，从而保护乘客。

防撞褶皱区　防撞褶皱区

乘客区
（乘客周围的钢架）

简单机械

简单机械是一种可以改变所需作用力的大小的工具。大多数的简单机械可以在力的基础上增加力，使得一项艰难的工作变得更加容易。

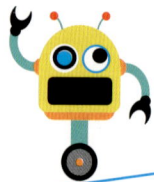

人体的肌肉和骨骼像杠杆一样工作。

杠杆

杠杆是一种硬金属杆，它围绕一个不动点旋转，这个不动点叫作支点。施加的力叫作作用力，试图克服的力叫作负载。如果作用力离支点的距离比负载的距离远，杠杆就会增加所施加的力。

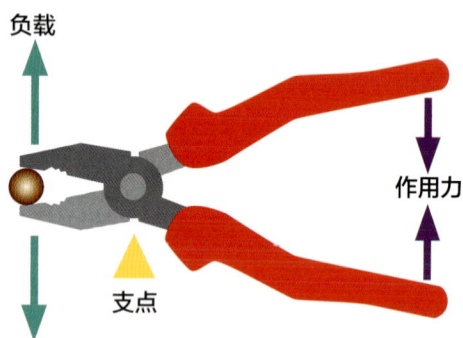

负载

作用力

支点

1 钳子
钳子能强有力地抓住小物体，因为从你的手施加的力到支点的距离是远远大于负载离支点的距离的，钳子增大了你的握力。

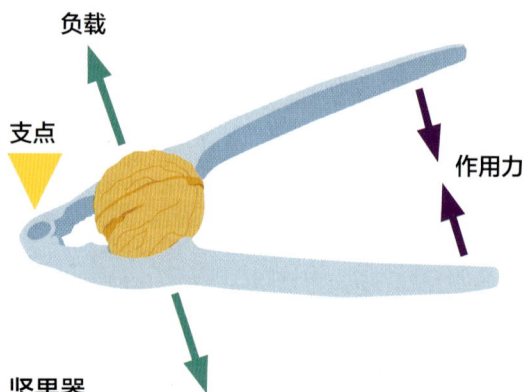

负载

作用力

支点

2 独轮手推车
独轮手推车的把手离支点（轮子）的距离比负载离支点的距离远得多，所以独轮手推车更容易举起重物。

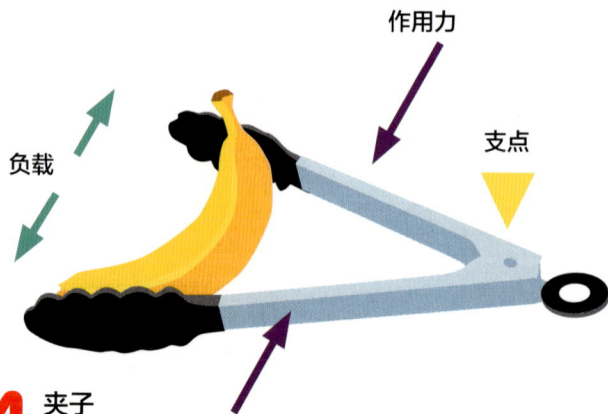

负载

支点

作用力

3 坚果器
坚果器增大了你手部的力量，使它很容易打开坚硬的坚果。

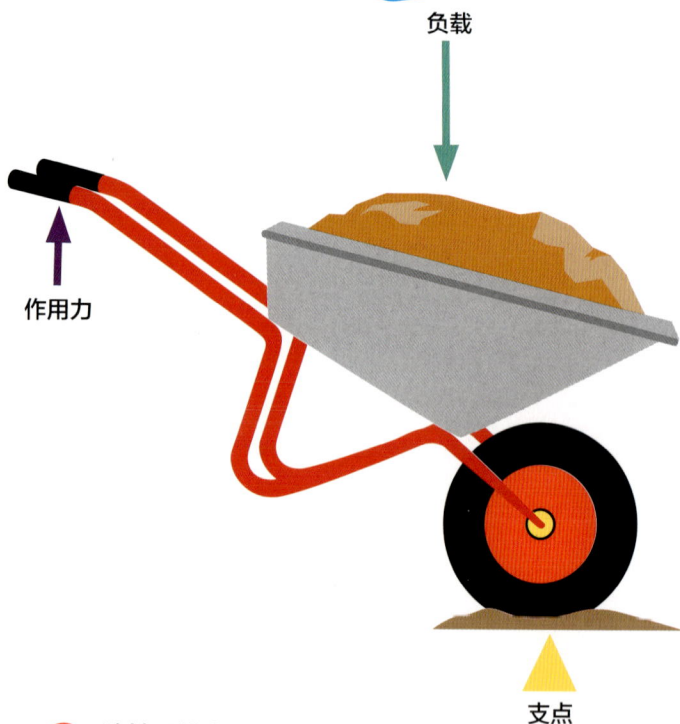

作用力

负载

支点

4 夹子
夹子减小了你手部的力量，因为负载离支点比你的作用力离支点要更远。这适用于夹取轻的、小巧的物体。

机械优势

机器使力增倍的倍数叫作机械优势。比如，这种能使拉力加倍的工具的机械优势是2。要计算杠杆的机械优势，需将作用力与支点的距离除以负载与支点的距离。

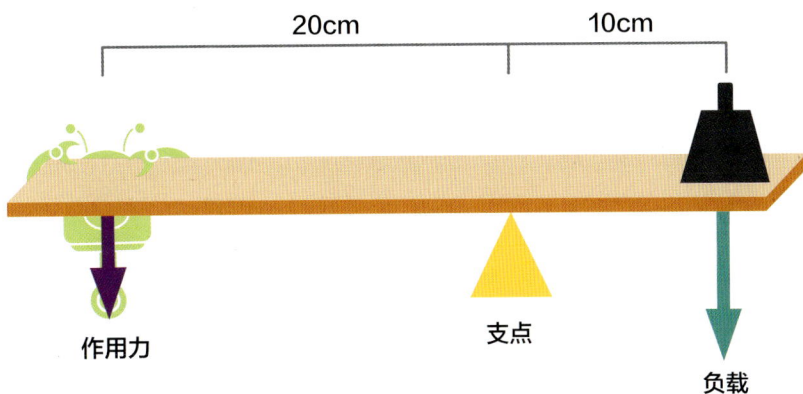

20cm　　　10cm

作用力　　　　支点　　　　负载

机械优势=20cm÷10cm=2

斜面

斜面是另一种简单机械，它能更容易地将重物移动到一定的高度。

1 一个长而平缓的斜面减少了向上举起重物所需要的力。然而，负载需要通过更长的距离。

小的力

一个平缓的斜面使提升货物变得容易，但货物必须运输更长的距离。

2 用一个短而陡的斜面将物体移动到相同的高度，需要的力更大，但是负载移动的距离更短。

大的力

3 要计算斜面的机械优势，应把沿着斜面上升的距离除以上升的高度。

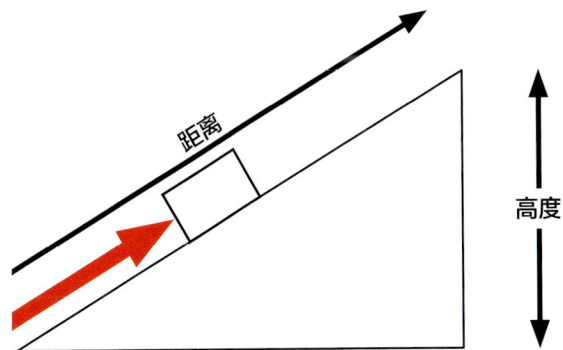

距离

高度

机械优势=距离÷高度

更多的简单机械

杠杆和斜面并不是唯一的简单机械。其他的简单机械，如滑轮、螺钉和轮子，也可以增大力，从而使工作更容易。

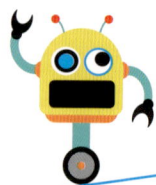

大多数工具中包括多种简单机械。比如，剪刀有一个楔子和一个杠杆。

楔子

楔子一端厚一端薄。当你将力向下施加到楔形的厚端时，细端的力会增加并推动楔子横向移动，将物体切割或分裂。

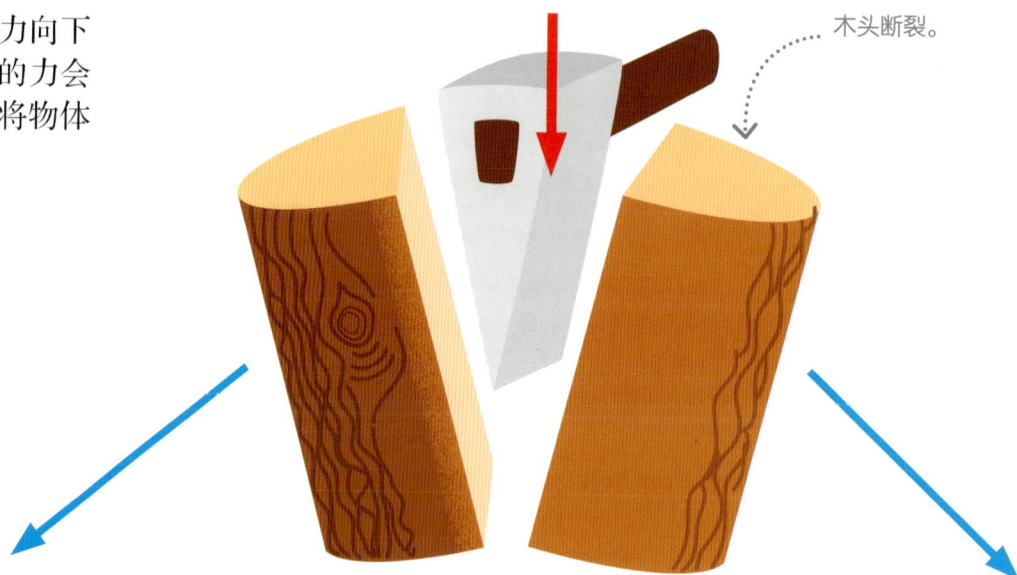

木头断裂。

螺钉

如果你想徒手把一颗螺钉塞进木头里，那就很难了。然而，当你用螺丝刀转动它时，那就容易多了。螺钉的工作原理就如同一个盘绕起来的斜面（参见第243页）。螺钉的每一次旋转都会把它往木头里推一点。

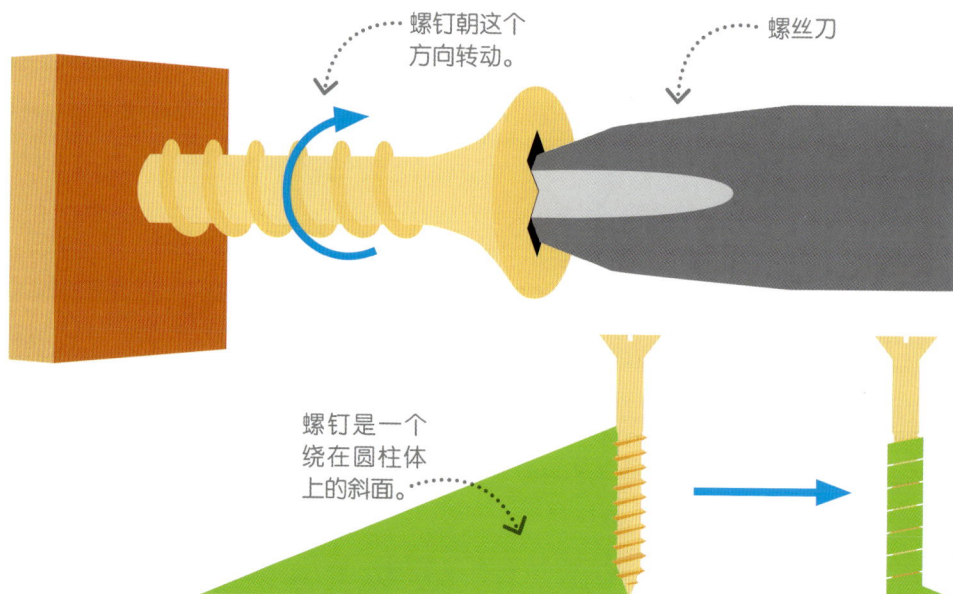

螺钉朝这个方向转动。

螺丝刀

螺钉是一个绕在圆柱体上的斜面。

轮子和车轴

一个轮子绕着一个叫作轴的小中心杆转动，它们工作起来就像一个圆形杠杆。正如杠杆可以用来增大力或增加移动距离，车轮和轴可以用两种不同的方式工作。

1 增大施加在车轮边缘的力，施加在轴上的力也会被增大，从而移动的距离会被缩短。这就是汽车方向盘和螺丝刀的工作原理。

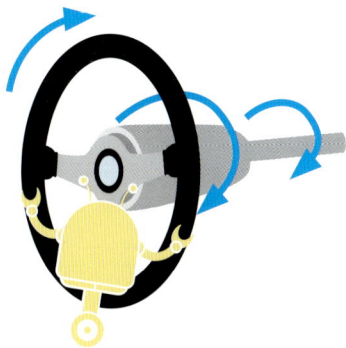

2 当力施加在轴上时，距离会成倍增大，施加在车轮的力减小了，但是车轮比轴移动得更远，因为它更大，这使得车辆行驶得更远、更快。

滑轮

滑轮是绕着轮子运行的绳子或绳缆。滑轮有不同的类型，一些只是改变了力的方向，而另一些则增大了拉力。

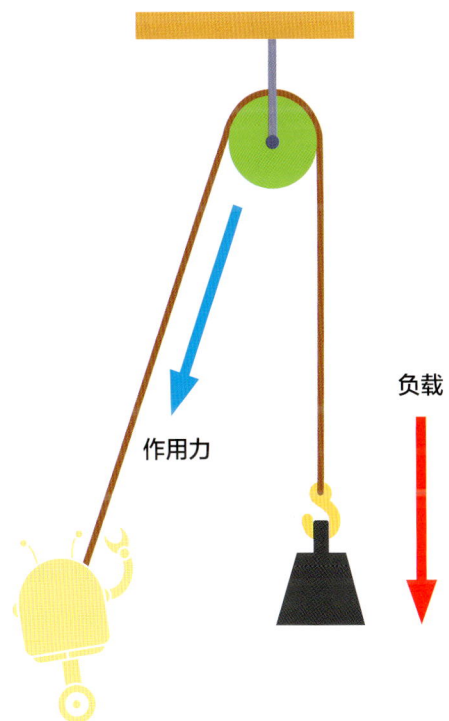

作用力　负载

1 单滑轮只是改变了力的方向。如果将绳子往下拉的作用力大于负载的重量，负载就会上升。

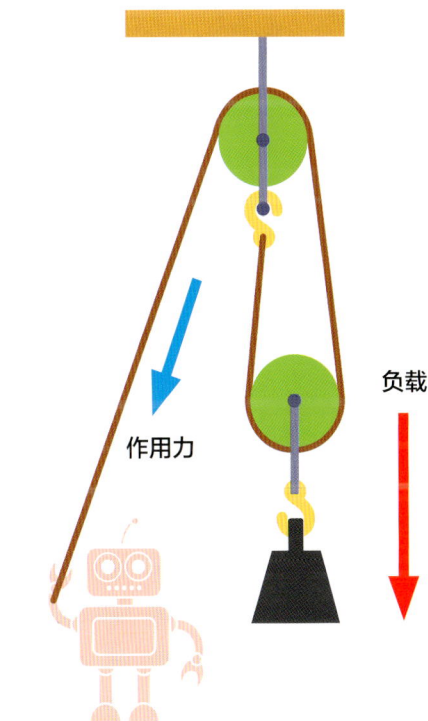

2 双滑轮将拉力加倍，让你能拉起两倍的重量，但是绳索的长度也需拉长两倍。

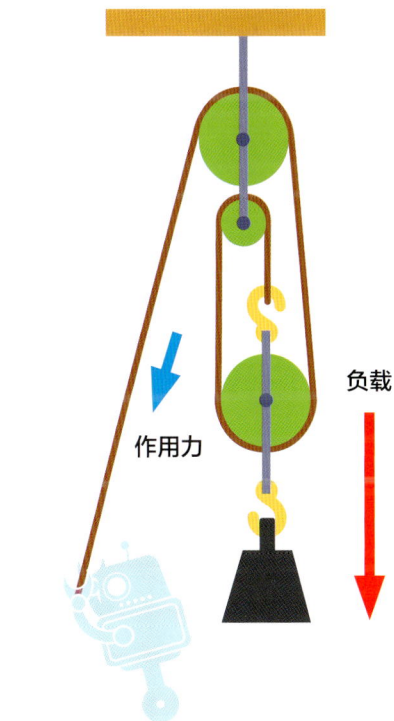

3 我们把两个或多个滑轮称为一个滑轮组。由三个滑轮组成的滑轮组的拉力是原来的三倍。

功和功率

当作用在物体上的力使物体在力的方向上移动了距离时，就说这个力做了功。和能量一样，功的单位是J，功率是做功的速度。

把一个普通的苹果举起1m时，就做了大约1J的功。

1 作用在物体上的力移动物体时做功。如果你推一个物体但它不动，你就没有做功。如果你以1N的恒定力推一个物体移动了1m，你就做了1J的功。

2 功总是涉及能量的转移。能量要么从一个地方转移到另一个地方，要么从一种形式转化成另一种形式。比如，当高尔夫球杆击球时，能量从球杆转移到球上。

3 可以用一个简单的方程来计算功。功的单位是焦耳，力的单位是牛顿，距离的单位是米。

功=力×距离

4 举个例子，如果你用2N的力推着购物车走了10m，就做了20J的功。

2N

10m

功率

1 功率用于描述做功的快慢。每秒做的功越多，功率就越大。比如推动一块岩石，一个人每秒能做200J的功，但是一辆推土机每秒能做4 000J的功，那么推土机的功率就是人的20倍。

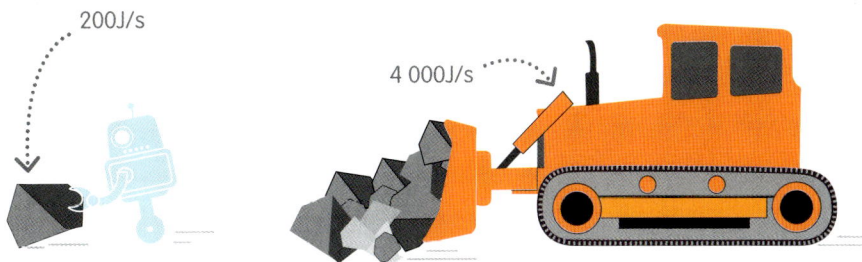

200J/s

4 000J/s

2 工作得越快的事物，它就越强大。如果一个人能用10s把一个重盒子从房间里推过去，而另一个人需要20s才能把同样的盒子推过同样的距离，那么第一个人的力量就是第二个人的两倍。

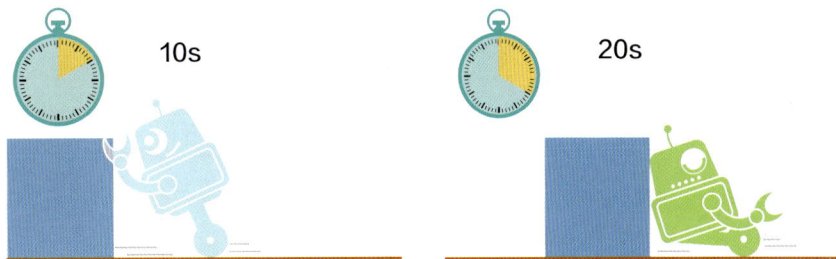

10s　　　　　　　20s

3 功率单位是瓦特（W），也就是J/s。你可以用这个简单的方程来计算功率：

功率=所做的功÷所用的时间

4 功率有时以马力（hp）计量。1hp等于735.5W。汽车马力越大，加速到最大速度就越快。

200hp

50hp

世界上最强大的引擎

世界上最强大的引擎被用于为世界各地的大型货船提供动力。这些发动机重量可达2 300t，有四层楼高。它们的工作原理和汽车发动机一样，都是由柴油驱动的。一辆普通汽车的功率约为150hp，但货船发动机的功率最高可达10.9万hp。

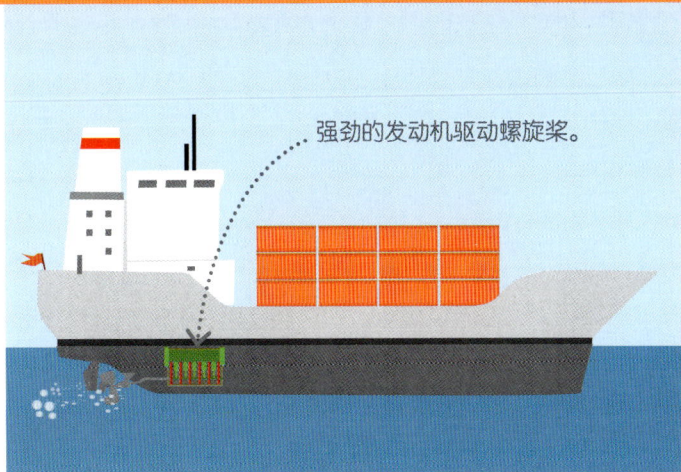

强劲的发动机驱动螺旋桨。

速度和加速度

有些物体运动得很快，如火箭；还有一些物体运动得很慢，如蜗牛。速度、速率和加速度都是描述物体运动的量。

速度和速率

20s

200m

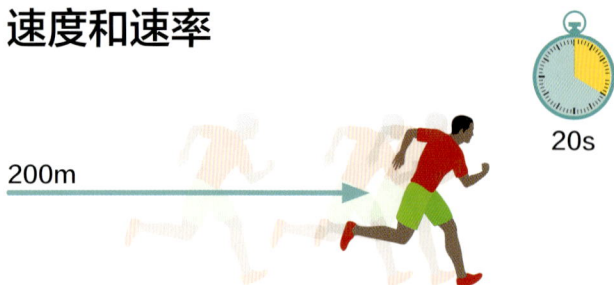

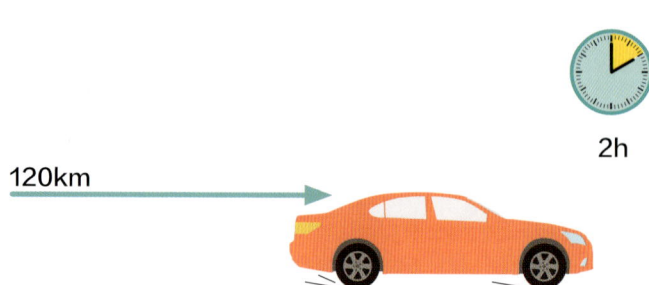

1 用物体运动的距离除以所花费的时间可以求出速度。如果一个运动员跑200m用时20s，他的平均速度是 $200 \div 20 = 10$（m/s）。

2h

120km

2 一辆汽车2h沿高速公路行驶了120km，所以它的平均速度是 $120 \div 2 = 60$（km/h）。

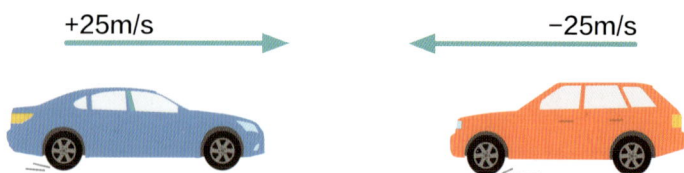

+25m/s　　　　　−25m/s

3 速率是物体在给定方向上的速度。如果两个物体以相同的速度运行但方向不同，它们的速率就不同。比如，如果两辆车正在向相反的方向以25m/s的速度移动，那么其中一辆车的速率是25m/s，而另一辆是−25m/s。

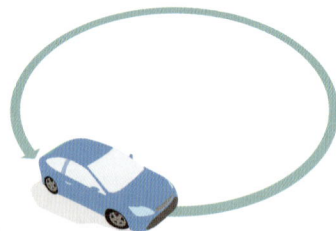

4 如果一辆汽车以恒定的速度绕圆周行驶，它的速率就是不断变化的。它在整个行驶的路程中的平均速度可能是500m/s，但它的平均速率是0。

7m/s　　　　7m/s

5 相对速度是一个物体相对于另一个物体运动的速度。两个速度均为7m/s的跑步者的相对速度是 $7-7=0$（m/s）。

7m/s　　　　−7m/s

6 如果两个跑步者均以7m/s的速度相向而跑，他们的相对速度就是 $7-(-7)=7+7=14$（m/s）。

加速度

在日常用语中，加速仅仅意味着更快。然而，加速度的科学意义是物体速度的变化率。

0km/h   30km/h   60km/h

1 正加速度是物体运动变快时的加速度，司机脚踩油门就会有正加速度。

60km/h   0km/h

2 负加速度或减速，是指物体运动变慢，这是司机刹车时出现的情况。

3 任何方向的改变也称为加速度，即使速度保持不变。这是因为方向改变意味着速率的改变。

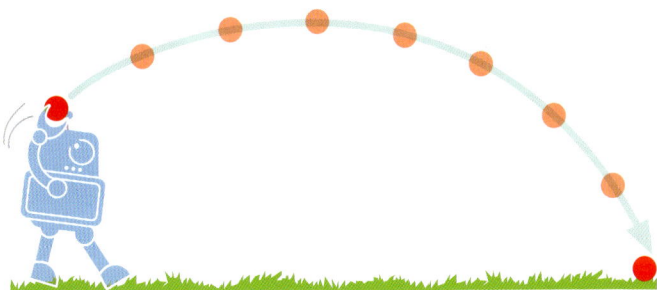

4 加速度总是由力引起的。当一个力作用于一个物体时，它的速度会改变，要么是速度大小改变，要么是速度方向改变，或者两者都会改变。比如，当你扔一个球时，它会沿一条抛物线落到地面，因为重力改变了它的速度。

距离—时间图

距离—时间图显示了一个物体在一段路程中行进的速度。y轴（纵轴）表示距离，x轴（横轴）表示时间。

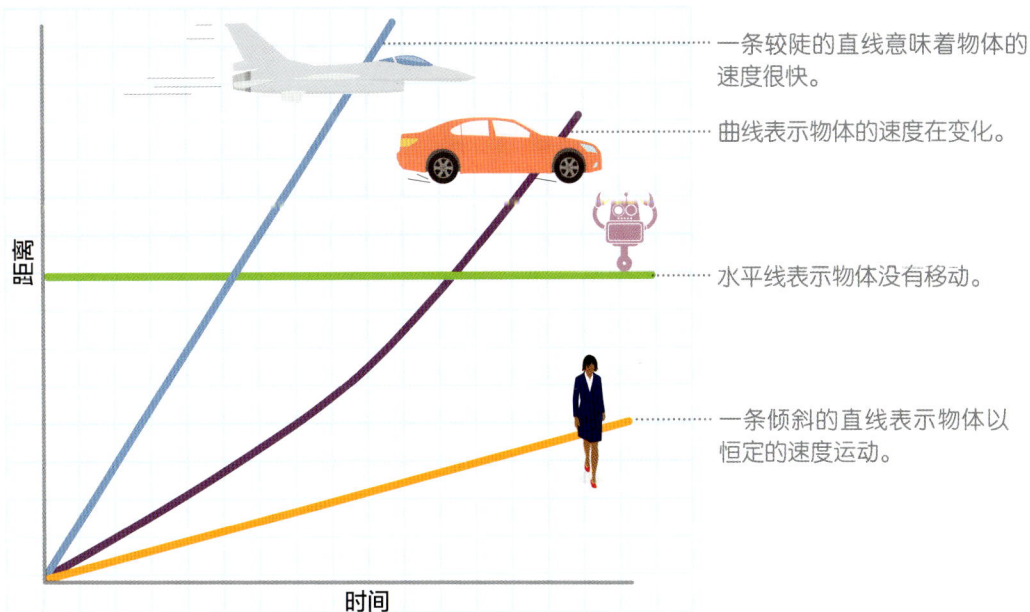

一条较陡的直线意味着物体的速度很快。

曲线表示物体的速度在变化。

水平线表示物体没有移动。

一条倾斜的直线表示物体以恒定的速度运动。

距离

时间

万有引力

无论什么时候，你从高处丢一个东西，它都会掉下来，因为有一个力会将它拉下来，这个力就叫作万有引力。万有引力作用于整个宇宙，它把行星、恒星和其他星系结合在一起。

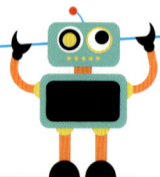

引力是宇宙中已知的最弱的力。

1 所有大大小小的物质都在引力的作用下相互吸引。

2 物体的质量越大，其重力就越强。

3 两件东西分开得越远，把它们拉到一起的引力就越弱。

4 引力是在整个宇宙中起作用并控制物体相互作用方式的四种力之一。然而，它非常微弱，我们需要大量的物质才能真正注意到它。

5 和任何其他的力一样，引力作用于物体，使物体加速（参见第249页）。如果没有空气阻挡，所有物体，无论它们有多重，都会以完全相同的加速度加速落到地面，下降速度每秒增加10m。

0m/s

10m/s

20m/s

30m/s

40m/s

50m/s

质量和重量

科学家区分质量和重量。质量就是某物含有物质的量。重量是一种力，表示物体所受重力的大小。无论你在哪里，你的质量都是一样的，但是如果你离开地球站在月球上，你的重量就会改变。

120.00kg

20.00kg

00.00kg

1 在地球上，一个体重为120kg的航天员站在一台称重秤上，他的体重是120kg。

2 在月球上，该航天员的质量仍然是120kg，但他的重量只有20kg，因为月球的引力小于地球。

3 在外太空，那里几乎没有引力，航天员的质量仍然是120kg，但他的重量是零。

现实世界的技术

越野车

所有的物体都有重心，这是物体质量的中心点，物体的所有重量似乎都集中在这一点上。如果重心在物体的底部，物体就保持稳定和平衡。越野车的重心被设计得很低，底座很宽，所以不会在不平的地面上翻倒。

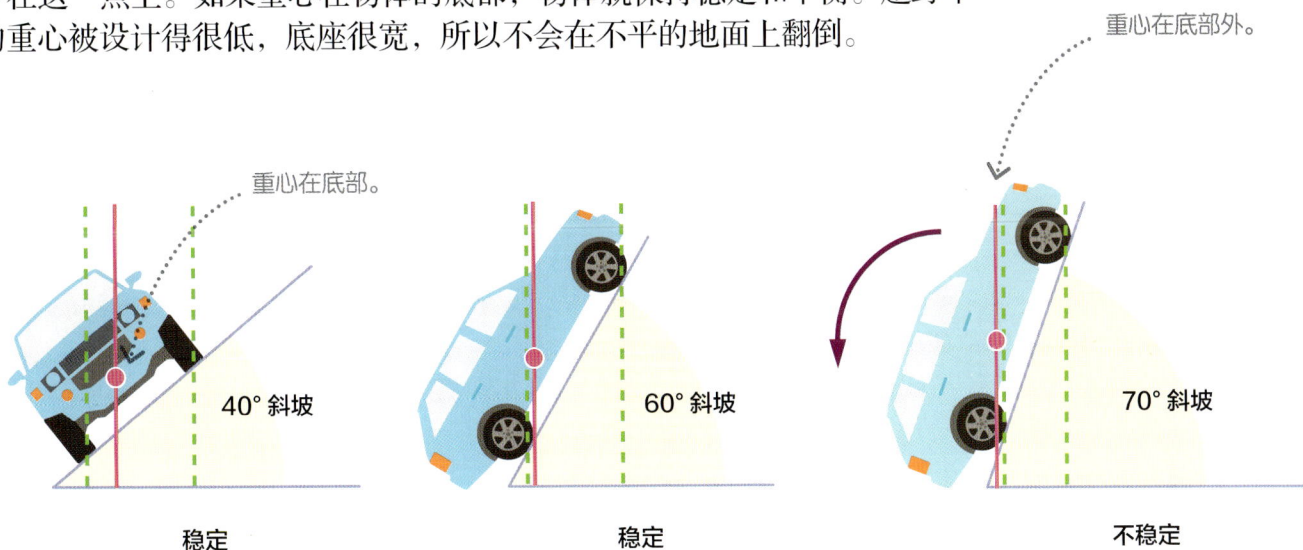

重心在底部外。

重心在底部。

40° 斜坡

60° 斜坡

70° 斜坡

稳定

稳定

不稳定

飞行

飞机似乎不受地心引力的影响。它们比空气重，却可以从地面起飞，在云层之上飞行。飞机能够飞行的秘诀在于它们使用快速流动的空气来产生升力。

有些飞机的速度比声速还快。

机翼

飞机通过机翼产生升力，从而对抗重力。然而，它们只能在空气以高速在飞机上方流动时才能做到这一点。所以在飞机起飞之前，它必须以巨大的力量向前加速，所以飞机需要强大的引擎和长长的跑道。

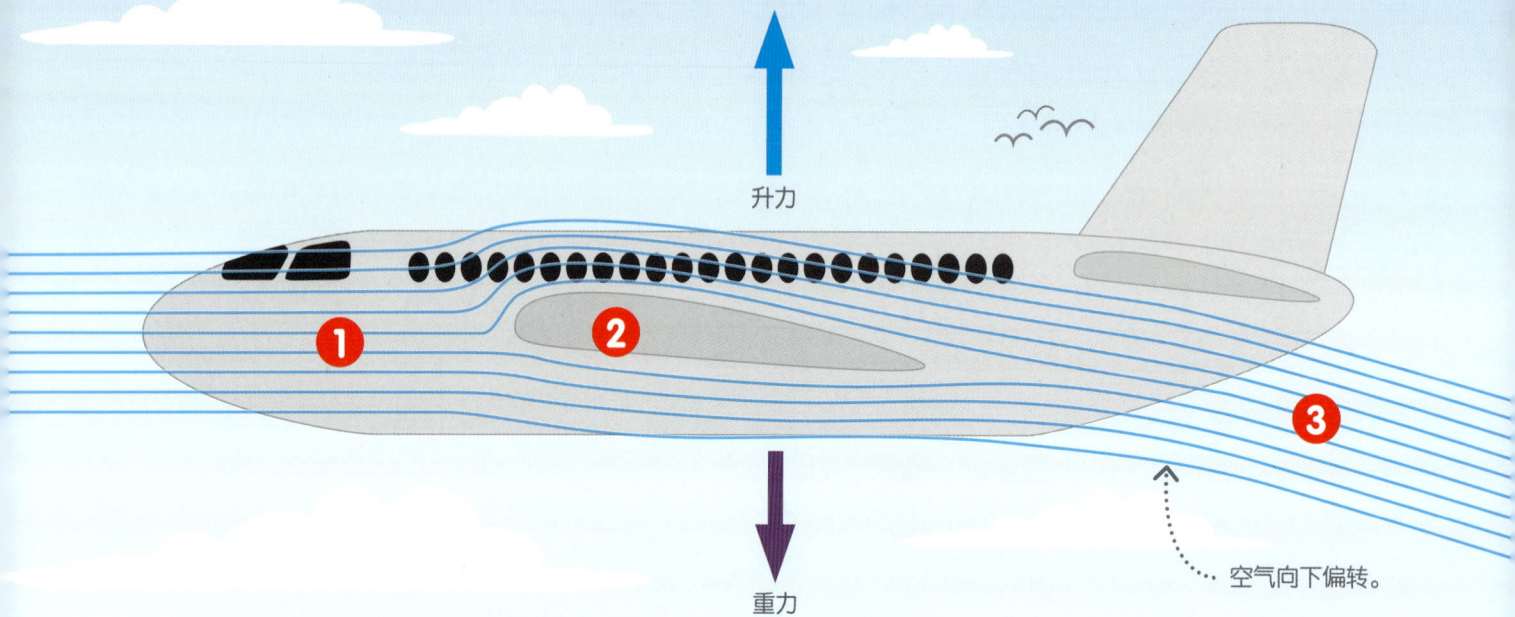

升力

重力

空气向下偏转。

1 当飞机向前运动时，机翼划过空气。一些空气被迫上升到飞机的上方，但更多的空气被迫向下跑到机翼下方。

2 机翼成一定角度，所以前面比后面高。它还有一种特殊的形状叫作风板，风板的顶部比底部更弯曲。由于它的角度和形状，机翼下的气压高于机翼上的气压，这种压力差产生了升力。

3 机翼下的高压使气流向下偏转。牛顿第三运动定律（参见第239页）指出每个力都有一个大小相等、方向相反的反作用力。机翼下方空气向下的推力导致飞机获得向上的反向推力——升力。

迎角

飞机机翼稍微向上与气流方向构成的夹角称为迎角。在一定程度上，增大迎角可以增大升力。但是，如果迎角过高，飞机就会坠落。

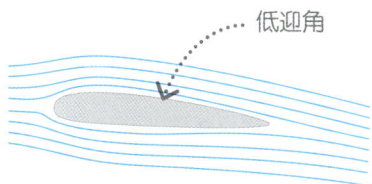

低迎角

高迎角

一个过高的迎角干扰了气流。

1 低迎角的机翼只轻微地使气流向下偏转，这就产生了少量的升力。

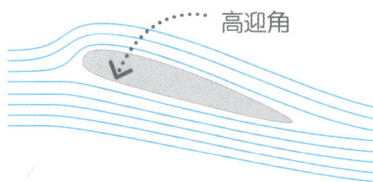

2 在更高的迎角下，气流被进一步压缩，导致升力增加,这使得飞机向上爬升。

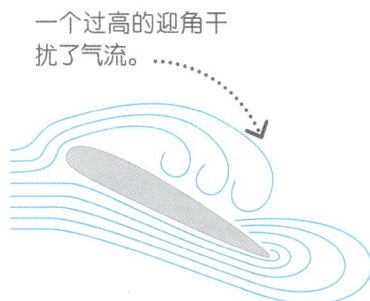

3 如果迎角过高，空气就会乱转。机翼不再产生升力，因此飞机"停转"——开始下降。

控制飞机

飞行员通过移动铰链襟翼来控制飞机，这种铰链襟翼可以改变气流在飞机不同部位的流动。机翼上的襟翼改变了每个机翼的升力。垂直襟翼左右操纵飞机。

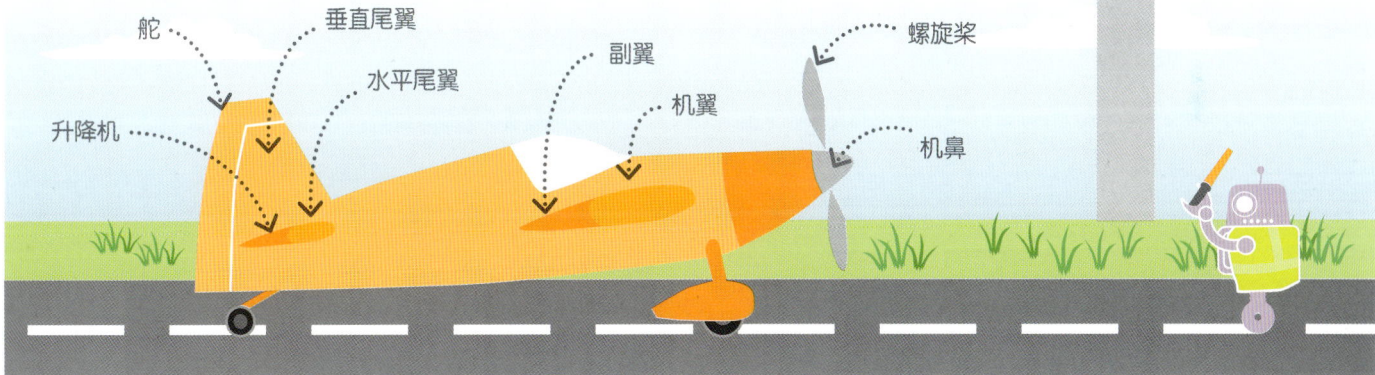

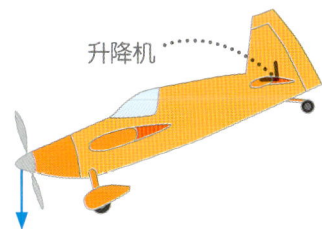

舵
垂直尾翼
水平尾翼
副翼
螺旋桨
机翼
机鼻
机尾
升降机

升降机

副翼

舵

刹

1 升降机是改变飞机后部升力的襟翼，使飞机的机头向上或向下倾斜。

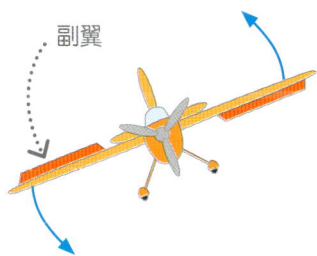

2 副翼是主机翼上的襟翼。它们向相反的方向移动，使飞机转动，从而帮助飞机转弯。

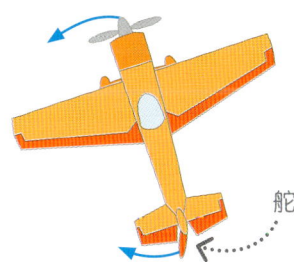

3 舵是飞机尾部的一个垂直襟翼。就像船舵一样，它控制着飞机，使飞机左右摇摆。

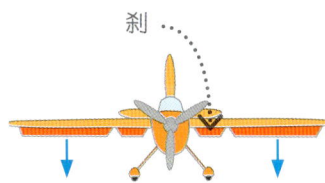

4 机翼或飞机其他部件上的襟翼通过增加阻力起到刹车的作用（参见第236～237页）。

压力

将图钉插入墙壁很容易，但体形巨大的大象却不会把脚陷到地里。集中或分散地作用在物体接触表面的力称为压力。

气压的变化会导致起风，造成天气的变化。

压力和面积

单位面积上的压力称为压强。同样的力可以产生高压或低压，这取决于它作用的面积。

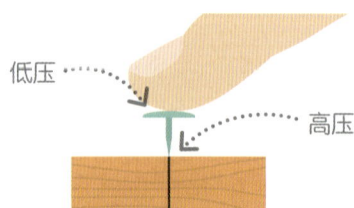

低压

高压

1 图钉将手指的力量集中到一个很小的点上，产生非常大的压强。平的一端将压力分散到手指上，这样就不会疼了。

2 雪地靴与图钉的工作原理相反。它们把你的重量分散在一个大的区域，减轻了对雪的压强，这样你就不会陷进去了。

空气压力

固体不是唯一能产生压力的物质——液体和气体也能产生压力。

快速移动的气体分子

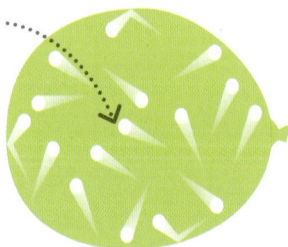

1 气体分子不断以每小时数百千米的速度飞行，并从物体上弹回来。这造成了空气压力。当你吹气球时，气球里面的气压会拉伸橡胶，使气球膨胀。

2 地球上大气层中的气体分子在越靠近地面的地方密度越大，在越高的地方密度越小。因此，海拔越高，气压就会越低。在海拔最高的山上，气压只有海平面的一半。

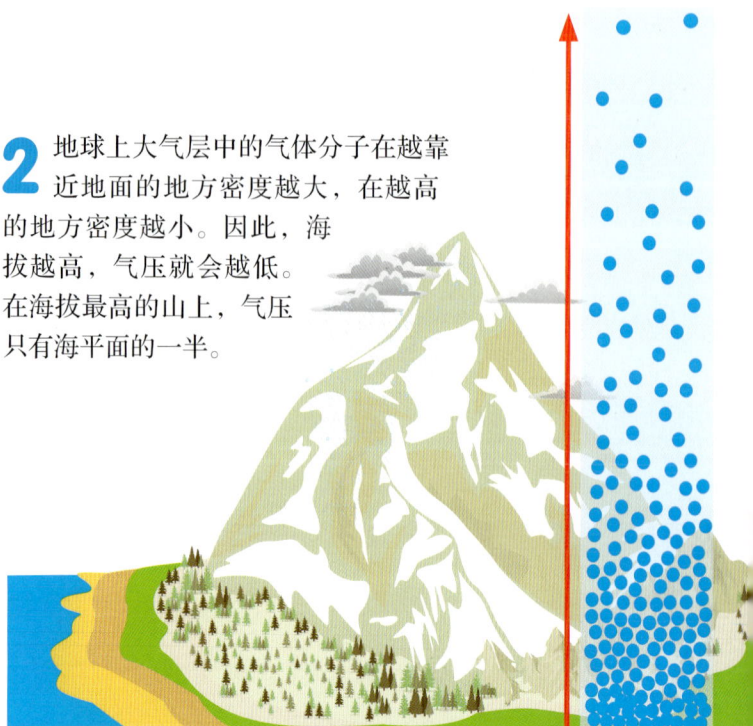

水压

水也能产生压力。你在海里潜得越深，压力就越大，我们使用大气压（atm）为单位来测量。海平面的气压为1atm。海洋中的压强每下降10m就增加1atm。

1 水肺潜水员可以安全到达海平面以下40m的地方，那里的压强上升到4atm。

2 人类潜水最深的深度是600m，压强为60atm。

3 潜艇能潜入约1km深，它们最多能承受100atm。

4 载人潜水器到达的最大深度为10.9km。加固后的潜水器需要承受比海平面高1000倍的压力。

漂浮水的小游戏

在装满水的玻璃杯上压一张卡片，把它倒过来，然后小心地移开手指来观察气压的力量。尽管水很重，卡片却不会掉下来——空气的压力使卡片一直压在玻璃杯上。

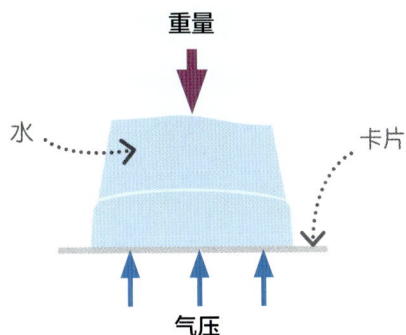

重量

水

卡片

气压

现实世界的技术

液压千斤顶

液压千斤顶可增大力，使重物更容易被抬起。当你按压泵时，压力通过不可被压缩的流体传递，因此在各个方向传递的压力相等。在另一端，压力作用于更大的区域，产生更大的力（但运动更小）。

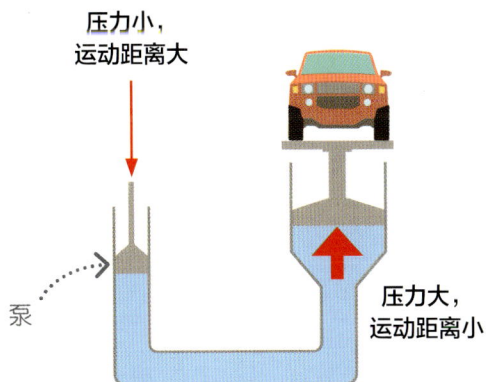

压力小，运动距离大

泵

压力大，运动距离小

浮力

有些东西可以像船一样漂浮在水面上，有一些东西则可能会像石头一样沉入水底。原因很简单：漂浮的东西比水轻，沉没的东西比水重。

油比水轻，所以可以漂浮在水面上。

重力和推力

当水中的物体被它的重量向下拉时，它会把水推到一边，或者取代水的位置。水向上推的力等于排开的水的重力，我们称之为向上的推力。

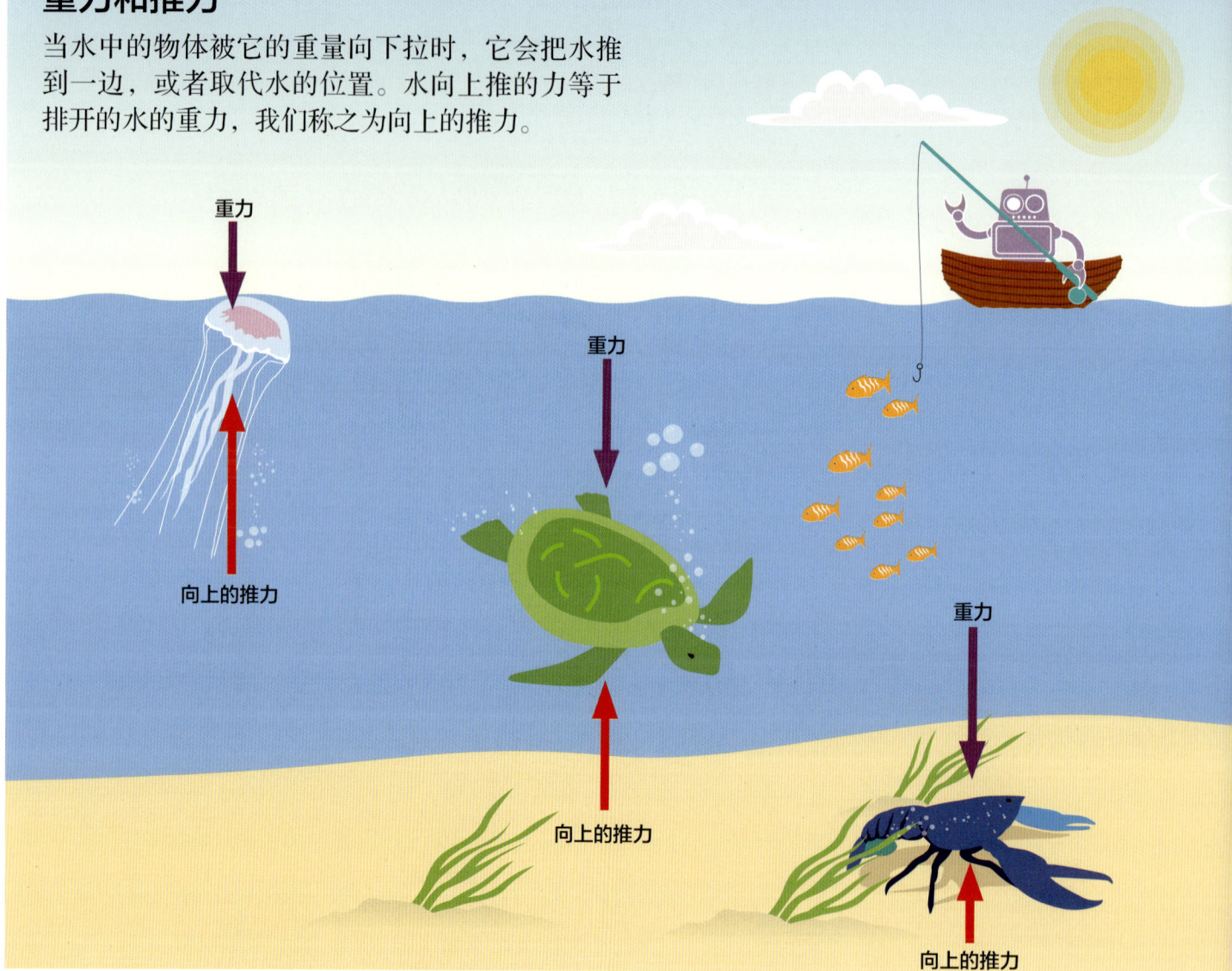

重力

向上的推力

重力

向上的推力

重力

向上的推力

1 如果一个物体的重力小于与它同等体积的水，水向上的推力大于物体的重力，这使得它浮出水面。

2 如果一个物体的重力与它同等体积的水的重力相同，向上的推力等于它的重力，物体则既不上升也不下沉，我们说它有中性浮力。

3 如果一个物体比水重，它就会下沉。它的重力比向上的推力大，所以向上的推力不能支撑它。

阿基米德原理

2 200年前，希腊著名学者阿基米德（Archimedes）发现，物体在水中的重量变轻。他意识到这是因为物体排开的水会产生向上的推力，这就是阿基米德原理。

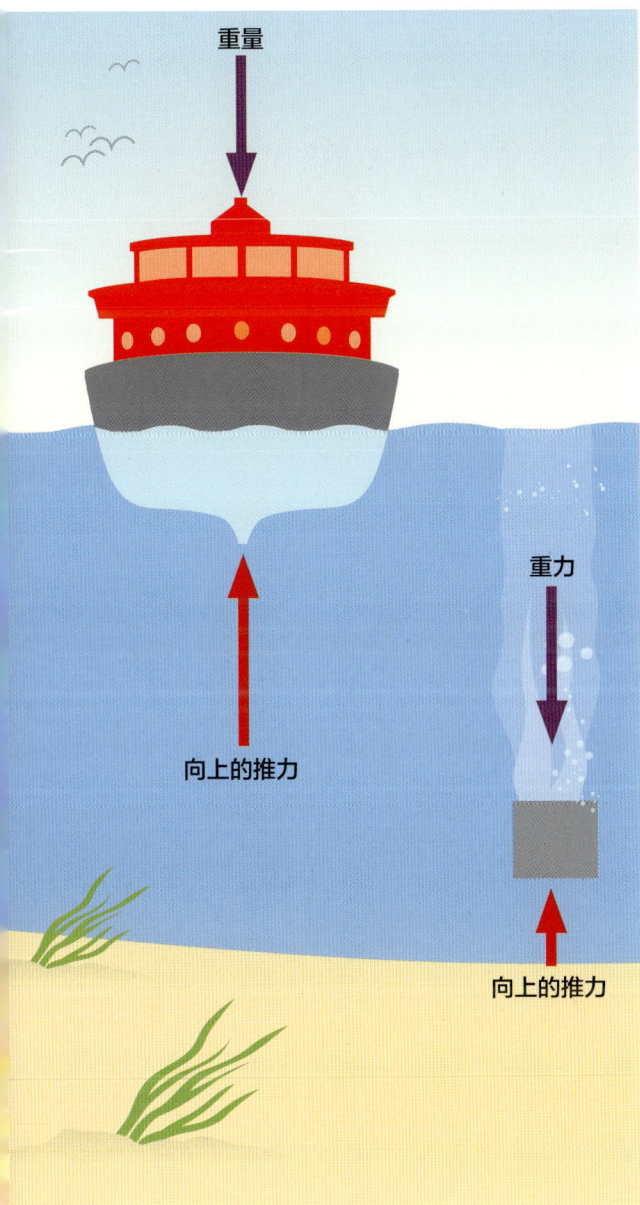

重量

向上的推力

重力

向上的推力

1 当这个重物在水之外，秤显示它的质量为7kg（70N）。

7kg的重物

2 重物在下降的过程中排走了3kg的水，所以秤现在显示它的质量只有4kg。

测量质量为4kg。

3kg的水

4 实心的钢块会下沉，但同样重量的钢船会漂浮。造成这种差异的原因是船含有大量的空气，所以每单位体积重量较轻，我们说它的密度更小。

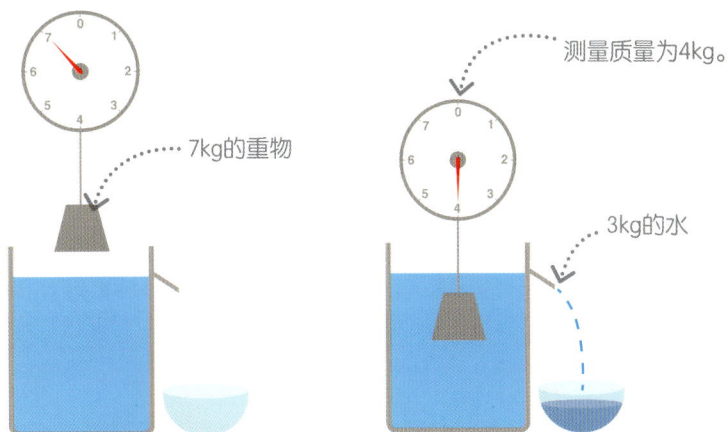

现实世界的技术

潜艇

潜艇有一个很大的空间，叫作压载舱。当压载舱充气时，潜艇就浮在水面上。当它进水时，潜艇就可以潜入水中了，因为它的密度非常大。

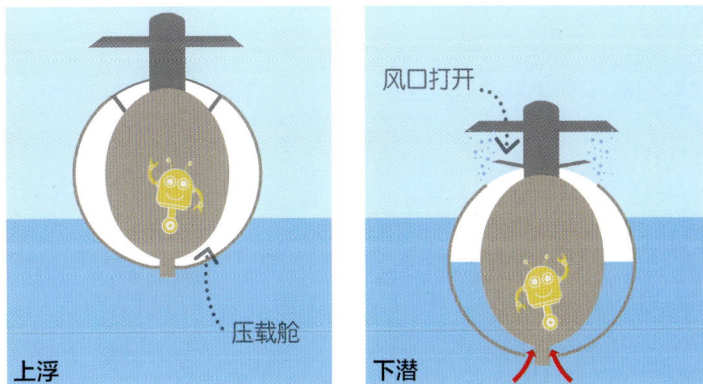

上浮 压载舱

下潜 风口打开

1 压载舱里充满了空气，所以潜艇可以浮在水面上。压载舱顶部的通风口是关闭的，保持其内部全部是空气。

2 潜水时，潜艇会让水进入压载舱，并打开通风口，放出空气。这使得潜艇的密度迅速增大，潜艇开始下潜。

地球和空间

宇宙是一切存在的事物的总称，包括行星、卫星、恒星、星系，以及难以想象的巨大星际空间。地球是宇宙中已知的唯一支持生命存在的地方。它的气候适合水以液体的形式存在于地表，并以能赋予万物生命的雨水的形式降落在陆地上，地球上的大气保护生命免受来自太阳的有害射线的伤害。

宇宙

宇宙是一切存在的总称。它包括行星、恒星、星系，以及我们看不见的广阔空间。

> 宇宙的大小是个谜。它甚至可能是无限大的。

越来越大

宇宙的规模超出了人们的想象。天文学家使用光年作为尺度来测量距离，因为没有任何东西比光更快。一光年是光在一整年走的距离，即9.5万亿km。

1 地球是一个漂浮在太空中的小小的岩石行星。以光速运动，绕地球一周要花$\frac{1}{7}$s的时间，从地球到与它最近的邻居——月球上，则要花1s的时间。

2 太阳系中的行星围绕着我们的恒星——太阳转。最远的行星——海王星（图中蓝色的行星），以光速运动，从地球到达海王星仅需4.5h。

3 太阳只是组成我们所在星系——银河系的4 000亿颗恒星中的一颗。这个由恒星、气体和尘埃组成的旋涡云有140 000光年宽。

4 银河系是组成可观测宇宙的约1 000亿个星系中的一个。我们可以观测到的宇宙的直径超过900亿光年，它的外面是未知的。

地球

太阳系

银河系

宇宙

大爆炸

科学家认为宇宙是在138亿年前的大爆炸中凭空出现的。起初，宇宙很小而且非常热。随着时间的推移，它逐渐膨胀和冷却，从而产生现在形成恒星和行星的物质粒子。今天宇宙仍在膨胀和冷却。

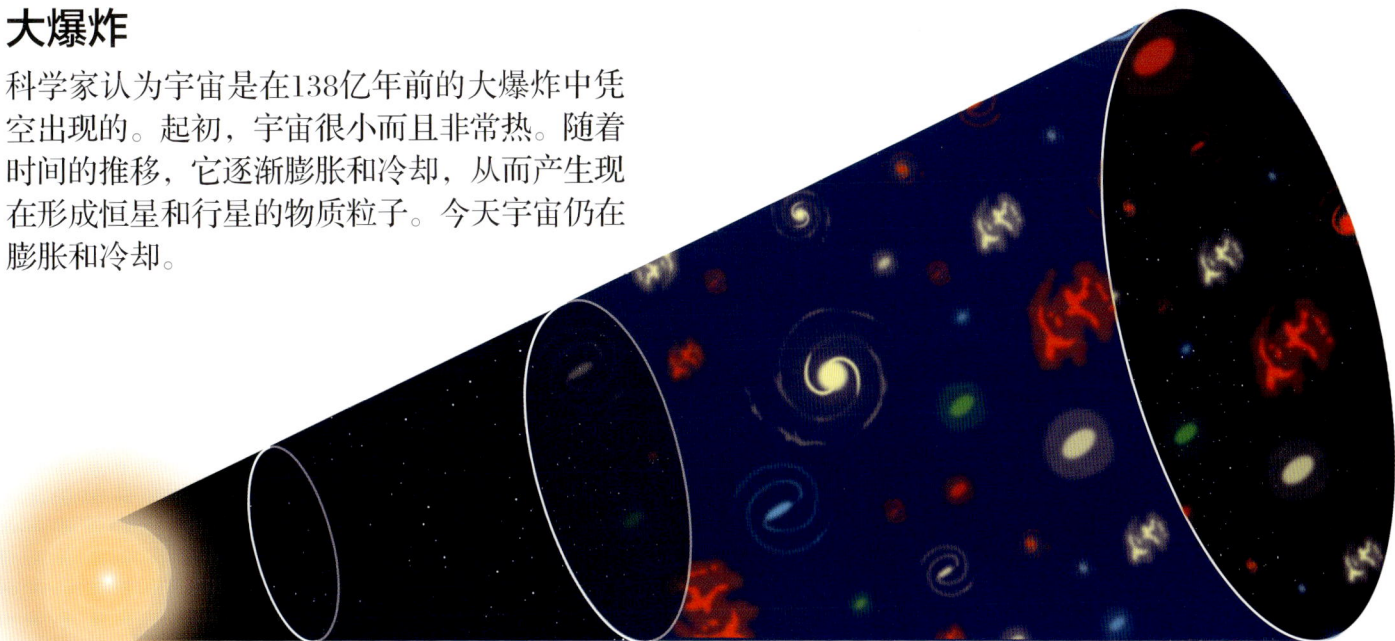

138亿年前宇宙大爆炸　　　136亿年前第一批星星出现　　128亿年前第一批星系出现　　　　　　　　　　今天的宇宙

光年

光以每秒300 000km的速度传播，所以一光年是9.5万亿km。当我们看到遥远的星星时，我们看到的是经过多年传播的光，所以我们看到的是过去的星星。

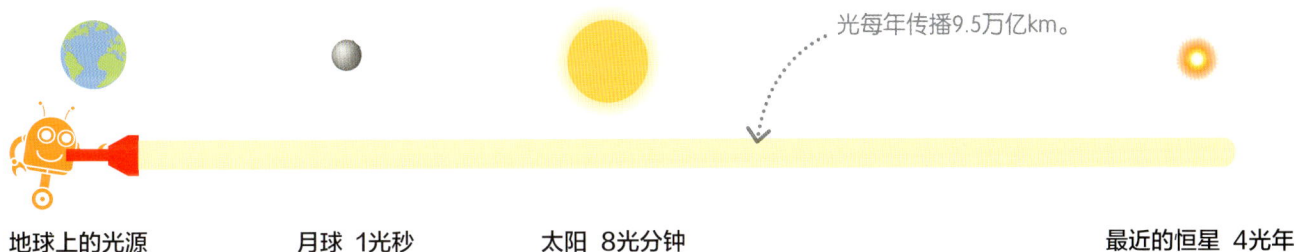

光每年传播9.5万亿km。

地球上的光源　　　　　月球 1光秒　　　　　　太阳 8光分钟　　　　　　　　　　最近的恒星 4光年

试一试 TRY IT OUT

气球宇宙

宇宙膨胀不是因为恒星和星系在飞离，而是因为它们之间的空间在膨胀。想要了解宇宙是如何膨胀的，让我们试着用气球做一个宇宙模型吧。

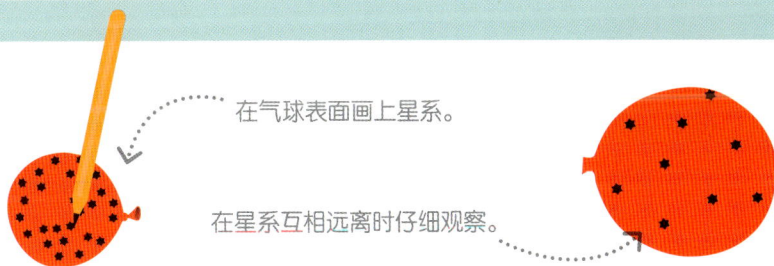

在气球表面画上星系。

在星系互相远离时仔细观察。

1 给气球充一半的气。把它的开口拴紧，用画笔在上面画点。每个点都是一个星系。

2 把气球充满气。你会看到膨胀的气球使星系彼此远离。

太阳系

太阳系由一颗恒星——太阳和围绕它运行的物体组成。太阳系包括八颗行星和它们的卫星，还有小行星、彗星和矮行星。

太阳包含了太阳系中几乎99.9%的物质。

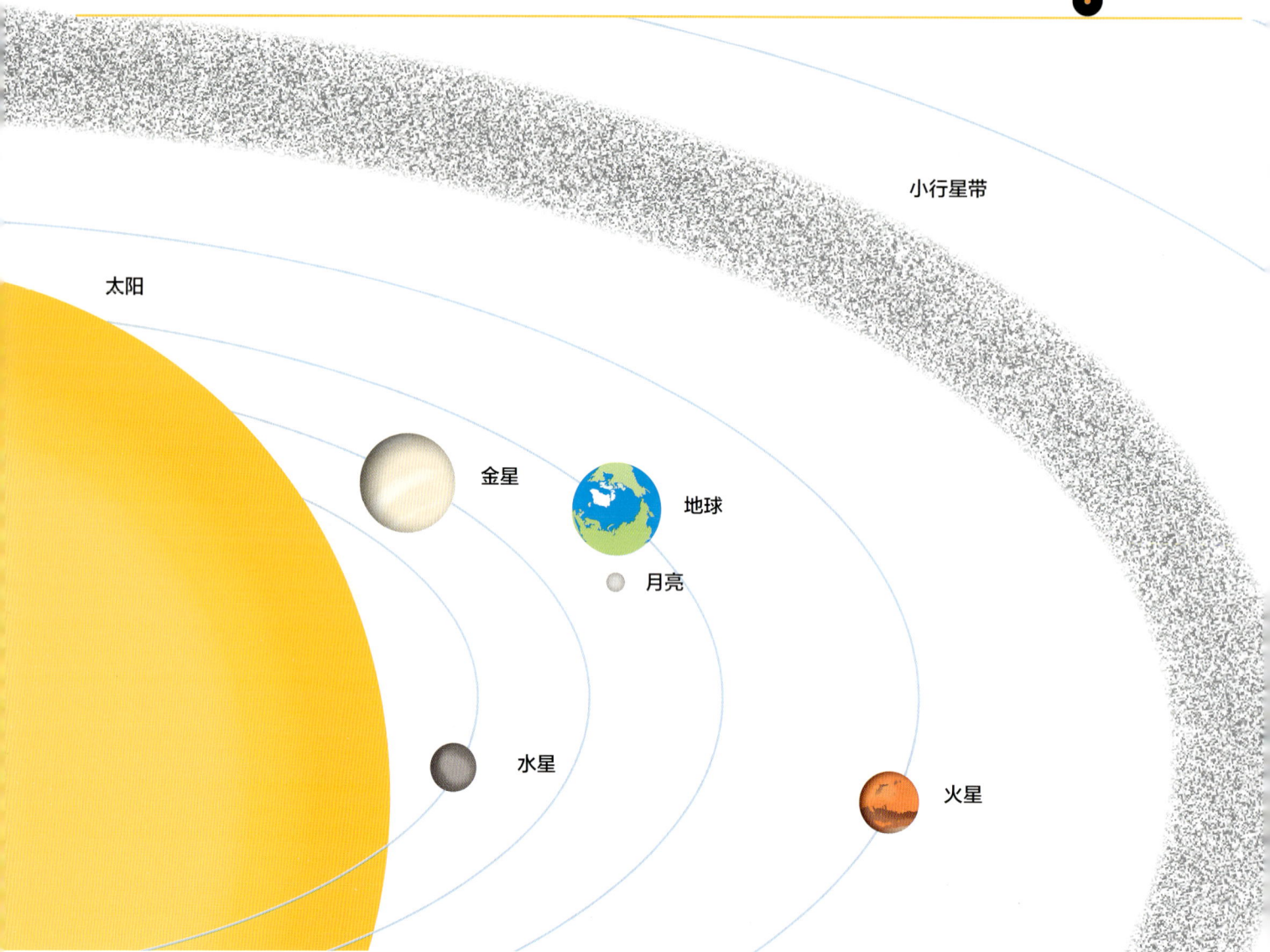

小行星带

太阳

金星

地球

月亮

水星

火星

1 太阳
太阳是太阳系中心一个极其炽热的发光的气体球，它为我们提供热量和光。太阳引力使物体保持在它们的轨道上运行。

2 岩石行星
水星、金星、地球和火星叫作岩石行星。它们都是固体球体，几乎完全由岩石和金属组成。

3 小行星带
小行星是一些从1m到几百千米宽的岩石。它们大部分绕太阳运行，运行的轨道称为小行星带。

柯伊伯带

冥王星

"旅行者"号探测器

旅行者1号和2号是探索太阳系外部区域的机器人。它们发送数据，过去也曾将图像发回地球。

数以百万计的冰块围绕着太阳运行，形成柯伊伯带。

海王星

土星

天王星

土星环是由尘埃和冰组成的。

木星

彗星

4 巨行星
木星、土星、天王星和海王星叫作气态巨行星，因为它们主要由氦和氢构成。它们比岩石行星大得多，围绕太阳运行的速度也慢得多。

5 矮行星
矮行星，如冥王星，比岩石行星要小得多。它们的重力刚好能使它们形成球形。

6 彗星
这些由岩石、冰和尘埃组成的彗星通常在太阳系的外围轨道上运行，但偶尔它们会靠近太阳并加热，产生明亮的尾巴。

行星

太阳系的八大行星可以分为两类，最里面的四颗行星是岩石行星——由岩石和金属组成的球体，外面四颗行星是巨行星，由气体、液体和冰组成。

水星、金星、火星、木星和土星都可以从地球上用肉眼看到。

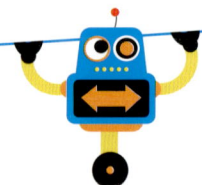

岩石行星

太阳系的岩石行星有水星、金星、地球和火星，它们是离太阳最近的四颗行星。每一个岩石行星都主要由岩石组成，但它们的核心主要由铁组成。地球和火星还有卫星。

1 水星是太阳系中最小的行星，它的表面布满了火山口。它几乎没有大气层，白天极其炎热，夜晚极其寒冷。

2 金星周围是厚厚的黄色大气层，主要由二氧化碳气体构成。它坚硬的表面酷热难耐，并且大部分由火山占据。

3 地球是唯一一个表面有液态水、并有富含氧气的大气和生命的行星。地球上的生命开始于大约40亿年前，在海洋形成后不久。

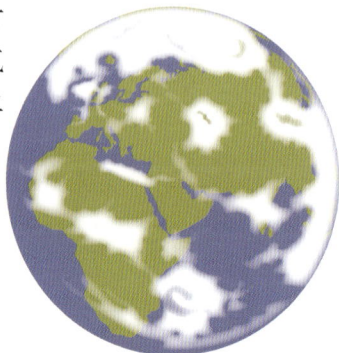

4 火星是一个尘土飞扬的沙漠世界，有着古老的火山、沙丘、峡谷和许多陨石坑。它的大气层很稀薄，由二氧化碳和两个小卫星组成。

大小和规模

太阳系的行星大小差别很大。最大的是木星，直径为140 000km，最小的是水星，直径仅为4 880km。地球和金星大小相似，海王星和天王星大小相似。

木星　　天王星　　海王星　地球　火星　金星　水星　土星

巨行星

四大巨行星是木星、土星、天王星和海王星。这些行星没有我们能看到的固体表面，但每一个都有一个外气层，主要由氦和氢构成，这些气层包裹着液体或冰层，科学家们认为这些行星还有一个非常小的岩石内核。每个巨行星都有无数的卫星。

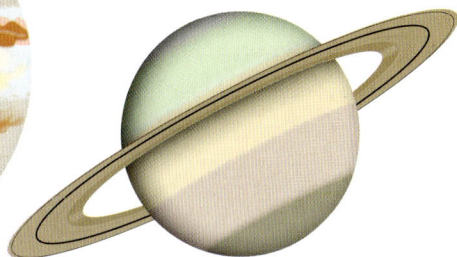

1 木星大气中明亮的波段是旋涡状的、混乱的系统。它是旋转最快的行星。

2 土星有由冰碎片组成的巨大的环。它有带状的大气，但黄色的薄雾使它看起来很光滑。

3 天王星看上去是淡蓝色的，因为它的大气中含有甲烷气体。与其他行星不同的是，它是侧着转的。

4 海王星是一颗看上去很明亮的蓝色行星。速度高达2 100km/h的风会在它周围吹起白色的冰冻甲烷云。

太阳系以外的行星

银河系中的大多数恒星可能都有轨道行星，这意味着在太阳系之外存在着大量的行星。但是，这些行星中只有一些位于恒星周围的宜居带或"适居带"，那里不是太热就是太冷，不适合生命生存。

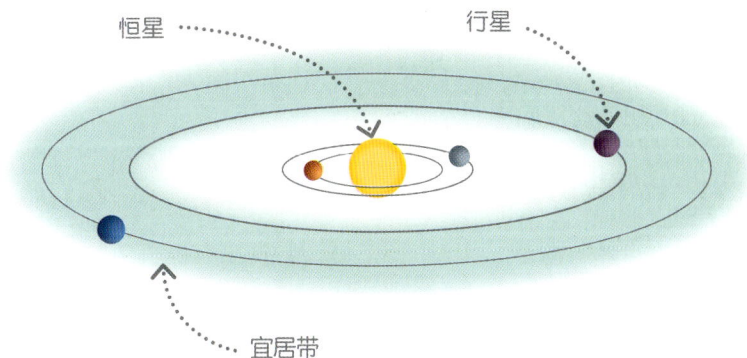

恒星   行星

宜居带

矮行星

矮行星大到可以通过自身的重力变成球形。然而，它们没有足够的重力将经过自己轨道的其他天体（如小行星）扫除掉。冥王星在1930年被发现后，被归类为行星，但在2006年被降级。其他的矮行星包括阋神星（已知的最大的矮行星）和形状像橄榄球的妊神星。

阋神星   冥王星   妊神星   鸟神星

创神星   塞德娜   刻瑞斯

地球

太阳

太阳是我们所在星系中的恒星，已经发光了46亿年。它是一个由极热气体组成的发光球体，主要由氢组成。

永远不要用肉眼或双筒望远镜直视太阳，这很危险!

太阳内部

与其他的恒星一样，太阳内部由几层组成。越靠近内核，温度和压力越大，内核是太阳能量的来源。

1 在太阳内核中，温度飙升至1 600万℃。强烈的热量和压力引发核反应，以光和其他辐射的形式释放能量。

2 内核周围是辐射区，来自内核的能量以辐射的形式穿过这一层，传播得非常慢。

3 辐射区外是对流区，在这里，巨大的热气体的气泡上升到表面，它们释放能量，然后再次下沉。

4 光球层是太阳的可见表面，它会释放巨大的光、热和其他辐射。它的温度大约是5 300℃。

5 光球层之外是太阳的大气层，它向太空延伸数千千米。被称为日珥的热气体循环通常从太阳内部喷发到大气层中。

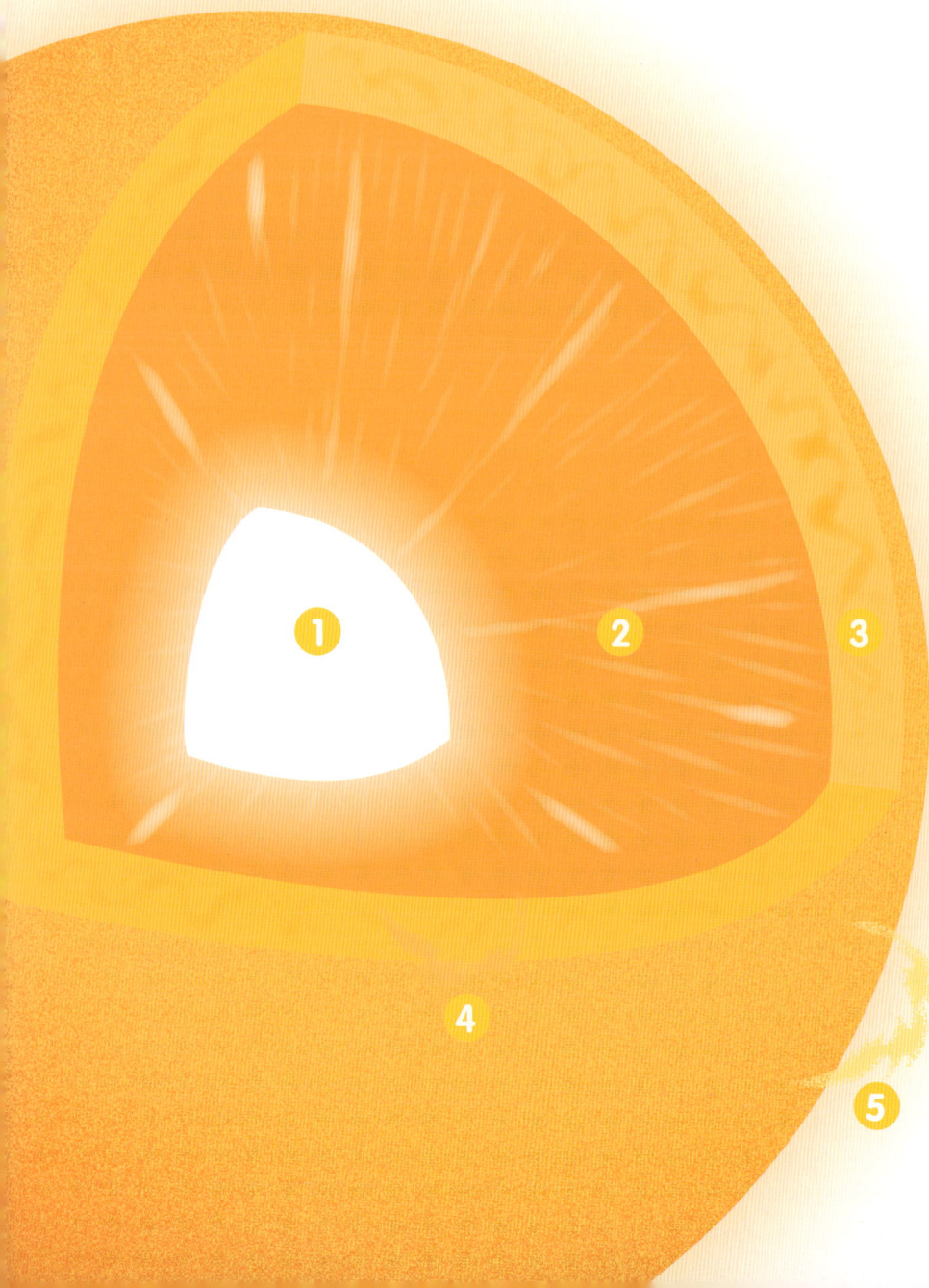

太阳是如何发光的？

太阳由核聚变提供能量。在内核中，氢原子核（中心部分）以非常快的速度碰撞，它们融合在一起，形成氦原子核。这一过程释放出大量的能量，其中大部分以光的形式从太阳释放出来，从而使恒星发光。

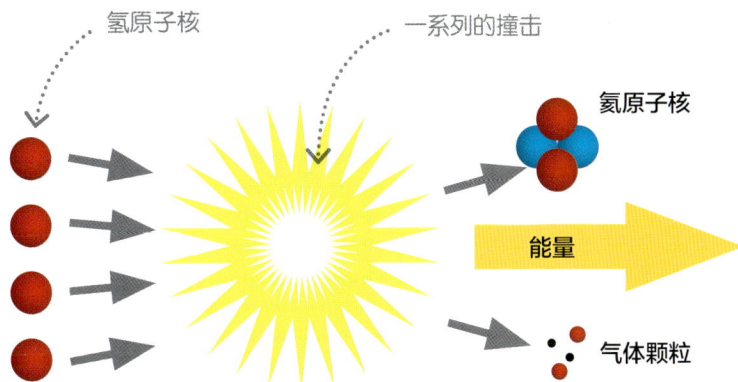

氢原子核

一系列的撞击

氦原子核

能量

气体颗粒

太阳内部的核聚变

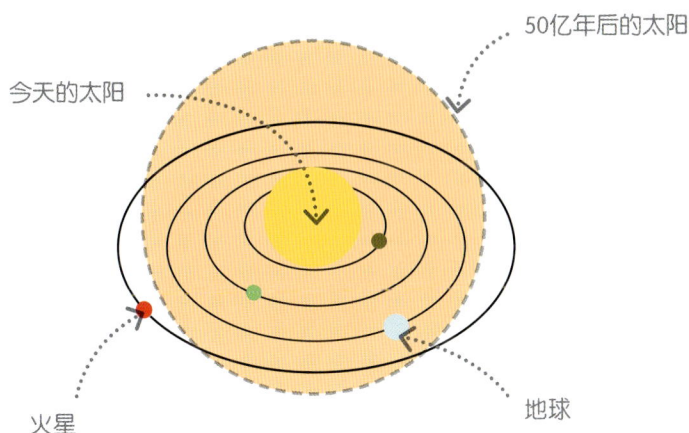

50亿年后的太阳

今天的太阳

火星

地球

太阳的未来

在大约50亿年后，太阳内核里的氢将被耗尽。因此，太阳会膨胀，变成一种叫作红巨星的恒星。它会变得非常大，会吞噬水星、金星，甚至地球。随后，它将解体，只留下其内核里的发光残骸——一颗白矮星。

极光

在产生光的同时，太阳还会发射带电粒子流穿过太空。当它们撞击地球两极附近的大气层时，会使空气中的分子产生光，从而在夜空中形成幽灵般的图案，称为极光。

现实世界的技术

光谱学

天文学家可以通过研究太阳或恒星的光线来确定存在的化学元素。白光是各种颜色的混合物。天文学家使用分光镜把光分解成光谱。恒星的光谱有明显的间隙，这是由于当光线离开恒星时，有一些特定的波长被化学元素吸收了。就像指纹一样，这些缝隙揭示了存在的元素。

太阳光谱的间隙揭示了铁、氧和其他元素的存在。

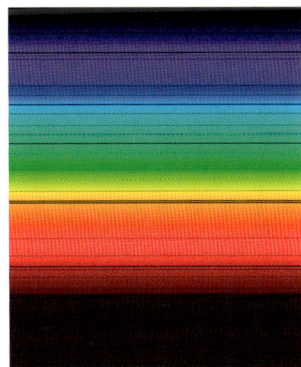

引力和轨道

引力是将下落物体向下拉的吸引力。引力使月球绕地球运行，使行星绕太阳运行。

> 如果你能够站在太阳上，在太阳的重力作用下，你的重量是你在地球上重量的28倍。

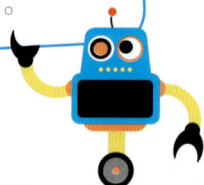

引力

所有物体都有引力，但只有质量巨大的物体，如卫星、行星和恒星，才有足够的引力来紧紧地拉动物体。物体的质量越大，其引力越大。

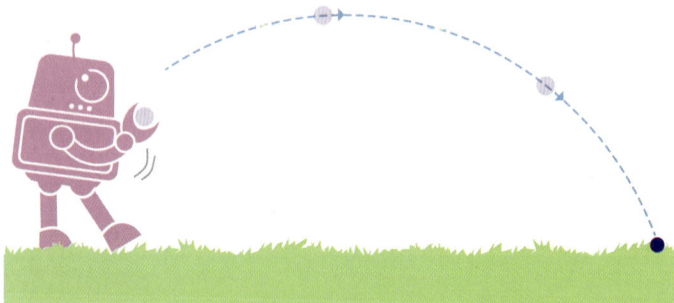

水星　太阳　木星
金星　地球　土星
火星　天王星
海王星

1　地球
在地球上，地心引力使物体掉到地上。如果你扔一个球，它会沿着一条弯曲的路径下落，因为地心引力把它稳定地向下拉。

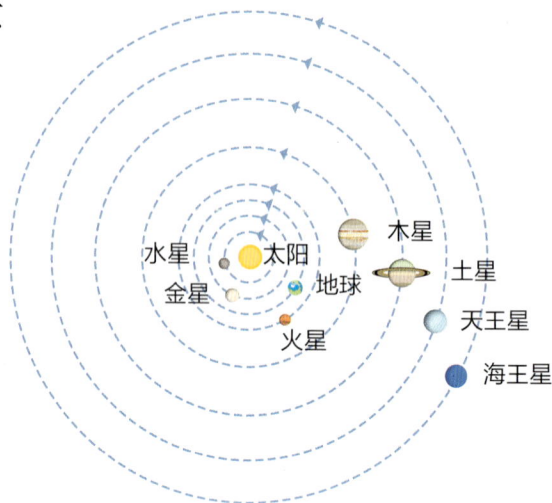

2　行星
太阳系的八大行星，180颗左右的卫星，无数的彗星、小行星和矮行星都在太阳引力的作用下绕着太阳运行。

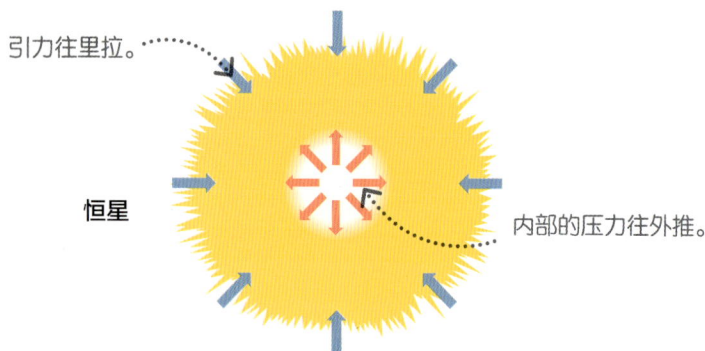

引力往里拉。

恒星

内部的压力往外推。

3　恒星
恒星是由热气体构成的。引力阻止了气体向外漂移，并且通过向内的拉力使这些热气体形成了一个球体。在恒星的中心，引力以非常大的力量挤压气体原子，导致发生核聚变反应，产生热量和光。

4　星系
一个星系中有数百万甚至数十亿颗恒星，它们散布在广阔的空间中，喷气式客机穿越它需要数十亿年的时间。这些恒星被银河系核心中的大量物质固定在轨道上。

轨道

轨道是物体绕另一个物体（如月球绕地球的轨道）运行时在太空中所遵循的弯曲路径。英国科学家艾萨克·牛顿最早认识到轨道是由引力作用造成的。

一个移动速度超过40 000km/h的物体将逃脱地球的引力。

在27 000km/h时，它将进入轨道。

在低于11 300km/h时，它将返回地球。

1 轨道是如何作用的？

牛顿发现在轨道上的物体就像是人扔出的球一样运动。地球的引力使它以弯曲的路径落回地球。然而，如果物体运动速度足够快，其下落的曲率小于地球的曲率，因此它永远不会着陆，将永远停留在轨道上。

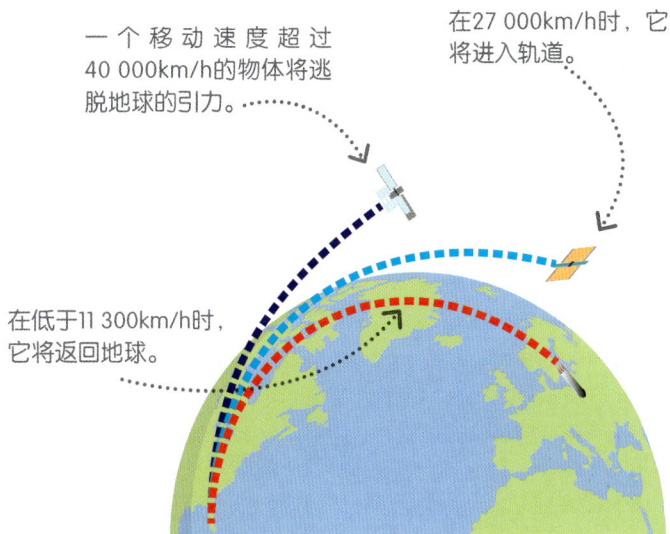

2 轨道的形状

轨道不是完美的圆。它们的形状叫作椭圆，就像被压扁的圆。月球和行星的轨道只是略呈椭圆形。然而，彗星的轨道是非常像椭圆形的，在飞回外太空之前，它们会离太阳很近。

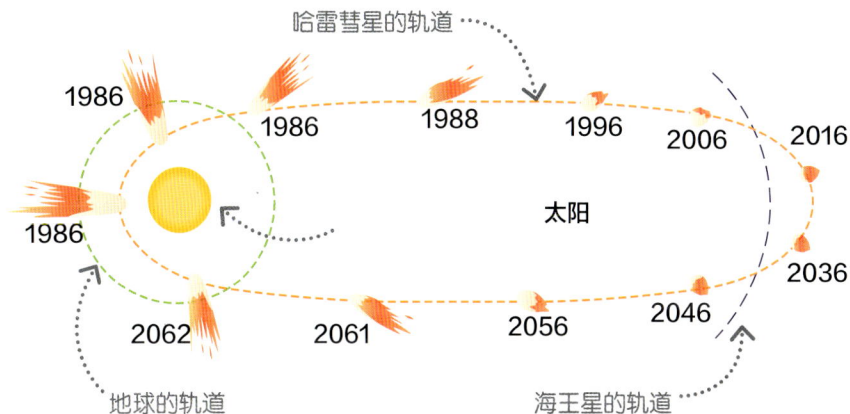

哈雷彗星的轨道

1986　1986　1988　1996　2006　2016

太阳

1986　　　　　　　　　　　　　2036

2062　2061　2056　2046

地球的轨道　海王星的轨道

试一试 TRY IT OUT

画一个椭圆

可以用一圈线、一支铅笔、两个大头针和一个针板来画一个椭圆。

1 做一个大约20cm长的绳子圈。把一张纸放在针板上，把大头针穿过纸推入针板，两个大头针相距约8cm。

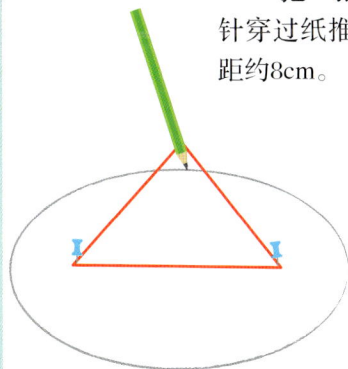

2 把线绕在大头针和铅笔上，让线保持紧绷状态，小心地画出椭圆。

现实世界的技术

卫星

卫星沿着许多不同的轨道绕地球运行。有些火箭发射的高度非常高，它们的轨道速度与地球自转的速度一样快，所以它们似乎在一个固定点（地球静止轨道）上盘旋。

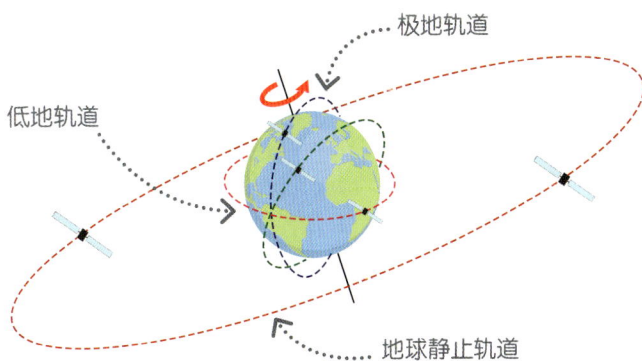

极地轨道

低地轨道

地球静止轨道

地球和月球

月球是地球的卫星，每27.3天绕地球转一圈。它本身不发光，但我们仍然可以看到它，是因为它能反射太阳光。

> 月球是地球唯一的天然卫星。它形成于45亿年前。

月相

月亮在天空中有时是一个完整的圆形，有时是一个新月或半圆形。这些变化的形状叫作相位。它们是由月球、地球和太阳相对位置的变化引起的。整个月相周期约为30天。

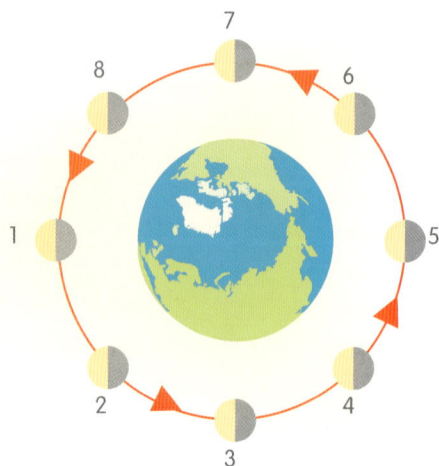

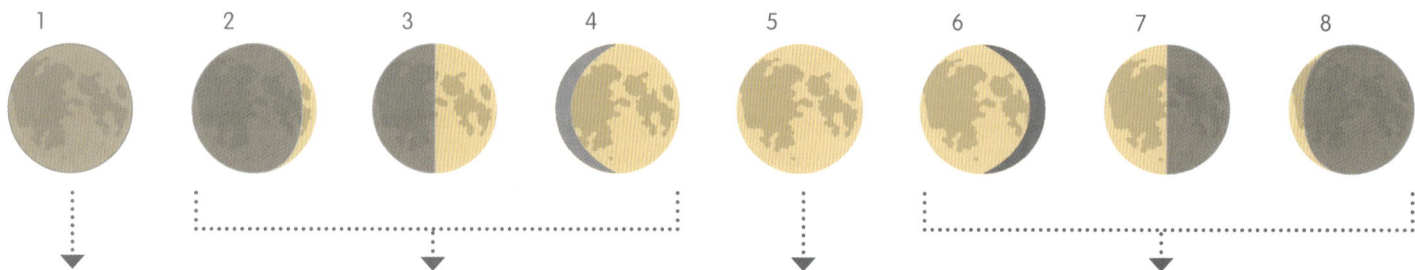

当月球在地球和太阳之间时，从地球上是看不见它的，这叫作新月。

随着月球的移动，太阳、地球和月球之间的角度会增大，更多地暴露出月球被阳光照射的表面。

当地球在月球和太阳中间时，月球的整个圆盘就会被点亮，这就是所谓的满月。

随着月球继续沿轨道运行，太阳、地球和月球之间的角度会减小。从地球上可以看到的月球表面就会减少。

潮汐

海洋潮汐主要是由月球引力引起的。月球将海水拉到地球的近地段，在水位较高的地方形成一个凸起。在地球的另一边，月球引力最弱的地方，海洋以另一种方式膨胀。地球自转一周是一天，大约有两次涨潮。

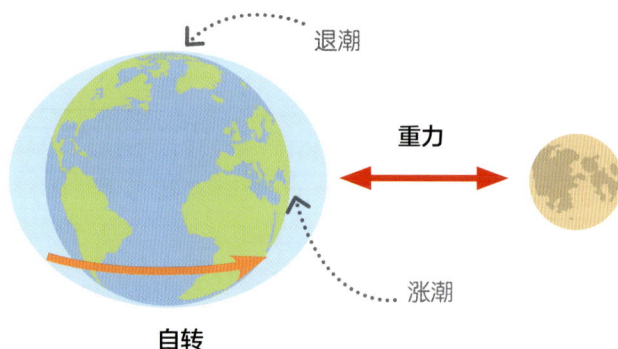

退潮

重力

涨潮

自转

日食、月食

当行星或它们的卫星互相投下阴影时，就会发生日食、月食。从地球上主要可以看到日食和月食。

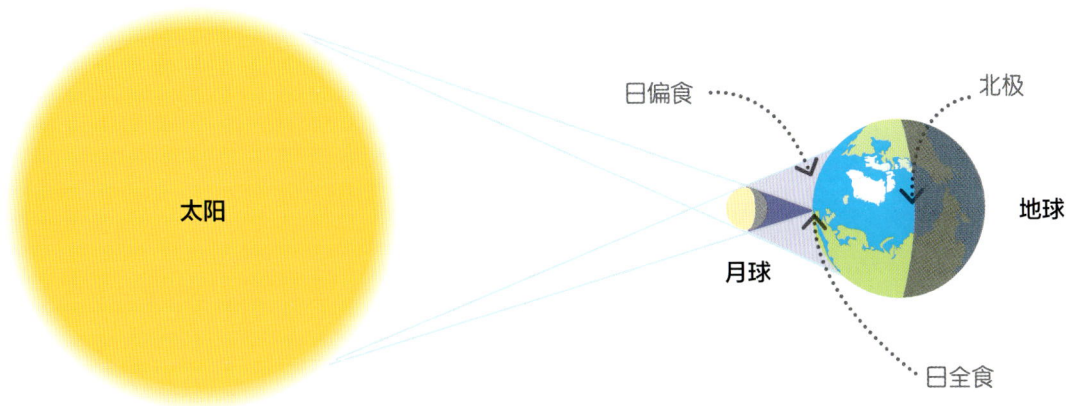

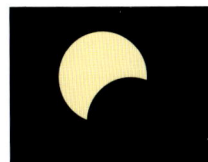

日偏食

日全食

1 日食

当月球在地球上投下阴影时就会发生日食。在月亮阴影的中心，太阳被完全遮挡了几分钟，白天几乎变成了黑夜。这叫作日全食。如果太阳只被部分遮挡，就会发生日偏食。如果你目睹了日食，记住永远不要直视太阳，因为它会损害你的眼睛。

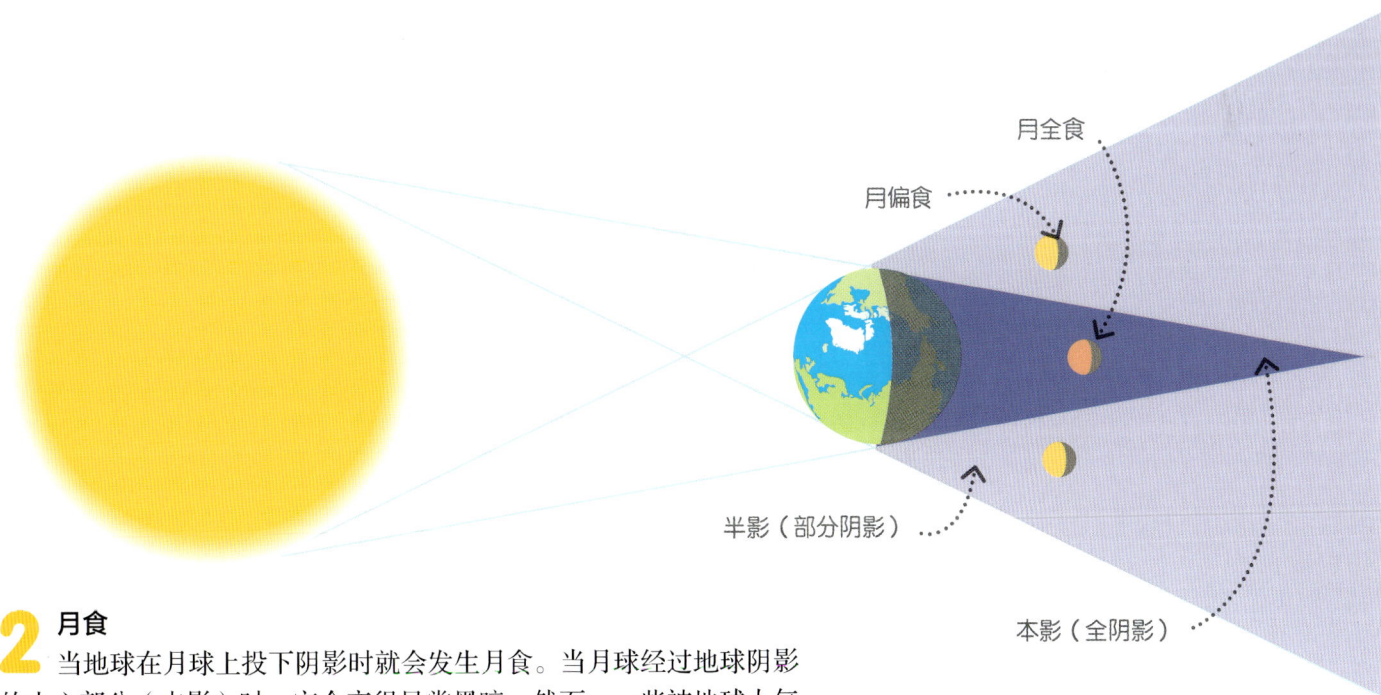

2 月食

当地球在月球上投下阴影时就会发生月食。当月球经过地球阴影的中心部分（本影）时，它会变得异常黑暗。然而，一些被地球大气层散射的太阳光仍然能到达这里，使它呈现稍微偏红的颜色。

地球的结构

如果把地球切开，你会发现里面有四个不同的层——
地壳、地幔、外核和内核。外面围绕着大气层。

地球中心的温度比太阳
表面的温度高。

1 大气是各种气体的混合物——主要是氮气和氧
气。它有几千千米厚，并逐渐消失在太空中。

2 地壳是地球的固体表面，由不同
类型的轻质岩石组成。它的厚度
为5～75km。

3 地幔主要由致密的固体岩石
构成，富含镁、硅和氧等化
学元素。它大约有2 850km厚。

4 地球的外核是由热熔化的铁和
镍组成的。它大约有2 200km
厚，平均温度约为5 000℃。

5 内核是一个非常热的实心金
属球，主要由铁和镍组成。
它的直径约2 550km，温度约为
6 000℃。

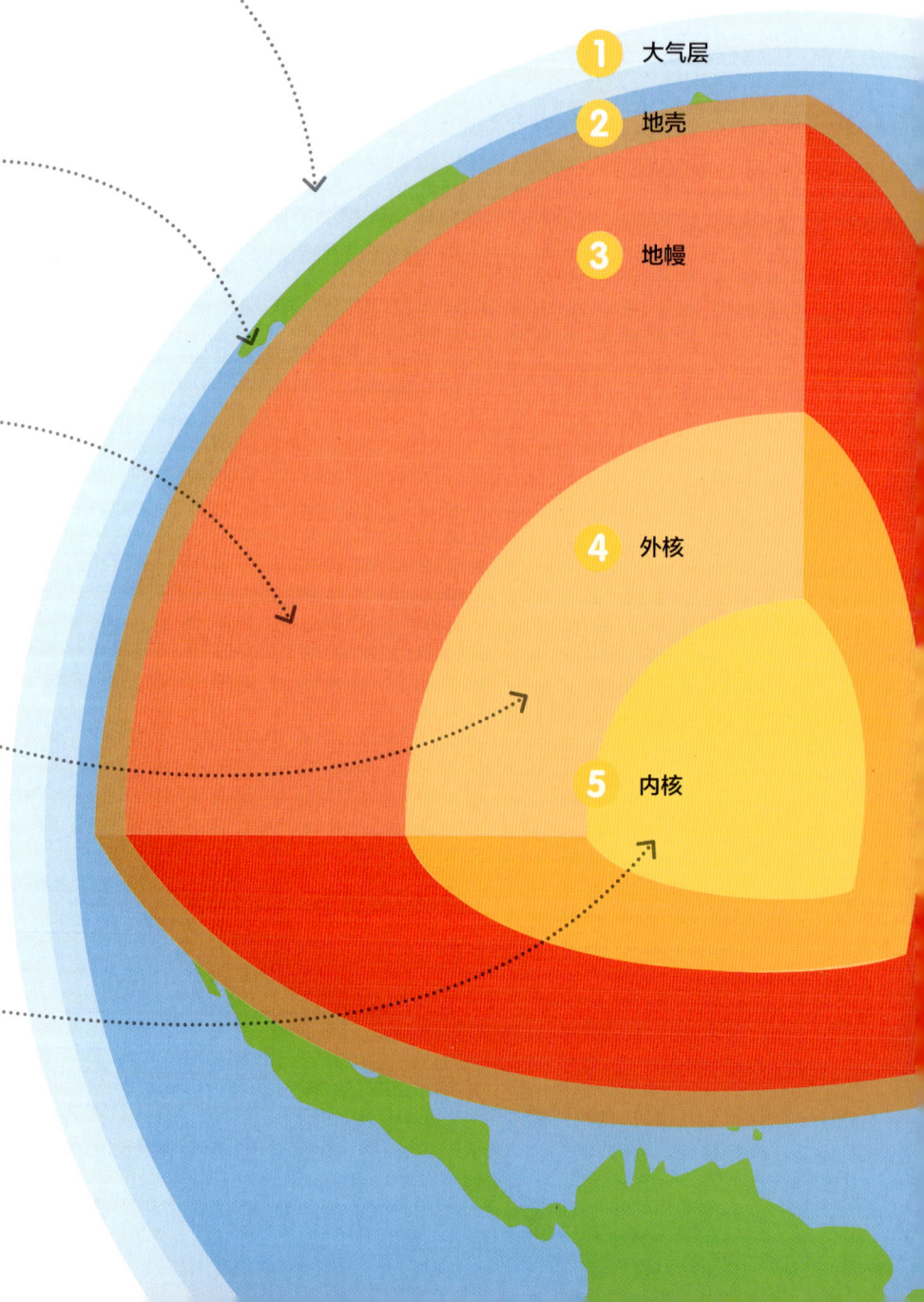

1 大气层

2 地壳

3 地幔

4 外核

5 内核

现实世界的技术

地热能

地球含有大量的热能，称为地热能。在世界上的一些地方，可以收集地热能用来发电。冷水被深深地泵入地下，由地球内部加热。然后，这些热水被带到地表，发电站将水中的热能转化为电能。

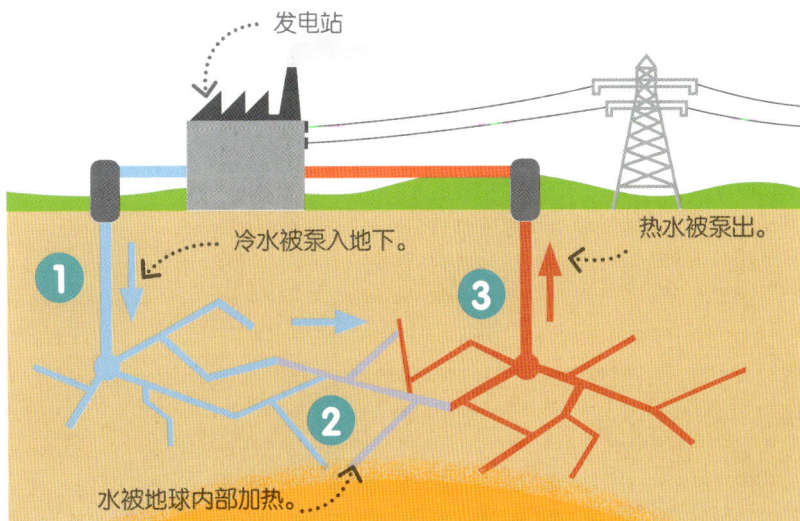

发电站

冷水被泵入地下。

热水被泵出。

水被地球内部加热。

像鸡蛋一样的地球

打开一个煮熟的鸡蛋，你会发现蛋壳、蛋白和蛋黄的比例与地壳、地幔和地核的比例相似。

1 把一个鸡蛋煮熟，放在鸡蛋杯里。用茶匙轻轻敲打它尖的一端。

2 剥掉鸡蛋壳的上半部分。把鸡蛋横着放，用刀子小心地从上往下切开。

3 观察鸡蛋的内部，它的结构与地球的结构非常相似。

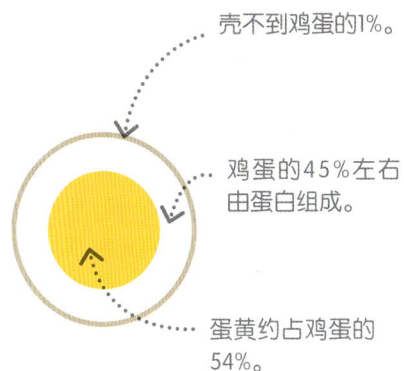

壳不到鸡蛋的1%。

鸡蛋的45%左右由蛋白组成。

蛋黄约占鸡蛋的54%。

板块构造论

地球的岩石外壳分裂成巨大的板块，它们缓慢地运动，不断地改变着地球的表面。

地球各大洲的运动速度和脚趾甲的生长速度差不多。

板块

构造板块形状不规则，在地球表面像拼图一样拼在一起。每个板块都有最外层的岩石——地壳。它下面是第二层，实际上是地幔的顶层（参见第272～273页）。

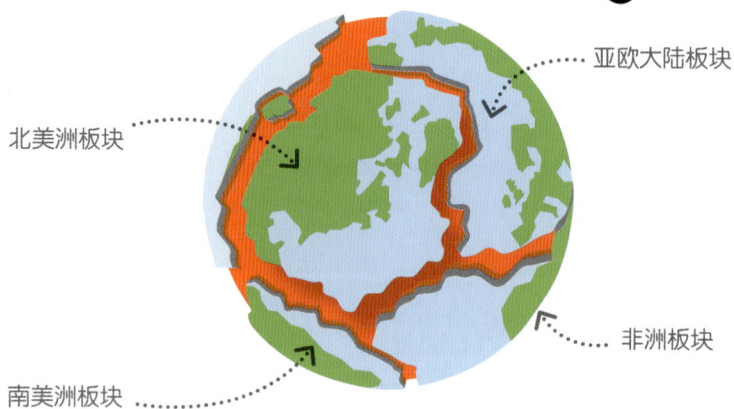

北美洲板块　　亚欧大陆板块　　非洲板块　　南美洲板块

运动着的板块

巨大的能量在板块与板块的交界处释放，导致山脉和火山的形成。下图显示了四个不同板块之间的边界。

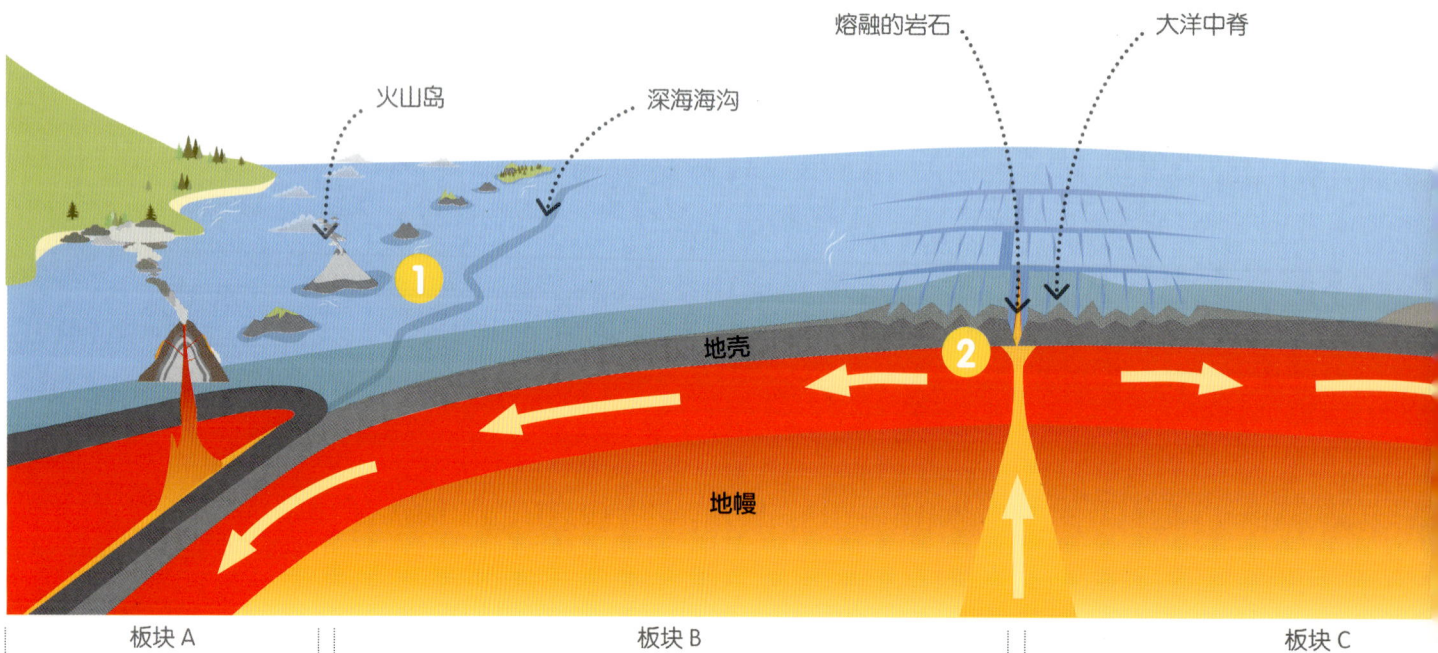

熔融的岩石　　大洋中脊

火山岛　　深海海沟　　地壳　　地幔

板块 A　　板块 B　　板块 C

1 火山岛

地球上有一些板块在海洋下面碰撞，一个板块在另一个板块下面运动，这导致地下深处的岩石融化，熔岩在地表喷发形成火山岛。

2 大洋中脊

很多板块的边界在海洋中间。在这里，板块分开，被从地幔深处升起的热岩石推到一边。在这些边界处形成了一连串的海底山脉——大洋中脊。

饼干大陆

你可以把两块较大的饼干放在一盘冰上，然后把它们推到一起，模拟大陆板块碰撞时的情形。

湿润的边缘　　　　冰　　　　　　　　推到一起。

1 在一个大盘子或托盘里装一些新做的冰，彻底弄湿每块饼干的一边，把它们都放在冰上，将湿润的一边放在一起。

2 把这些饼干推到一起，模拟大陆碰撞。饼干的边缘会折叠起来形成褶皱，模拟山脉的形成。

大陆地壳　　　　　　　大陆碰撞时山脉被推高。

板块 D

3 大陆撞击
当板块在大陆下面碰撞时，一个板块可能往另一个板块下面运动。当这种情况发生时，板块顶部的外壳就会弯曲，形成山脉。喜马拉雅山和许多其他主要山脉就是这样形成的。

板块边界

构造板块边缘交汇的区域称为板块边界。边界有三种主要类型：收敛边界、发散边界和转换边界。

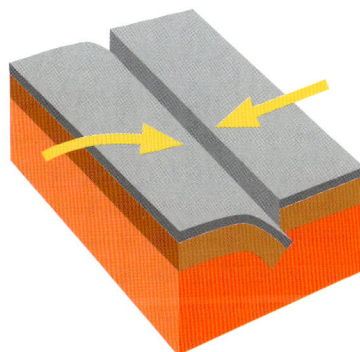

1 在收敛边界处，板块相互移动，一个板块在另一个板块下面移动。

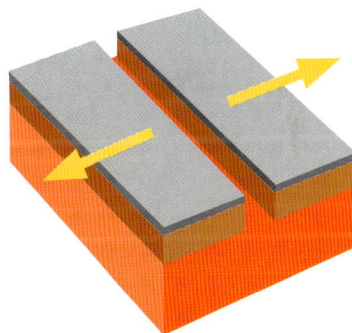

2 在发散边界处，板块被下面融化了的热岩石推开。

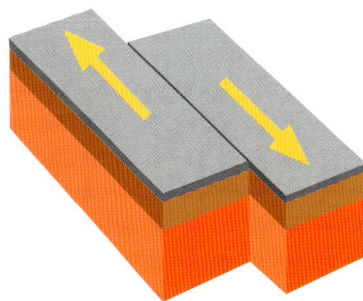

3 在转换边界处，两个板块相互摩擦。转换边界的突然运动引起地震。

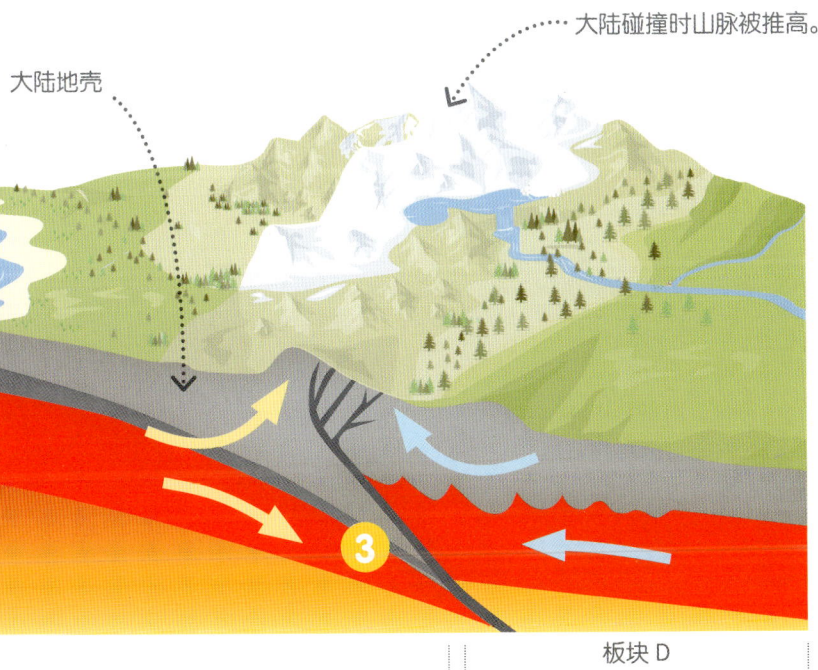

自然灾害

地震、海啸和火山爆发是由地球内部运动引发的自然事件。这些事件可能会很可怕且具有破坏性，但它们很难预测。

在最大的地震发生时，地球可以在太空中前后移动1cm。

地震

构成地壳的构造板块不断地运动，相互推挤。如果板块被卡住，就会产生张力，并会突然释放，从而引起震动，传播到地表。这些震动引起地球表面剧烈的震动——地震。

1 随着部分地壳的相对运动，张力可能会加剧。如果张力变得过大，地壳会突然移动，以地震波的形式释放出大量能量。地下开始发生地震的点叫作震源。

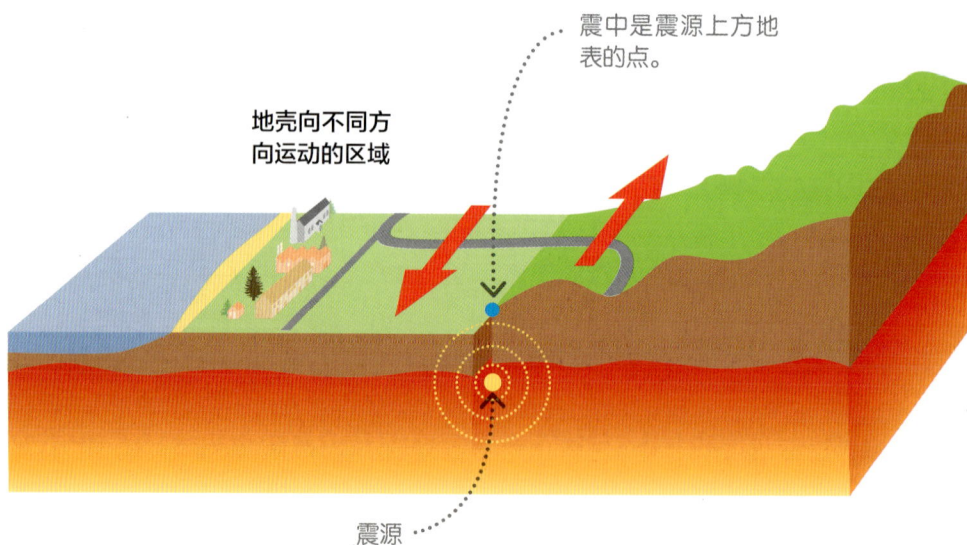

震中是震源上方地表的点。

地壳向不同方向运动的区域

震源

2 震波最强烈的位置是震中，也就是震源正上方地表对应的点，这是地震产生破坏最严重的地方，建筑物摇晃，有些可能会倒塌。余震是主震后发生的小地震，它可能会造成更大的破坏。

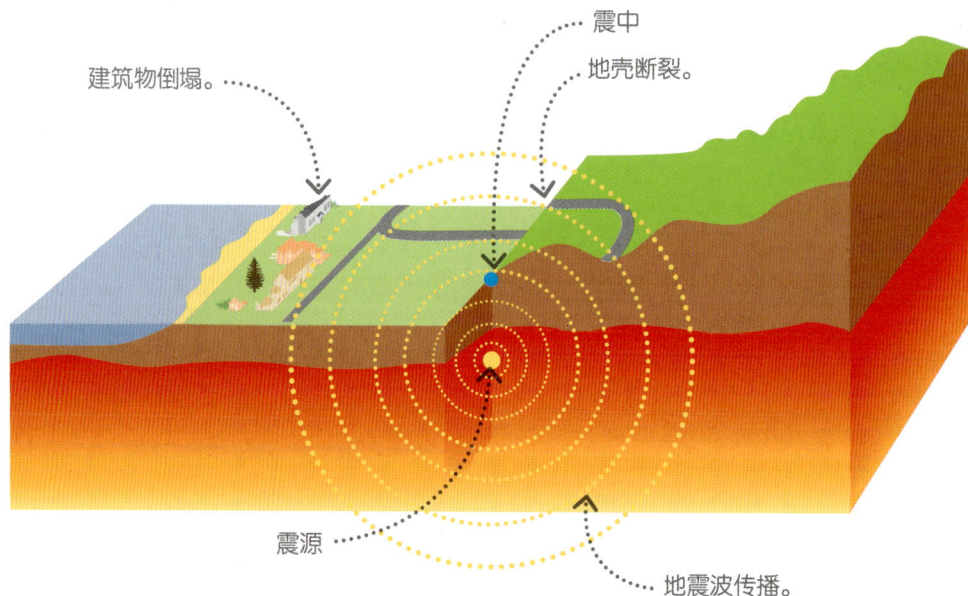

震中
地壳断裂。
建筑物倒塌。
震源
地震波传播。

海啸

海啸是一种强大的波浪，由海底的突然移动引起，可以在海洋中传播很远。海啸波可以以超过800km/h的速度传播，但在海上很难察觉到。然而，一旦它们到达较浅的水域，海啸浪就会高达30m。

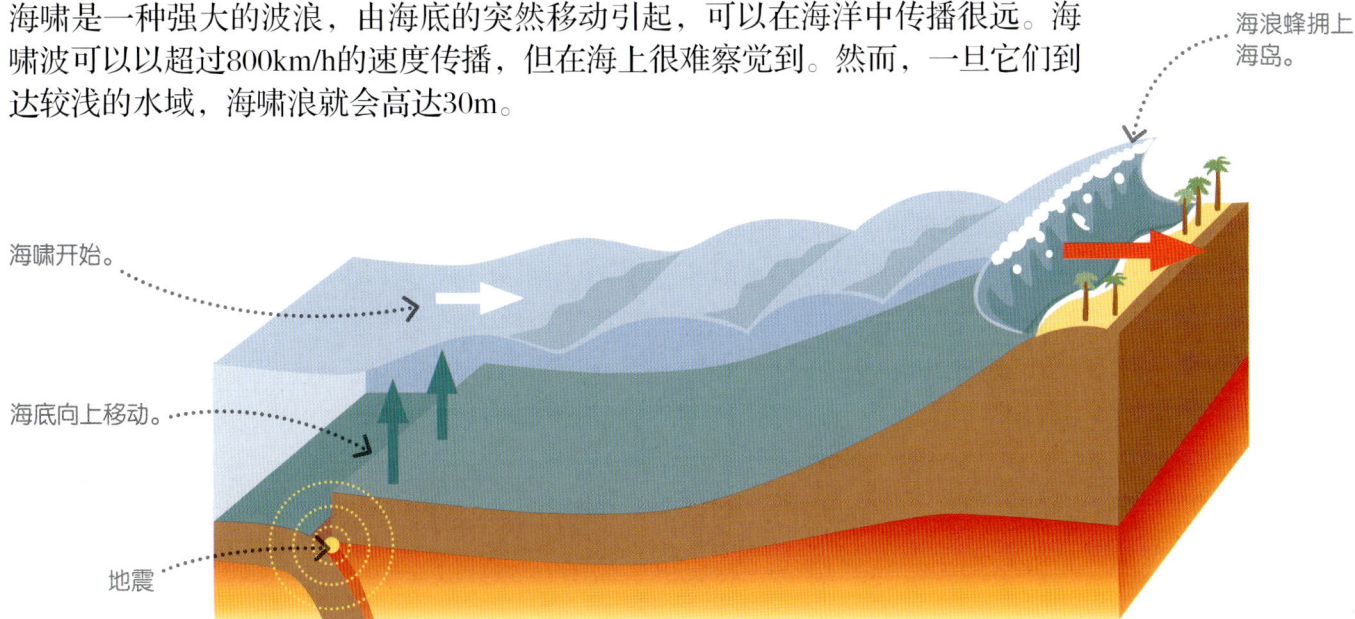

海浪蜂拥上海岛。

海啸开始。

海底向上移动。

地震

1 海底发生地震，将海底的一大块区域向上推了几十厘米甚至几米。海底这种突然的运动把上面的水推了上去。

2 从下面推上来的水引发了一系列的高能波，它们迅速地穿过海洋表面。

3 在海岸，每一股波浪都涌向内陆、淹没海岸，摧毁建筑物。船只和汽车可以被冲到很远的地方。

火山爆发

火山是由岩浆（热的、液态的岩石）从地下深处的洞穴中经过地表的火山口喷发出来形成的。一些火山爆发是猛烈的爆炸，爆炸产生的火山灰和熔岩炸弹（岩块）最终落到地面。还有一些火山喷口喷出熔岩——熔融的岩石——从火山口流出，然后像水流一样流下山。

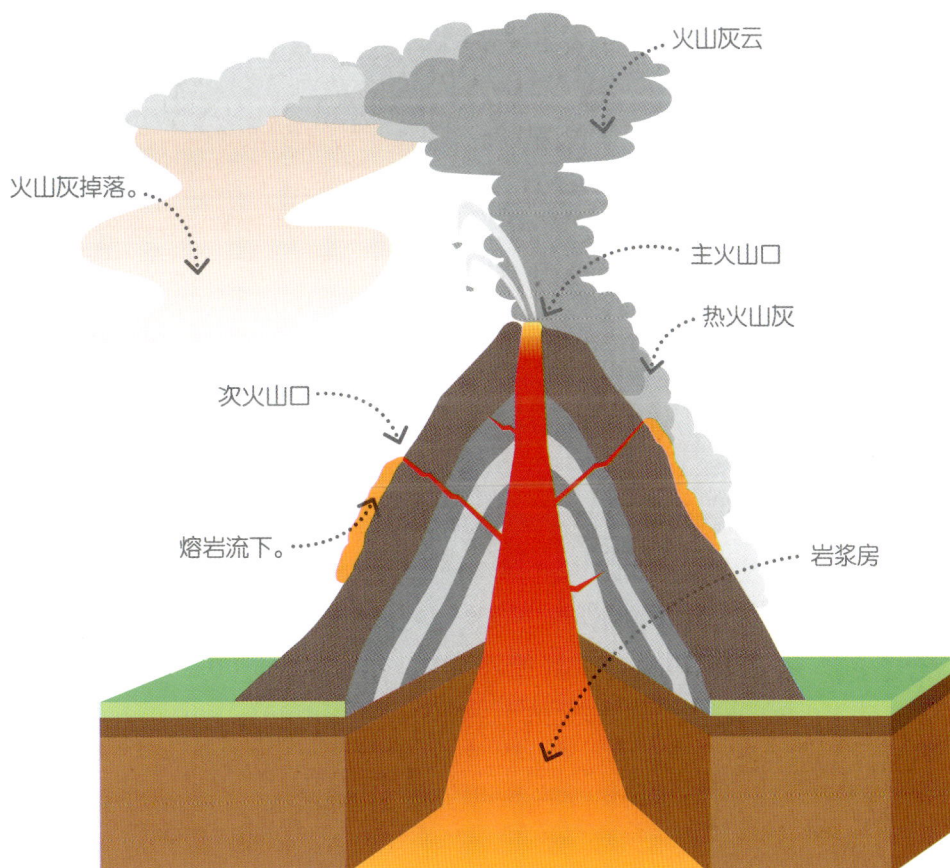

火山灰云

火山灰掉落。

主火山口

热火山灰

次火山口

熔岩流下。

岩浆房

岩石和矿物质

地壳是由多种岩石组成的，每一种岩石都是由一种或多种叫作矿物质的结晶化学物质构成的。从珠宝到建筑物，我们可以用它们来做各种各样的东西。

矿物质的硬度差别很大，已知的最坚硬的矿物质是金刚石。

岩石是什么？

岩石是块状或胶结在一起的矿物颗粒（小晶体）的集合。有些岩石主要由一种矿物质组成，而另一些则由几种不同的矿物质组成。比如，粉色花岗岩含有长石、角闪石、云母和石英的颗粒。根据形成方式的不同，岩石可分为三大类：火成岩、沉积岩和变质岩。

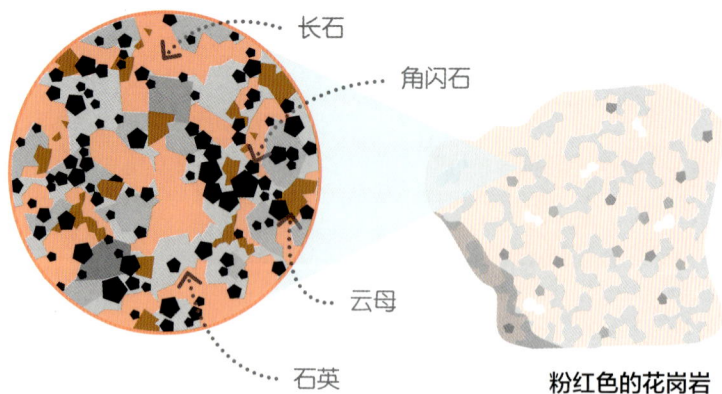

长石

角闪石

云母

石英

粉红色的花岗岩

1 火成岩

当岩浆（炽热的熔融或液态的岩石）冷却并变成固体时，就会形成火成岩。如果岩浆冷却并在地下慢慢凝固，就会形成大晶体，但如果它很快冷却，从火山喷出后，晶体就会变小。花岗岩是一种火成岩。

有些沉积岩中含有化石。

石灰石

2 沉积岩

沉积岩形成于地球表面或地表附近。小岩石颗粒被风或水带到海底或河床中，它们沉积在一起形成沉积岩。白垩、石灰石和页岩都是沉积岩。

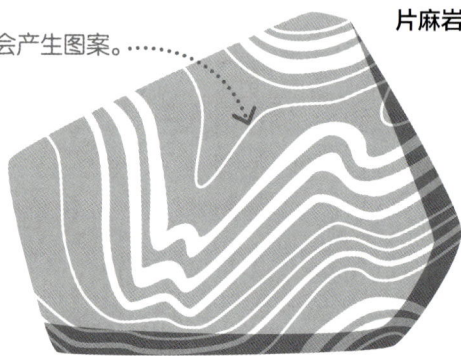

热量和压力会产生图案。

片麻岩

3 变质岩

变质岩是一种在热、压力或这两者的作用下形成的岩石。当岩浆炙烤着周围的岩石，或者来自上方的压力挤压着被掩埋的岩石时，就会形成变质岩。片麻岩、大理石、片岩和板岩都是变质岩。

矿物质是什么？

矿物质是一种天然的固体化学物质。地球上有超过5 300种矿物质，但只有少数是常见的，它们构成了地球上大部分的岩石。每种矿物质都有其独特的形状。

石英钟

石英可以用于制作非常精确的时钟。当电场靠近一块石英时，石英晶体以非常精确的频率振动。这些振动可以被时钟用来精确地测量时间。

长长的六角晶体

1 石英

石英是最常见的岩石矿物质之一。它是由氧和硅组成的。纯石英是无色的，但杂质可以让它具有各种不同的颜色。

方形晶体

2 黄铁矿

黄铁矿具有闪亮的、立方体状的晶体，这些晶体类似于嵌在岩石中的金属骰子。它看起来像黄金，但实际价值更高，因此叫作"傻瓜黄金"。

针形晶体

3 文石

文石是碳酸钙的一种，由钙、碳和氧组成。文石有白色的，也有蓝色和橘黄色等其他颜色。

波浪起伏的形状

4 赤铁矿

赤铁矿的颜色有银灰色、红棕色或黑色，它是一种氧化铁（铁和氧的化合物）。它是世界上金属铁的主要来源。

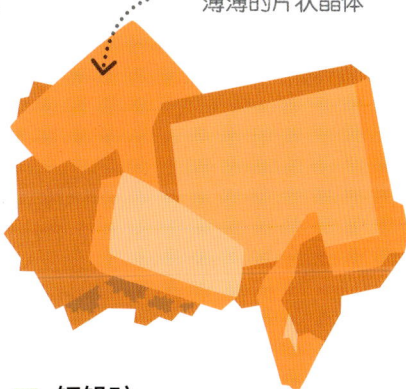

薄薄的片状晶体

5 钼铅矿

钼铅矿的晶体通常呈橙红色或橙黄色。这种矿物由铅、氧和钼组成。

黄金嵌在岩石中。

6 黄金

黄金是金黄色的，非常珍贵且稀有。与大多数和其他化学元素混合的金属不同，黄金通常以纯净的形式存在于自然界。

岩石循环

即使是最坚硬的岩石也不会永远存在，随着时间的推移，各种岩石都被分解成小颗粒。但是，这些小颗粒被不断地循环利用来形成新的岩石。

> 大部分地区的岩石周期发生非常缓慢，发生的时间长达数百万年。

循环的岩石

岩石可以被地球内部的热量熔化，也可以被地球表面的风化和侵蚀逐渐磨损（参见第286页）。这些过程不断地循环利用地壳中的物质，使三种主要的岩石相互转化。

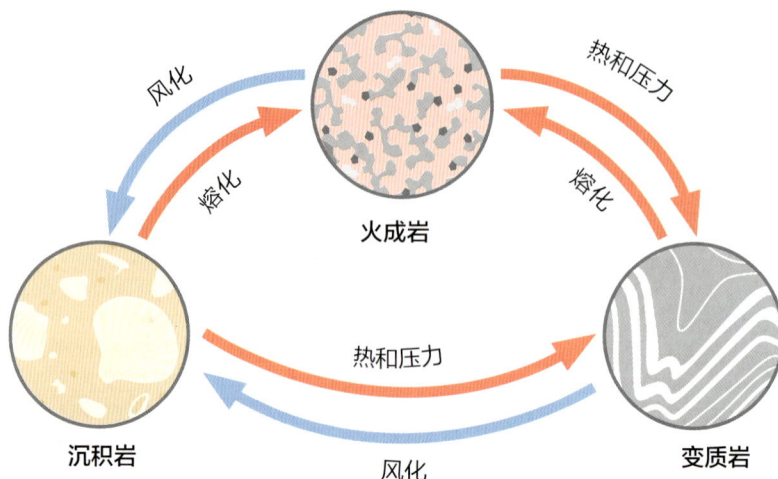

火成岩

风化　熔化　热和压力　熔化

沉积岩　热和压力　变质岩

风化

现实世界的技术

石油勘测

海底沉积岩层有时能储藏宝贵的石油和天然气。地质学家可以向海底发射声波并通过漂浮的麦克风来捕捉回声以确定这些矿藏的位置，对回声进行分析可以得到关于不同岩层以及它们之间是否存在液体或气体的信息。

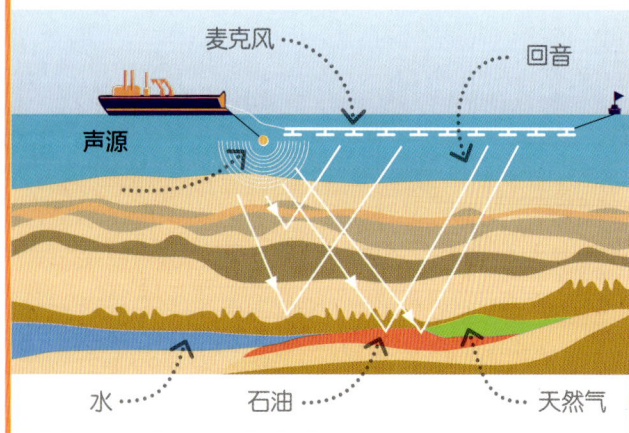

麦克风　回音

声源

水　石油　天然气

沉积岩

2 岩石（沉淀物）的颗粒被河流冲入大海，在海底层层堆积。经过数百万年的挤压，它们形成了沉积岩。

1 阳光、霜冻和雨水慢慢地减弱并磨损地球表面的岩石，将其分解成小颗粒的沙子或黏土。然后这些小颗粒被河流冲走或被风吹走。

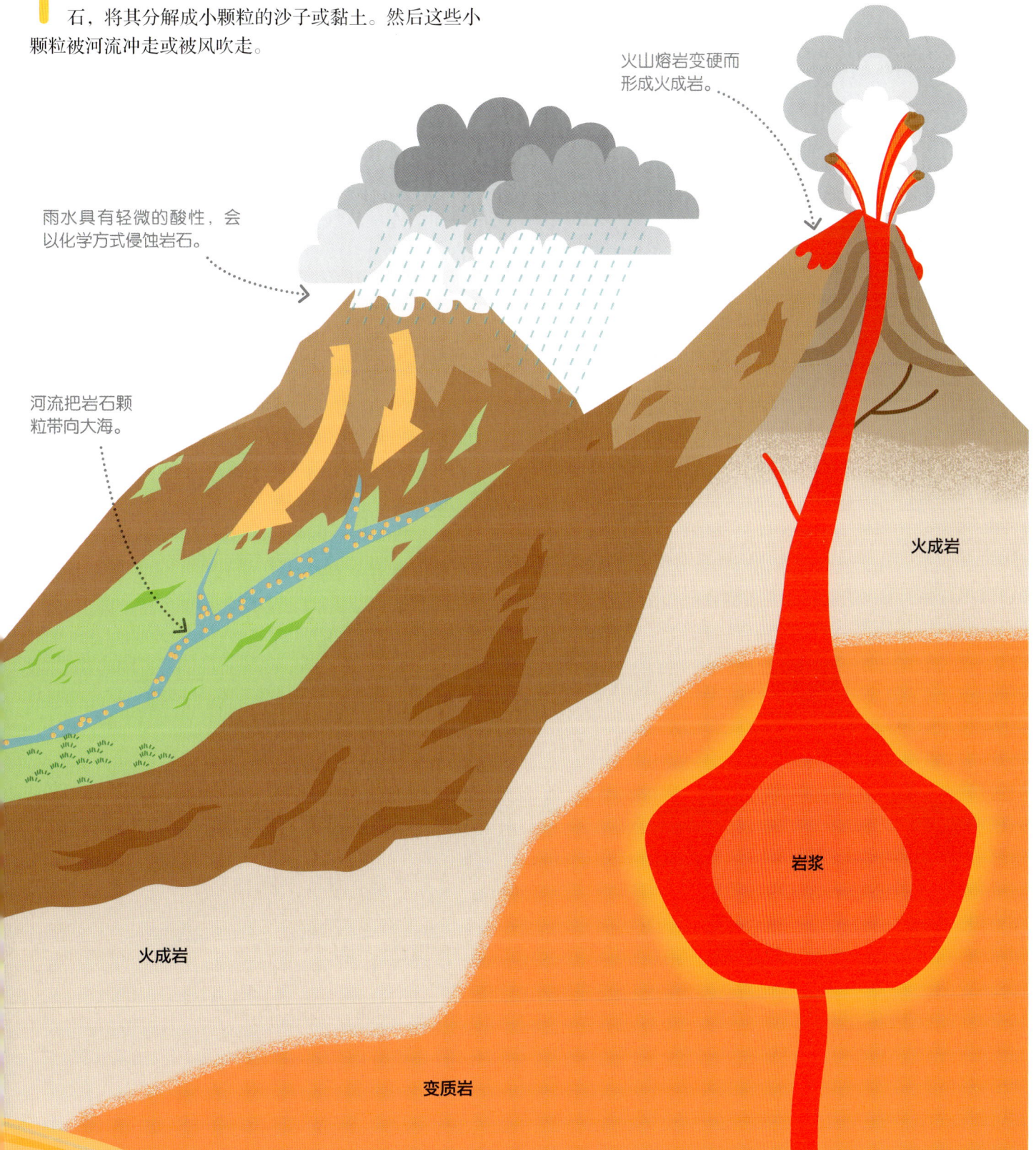

火山熔岩变硬而形成火成岩。

雨水具有轻微的酸性，会以化学方式侵蚀岩石。

河流把岩石颗粒带向大海。

火成岩

火成岩

岩浆

变质岩

3 在地下深处，压力或热量可以改变岩石的物理性质和化学性质，使火成岩或沉积岩变成变质岩。

4 地球内部的高温熔化了岩石，使其变成一种叫作岩浆的炽热液体。岩浆冷却下来就会凝固，形成一种新的岩石，叫作火成岩。

化石是怎样形成的?

化石是保存在岩石中的动物、植物和其他生物的遗骸。从细菌细胞的微观痕迹到巨大的恐龙骨骼，以及已经变成岩石的树干，这些都属于化石。

大多数曾经生活在地球上的动植物物种现在已经灭绝了。

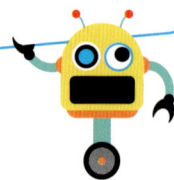

化石的形成

在地球上曾经生活过的动植物中，只有一小部分留下了化石。化石是稀有的，因为它们是经过漫长而复杂的过程形成的。当它们最终被发现时，化石遗骸可以告诉我们关于地球上生命的历史。

沉淀物沉到海底，覆盖着骨骼。

1 动物一定会死在一个地方，比如湖泊，在那里它会被沙子和泥土（沉淀物）掩埋。它柔软的部分被食腐动物吃掉，或者腐烂，直到只剩下坚硬的牙齿和骨骼。

2 动物的骨骼必须在完全腐烂前迅速被一层沉淀物覆盖。经过数百万年的时间，更多的沉积物在第一层的顶部形成，将动物深埋在地下。

其他种类的化石

并不是所有的化石都来自于死去的动物的骨骼。
下面是一些其他种类的化石。

碳膜化石以黑色或
棕色的图像出现。

1 壳化石
壳化石是由海洋生物的外壳变成的化石，是一些最常见、分布最广的化石。

2 模具化石
当包裹在岩石中的有机体溶解时，它可能会留下原始形状的模子或印记，这就是模具化石。

3 碳膜化石
随着时间的推移，腐烂的生物体将一层薄薄的碳沉积在岩石上，就形成了碳膜化石。

4 足迹化石
足迹化石是一种"痕迹化石"。它是动物遗留下来的残骸，更是动物活动的证据。

5 粪化石
粪化石是由古代动物的粪便形成的。

6 琥珀化石
树产生的汁液诱捕了昆虫，然后它们硬化形成了琥珀化石。

上面的岩石被侵蚀了。

暴露着
的化石

3
岩层的重量使得沉积物颗粒黏合在一起，将骨骼包裹在岩石中。水通过岩石渗入骨头，骨头慢慢被水中的矿物质所取代，骨头变成了岩石。

4
当地壳运动时，化石所埋藏的地层必须向上隆起，然后水、冰或风必须侵蚀掉上面的岩层，化石才会被人类发现。这个过程可能需要数百万年。

地球的历史

科学家将地球数十亿年的历史划分为几个时期，这些时期根据世界各地发现的古代沉积岩层命名。每个时期都有其独特的化石，向人们展示了地球上古老的迷人风景。

较老的沉积岩层通常是在较新的岩层下发现的，因为它们形成得较早。

序号	时代	年代	纪/系
1	新生代	0.66亿年前至今	第四纪 / 新第三纪 / 早第三纪
2	中生代	2.52～0.66亿年前	白垩纪 / 侏罗纪 / 三叠纪
3	古生代	5.41～2.52亿年前	二叠纪 / 石炭系 / 泥盆世 / 志留纪 / 奥陶系 / 寒武纪
4	前寒武纪	45～5.41亿年前	原生代 / 太古代 / 混沌状态

1 新生代
新生代也叫哺乳动物时代，开始于恐龙灭绝后。地质学家把这个时代分为三个时期，包括我们今天生活的第四纪。

2 中生代
恐龙在中生代（也称爬行动物时代）繁盛。地球的气候比今天更热，针叶林覆盖了大部分土地。

3 古生代
在古生代早期，生物仅生活在海洋，但后来扩展到陆地，那里被茂密的沼泽森林所覆盖。最早的鱼类、昆虫和树木是在这个时代出现的。

4 前寒武纪
前寒武纪跨越了地球近90%的历史，但人们对它知之甚少。在前寒武纪的大部分地区，唯一的生命形式是微小的海洋生物，但它们留下的化石很少。

大灭绝

在地球历史的不同时期，大量动植物物种突然从化石记录中消失。
这些事件叫作大灭绝。

1 大约2.52亿年前，由于某些原因，96%的海洋物种和陆地上的大部分生命灭绝了，原因尚不清楚，但一些科学家怀疑是大规模火山喷发污染了空气和海洋。

2 大约6 600万年前，四分之三的动植物物种灭绝，包括大多数恐龙，人们认为原因是一颗小行星或彗星撞击了现在的墨西哥南部。

3 今天，地球可能正处于另一场由我们自己引起的物种灭绝的事件中。森林砍伐、气候变化和其他活动正在破坏自然栖息地，导致许多物种消失。

变化着的大陆

地质学家通过对世界不同地区岩层的匹配研究，发现地球各大洲曾经连在一起。随着时间的推移，大陆慢慢地运动、分裂。比如，在三叠纪时期，现在所有的大陆被连接成一个"超级大陆"，称为泛大陆。

2.25亿年前

1.5亿年前

今天

现实世界的技术

用辐射测量鉴定年代

地质学家可以通过测量岩石中某些化学元素的比例来计算岩石的年龄。比如，在很长一段时间里，一种叫作U-235的铀慢慢地变成了铅。所以如果一块岩石每61个铅原子中有39个铀原子，那么它一定有10亿年的历史。只有火成岩可以用这种方法确定年代，这种方法也可以间接计算出相邻沉积岩层的年龄。

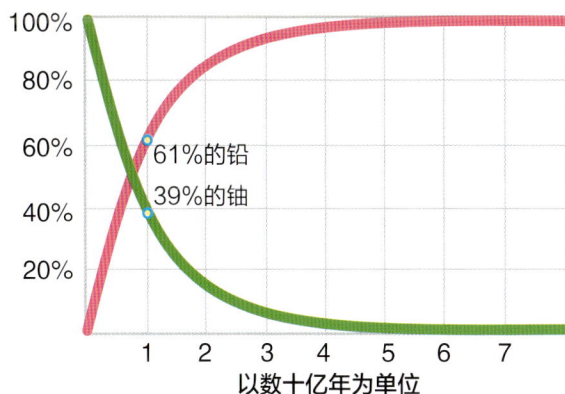

61%的铅
39%的铀

以数十亿年为单位

风化和侵蚀

从山脉和峡谷到山谷和平原，地球上各种各样的景观都是由风化和侵蚀形成的，这两个过程逐渐磨损了地壳中的岩石。

风化

风化作用将固体岩石碎裂成小碎片。这可以以几种不同的方式发生。

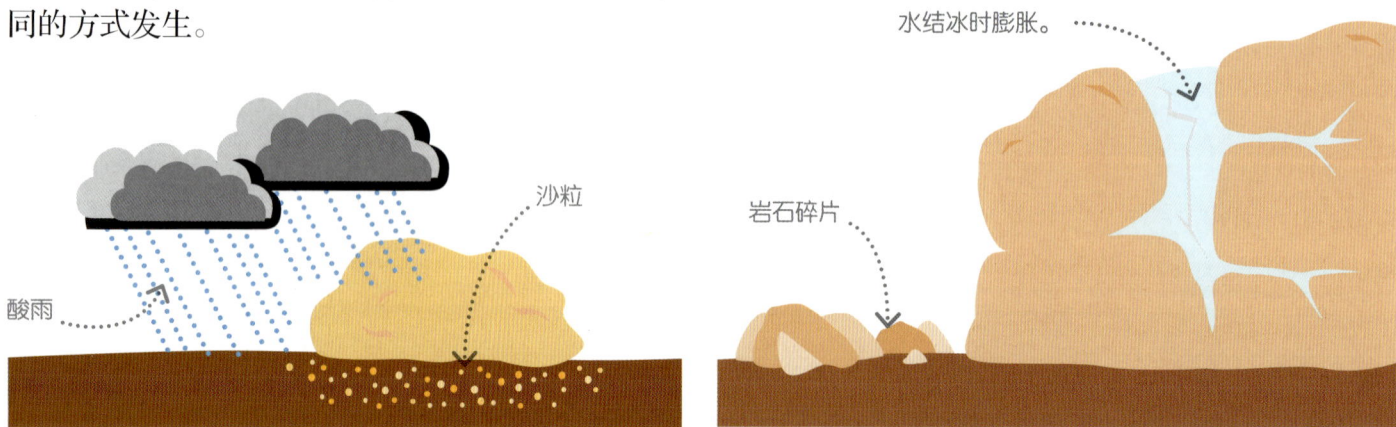

水结冰时膨胀。

沙粒

岩石碎片

酸雨

1 化学风化是由雨水引起的。雨水具有轻微的酸性，因此会侵蚀岩石中的某些矿物质，使其变成软黏土。留下的坚硬的岩石碎裂成沙粒。

2 当水渗进岩石并结冰时，就会发生冰冻楔裂。水变成冰的过程中体积会增大，这个过程使裂缝扩大，并把岩石劈裂成碎片。

薄薄的岩石层裂开了。

土壤和岩石的混合物

土壤

岩石

3 热风化是由太阳的热量引起的。当岩石在阳光下反复被加热然后又冷却时，它们会膨胀和收缩。这种压力使薄层从表面脱落。

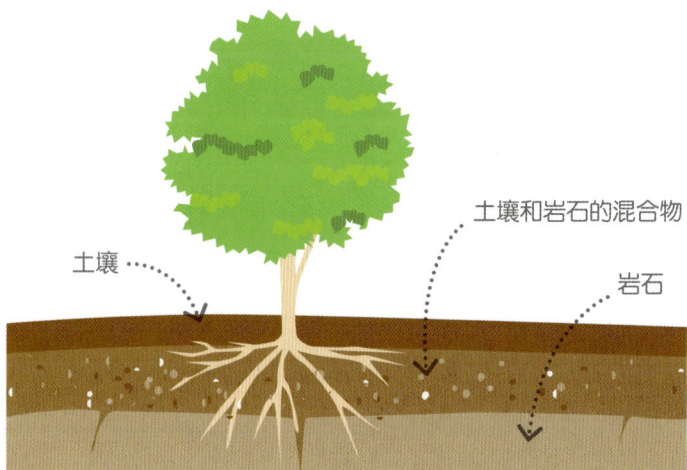

4 生物风化是由生物体引起的。穴居动物会磨损地下的岩石，而植物的根系会伸展到岩石的缝隙中并使缝隙变宽。

侵蚀

侵蚀是清除并带走岩石碎片。水、冰和风都会造成侵蚀。

> 风化作用使岩石破碎，而侵蚀作用则使岩石碎块消失。

1 当冰川慢慢滑下山坡时，会携带各种大小的岩石，从沙粒到巨石。这些岩石颗粒被冲刷到冰川的末端。

2 河流携带沙子、淤泥和黏土颗粒等岩石碎片流动。随着时间的推移，一条河流在地表流淌，形成一个宽阔的河谷或陡峭的峡谷。

冰川

峡谷   台地

海栈

悬崖

洞穴

3 河流不只是在地表流动。它们也会在地下流动，在化学风化和侵蚀的作用下会形成巨大的洞穴系统。

4 在干燥的地方，风沙侵蚀岩石，形成平顶小山（台地和拱顶）、岩石拱门和其他结构。沙子堆积成沙丘。

5 海浪拍打着海岸，击碎岩石，形成悬崖、洞穴和叫作"海栈"的石塔。岩石的残骸被海水冲走。

试一试 TRY IT OUT

模拟波浪侵蚀

动手做一个模拟实验，观察波浪是如何侵蚀海岸的。在实验之前，你需要准备一个油漆托盘、沙子、鹅卵石、水和一个带盖子的空塑料瓶。

波浪

1 把沙子放在托盘的一端，在上面加一些鹅卵石。然后把水倒到另一端。

2 通过上下摆动瓶子来制造波浪，观察沙子的变化。

水循环

地球上水的数量永远不会发生变化，它被反复地使用。水总是在海洋、空气和陆地之间流动，周而复始，永无止境。

地球上的水不断循环利用。这就是水循环。

试一试 TRY IT OUT

室内下雨

这个简单的实验表明蒸发和冷凝是水循环的核心。实验需要用到热水，所以你需要家长的帮助。

1 把一个杯子放在一个深碗里。让家长把热水倒进碗里（而不是杯子里）。

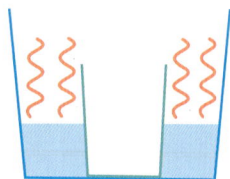

2 用保鲜膜把碗封上。确保封紧，这样空气就不能进出。

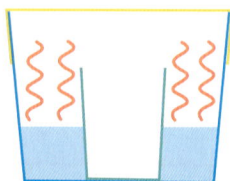

3 把冰块放在保鲜膜的上面，保鲜膜的底部就会凝结水滴。

4 当水滴足够大时，它们就会掉进杯子里。下雨的现象就制造成功了！

水循环是如何运行的？

水循环由太阳提供动力，首先是水蒸发到空气中，几天后，水以降水的形式落回地面。水是雨、雪、雨夹雪和冰雹的学名。

风吹动陆地上方的一些云。

2 当水蒸气上升时，它冷却并凝结成水滴。水滴非常小，它们漂浮在空中，形成了云。

1 来自太阳的热量使地球表面的水蒸发到空气中。水变成了水蒸气。

现实世界的技术

海水中的盐

几个世纪以来，人们在海边挖浅坑收集咸咸的海水。当水蒸发时，会留下盐晶体。

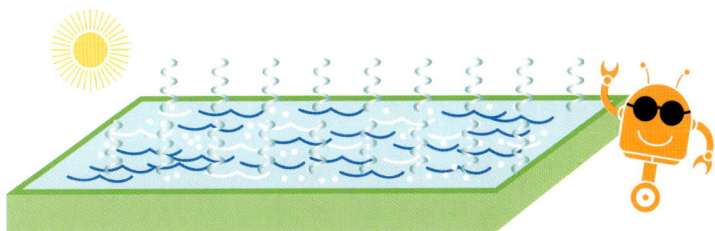

3 树木和其他植物从叶子中释放水蒸气，叫作蒸腾，它使空气中增加了更多的水分，所以形成了更多的云。

大的雨云看起来很暗，因为它们挡住了阳光。

4 云中的水滴结合在一起形成更大的水滴。如果这些水滴太大或太重，不能漂浮，它们就会像雨一样落下。

树木释放更多的水蒸气。

河流流入大海。

6 一些水渗入土壤后被树或者其他生物吸收。水同样也会渗入地下汇进大海。

5 雨水或者融化的冰水在陆地上流动，直到汇入小溪或者小河，最终流向大海。

河流

大部分落在陆地上的雨雪都会流入河流。随着时间的推移，河流改变了地球的地貌，在漫滩和三角洲中开辟出山谷，沉积泥沙。

河流可以提供食物、能源、娱乐、交通，当然还有饮用水。

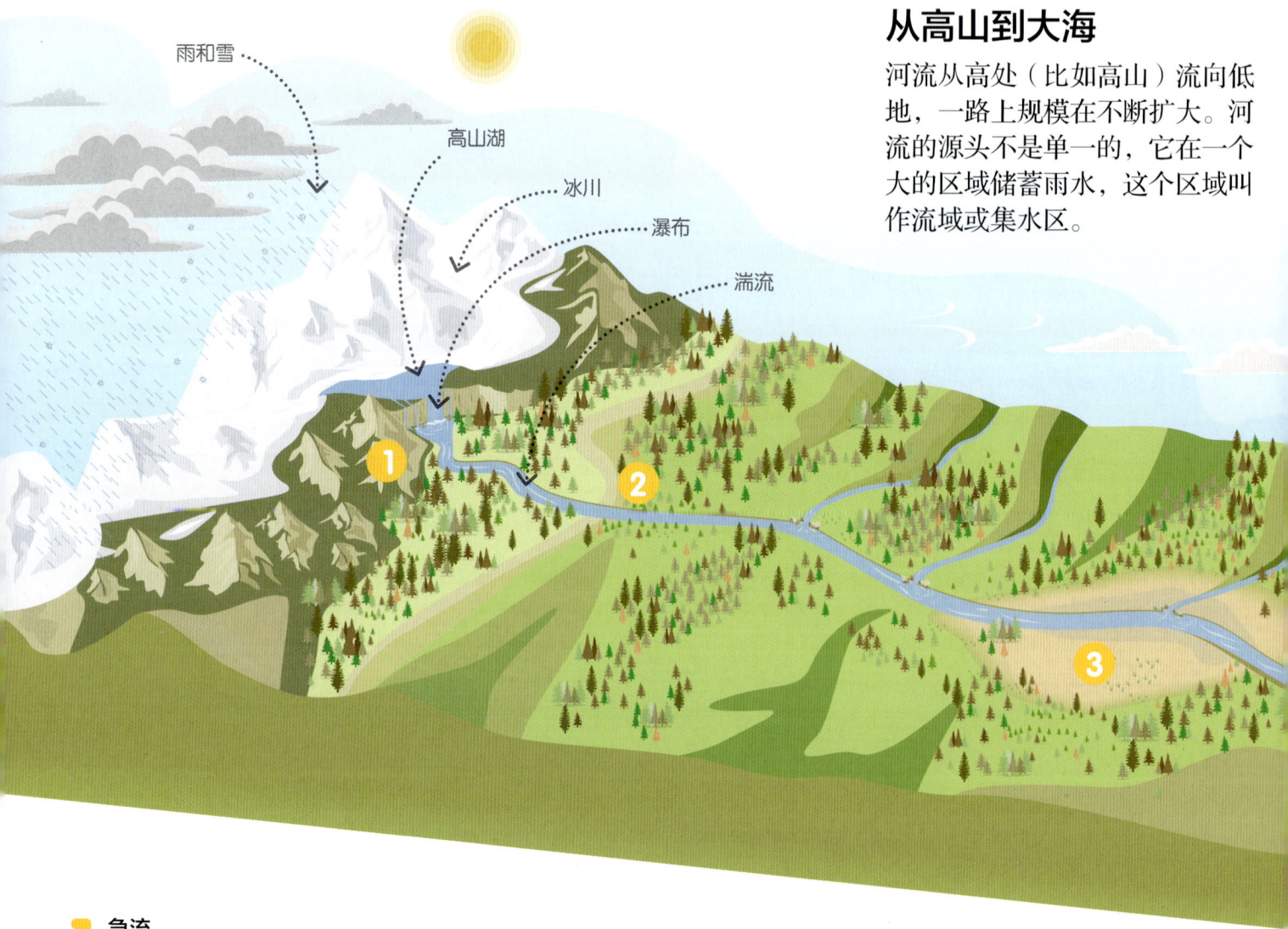

雨和雪

高山湖

冰川

瀑布

湍流

1

2

3

从高山到大海

河流从高处（比如高山）流向低地，一路上规模在不断扩大。河流的源头不是单一的，它在一个大的区域储蓄雨水，这个区域叫作流域或集水区。

1 急流

许多河流开始是从岩石山坡上奔流而下的溪流。冰雪融水从山上流下，形成湍急的水流，侵蚀地面，这种水流就叫作急流。河流侵蚀较软的黏土，只在上方剩下一个坚硬的岩石架，这样就形成了瀑布。

2 山谷

经过数百万年的时间，河流逐渐侵蚀下面的土地，形成山谷。高地上形成陡峭的V形山谷，在下游形成较宽、较浅的山谷。

3 漫滩

漫滩是围绕河流的平坦低洼地带。当河水泛滥时，它就会被水覆盖，泥沙就会沉积在河的两边。

牛轭湖

河流中的曲流不断改变形状，因为拐弯处的水流很急，会快速侵蚀地面。随着时间的推移，一条曲流可能被切断，形成一个牛轭湖。

1 在这里，侵蚀正逐渐导致曲流的颈部变窄（1），而环路本身正在变大（2）。

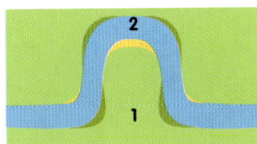

2 最后，颈部变得非常狭窄（1），在洪水泛滥时会有一些水穿过它。

3 最后，部分回路被切断，留下一个牛轭湖（1），而河流暂时变直（2）。

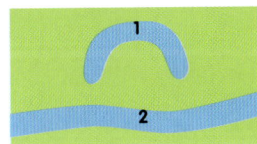

水力发电站

流动的河流的能量能够用于发电。要利用水力发电，需要修建一个水库大坝，然后，水通过一条管道流过大坝，在这条管道里，水推动与发电机相连的涡轮旋转，产生电能，然后通过电线输送到各地。

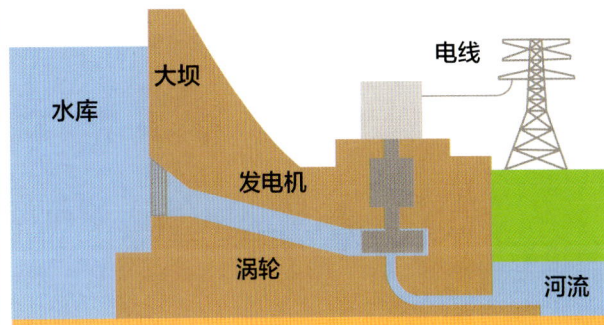

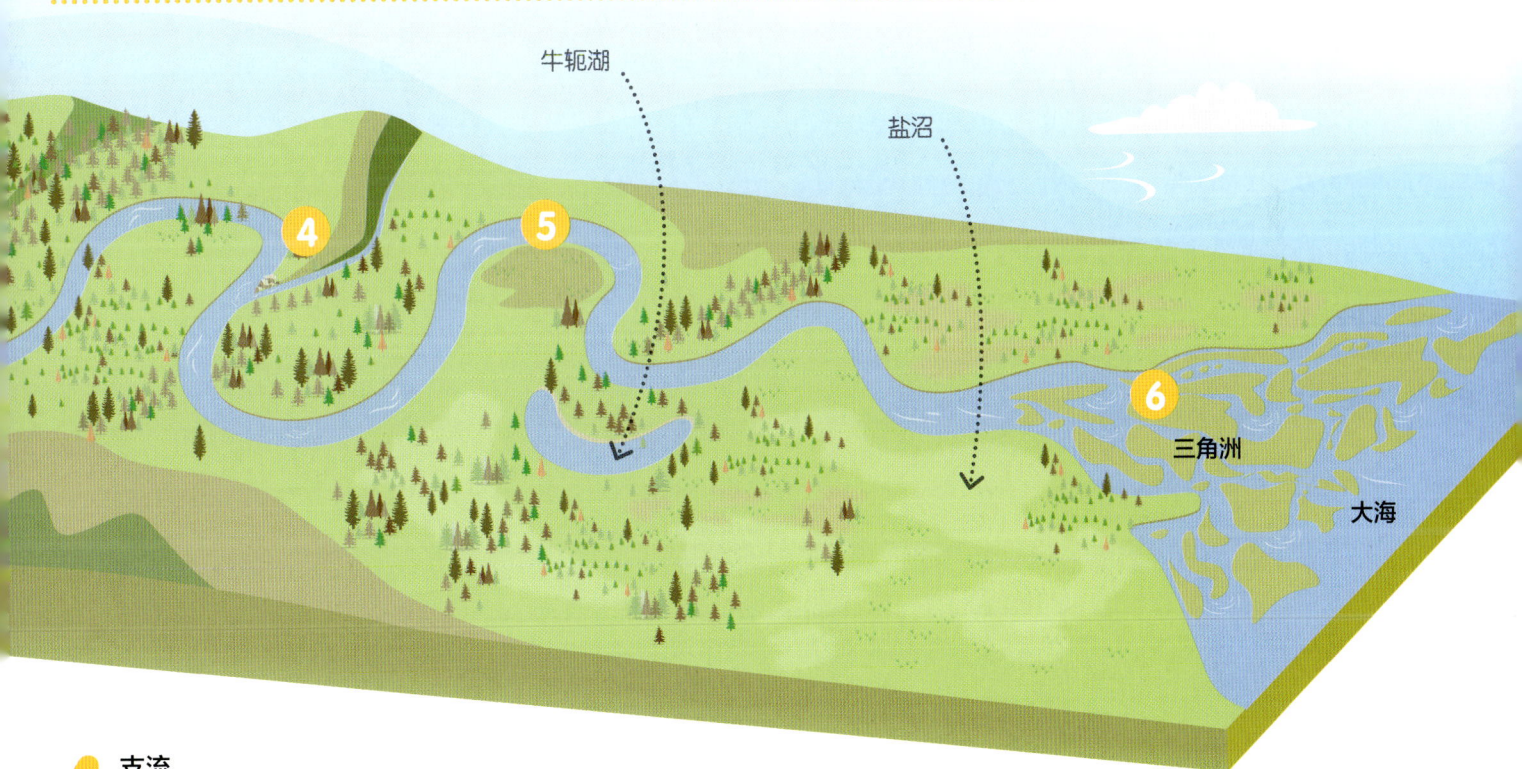

4 支流
支流是一条流入干流的小河流。每条支流都会带来更多的水量，导致河流在流向大海的过程中不断膨胀。

5 曲流
当河流靠近大海，斜坡变得更浅时，形成了S形的曲线，叫作"曲流"。

6 河口
河口是河流入海的地方。沉积在这里的泥沙可能堆积起来形成一块平坦的陆地和沟渠——三角洲。

冰川

冰川是在山脉和极地地区发现的。当它们慢慢地向下流动时，会侵蚀下面的地面，并逐渐改变地貌。

地球上大约10%的土地被冰川覆盖。

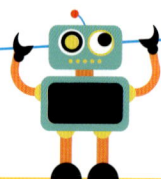

1 在靠近山顶的堆积区，积雪成堆。厚厚的积雪被压缩成冰，冰侵蚀山，形成一个碗状的凹洞，后来可能变成一个湖。

2 冰川的主体缓慢下移，通常每天约移动1m。

3 来自山谷的岩石碎片嵌入冰川中，被冰拖着走，像一张巨大的砂纸一样与地面和山谷的边缘摩擦。

4 裂缝和融水的通道纵横交错在冰川的表面。

5 在消融带区域，随着山谷进一步变暖，冰开始融化。冰川开始破裂。

6 在冰川脚下，是一个新月形的冰川岩屑堆（终碛），这些岩石碎片来自融化的冰。冰的融水形成一条溪流，从冰川中流出。

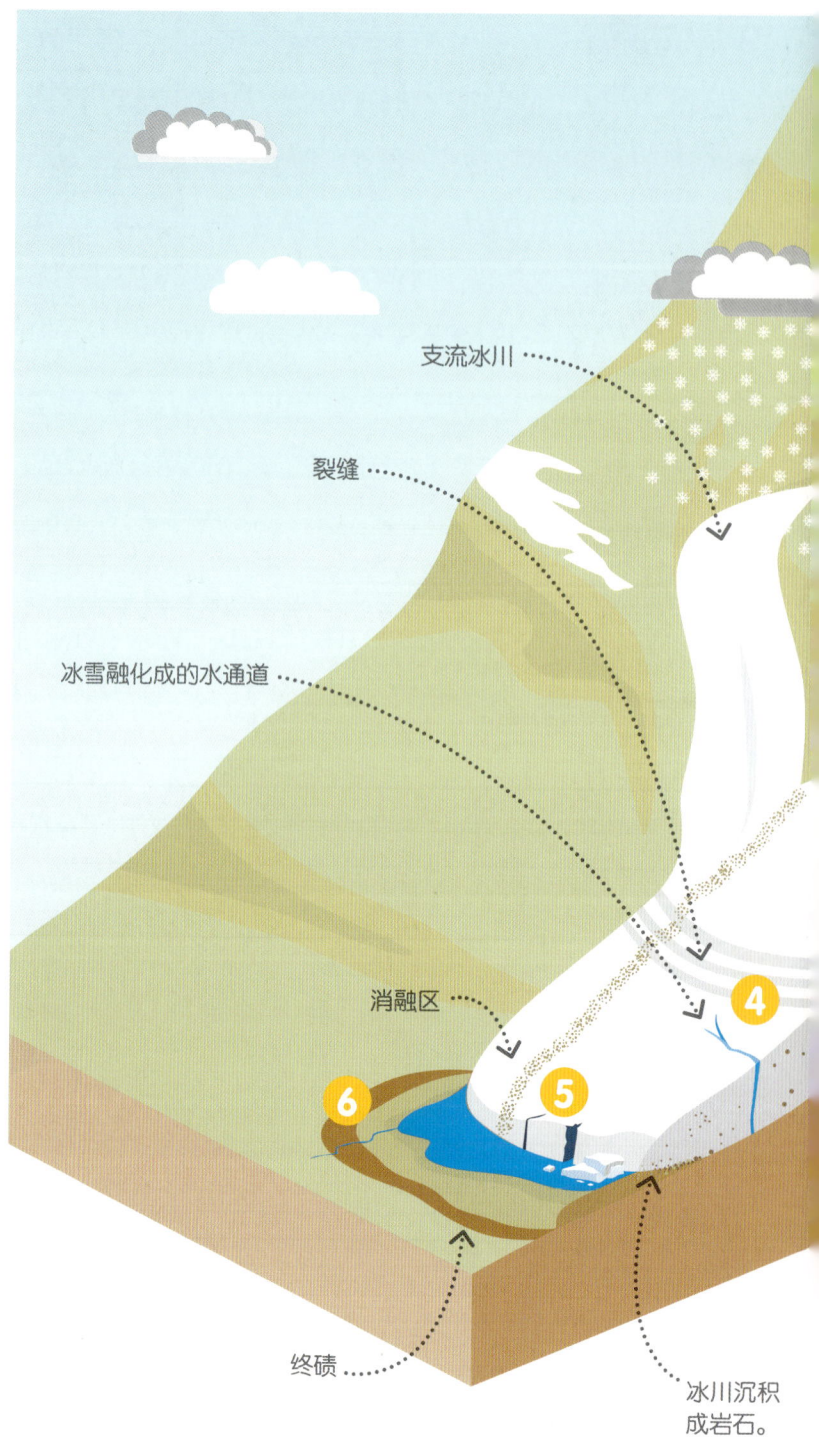

支流冰川

裂缝

冰雪融化成的水通道

消融区

终碛

冰川沉积成岩石。

改变地形

随着时间的推移，冰川将陡峭的河谷变成宽的U形山谷（右图）。这些现象在地球的北半球很常见，这表明冰川曾经覆盖了地球上更多的地方。

堆积区

如果冰川融化，这个碗状的凹陷处就会变成一个湖。

岩石在地表处下沉。

1 在冰川穿过之前，主山谷是V形的。支流山谷一直延伸到主山谷的底部。

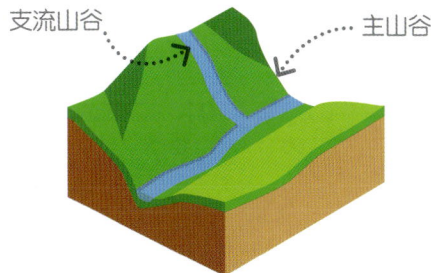

支流山谷　主山谷

2 冰川形成并穿过主山谷。冰川和岩石碎片侵蚀着山谷的底部及边缘，使其不断加深和扩大。

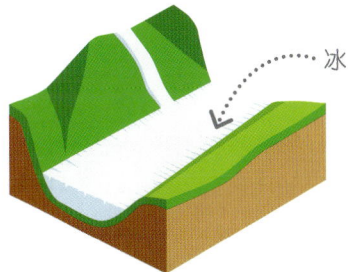

冰

3 几千年后，冰川融化。主山谷现在是U形的，它的支流山谷"悬挂"着，它们高于主山谷。

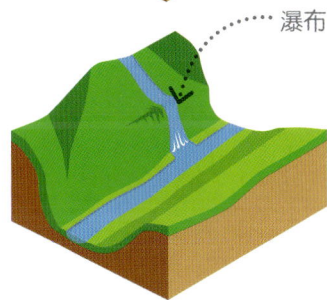

瀑布

其他的冰川特征

除了U形山谷，冰川在融化后还留下了许多其他地质（陆地）特征。一旦冰川融化，这些特征就会显现出来。

1 鼓丘
一座蛋形的小山，由冰川沉积的松散岩石碎片组成，然后由冰川的运动雕刻而成。

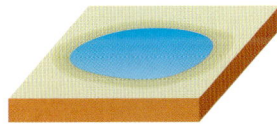

2 水壶湖
大冰块融化后留下的又小又浅的圆形湖泊。

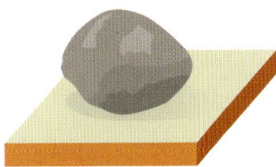

3 漂砾
一块孤立的巨石，经过漫长漂流后从冰川中融出。

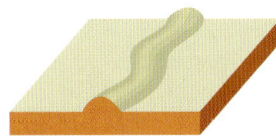

4 蛇形丘
由冰川下的溪流形成的蜿蜒的砾石山脊。

季节和气候带

世界上许多地方都有四季——春、夏、秋、冬。这些季节带来了昼长、日照强度和平均气温的变化。

> 季节性的变化导致许多动物冬眠或迁移。

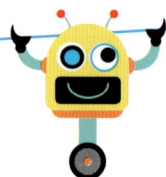

为什么会有一年四季？

地球自转的轴是倾斜的。由于这种倾斜，地球的南北半球也在一年的不同时间向太阳倾斜，这导致了季节的循环。

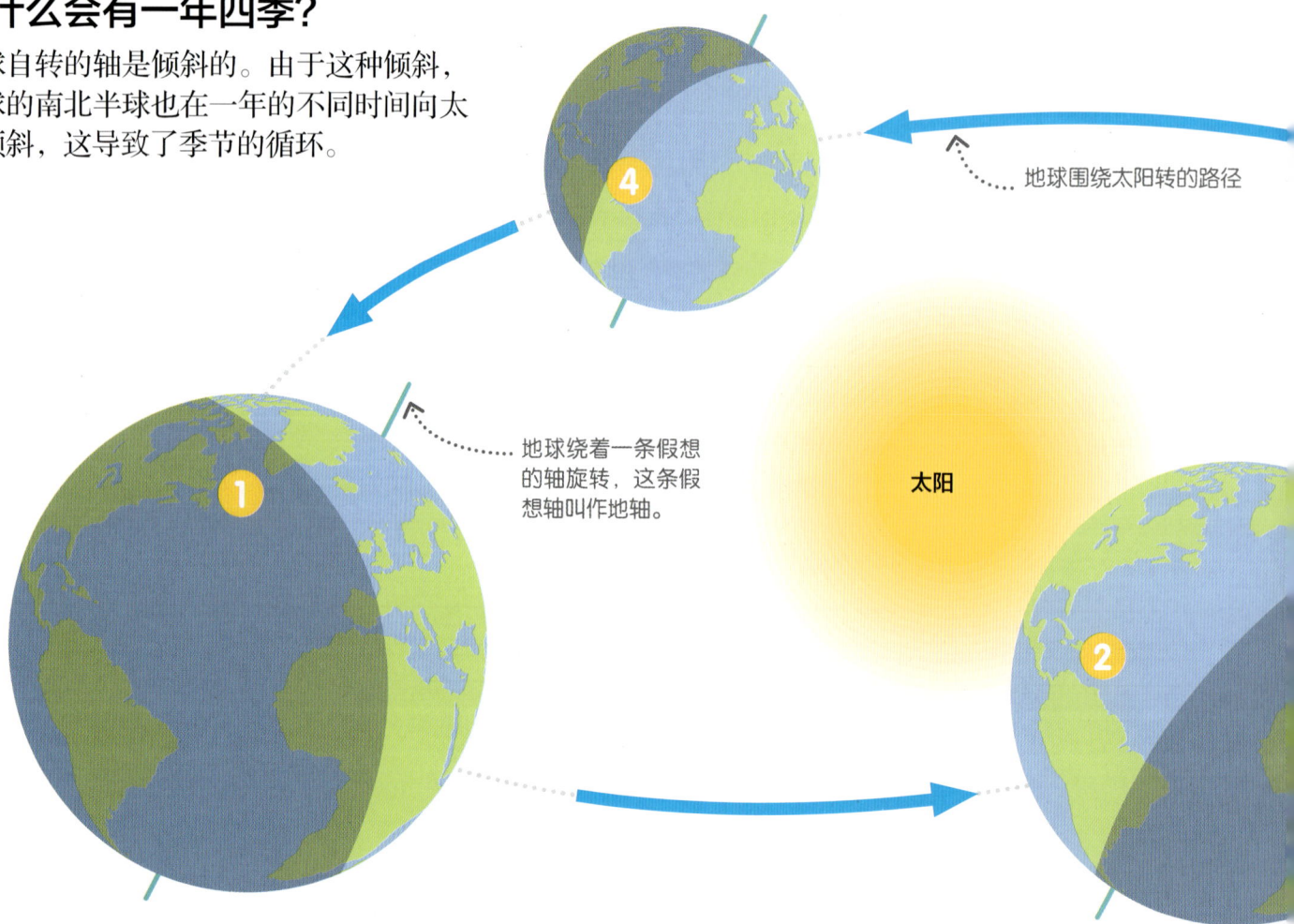

地球围绕太阳转的路径

地球绕着一条假想的轴旋转，这条假想轴叫作地轴。

太阳

1 6月
北半球在6月向太阳倾斜，所以北半球到了阳光灿烂的夏季，并且有了漫长的白天。南半球向外倾斜，于是有了与之相反的季节——冬季。

2 9月
在9月，两个半球都不向太阳倾斜，所以各地的白天和黑夜都一样长。北半球是秋季，南半球是春季。

3 12月
在12月，南半球向太阳倾斜，因此南半球到了夏季。北半球向外倾斜，所以到了寒冷的冬季，并且有了漫长的夜晚。

沙滩球气候模型

要想知道为什么地球赤道比两极温暖得多，可以做一个实验。在距离台灯30cm的地方放置一个沙滩球，放置几分钟后用手摸球的表面。赤道附近很暖和，但两极较冷。这是因为赤道正对着灯，能吸收到更多的能量，而两极的光以较小的角度照射到地面上，因此会分散到更大的区域。

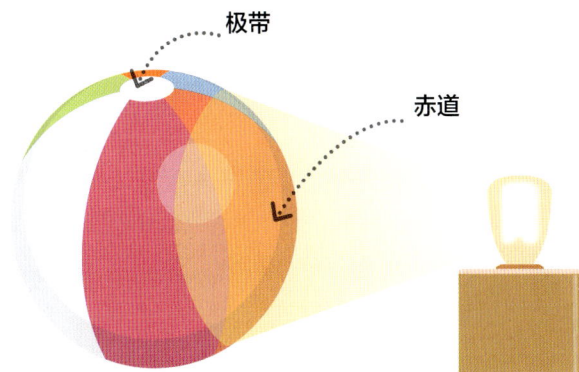

极带
赤道

气候区

由于地球的形状和倾斜，地球表面不同地方的阳光照射量也不同，这就产生了不同的气候区——地球表面这一大片区域有着不同的气候模式。有三个主要的气候区：极地、温带和热带。

1 有两个极地区：一个在北极周围，另一个在南极周围。它们比地球上其他地方都冷，每年只有两个季节：夏季和冬季。

2 地球上的两个温带地区每年都有四个季节：春季、夏季、秋季和冬季。一年的平均气温很适宜，但夏天很热，冬天很冷。

3 赤道附近的区域叫作热带，全年都是温暖的。北半球和南半球的热带地区分雨季和旱季，而不是夏季和冬季，但赤道上全年多雨。

4 3月
在北半球，白天越来越长，气温也越来越高，这就到了春季。与此同时，南半球开始进入凉爽的秋季，并且白天日渐缩短。

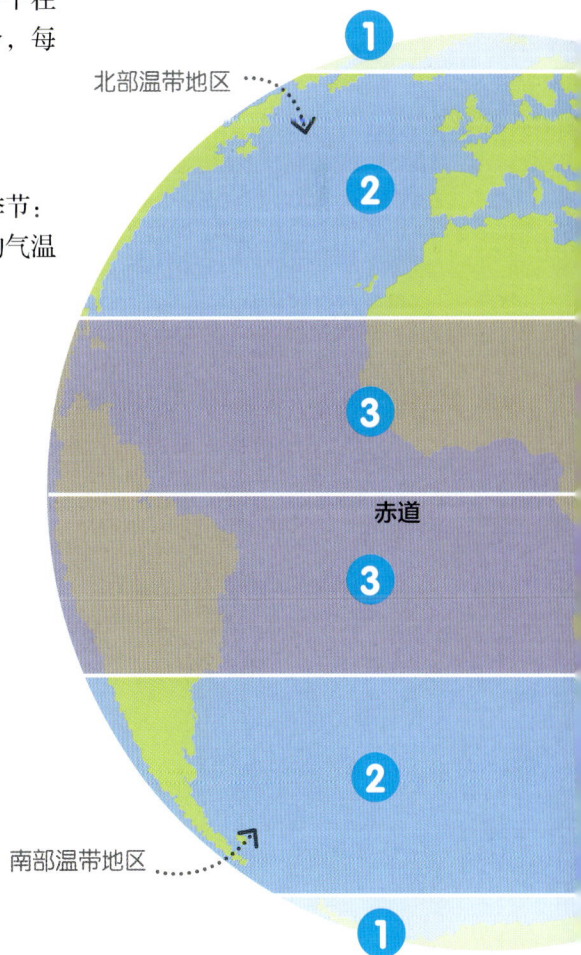

北部温带地区
赤道
南部温带地区

大气

地球被大气层包围着，这是一层薄薄的由地球引力控制的气体。构成地球大气层的气体对于地球上的生命来说至关重要。

> 地球大气中的所有氧气都来自植物。

大气层

大气层有五层。从太空穿越大气层到达地球时，你会发现每一层大气比前一层更厚（密度更大）。

1 外逸层
外逸层延伸到地球表面几千千米以上，它与太空融合。

2 热大气层
热大气层有数百千米厚，是国际空间站的所在层。

3 中间层
中间层在30km厚以上的地方，温度可以低于−143℃，是地球上最冷的地方。微小的太空岩石在这里燃烧，产生叫作流星的光条纹。

4 平流层
平流层有大约35km厚，这一层有一个保护带——臭氧（氧的一种形式），可以吸收太阳释放的有害的紫外线辐射，保护地球表面。

5 对流层
对流层是所有天气发生的地方。它在极地上方8km处，在赤道上方18km处。

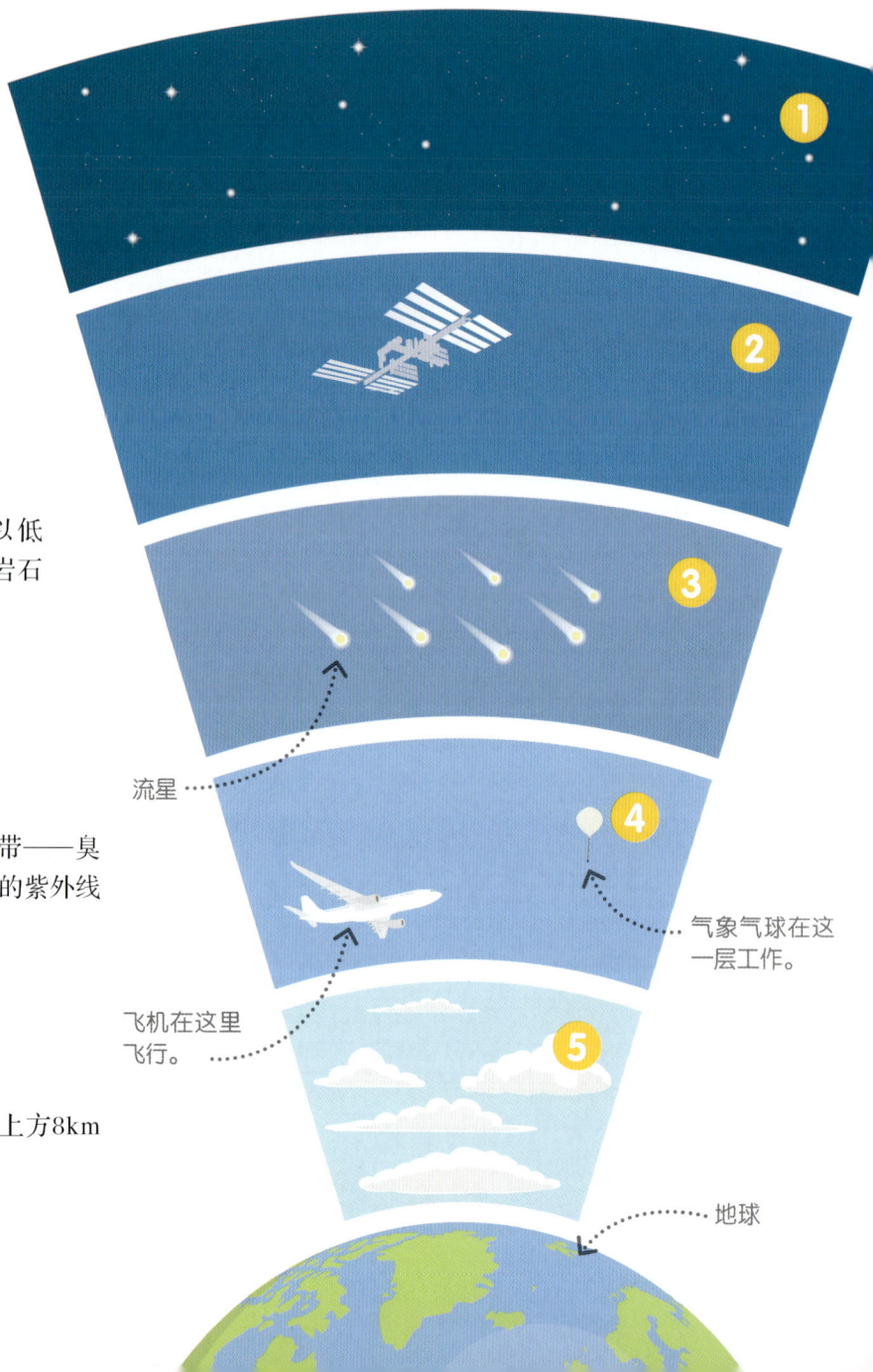

流星

气象气球在这一层工作。

飞机在这里飞行。

地球

大气中的气体

氮气和氧气是大气中已知的两种主要气体，但大气中也还有少量其他气体。在较低的层中存在水蒸气。在海平面上，水蒸气约占空气的1%。

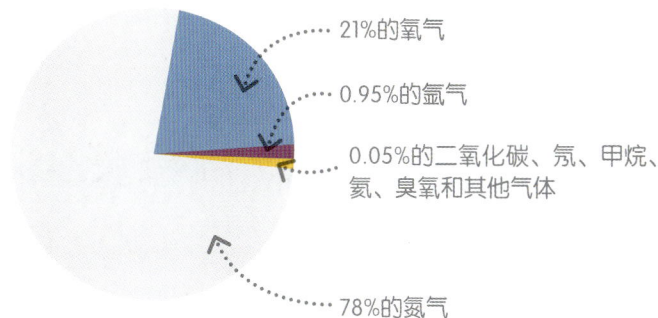

21%的氧气

0.95%的氩气

0.05%的二氧化碳、氖、甲烷、氦、臭氧和其他气体

78%的氮气

全球性的风

在对流层中，空气以大气带的形式上下循环。有三组大气带：极地风带、盛行风带和信风带。这些风带的空气运动以及地球的自转（使空气转向东方或西方）形成了三种全球性的风，并吹过地球表面。

1 极地东风在极地地区吹。它们从极点吹出，地球自转使它们从东向西吹。

2 西风吹在温带（温和的天气）地区。它们从赤道吹出，然后从西向东吹。

3 信风吹在热带（赤道附近）。在北半球，它们从东北吹向西南（东北信风）。在南半球，它们从东南吹向西北（东南信风）。

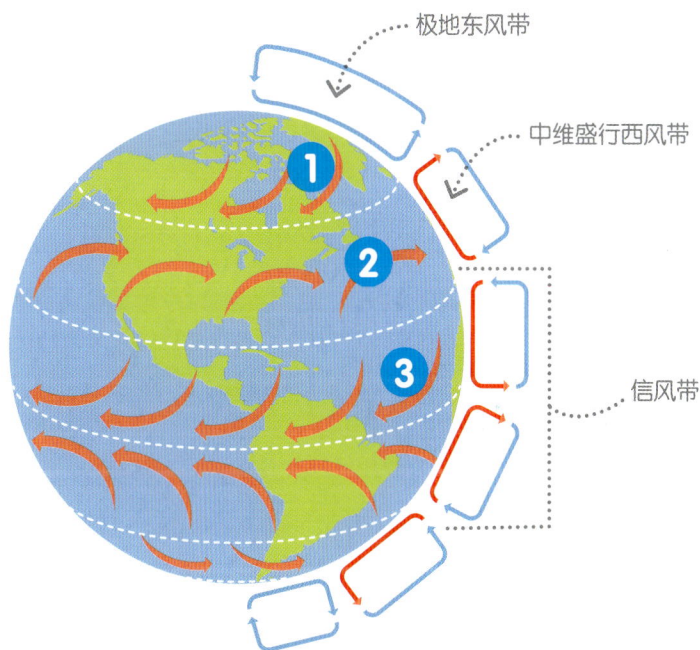

极地东风带

中纬盛行西风带

信风带

现实世界的技术

跳跃的无线电波

大气层使人们能通过反射无线电波在世界各地进行长距离通信。发射机发射无线电波，传播到大气层的电离层。电离层将无线电波反射回地球，由世界其他地方的接收器接收信息。

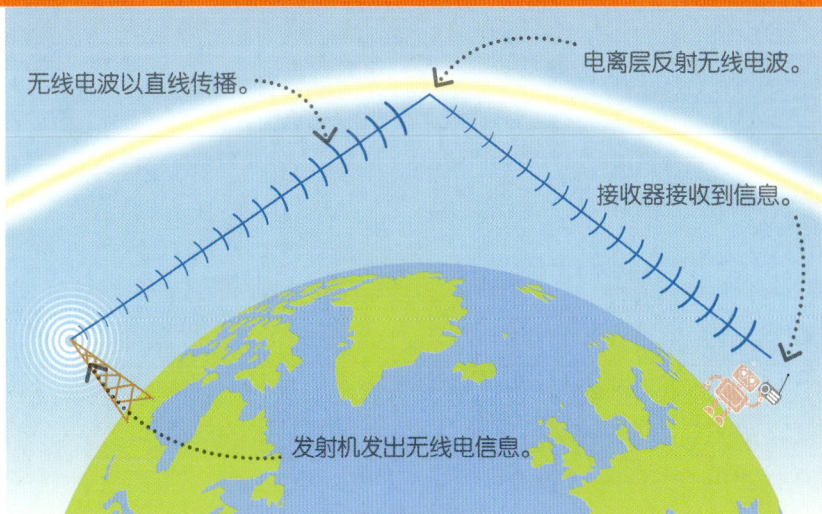

无线电波以直线传播。

电离层反射无线电波。

接收器接收到信息。

发射机发出无线电信息。

天气

在太阳能量和地球自转的推动下，地球大气中的空气和水在不断运动。这些运动产生风、雨和其他的天气类型。

> 气候是一个地方在一段时间内经历的典型天气模式。

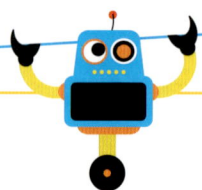

运动的空气

大量空气在大气中运动和碰撞导致了天气的变化。天气好的时候空气会下沉，而上升的空气会把湿气带到天空中，产生云和雨。

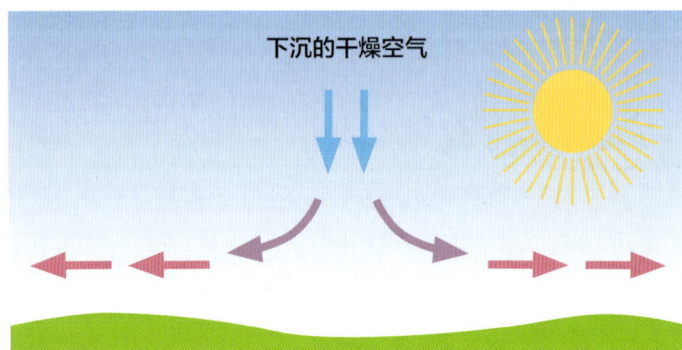

1 高压
当高层大气中的空气下沉时，会压迫下面的空气，造成高气压。来自高海拔地区的空气通常是干燥的，因此高气压区一般天气晴朗、阳光明媚。

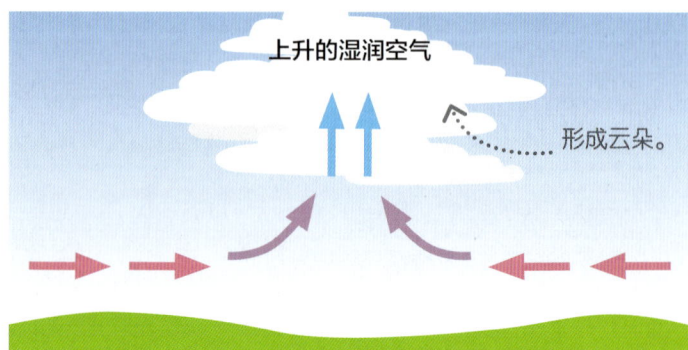

下沉的干燥空气

2 低压
当空气上升时，会引起低气压。空气上升过程中不断冷却，水分凝结成云。上升的空气通常带来阴雨天气。

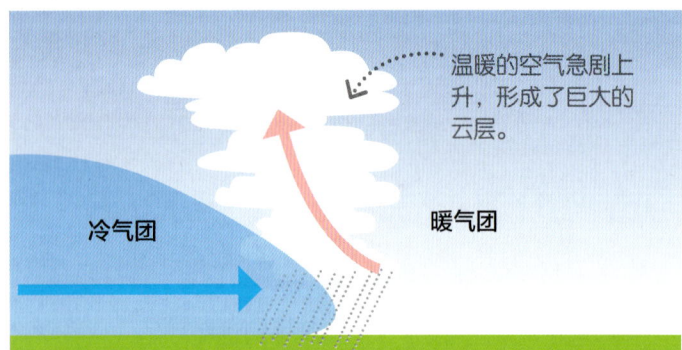

上升的湿润空气

形成云朵。

3 冷锋
当大量的冷空气推入暖空气时，暖空气就会急剧上升，形成冷锋。暖空气越变越冷，暖空气中的湿气形成了巨大的雨云。

温暖的空气急剧上升，形成了巨大的云层。

冷气团　暖气团

4 暖锋
如果暖空气推入冷空气中，它就会在冷空气上轻轻滑动，形成暖锋。暖空气中的水分缓慢上升并逐渐冷却，形成薄云并且经常带来小雨。

暖空气徐徐上升，形成薄云。

暖气团　冷气团

极端天气

天气变化无常，变冷、变热，甚至也可能起风。极端天气是一种罕见或剧烈的天气，可能危及生命和财产。

1 飓风和台风是在热带海洋上空形成的巨大的旋转风暴系统。

2 龙卷风是一种快速旋转的空气柱，它能产生强烈且具有破坏性的风。

3 暴风雨会带来雷电、强风和强降水（雨或冰雹）。

4 暴风雪是严寒条件下的严重风暴，会带来大雪和大风。

5 在冰暴期间，雨水接触地面就会结冰，把所有的东西都包裹在冰层中。

6 热浪是一种异常炎热的天气，会使人生病、破坏农作物。

现实世界的技术

天气图表

天气预报员使用图表显示当前天气和未来天气的预报。图表上的旋涡线称为等压线，圈起来的区域为等压区域。暖锋以红色半圆线表示，冷锋以蓝色三角形表示。这些锋面经常围绕低压区旋转，形成气旋。虽然一个训练有素的气象学家（气象科学家）可以用一张图表来预测天气，但是预测通常是由模拟地球大气的超级计算机完成的。

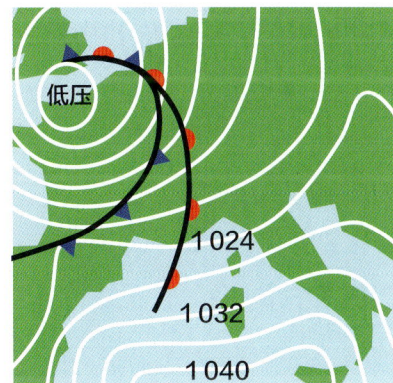

低压

1 024

1 032

1 040

云的类型

大多数云的名字基于三种基本形状：纤细的羽毛状（卷云）；块状（积云）；平板状（层云）。有些云的名字和它们的特性相关，比如高层云在空中的位置较高，而积雨云很可能会带来降雨。

卷积云　卷云　积雨云

高层云

雨层云　层云　积云

洋流

在风和地球自转的推动下，海洋中的水围绕着地球流动，形成巨大的水流，称为洋流。这些洋流对许多国家的气候有很大的影响。

> 海龟们利用洋流作长距离旅行的高速公路。

表面洋流

一些洋流沿着海面流动。在海洋的西部，这些表面洋流将温暖的海水从热带带到较冷的地区。在东部，洋流将冷水带回热带地区。许多洋流汇合形成巨大的环流。

1 加利福尼亚洋流把冷水带到了北太平洋的东侧，这使得北美西海岸的气候变冷。

2 墨西哥湾流把温暖的海水带到了北大西洋的西侧。它的流速非常快，是世界上最强的洋流之一。

3 北大西洋暖流把温暖的海水从墨西哥湾流带到欧洲。它使不列颠群岛和斯堪的那维亚半岛的冬天变暖。

4 秘鲁洋流是南美洲西海岸外的一股寒冷洋流。冷空气携带的水分比暖空气少，所以这个海岸的气候干燥。

5 南极环极流是一种绕南极流动的冷流。它带离温暖的海水，这有助于阻止南极冰的融化。

6 黑潮把温暖的海水带到北太平洋的西侧。它使日本南部变暖。

深洋流

一些洋流沿着海底流动。这些洋流比表面洋流的流动慢得多，但它们在世界气候中扮演着重要的角色，有助于维持海洋生物的生存。

1 全球传送带

在北大西洋，地表水变冷，当一些水变成冰时则变得更咸。这使得水变重，所以它下沉并沿着海底流动。一些深水可能需要在海底缓慢流动1 000年，然后在太平洋重新上升并返回。这种巨大的洋流叫作全球传送带，在全球气候中起着关键作用。一些科学家认为融化的北极冰可能会破坏它，触发北半球的冰河时代。

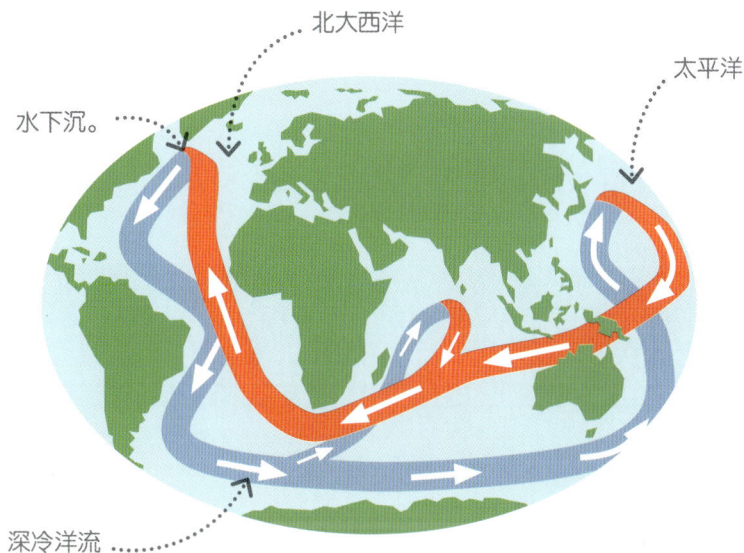

2 上升流

在世界的一些地方，风把海水从海岸吹走，导致海水从深海上升。这些上升的洋流叫作上升流。它们把营养物带到水面，使许多海洋生物得以繁衍生息。世界上许多重要的捕鱼点都位于上升流附近。

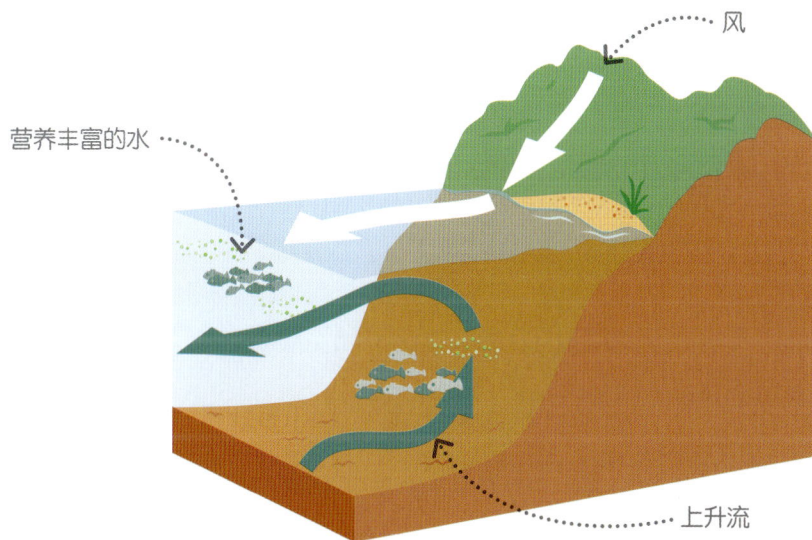

现实世界的技术

水下涡轮机

洋流携带大量能量。如果墨西哥湾暖流中有0.3%的能源能够得到利用，那么它将为美国整个佛罗里达州提供足够的电力。工程师们正试图开发能从洋流中提取能量的技术。有一种想法是在海底建造涡轮机，其工作原理与陆地上的风力涡轮机相同。

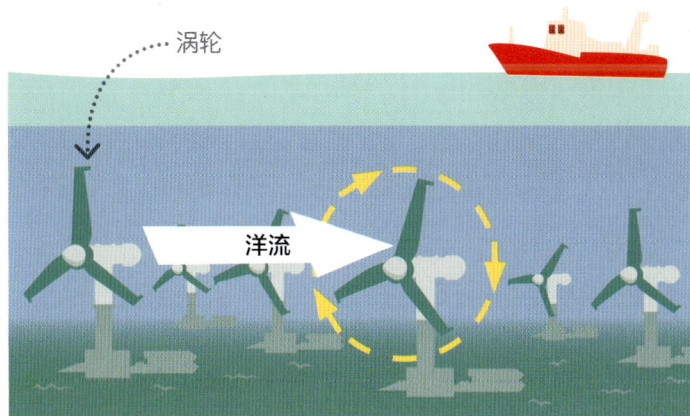

碳循环

所有的生物都含有碳，人们在许多非生物材料中也发现了碳，比如化石燃料和一些岩石。碳在生物、海洋、大气和地壳之间的运动称为碳循环。

自1960年以来，大气中的二氧化碳含量增加了25%以上。

部分碳循环

碳循环的某些部分可以在几天内实现碳的转移，但是其他部分循环会将碳储存百万年。人类的活动加速了二氧化碳的排放。

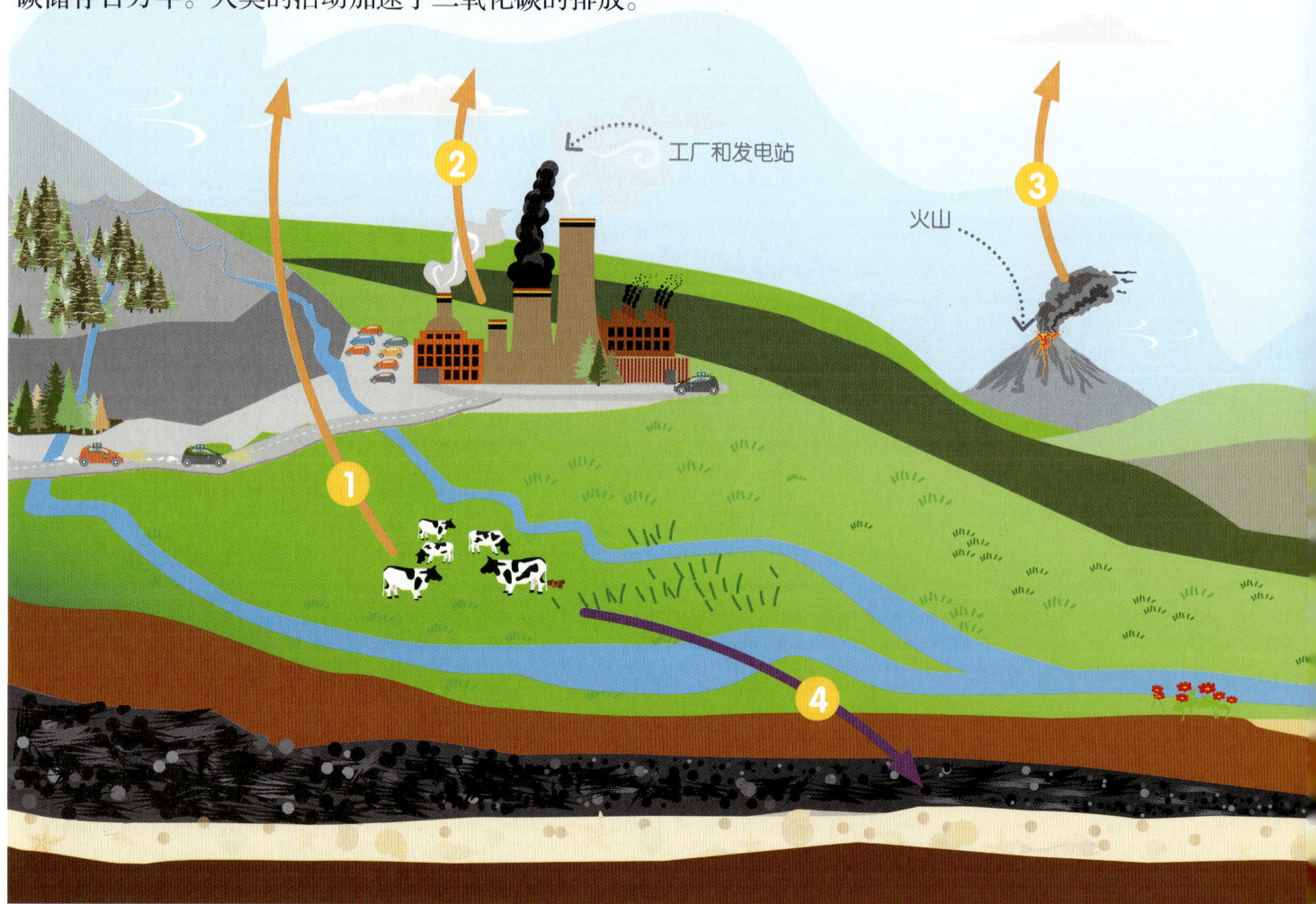

工厂和发电站

火山

1 呼吸
动物和其他生物通过食物吸收碳并以二氧化碳的形式释放。当它们的粪便或尸体腐烂时，碳也会释放出来。

2 燃烧化石燃料
无论是工厂、发电站、家庭，还是汽车和飞机，化石燃料的燃烧都会释放二氧化碳到大气中。

3 火山活动
火山和温泉缓慢地将长期储存在地下的碳以二氧化碳的形式释放到大气中。

4 石化
有些生物体死后不会腐烂。相反，它们会被埋起来，将碳困在地下。在数百万年的时间里，它们的遗骸形成了化石燃料。

现实世界的技术

气候带变化

化石燃料的燃烧大大增加了地下储存的碳返回大气层的速度。因此，大气中的二氧化碳水平正在上升。二氧化碳在大气中吸收热量，就像玻璃在温室中吸收热量一样，所以地球的平均温度也在上升。许多科学家认为，气候变暖导致冰川融化，干旱和洪水发生得更加频繁，还导致珊瑚礁死亡。

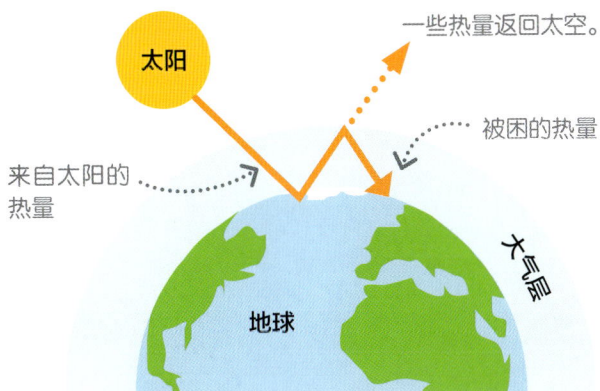

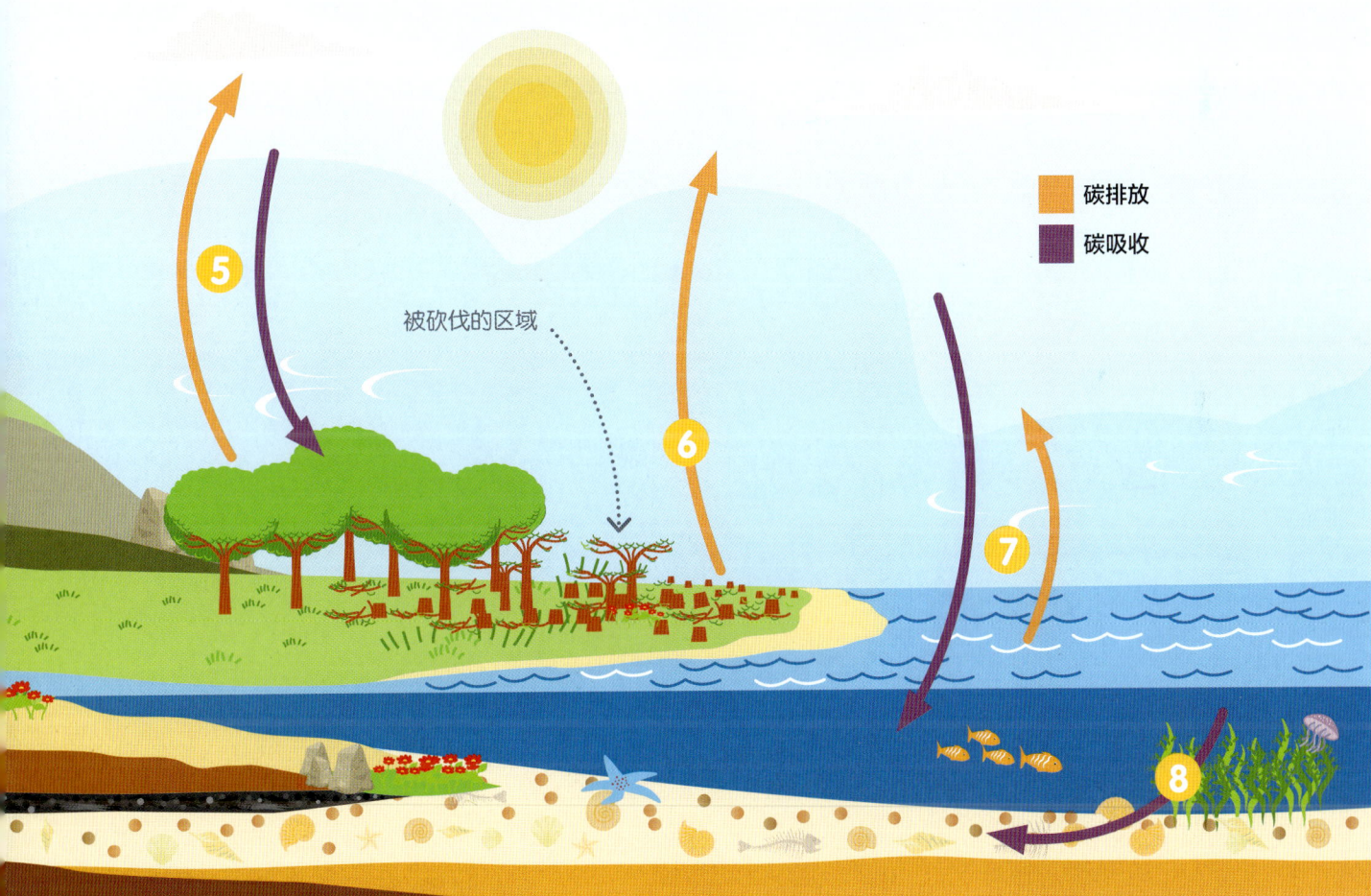

一些热量返回太空。

太阳

被困的热量

来自太阳的热量

大气层

地球

碳排放
碳吸收

被砍伐的区域

5 光合作用
植物从空气中吸收二氧化碳，通过光合作用制造养分。它们也通过呼吸作用释放二氧化碳。

6 毁坏森林
如果树木被烧毁或枯死的植被被分解，被毁坏的森林就会把碳释放到空气中。

7 海洋交换
二氧化碳在海洋和空气间循环。海洋吸收的碳比释放的碳多，因此叫作"碳汇"。

8 海洋碳捕获
一些海洋生物用二氧化碳制造贝壳。当它们死后，遗体会沉入海底，变成化石，形成石灰石，石灰石起到了长期储存碳的作用。

术语表

A

安培（A）
用来测量电流的单位。

B

板块
地壳分裂形成的可以缓慢移动的大块岩石。

半球
球体的一半。地球被赤道分为南、北半球。

半透明材料
允许光线通过但不透明的材料。

保险丝
用于电路的安全装置。大多数保险丝由一根细电线组成，如果电流过大，电线就会熔断。

变压器
增加或减小电压的机器。

变质岩
在地下被高温或高压改变但没有融化的岩石。

表面张力
水面上的一种力，能产生像皮肤一样的薄平面，可以支持非常小的物体，如昆虫。

冰川
极地或高山地区由积雪移动而形成的大冰块。

冰碛
冰川堆积作用过程中由碎屑构成的堆积物。

波长
波在一个振动周期内传播的距离。

玻璃纤维
一种无机非金属新材料，可用于高速传输数字信号。

不透明材料
光线不能穿透的材料。

布朗运动
在液体或气体中的尘埃粒子的随机运动，由与它们碰撞的分子引起。

C

超声波
频率很高、人类的耳朵无法察觉的声波。超声波用于医学扫描。

沉积岩
由沉积物（旧岩石的颗粒）沉积在海底或湖床上，随着时间的推移慢慢胶结在一起而形成的。

赤道
地球中部的一个假想的圆圈，位于南、北两极之间。

传导
热或电在物质中的运动。

磁场
磁铁周围能感受到磁力作用的区域。

磁力
某些物质之间的不可见的引力或斥力，尤指铁。

催化剂
加速化学反应的一种化学物质，它自身在化学反应中不发生改变。

催化转化器
汽车中使用催化剂将有毒废气转化为几乎无害的气体的装置。

D

DNA
脱氧核糖核酸，一种在活细胞内储存遗传信息的化学物质。

大气层
环绕行星的一层空气。

蛋白质
一种含有氮的有机物质，存在于肉类、鱼类、奶酪和豆类等食物中。生物需要蛋白质来生长和修复。

导体
热或电容易流过的物质。

地核
地球最深处和最热的部分，由铁和镍组成。

地壳
地球表面的岩石层。

地幔
地壳下面一层厚厚的、致密的岩石。地幔构成了地球的大部分质量。

地震波
从地震或爆炸中穿过地面的能量波。

电池
连接电路时产生电流的储能装置。

电磁波谱
从伽玛射线到无线电波的各种不同类型的电磁辐射。

电磁感应
变化的磁场中产生电流的现象。

电磁铁
当电流流过线圈时就会带有磁性的线圈。

电动机
通过电和磁来带动运转的机器。

电极
在电路中收集或释放电子的一块金属或碳。

电解液
在水中溶解时能导电的物质。

电力
由电流携带的一种能量形式。

电流
电荷的流动，比如电子通过导线时的流动。

电路
电流流过的路径。所有的电气设备都有内部电路。

电子
占据原子外层的带负电荷的粒子。移动的电子携带电并产生磁性。

电子技术
用电来处理或传送信息（如计算机数据）的技术。

电阻
电子元件对电流阻碍程度的一种度量。

动量
运动物体持续运动直到力使其停止运动的趋势。动量可以通过质量乘速度来计算。

动脉
一种厚壁的血管，它将血液从心脏输送到身体的其他部位。

动能
物体因运动而具有的能量。

镀锌
将锌镀于铁上防止生锈。

对流
由于温度较高、密度较低的区域上升而使热量通过液体或气体传播的现象。

E

二进位系统
只有0和1两位数的数字系统。数字设备以二进制形式存储和处理数据。

F

发电机
将机械能转化为电能的机器。

发动机
能将燃烧燃料所释放的能量转化成机械能的机器。

发芽
小植物从种子中长出的过程。

反射
光、热或声音从表面反射回来的现象。

反应性
参与化学反应的难易度。反应性强的化学物质很容易发生反应。

放热反应
向周围释放能量的化学反应。

放射性
某些元素的原子通过核衰变自发地放出射线的性质。

肺泡
哺乳动物肺部的小气泡。

沸点
液体迅速变成气体并形成气泡的温度。

分贝
用来测量声音响亮程度的单位。

分解
把大分子分成小分子的过程。

分子
一组由两个或两个以上的原子组成的共价键。

浮力
物体在水中受到的向上的力。浮力能使物体漂浮。

浮游生物
生活在海洋和湖泊表面的微小生物。

辐射
一种电磁波（或放射性源产生的一束粒子）。

G

伽马射线
一种波长很短的电磁辐射。

干扰
两组或多组波结合时对有用波的损害。

杠杆
在不动点附近摆动的硬金属杆。杠杆可以增大力，使困难的工作变得更容易。

功
力使物体运动时传递的能量。功可以用力乘距离来计算。

功率
能量的传递速率。机器越强大，它消耗能量的速度就越快。

共价键
分子中原子间的一种化学键。当原子共用电子时，就形成了共价键。

骨骼
支撑动物身体的柔性框架。

骨头
动物骨架的部分硬组织。

光合作用
植物利用阳光、水和空气中的二氧化碳制造食物分子的过程。

光年
光在一年中传播的距离。一光年是9.5万亿km。

光谱
可见光中不同颜色的范围，或不同类型电磁辐射的范围。

光子
光的粒子。

轨道
太空中物体运行的路径，如月球围绕地球运动的轨道。

过滤器
从液体中除去固体物质的装置。

H

合金
一种金属与另一种元素混合而成的材料。合金往往比纯金属更强、更硬、更有用。

赫兹（Hz）
用来测量波的频率的单位。1Hz是每秒1个波。

红外辐射
热物体产生的一种电磁辐射。

呼吸作用
食物分子在活细胞内氧化分解，并释放能量的过程。

花蜜
在一些植物的花朵中发现的一种含糖液体。

化合物
由两个或两个以上的元素结合而成的化学物质。

化石
史前植物或动物的遗迹或印记，通常保存在岩石中。

化石燃料
从生物化石残骸中提取的燃料。煤、原油和天然气是化石燃料。

化学
对化学物质的研究。

化学方程式
一组化学符号和数字，表示物质发生化学反应的式子。

化学物质
一种单质或化合物。水、铁、盐和氧都是化学物质。

彗星
围绕太阳运行的巨大而冰冷的天体。彗星在靠近太阳时会"长出"长长的尾巴。

混合物
含有两种或两种以上的化学物质，这些化学物质不是以分子的形式相互化学键合的。

活化能
化学反应所需的能量。

火成岩
岩浆冷却并凝固后形成的岩石。

J

基因
执行特定工作的DNA分子上的一段代码。基因代代相传。

激光
由步调一致且波长相等的波组成的强光束。

极光
由来自太空的高能粒子撞击地球大气层而在夜空中形成的波浪状有色图案。

集成电路
在硅片上印制的由元器件组成的微型电路。

寄生虫
生活在另一个有机体上的生物，另一个有机体叫作宿主。

加速度
运动物体速度的变化。加速、减速和改变方向都是加速的形式。

碱
在水中溶解时释放氢氧根离子的化合物。碱中和酸。

交流电（AC）
电流方向随时间作周期性变化的一种电流。

胶体
由一种物质的微小颗粒分散在另一种物质中而不溶解的混合物。

焦耳（J）
能量的标准单位。

进化
物种为适应环境变化，世代之间逐渐发生变化的过程。

晶体
具有规则形状的固体物质。雪花和金刚石是晶体。

静脉
将血液从组织输送到心脏的血管。

飓风
一种强烈的热带风暴，伴有暴雨和大风，时速超过119km/h。

聚合物
一种碳化合物，具有由重复单元组成的长链状分子。塑料是一种聚合物。

绝对零度
热力学的最低温度，定义为零开氏度或$-273.15℃$。

绝缘体
减少或阻止热量、电力或声音流动的材料。

K

抗体
血液中的一种抗体蛋白，它帮助身体攻击细菌和病毒。

可再生能源
一种不会耗尽的能源，如光能、潮汐能或风能。

克隆
与母体基因完全相同的有机体。

空气压力
气体分子对表面或容器的作用力。

空气阻力
使物体在空中减速的力。

库伦力
将原子或分子结合在一起的力。

矿石
一种自然形成的岩石，可以从中提取金属。

矿物质
一种天然的固体化学物质。岩石是由粘在一起的矿物颗粒组成的。

扩散
由于分子的随机运动而使两种或两种以上物质逐渐混合的过程。

L

冷凝
气体变成液体的过程。

离子
由单个或多个原子组成，它失去或得到一个或多个电子，因而带正电或负电。

离子键
正离子和负离子之间相互吸引而形成的化学键。

力
能改变物体速度、运动方向或形状的

外因。

粒子
一种微小的物质。

流体
能流动的物质，如气体或液体。

流星
来自太空的一小块岩石或金属，在进入地球大气层时燃烧，产生一束光。

M

毛细血管
微小的血管，可将血液运送到细胞或从细胞中流出。

酶
由活细胞产生的能加速化学反应的蛋白质。

密度
每单位体积的物质的质量（或数量）。

摩擦力
物体间相互摩擦时使其减速的阻力。

N

凝固点
晶体从液态变成固态时的温度。

牛顿（N）
力的标准单位。

浓度
测定溶质在溶液中溶解的量。

O

欧姆（Ω）
电阻的单位。

P

pH
测量溶液酸性或碱性的标度。

胚胎
动物或植物发育的早期阶段。动物胚胎在显微镜下可见。

配子
生殖细胞，如精子或卵子。

频率
某事件在单位时间内发生的次数。波的频率是每秒的波数。

平流层
在云层之上的一层地球大气层。

Q

栖息地
动物或植物的天然家园。

气候
一个地方多年的天气和季节的平均状态。

气候变化
地球气候模式的长期变化。

器官
有机体中具有特定功能的主要结构。人体的器官包括胃、大脑和心脏等。

侵蚀
地球表面岩石被风、水和冰川侵蚀和带走的过程。

全球变暖
由于化石燃料的燃烧引起二氧化碳含量上升，导致地球大气层平均温度的上升。

R

燃烧
物质与氧气结合，释放热能的化学反应。

染色体
细胞核中的一种结构，由螺旋状的DNA链构成，携带遗传信息。

人工选择
人类利用动物或植物育种来改变一个物种的过程。

日冕
围绕太阳的一层热气体。

日食
月球运动到太阳和地球中间，挡住太阳射向地球的光时发生的天文现象。

溶剂
使溶质溶解形成溶液的物质（通常是液体）。

溶液
溶质分子或离子在溶剂分子中均匀分散的混合物。

溶质
在溶剂中溶解形成溶液的物质。

熔点
将固体变成液体的温度。

乳状液
一种由分散在另一种液体中的微小液滴组成的混合物。

S

色谱法
一种在混合物中分离有颜色的化学物质的方法。其方法是让它们通过一种吸收性材料，比如纸张。

杀虫剂
一种用来杀死害虫的物质。

摄氏度
基于冰的熔点（0℃）和水的沸点（100℃），在它们之间有100个等分，叫作度。

神经
一束神经细胞，通过动物的身体传递电信号。

神经元
一个神经细胞。

渗透作用
水通过细胞膜（或其他半透膜）从弱溶液渗透进强溶液。

升力
空气流过机翼时产生的向上的力。

生态系统
动物和植物以及它们共同生活的物理环境的共同体。

生态学
研究生物之间以及生物与环境之间相互作用的科学。

生物
有生命的物体。

生物学
对生物的研究。

石笋
在洞穴里的地面上长出的石柱。石笋从滴水沉积的碳酸钙中缓慢生长。

食草动物
以植物为食的动物。

食肉动物
以肉类食物为主的动物。

食物链
生态系统中的各种生物为维持本身的生命活动，必须以其他生物为食物而形成的链锁关系。

食物网
生态系统中的食物链系统。

视网膜
位于眼睛内部的光敏细胞组成的膜。

受精
雄性生殖细胞和雌性生殖细胞相结合。

水力发电
利用流动水的能量发电。

速度
物体朝特定方向运动快慢的物理量。

酸
一种化合物，当它溶于水时释放氢离子。醋和柠檬汁是弱酸。

T

胎儿
动物未出生的幼仔。

太阳系
太阳和它的轨道行星群组成的集合体，包括地球，以及其他较小的天体，如小行星。

弹性材料
被拉伸或弯曲后可以恢复到原来形状的材料。

碳氢化合物
一种仅由碳和氢组成的化合物。

碳水化合物
一种用作能源的生物化合物。甜食和淀粉类食物富含碳水化合物。

糖
一种含有小分子的碳水化合物。糖的味道是甜的。

体积
物体所占的空间。

透镜
一种弯曲的、透明的、能使光线弯曲的塑料或玻璃。

透明材料
允许光线通过并能看到另一边的材料。

蜕变
动物生命周期中的变化。毛毛虫蜕变成蝴蝶。

W

瓦特（W）
功率单位。1W等于1J/s。

微波
一种电磁辐射。微波是非常短的无线

电波。

微生物
只有借助显微镜才能看见的微小生物。

卫星
在太空中绕另一物体沿着一定轨道运行的物体。月球是一颗天然卫星。环绕地球的人造卫星通过传送数据来帮助我们导航。

温度
某物的冷热程度的度量。

无性生殖
只有父母中的一方的繁殖。

无氧呼吸
一种不需要氧气的呼吸。它释放的能量比有氧呼吸要少。

物理学
对力、能量和物质的科学研究。

物质
任何有质量并占据空间的东西。

物种
一组相似的有机体，它们可以互相繁衍后代。

X

X射线
一种电磁辐射，用来产生骨骼和牙齿的图像。

吸热反应
能从周围吸收能量的化学反应。

洗涤剂
一种使油滴或油脂在水中分散的物质，使清洗东西更容易。肥皂和洗涤液是洗涤剂。

细胞
生物体基本的结构和功能单位。

细胞分裂
一个细胞分裂产生两个细胞（称为子细胞）的过程。

细胞核
原子的中心部分或细胞中储存基因的部分。

细菌
微生物，单细胞生物体，没有细胞核。细菌是地球上最丰富的生物。

纤维素
构成植物细胞壁的纤维性碳水化合物。

显微镜
一种科学仪器，使用透镜放大小物体。

消化
把食物分解成小分子，便于被细胞吸收。

小行星
围绕太阳运行的不规则的天体。

星系
大量的恒星、灰尘和气体在引力作用下结合在一起。太阳系是银河系的一部分。

性细胞
生殖细胞，如精子或卵子。

悬浮物
由分散在液体中的固体颗粒组成的混合物。

血红蛋白
红细胞中的一种化合物，在动物体内运输氧气。

Y

压力
施加在给定面积上的力。

岩浆
深埋地下的炽热的熔岩。它在冷却和硬化时形成火成岩。

盐
酸与碱反应时形成的离子化合物。"盐"这个词通常只指氯化钠，是用来调味食物的。

衍射波
穿过一个狭窄的开口后继续传播的波。

阳离子
带正电荷的离子。

氧化物
氧与其他元素结合形成的化合物。

叶绿素
一种绿色的物质，植物利用它来吸收光能制造食物（光合作用）。

叶绿体
植物细胞中含有叶绿素的小质体。

阴极
负电极。

阴离子
带负电荷的离子。

音高
一个声音有多高或多低。音高与声波的频率直接相关。

引力
一种使所有有质量的物体相互吸引的力。地球引力把物体拉到地面上，并让它们有重量。

营养
植物和动物为生存和生长所需的化合物。

有机化合物
一种含有碳和氢的化学物质。

有性生殖
父母双方性细胞的结合。

有氧呼吸
活细胞利用氧气从食物中释放能量的过程。

宇宙
整个空间及其包含的一切。

元素
具有相同核电荷数的一类原子的总称。

元素周期表
按原子序数排列的元素表。

原子
构成物质的一种微小粒子。原子是元素中最小的部分。

原子序数
原子中的质子数。

陨石
来自太空的一块岩石或金属，进入地球大气层并到达地面时不燃烧。

Z

杂食动物
既吃植物又吃动物的动物。

藻类
简单的植物状生物体，生活在水中，通过光合作用制造食物。

折射
当光波从一种介质（如空气）传播到另一种介质（如水）时，光波方向发生改变的现象。

真实图像
光线聚焦形成的图像。与虚拟图像不同，真实图像可以在屏幕上看到。

振动
快速地往复运动。

蒸发
液体因表面分子逸出而变成气体的过程。

蒸馏
一种在液体中分离化学物质的方法，具体方法是将液体煮沸并在其浓缩时收集不同的部分。

蒸汽
液体蒸发形成的气体。

正极
电极阳极。

支点（枢轴）
杠杆旋转时起支撑作用的固定点。

直流（直流电）
只向一个方向流动的电流。参见交流电。

直流发电机
产生直流电的发电机。

指示剂
通过改变颜色来显示溶液酸碱度的化学物质。

质量
物体中所含物质的量。

质子
原子核中带正电荷的粒子。

置换
化合物中某些原子或离子被不同的原子或离子所取代的化学反应。

中和
使酸或碱变成中性溶液（既不呈酸性也不呈碱性的溶液）。

中子
原子核中没有电荷的粒子。

钟乳石
悬挂在洞穴顶部的石柱。钟乳石从滴水沉积的碳酸钙中缓慢长出。

重力
物体被拉向地球的力。

紫外线（UV）
一种波长略短于可见光的电磁辐射。

阻力
使物体在液体或气体中运动减慢的力。

组织
一组类似的细胞，如肌肉组织或脂肪。

索引

致谢

多林·金德斯利公司谨向以下各位致以谢意：
Ben Ffrancon Davies and Rona Skene for editorial help; Louise Dick, Phil Gamble, and Mary Sandberg for design help; Katie John for proofreading; and Helen Peters for indexing.